삼자경

三字經

부록: 이십사효二十四孝

최봉원 역주

明文堂

{서문}

필자는 대만臺灣에서 유학하던 학창시절 지도교수 왕몽구王夢鷗 선생님 댁을 방문했을 때, 유치원에 다니는 교수님의 손자가 《삼자경三字經》을 암송하는 것을 보고 매우 흥미롭다고 느꼈다.

《삼자경》은 한 구句가 세 글자로 이루어진 경서經書라는 뜻으로, 송대宋代로부터 명청明清에 이르기까지 아동들에게 식자識字와 더불어 상식과 전고典故 및 생활 윤리를 가르치던 아동계몽서兒童啓蒙書의 하나이다. 고금의 문학·역사·철학·천문지리·인륜도덕·충효절의 등 모든 영역에 있어서 아이들의 지식 교육에 필요한 내용을 두루 포함하고 있다. 그래서 청清 하흥사賀興思는 《삼자경주해비요三字經注解備要》의 서문에서 《삼자경》을 일컬어 「소매 속의 《통감강목通鑒綱目》(此書卽一部袖裏通鑑綱目也.)」이라 했고, 청말민초清末民初의 국학대사國學大師 장병린章炳麟은 《중정삼자경重訂三字經》 제사題辭에서 「만약 아이들을 가르치기 위한 용도라면, 오늘날의 교과서는 실로 《삼자경》에 비할만한 것이 없다.(若所以詔小子者, 則今之教科書, 固弗如三字經遠甚也.)」라고 했다.

《삼자경》은 출현한 이후 오래도록 인구에 회자되며 널리 전해졌는데, 중국인들은 《삼자경》을 《천자문千字文》·《백가성百家姓》과 더불어 중국 삼대 국학계몽서國學啓蒙書라고 부른다.

《삼자경》은 최초 창작 이후 시대마다 변화한 시대 상황에 맞추어 수정 또는 증보가 이루어져 각기 다른 판본이 수없이 출현함으로써 구체적으로 판본이 얼마나 되는지 확실히 고증할 방법이 없다.

본서는 2009년 7월판 대만臺灣 삼민서국三民書局의 《신역삼자경新譯三字經》을 저본으로 삼았는데, 이 판본은 송말원초宋末元初의 1,068자본으로 현존 최고最古의 판본이라 알려져 있다.

본서의 역주 방법에 있어서는 기본적으로 원문에 우리말 한자음과 중국의 발음 표기 방법인 한어병음자모漢語拼音字母를 달아 우리말과 중국어로 읽기에 편리하도록 하고, 원문에 대한 「주석」, 「번역」, 「해설」 세 부분으로 나누어 전반적인 내용의 이해를 돕고자 했다.

《삼자경》이 비록 중국 아동들의 교육을 위한 계몽서라고 하지만, 실은 한문 학습을 시작하는 사람들에게는 어느 누구를 막론하고 가장 양질의 참고서로 추천하기에 전혀 부족함이 없다.

다만 본서가 필자의 천학비재淺學非才로 인해 역주譯注에 부족한 점이 있다면 독자들의 많은 관심과 더불어 아낌없는 질정叱正으로 부단히 개선되기를 바란다.

2024년 5월

최봉원

{일러두기}

본서는《삼자경》원문에 대한「주석」,「번역」,「해설」의 세 부분으로 나누어 다음과 같은 원칙을 적용하였다.

1) 원문 전체에 우리말 한자음과 중국 한어병음자모로 발음을 표기했다.

인 지 초 성 본 선 성 상 근 습 상 원

人之初, 性本善。性相近, 習相遠。

rén zhī chū xìng běn shàn xìng xiāng jìn xí xiāng yuǎn

2) 주석은 먼저 3자 1구를 따다가 번역을 하고, 세부적인 설명은〖 〗로 묶어 처리하였다.

예)【人之初】: 사람의 출생 초기. 사람이 태어날 때.

〖初〗: 출생 초기. 태어날 때.

【性本善】: 본성은 본래 착하다.

〖性〗: 본성. 천성.

【性相近】: 본성은 서로 가깝다.

〖近〗: 가깝다. 비슷하다.

【習相遠】: 습성으로 인해 서로 멀어지다.

〖習〗: 습성. 습관.

〖遠〗: 멀어지다. 달라지다. 차이가 발생하다.

3) 본서의 우리말 부분에 한자 표기가 필요할 경우, 우리말 뒤에 한자를 표기하였다.

예) 《삼자경》은 송대宋代로부터 명청明淸에 이르기까지 아동들에게 식자識字와 더불어 상식과 전고典故 및 생활 윤리를 가르치던 아동계몽서兒童啓蒙書의 하나이다.

4) 본서에 나오는 국명·인명·지명·관직명·서명·작품명, 행정단위 및 자연지명 등 모든 명칭은 우리말 발음으로 표기하고 뒤에 한자를 표기하였다.

예) 왕응린王應麟(1223-1296)은 남송南宋 경원부慶元府 은현鄞縣(지금의 절강성浙江省 영파寧波) 사람으로, 자는 백후伯厚, 호는 심녕거사深寧居士 또는 후재厚齋이며 남송의 저명한 학자이자 교육가이며 정치가이다.

5) 서명·작품명은 《 》로 표시하였다.

예) 그는 일생을 저작에 힘써 20여 종 600권이 넘는 저서를 남겼는데, 대표작으로 《백가성百家姓》, 《옥해玉海》, 《시고詩考》, 《곤학기문困學紀聞》, 《한제고漢制考》, 《통감지리통석通鑑地理通釋》, 《소학감주小學紺珠》 등이 있다.

6) 인용문 또는 드러낼 필요가 있는 문구에 대해서는 「 」를 사용하여 표시하였다.

예 1) 맹자 어머니는 몹시 화를 내며 베틀의 북을 잘라버리고 아들에게 말했다: 「네가 만일 열심히 공부하지 않고 중도에서 그만두면, 내가 이 베틀의 북을 잘라버린 것과 마찬가지다.(子之廢

學, 若吾斷斯織也.)」

예 2) 그중 권육卷六의 「삼국명신이십인三國名臣二十人」에 「위魏 9인」, 「촉蜀 4인」, 「오吳 7인」을 열거하여 역시 「위·촉·오」의 순서를 견지하고 있다.

7) 보충설명이 필요한 경우 ( ) 또는 ※를 사용하여 표기하였다.

예 1) 〖香〗: [인명] 황향黃香. 동한東漢 강하江夏 안육安陸(지금의 호북성湖北省 안육현安陸縣) 사람.

예 2) 【父之過】: 부모의 잘못. ※여기서 「父母」라 하지 않고 「父」라 한 것은 당시의 부권사회父權社會를 의미하나, 실제로는 부모를 지칭하는 것으로 보는 것이 타당하다.

차례

《삼자경三字經》에 관하여

《삼자경》은 송대宋代로부터 명청明淸에 이르기까지 아동들에게 식자識字와 더불어 상식과 전고典故 및 생활 윤리를 가르치던 아동계몽서兒童啓蒙書의 하나이다.

《삼자경》의 체재는 3자字 1구句에 2구句 1운韻의 형식을 취해, 처음부터 끝까지 1구를 3자로 하고, 격구隔句에 압운押韻을 하는 형식인데, 예를 들면「人之初, 性本善。性相近, 習相遠。」에서「善·遠」으로 압운을 하는 형식이다. 그리고 통상 4구를 하나의 단락으로 하여 문단을 이룬 것이 대부분이지만, 혹은 2구, 8구 또는 10구로 한 문단을 이룬 것도 더러 있다.

《삼자경》은 송대宋代에 출현한 후 각 시대를 거치면서 각기 다른 판본이 수없이 출현하고, 내용 또한 변화한 시대 상황에 맞추어 수정 또는 증보가 이루어짐으로써 최초본과는 상이한 결과를 초래하기도 했다.

여기서는 본서가 저본으로 삼은 현존 최고最古의 판본을 중심으로《삼자경》의 내용, 작자, 연원, 판본, 영향 등 제반 상황을 살펴보고자 한다.

1. 《삼자경》의 내용

《삼자경》의 내용은 구도가 매우 분명하고 작자의 교육사상을 반영하고 있다. 작자는 아동 교육의 중점을 예의효제禮義孝悌에 두어, 먼저 아이들의 사상을 바르게 하고 난 다음에 지식을 전수傳授해야 한다고 여겼다. 그리고 훈도訓導 절차에 있어서는 먼저 소학小學으로부터 시작하여 글자를 익히고 나서, 다음 단계로 경서經書와 자서子書의 서적을 읽어야 하며, 경서와 자서를 읽은 다음에, 다시 사서史書를 학습해야 한다고 했다. 《삼자경》에:「경자통, 독제사(經子通, 讀諸史)」라 한 것은 바로 그러한 절차를 명시한 것이다. 《삼자경》의 내용은 여섯 부분으로 나눌 수 있는데, 매 부분마다 중심 논지論旨가 있다. 이를 단락으로 나누어 살펴보면 다음과 같다.

•「인지초, 성본선(人之初, 性本善)」~「인불학, 부지의(人不學, 不知義)」는, 후천적인 교육을 제때에 실시하고 교육 방법이 정확할 때, 아동을 유용한 인재로 육성할 수 있다는 교육과 학습의 아동 성장에 대한 중요성을 강론한 것이다.

•「위인자, 방소시(爲人子, 方少時)」~「수효제, 차견문(首孝悌, 次見聞)」은, 아동이 예의禮義를 알려면 부모에게 효도하고 형을 존경해야 한다는 것을 강조하면서, 황향黃向과 공융孔融을 예로 들었다.

•「지모수, 식모문(知某數, 識某文)」~「차십의, 인소동(此十義, 人所同)」은, 생활 속의 명물名物·상식을 소개한 것으로, 숫자數字·삼재三才·삼광三光·삼강三綱·사시四時·사방四方·오행五行·오상五常·육곡六穀·육축六畜·칠정七情·팔음八音·구족九族·십의十義 등을 들었다.

•「범훈몽, 수강구(凡訓蒙, 須講究)」~「문중자, 급노장(文中子, 及老莊)」은, 중국 고대의 중요한 전적典籍과 아동 독서의 순서를 소개한 것으로, 여기

에서 열거한 서적은 사서四書·육경六經·삼역三易·사시四詩·삼전三傳·오자五子 등으로, 기본적으로 유가儒家의 전적과 일부 선진제자先秦諸子의 저술을 포함하고 있다.

• 「경자통, 독제사(經子通, 讀諸史)」~「통고금, 약친목(通古今, 若親目)」은, 삼황三皇으로부터 청대淸代까지의 조대朝代의 변혁을 강론한 것으로, 중국 역사의 기본 면모가 모두 이 안에 들어있다.

• 「구이송, 심이유(口而誦, 心而維)」~「계지재, 의면력(戒之哉, 宜勉力)」은, 배움은 분발하여 각고 노력해야 하며, 어려서부터 양호한 학습 기초를 닦아야 장성한 후에 비로소 유용한 역할을 할 수 있어, 「위로는 군주를 보필하여 성군聖君이 되게 하고, 아래로는 백성에게 은택을 베풀 수 있다.」는 것을 강조한 것이다.

이상으로 미루어 볼 때 《삼자경》은 후천적인 교육의 중요성·예의·생활 속의 상식·중요한 전적典籍과 독서의 순서·역사의 변천·조기 교육의 필요성 등을 제시함으로써 아동 교육을 효과적으로 실행할 수 있도록 편성한 식자識字와 계몽啓蒙의 취지를 동시에 갖춘 탁월한 훈몽서訓蒙書라 할 수 있다.

2. 《삼자경》의 작자

《삼자경》의 작자에 대해서는 세 가지 설이 있다. 여기서는 대만 삼민서국三民書局의 황패영黃沛榮 역주 《신역삼자경新譯三字經》의 논지와 기타 자료를 참고하여 설명하고자 한다.

(1) 송宋 왕응린王應麟이라는 설

청淸 강희康熙 연간의 왕상王相이 주석注釋한 《삼자경훈고三字經訓詁》는 출현한 후 영향이 매우 커서 여러 차례 번각본翻刻本이 나왔는데, 왕상은 이 책의 서문에서 처음으로 《삼자경》의 저자가 왕응린이라는 설을 제기했다. 이후 청淸 옹정雍正 연간의 하지한夏之翰은 《소학감주서小學紺珠序》에서

> 「나이 열일곱에 이르러, 비로소 그 책이 왕응린 선생의 작품이라는 것을 알았다. 그리하여 글을 취해 반복해서 익히고, 그 요지가 마땅한 것에 감탄했다.」
>
> (迨年十七, 始知其作自先生(指王應麟), 因取文熟復焉, 而嘆其要而該也.)

라고 했고, 또 청淸 중엽 하흥사賀興思의 《삼자경주해비요三字經注解備要》 서문에는

> 「송宋의 유학자 왕백후王伯厚 선생의 《삼자경》이 나오자, 자제들을 가르치는 온 나라의 훈장들은, 모두 공경하기를 마치 천자天子의 보물을 대하듯 했다.」
>
> (宋儒王伯厚先生《三字經》一出, 海內誨子弟之發蒙者, 咸恭若球刀.)

라고 했다.

이들은 왕응린의 저작이 문풍으로 볼 때 삼자구三字句가 많고, 또한 왕응린이 아동교육에 관심이 많은 학자로서 《삼자경》 외에도 《사학지남詞

學指南》·《소학감주小學紺珠》·《성씨급취편姓氏急就篇》·《소학풍영小學諷詠》·《몽훈蒙訓》 등 여러 종류의 아동계몽서 관련 저서가 있어, 이 모두가 왕응린을《삼자경》의 작자로 보는 매우 유력한 증거로 간주하고 있다.

왕응린王應麟(1223-1296)은 남송南宋 경원부慶元府 은현鄞縣(지금의 절강성浙江省 영파寧波) 사람으로, 자는 백후伯厚, 호는 심녕거사深寧居士 또는 후재厚齋이며 남송의 저명한 학자이자 교육가이며 정치가이다. 어려서부터 영특하여 9세에 이미 육경六經을 통달하고, 남송南宋 이종理宗 순우淳祐 원년(1241) 18세에 진사에 급제하고, 도종度宗 보우寶祐 4년(1256) 박학굉사과博學宏詞科에 합격하여 태상시주부太常寺主簿를 지냈으며, 이후에 또 공제恭帝를 모시면서 삼대를 섬겼다. 그는 인물이 강직하여 아첨하지 않고 권력자를 두려워하지 않아 여러 차례 직언으로 상소하였다가, 이로 인해 재상 정대전丁大全·가사도賈似道의 원한을 사서, 그들의 무고로 인해 여러 차례 파직을 당하기도 했다. 후에 그는 날로 부패하는 조정에 대해 실망하여 향리에 은거하며 벼슬에 나아가지 않았다.

왕응린은 충성하는 마음과 의로운 담력의 직언하는 신하이자, 성취가 비범한 학술대가로서, 남송 후기의 관직을 임명할 때 사용한 사령辭令은 대부분 그의 손에서 나왔으니, 그의 필력이 심후深厚하다는 것을 알 수 있다.

왕응린의 지식은 매우 해박하여 천문天文·지리地理 등을 두루 섭렵하였고, 제자백가諸子百家의 문집에 대해서도 상당한 연구가 있어, 실로 고금古今에 박식한 보기 드문 대유학자이다. 그는 일생을 저작에 힘써 20여 종 600권이 넘는 저서를 남겼는데, 대표작으로《백가성百家姓》,《옥해玉海》,《시고詩考》,《곤학기문困學紀聞》,《한제고漢制考》,《통감지리통석通鑑地理通釋》,《소학감주小學紺珠》 등이 있다.

(2) 송宋 구적자區適子라는 설

명말청초明末清初의 저명한 학자인 굴대균屈大均은《광동신어廣東新語》에서

「아동들이 낭송하는《삼자경》은 송나라 말기의 구적자區適子가 지은 것이다. 구적자는 순덕順德 등주登州 사람으로, 자는 정숙正叔이며, 원元나라에 들어오자 절조를 지키며 벼슬을 하지 않았다.」
(童蒙所誦《三字經》, 乃宋末區適子所撰. 適子順德登州人, 字正叔, 入元抗節不仕.)

라고 하여 구적자를《삼자경》의 작자로 보았다. 그리고 청清 건륭乾隆 시기의 능양조凌揚藻는《여작편蠡勺編》에서

「오늘날 아동들이 낭송하는《삼자경》은 남해南海 구적자區適子 정숙正叔이 지은 것으로, 그중에는 또한 압운어押韻語가 많다. 강희康熙 연간에 자가 진승晉升, 호가 인암訒菴인 낭야琅邪 사람 왕상王相이 그것을 해석하면서, 이를 송宋나라의 유학자인 왕백후王伯厚가 지었다고 했다. 백후는 저술이 풍부하여《몽훈蒙訓》75권,《소학풍영小學諷詠》4권이 있다. 그리하여 추측으로 (《삼자경》의 작자를) 백후에게 돌렸을 뿐, 사실은 구적자가 지은 것이 틀림없다.」
(今童蒙所誦《三字經》, 則南海區適子正叔撰, 中亦多押韻語. 康熙間, 有琅邪王相, 字晉升, 號訒菴者, 從而箋釋之, 謂是宋儒王伯厚所作. 以伯厚著述最富, 中有《蒙訓》七十五卷,《小學諷詠》四卷, 遂億度而歸之爾! 其實區撰無疑也.)

라고 했다. 이밖에 《월대기粵大記》·《순덕현지順德縣志》에서도 《삼자경》의 작자를 구적자라 했다.

(3) 명明 여정黎貞이 지었다는 설

청淸 소진함邵晋涵의 시詩에: 「여정黎貞의 《삼자훈三字訓》을 얻어 읽었다.(讀得黎貞三字訓.)」라 하고, 주注에 이르길: 「《삼자경》은 남해南海 여정黎貞이 지었다.(《三字經》, 南海黎貞撰.)」라고 했다. 그러나 명확한 근거를 제시하지 않았다.

이상 세 가지의 설에 대해 현재는 그 진위眞僞를 가리기가 쉽지 않다. 먼저 《삼자경》이 왕응린의 저작이라는 것을 부정하는 견해를 보면, 청淸 왕정정王廷鼎은 《자미화관집紫薇花館集》에서

> 「《삼자경》은 본조本朝 교송년喬松年의 《라마정찰기蘿藦亭札記》에 왕상이 주석을 달아 왕백후王伯厚의 소작이라고 했으나, 『십팔전, 남북혼(十八傳, 南北混)』이란 아마도 백후가 죽은 뒤일 것이다.」
> (《三字經》者, 國朝喬松年《蘿藦亭札記》稱有王相者爲之注, 謂是王伯厚所作. 然其云『十八傳, 南北混』, 恐尙在伯厚之後.)

라고 하여, 왕응린은 남송南宋 사람이기 때문에 송대 「십팔전, 남북혼(十八傳, 南北混)」이란 말을 하지 않아야 한다고 본 것이다. 그러나 이 추론은 다분히 문제가 있다. 왕응린은 송宋 영종寧宗 가정嘉正 16년(1223)에 태어나 원元 성종成宗 원정元貞 2년(1296)에 죽었음으로 남송이 멸망(1279)하고

나서도 18년이 지났다. 따라서 왕응린이 남송의 멸망을 목격하지 못했다는 것을 이유로 《삼자경》을 왕응린의 저작이 아니라고 하는 것은 타당하지 않다. 또 청淸 호명옥胡鳴玉은 《정와류편訂訛類編》에서

> 「왕응린 《곤학기문困學紀聞》은 촉을 존중하고 위를 멸시했는데, 《삼자경》에 『위촉오, 쟁한정(魏蜀吳, 爭漢鼎)』이라고 한 말과 부합하지 않는다. 이를 근거로 보면, 응린의 저작이 아니다.」
>
> (應麟《困學紀聞》尊蜀抑魏, 不當於此文又云『魏蜀吳, 爭漢鼎.』按此則非應麟所撰.)

라고 했다. 즉, 《삼자경》 중의 「위촉오魏蜀吳」라는 말은, 위魏를 정통으로 삼은 것으로 왕응린의 관념과 부합하지 않는다는 것이다. 다시 말하면, 왕응린은 「촉」을 존중하고 「위」를 멸시하여 삼국三國의 배열 순서에서 「위」를 맨 앞에 놓을 리가 없기 때문에 이 책은 왕응린의 저작이 아니라고 여긴 것이다. 이 추론 역시 수긍하기 어렵다. 왜냐하면 《삼자경》의 「위촉오魏蜀吳」라는 말은 광서光緒 30년의 지선사판至善社版 《삼자경주해비요三字經注解備要》·《삼자경구석전집三字經句釋全集》에 보이지만, 그러나 《삼자경고실三字經故實》과 민국民國 14년(1925) 상해上海 굉대선서국판宏大善書局版 《삼자경주해비요三字經注解備要본 및 《증보삼자경전문增補三字經全文》본에는 모두 「촉위오蜀魏吳」라고 되어 있기 때문이다. 이 책이 역대의 증보 개편을 거침으로 인해 이미 원본의 면모를 고증하기 어려운 상황에서 후세의 판본을 근거로 속단하는 것은 분명 옳은 방법이 아니다.

여기서 다시 왕응린이 지은 《소학감주小學紺珠》를 근거로 판단하면, 이 책은 훈몽서訓蒙書로 각종 문사지식文史知識을 분류하여 편찬했는데, 그중

권육卷六의「삼국명신이십인三國名臣二十人」에「위魏 9인」,「촉蜀 4인」,「오吳 7인」을 열거하여 역시「위·촉·오」의 순서를 견지하고 있다. 그러므로《삼자경》을 왕씨의 저작이 아니라고 보는 앞사람들의 논증은 성립하기 어렵다.

사실 왕응린의《소학감주》와《삼자경》을 비교해 보면, 두 책의 저자가 같은 사람인가의 여부를 가늠할 수가 있다. 즉, 두 책 중의「육곡六穀」,「육경六經」,「십의十義」,「삼왕三王」,「십칠사十七史」에 대한 관념을 대조해 보면 서로 분명한 차이가 있다. 따라서《삼자경》을 왕응린의 저작으로 보는 것은 분명 문제가 있다. 아마도 왕응린의 학문이 해박하고, 또《몽훈蒙訓》70권·《소학감주》10권·《보주급취편補注急就篇》6권·《소학풍영小學諷詠》4권 등 동몽서童蒙書를 펴내며 아동교육을 중시하다 보니 후인들이《삼자경》까지도 왕응린의 저서에 포함시킨 것이 아닌가 여겨진다.

다음으로《삼자경》이 구적자區適子 혹은 여정黎貞의 저작이라는 설에 관해서는 문헌상의 검증이 어려워 확정할 방법이 없다.

이상을 종합해 볼 때, 현재《삼자경》의 저자를 확실히 누구라고 단정할 수는 없다. 다만 청淸 강희康熙~건륭乾隆 연간 사람인 적호翟灝의《통속편通俗編·권칠卷七·문학文學·삼자경三字經)》에「《삼자경》은 명明 양응승梁應升의 그림과 부광택傅光宅의 서序가 있고, 명明 신종神宗이 태자 시절에 이 책을 읽었으며, 명明 조남성趙南星의《삼자경주三字經注》1권卷이 있다.(明蜀人梁應井爲之圖, 聊城傅光宅爲之序.…… 明神宗居東宮時, 曾讀是書.〔按〕趙南星集有三字經注一卷.)」라고 한 것이나, 또 최근 영파대학寧波大學 교수인 장여안張如安이 2009년도《북경대학학보北京大學學報》에《역사상 최초로〈삼자경〉을 기록한 문헌 –〈삼자경〉이 남송 중기에 지어졌다는 새로운 학설(歷史上最早記載〈三字經〉的文獻–〈三字經〉成書於南宋中期

新說)》이라는 논문을 발표하여, 《삼자경》은 남송 광종光宗 소희紹熙(1190-1194)에서 영종寧宗 가정嘉定(1208-1224) 연간에 책이 나와 왕응린(1223-1296)·구적자(1234-1324)보다 시기가 이르다고 판단한 것으로 미루어 보면, 《삼자경》이 송나라의 멸망을 목격하고 아직 원대元代의 역사 사실에 이르지 못한 송말원초宋末元初에 지어졌다는 것은 의심할 여지가 없을 것 같다.

3. 《삼자경》의 연원淵源

《삼자경》은 중국에서 가장 대표적인 전통 계몽 교재로 모르는 사람이 없을 정도로 널리 알려져 있다. 그 중요한 원인은 바로 편폭은 작지만 내용이 풍부하고 지식 성격이 강하며, 또한 형식에 있어서 아동의 학습에 적합하도록 잘 짜여 있기 때문이다.

《삼자경》은 저작 시기가 송말원초宋末元初지만 사실 예로부터 이미 선례를 찾아볼 수 있다. 예를 들어, 주희朱熹는 《주자어류朱子語類·학일學一·소학小學》에서

> 「《곡례》에 『依毋撥, 足毋蹶. 將上堂, 聲必揚. 將入戶, 視必下.』 등 압운한 곳은, 모두가 옛사람이 처음 아이들을 가르치는 말이다.」라고 여겨진다.
>
> (每嘗疑《曲禮》「衣毋撥, 足毋蹶; 將上堂, 聲必揚; 將入戶, 視必下.」等協韻處, 皆是古人初教小兒語.)

라고 했다. 이와 같이 짧고 가지런하고 압운을 한 어귀는 가르치고 배우는 모두가 일상생활 속의 규범으로, 심오하거나 절묘하지도 않으며 현실에 맞지 않게 아주 가까이서 볼 수 있는 구체적인 일들이다. 또한 아동의 이해 능력에 적합할 뿐 아니라 주희朱熹가 「예전에는 처음 소학에 들어가면, 오직 일을 가지고 아이들을 가르친다.(《朱子語類·學一·小學》: 古者初年入小學, 只是教之以事.)」라고 한 것처럼 소학小學의 특징을 구현했다. 주희는 이러한 인식을 바탕으로 이들 내용을 《소학小學》에 수록했는데, 만일 주희의 말대로라면 일찍이 《예기禮記》가 편찬된 전국戰國 및 진한秦漢 시기에 이미 3자 1구의 아동 학습용으로 사용한 교본이 있었다는 것으로 《삼자경》의 연원이 매우 오래되었음을 가리키는 것이다.

그러나 이를 《삼자경》의 연원이라 보기에는 다소 무리가 있는 것도 사실이다. 일반적으로 《삼자경》이 출현하기 이전의 전통적인 계몽서적은 주로 사언四言으로 썼다. 육조시대六朝時代에 지은 《천자문千字文》, 당대唐代에 널리 사용한 《개몽요훈開蒙要訓》, 당대唐代에서 나와 송대宋代에서 유행한 《몽구蒙求》, 성씨姓氏를 소개한 《백가성百家姓》, 역사 지식을 전파한 《십칠사몽구十七史蒙求》, 이학理學의 개념을 해석한 《성리자훈性理字訓》, 송말宋末 방봉진方逢辰이 지은 《명물몽구名物蒙求》 등은 모두 사언으로 썼다. 이로 미루어 볼 때 사자구四字句는 전통 계몽서 편찬의 기본 형식이라고 말할 수 있다.

그런데 좀 더 가까이서 살펴보면, 남송 중엽에 《삼자경》과 유사한 계몽서가 출현했던 것을 발견할 수 있다. 《삼자훈三字訓)》과 《계몽초송啓蒙初誦》이 그것이다. 주희朱熹와 같은 시기의 항안세項安世(1129-1208)는 《항씨가설項氏家說》에서 말하길:

「옛사람들은 아이를 가르치면서 운어韻語를 많이 사용했다. 오늘날 《몽구蒙求》·《천자문千字文》·《태공가교太公家教》·《삼자훈三字訓)》 같은 부류는 아이들의 기억을 쉽게 하고자 했다. 《예기禮記》의 〈곡례曲禮〉·《관자管子》의 〈제자직弟子職〉·사유史游의 《급취편急就篇》 등은 그 문체를 모두 알 수 있다.」

(古人教童子, 多用韻語, 如今《蒙求》·《千字文》·《太公家教》·《三字訓》之類, 欲其易記也.《禮記》之〈曲禮〉·《管子》之〈弟子職〉·史游之《急就篇》, 其文體皆可見.)

라고 했다. 이로 미루어 보면 《삼자훈》은 《몽구》·《천자문》·《태공가교》와 똑같이 당시에 이미 널리 계몽교육에 운용되었음을 알 수 있다.

《삼자훈》은 현재 이미 실전되어 그 상세한 내용을 알지 못하지만, 그러나 항안세의 말로부터 아이들의 기억과 암송에 편리하도록 압운을 가지런히 한 것을 알 수 있고, 서명書名에 삼자三字를 사용한 것 또한 3자 1구의 편찬 형식과 서로 관련이 있음을 미루어 짐작할 수 있다.

《계몽초송啓蒙初誦》은 남송南宋의 이학가理學家 진순陳淳의 저작이다. 진순은 주희朱熹의 문하생으로 남송 고종高宗 소흥紹興 23년(1153)에 출생하여 영종寧宗 가정嘉定 10년(1217)에 65세의 나이로 죽었다. 그의 생애 사적은 《송사宋史·도학전道學傳》과 《송사신편宋史新編·도종전道宗傳》 및 《송원학안宋元學案·북계학안北溪學案》 등에 보인다.

《계몽초송》은 진순陳淳이 아동 계몽교육의 필요에 따라 아동에 적합한 독본讀本을 편찬한 것인데, 형식은 삼자일구三字一句에 사구일장四句一章으로 되어 있고, 내용은 유가儒家의 윤리도덕을 위주로 했으며 말은 간결하나 뜻은 완벽하다. 편폭이 짧고 문자의 중복이 많은 것으로 보아 식자識字

의 목적보다는 윤리도덕을 가르치기 위해 편찬한 것으로 보인다. 이를《삼자경》과 비교해 보면, 내용도 매우 단일單一하고 주로 유가경서儒家經書 중의 어귀語句를 모아 편찬함으로써 설사 작자가 특별히 주의를 기울여「분명하고 필요한 것(明白切要)」을 선택했다고 했지만, 그러나 역시 비교적 심오하고 이해하기가 어려운 점이 있다. 그렇다 해도《삼자경》의《계몽초송》에 대한 계승 관계는 분명히 엿볼 수가 있다. 3자 1구의 형식 말고도 두 서적은 모두 인성人性을 논했고 관점 또한 완전히 일치한다.

진순이 처음 계몽서를 편찬할 때는 전통적인 방식에 따라 4자구를 썼고 명칭을《훈몽아언訓蒙雅言》[1]이라 했다. 그는《북계대전집北溪大全集》권卷 16의《계몽초송啓蒙初誦》서문에서《훈몽아언》과《계몽초송》의 편찬 경위에 대해 이렇게 말하고 있다:

「내가 아들을 얻어 지금 세 살이다. 요즈음 말을 배우고 있어 그를 가르치려는데 마땅한 책이 없다. 그리하여《역경易經》·《서경書經》·《시경詩經》·《예기禮記》·《논어論語》·《맹자孟子》·《효경孝經》가운데 분명하고 필요한 것을 모아, 4자를 1구句로 삼아 압운押韻을 하고, 명칭을《훈몽아언訓童雅言》이라 했으며, 모두 78장 1,248자이다. 또 아이가 말을 길게 할 수 없기 때문에 3자로 먼저 하고, 이름을《계몽초송啓蒙初誦》이라 했으며, 모두 19장 228자이다. 성학聖學의 처음과 끝이 대략 여기에 보이는데, 아마도 목표를 먼저 세울 수 있을 것이다. 그리고 뜻을 함께하여 가정교육에 도움이 되기를 바라는 사람이 있다면, 또한 숨기지 않을 것이다.……경원慶元 기미己未 7월 15일 여학재餘學

1 이 책은 후에 웅대년熊大年이《양몽대훈養蒙大訓》에 수록하고 명칭을《경학계몽經學啓蒙》이라 바꾸었다.

齋 쓰다.」

(予得子今三歲, 近略學語, 將以敎之, 而无其書. 因集《易》《書》《詩》《禮》《語》《孟》《孝經》中明白切要, 四字爲句, 協之以韻, 名曰《訓童雅言》, 凡七十八章一千二百四十八字. 又以其未能長語也, 則以三字先之, 名曰《啓蒙初誦》, 凡十九章二百二十八字. 蓋聖學始終, 大略見於此矣, 恐或可以先立標的. 而同志有願爲庭訓之助者, 亦所不隱也.……慶元己未七月五日餘學齋書.) (文淵閣《四庫全書》台北, 臺灣商務印書館, 1986)

즉, 진순의 요지는 처음 배우는 아이들을 위해 4자구인《훈몽아언訓童雅言》보다 쉬운 3자구의《계몽초송啓蒙初誦》을 편찬했다는 것이다. 사실 삼언을 사언과 비교할 때 비록 한 글자의 차이지만, 성인과 달리 아이들 특히 어린아이들에게는 부담을 크게 줄이는 동시에 더욱 쉽게 받아들일 수 있다는 것을 의미한다. 그리고「경원慶元 기미己未」는 남송南宋 영종寧宗 경원慶元 5년(1199)인데,《삼자경》의 작자가「십팔전·남북혼(十八傳·南北混)」을 언급한 것을 보면, 그가 남송의 멸망(1279)을 목격했다는 것임으로 진순 이후 사람이라는 것을 알 수 있다. 다시 말해서《삼자경》의 저술이《계몽초송啓蒙初誦》이후라는 것이다. 그런데《계몽초송》과《삼자경》이 모두 삼자일구三字一句일뿐만 아니라 내용과 글귀 또한 매우 비슷하다.

예를 들면:

《啓蒙初誦》:

天地性, 人爲貴. 無不善, 萬物備.

性相近, 道不遠. 君子儒, 必自反.

學爲己, 明人倫. 君臣義, 父子親.
夫婦別, 男女正. 長幼序, 朋友信.

이 중「天地性, 人爲貴, 無不善」등은《삼자경》의「人之初, 性本善.」과 의미가 같고,「性相近」,「君臣義」,「長幼序」는 한 글자도 틀리지 않는다. 이는 결코 우연한 일이 아니고 틀림없이《삼자경》이《계몽초송》의 영향을 받은 것이다. 진순이《계몽초송》을 편찬한 목적은 본래 자기의 아이를 가르치려고 한 것이지만, 그러나 그도 분명하게「뜻을 함께하여 가정교육에 도움이 되기를 원하는 사람이 있다면, 또한 숨기지 않을 것이다.」라고 했다. 그래서 이 책이 아마도 당시에 널리 전파되었을 것이다. 그런데 후에《삼자경》의 저자가 볼 때《계몽초송》의 편폭이 228자에 불과하고, 내용 및 범위 또한 협소하여 이를 보완한다는 의미에서 삼자일구三字一句 형식은 그대로 유지하면서 내용과 범위를 보다 확대하여 재차 편찬했을 것으로 추측된다. 이러한 추론은 두 책의 저작 시기가 60–70년 정도의 시간차에 불과하다는 점에서도 충분히 예측이 가능하다.

결론적으로 말해서 중국 전통 계몽교육의 결정結晶이라 할 수 있는《삼자경》의 출현은 전통 계몽교육이 장기적으로 쌓은 결과로서 형식에서 내용에 이르기까지 모두 풍부한 전통에 뿌리를 두고 있기 때문에 비로소 가능했다고 할 수 있으며, 동시에 계몽 교재로서 가장 상징성과 대표성을 갖춘 독본이 될 수 있었다고 할 수 있다.

4.《삼자경》의 판본

서문에서도 말했듯이《삼자경》은 최초 창작 이후, 시대마다 변화한 시대 상황에 맞추어 수정 또는 증보가 이루어져 각기 다른 판본이 수없이 출현함으로써, 구체적으로 판본이 얼마나 되는지 확실히 고증할 방법이 없다.

현재까지 전하는 대표적인 판본으로는 송말원초宋末元初의 1,068자본, 명대明代의 1,092자본, 명말明末의 1,122자본, 청초淸初의 1,140자본 및 1,170자본 …… 등 여러 종류가 있다.

《삼자경》의 창작 연대에 관해서는 아직까지 정설이 없으나, 일반적으로 남송南宋의 왕응린王應麟이 자기 집안의 자제들에게 양질의 교육을 제공하기 위해 지었다고 하는 설이 지배적이다.

《삼자경》이 출현한 후 널리 유행하자《삼자경》과 관련한 주해본注解本 또한 많이 출현했다. 예를 들어, 비교적 초기 작품으로 명明 만력萬曆 연간에 간행한 조남성趙南星의《삼자경주三字經注》가 있고, 청대에 이르러서는 더욱 성행하여 강희康熙 시기 왕상王相의《삼자경훈고三字經訓詁》, 청말 동치同治 시기 하흥사賀興思의《삼자경주해비요三字經注解備要》, 원방苑芳의《증보삼자경增補三字經》, 광서光緖 연간에 출간한 초헌씨蕉軒氏의《광삼자경廣三字經》등은 영향력이 컸던 대표작이라 할 수 있다.

여러 판본 가운데 본서가 저본으로 채택한 송말원초宋末元初의 1,068자본은 현재 전하는 최고最古의 판본으로 가히 원저原著라고 할 수 있으며, 이후에 출현한 여러 판본들은 자수字數가 각기 다르지만 대부분 1,068자본을 근거로 증보 또는 수정한 것이다.

이처럼 여러 종류의 판본이 출현한 까닭은《삼자경》이 처음 출현한 후 역사의 발전에 따라 조대朝代마다 후인들이 각기《삼자경》에 대해 부단히 보충하고 수정을 가했기 때문인데, 예를 들어 1,068자본 중의 역사 부분을 보면 본래 송대宋代까지만 기록되어 있다. 그러나 역사의 흐름에 따라 시대의 변천을 구현具現하기 위해 각 조대朝代마다 모두 《삼자경》에 대해 부단히 보충 작업을 진행했다.

즉, 명말明末의 1,122자본은 1,068자본의 「炎宋興, 受周禪, 十八傳, 南北混.」을 이어 「遼與金, 帝號紛, 迨滅遼, 宋猶存. 至元興, 金緒歇, 有宋世, 一同滅. 並中國, 兼戎狄, 明太祖, 久親師. 傳建文, 方四祀, 遷北京, 永樂嗣. 迨崇禎, 煤山逝.」 18구 54자를 추가하고, 「蜀魏吳」를 「魏蜀吳」로, 「十七史」를 「廿二史」로, 「金滿籯」을 「金滿堂」으로 고쳤다.

청초清初의 1,140자본은 1,068자본의 「炎宋興, 受周禪, 十八傳, 南北混.」을 이어 「遼與金, 皆稱帝, 元滅金, 絶宋世. 莅中國, 兼戎狄. 九十年, 國祚廢. 太祖興, 國大明, 號洪武, 都金陵. 迨成祖, 遷燕京, 十六世, 至崇禎. 權奄肆, 寇如林, 至李闖, 神器焚. 淸太祖, 膺景命. 靖四方, 克大定.」 24구 72자를 추가하고, 「十七史」를 「廿一史」로 고쳤다. 청淸 목종穆宗 동치同治 시기 하흥사賀興思의 《삼자경주해비요三字經注解備要》은 바로 1,140자본의 주해본注解本으로 널리 보급되었을 뿐만 아니라 서로 다른 여러 종류의 번각본翻刻本이 있다.

이 밖에 청말민초清末民初의 국학대사國學大師 장태염章太炎의 《삼자경》 증정본增訂本은 전문全文이 1,416자로, 1,068자본에 118구 354자를 추가하고 2구 6자를 삭제하였으며, 1928년 장씨가 증보 수정하여 1932년 상해上海 한문정해인서국漢文正楷印書局이 출판한 《중정삼자경重訂三字經》은 더욱 많은 수정을 가하여 모두 532구 1,596자로 원저의 3분의 1가량을 증보하고 상당량의 글자를 바꾸었다.

이상을 종합하면, 《삼자경》의 수정 작업은 시대가 바뀌면서 그 시대 상황에 맞게 변화한 것임을 미루어 짐작할 수 있다.

5.《삼자경》의 영향

《삼자경》은 중국 전통의 아동계몽도서로 지명도가 매우 높다. 당시의 아동들은 대체로《삼자경》의 암송을 통해 글자를 익히고 이치를 배웠다.《삼자경》은 간결하고 통속적인 백화를 가지고 예로부터 변하지 않는 철리哲理를 강술함으로써 인구에 회자되며 널리 전해졌다.

《삼자경》이 출현하기 전에는 몽학서적蒙學書籍 모두가 4자字 1구句였으나《삼자경》은 3자 형식으로 출현하여 읽기에 부담이 없고 아동 가요의 특징과도 부합한다. 그래서 명대明代 후기의 조남성趙南星은 이를 일러「글귀가 짧고 읽기 쉬워, 실로 아이들이 글을 배우기에 편리하다.(句短而易讀, 殊便于開蒙.)」라고 했다.

《삼자경》이 세상에 나온 후, 후인들은《삼자경》을 주해한 책들을 다투어 편찬하고, 아울러《삼자경》형식을 모방한 훈몽서訓蒙書를 많이 저술했다. 명대 후기에는《삼자경》의 주석본으로 조남성趙南星의《삼자경주三字經注》(《미벽재유서味檗齋遺書》수록본)가 출현했는데, 이 책은 현재 문헌의 기록에 의하면, 현존하는 최초의《삼자경》주석본으로 알려져 있다. 그 후 청淸 강희康熙 5년(1666)에 왕상王相이 지은《삼자경훈고三字經訓詁》는 이후 각종 주석본의 기초가 되었고, 동치同治 연간에 하흥사賀興思가 펴낸《삼자경주해비요三字經注解備要》는 널리 유전流傳되었다.

청淸의 관부와 민간에서도 한문漢文《삼자경》등 계몽도서의 번역과 간행을 매우 중시하여, 옹정雍正 연간에 도격陶格은 《만한합벽삼자경주해滿漢合璧三字經注解》를 역주했고, 도광道光 연간에 부준富俊은 《만몽합벽삼자경주해滿蒙合璧三字經注解》를 역주했으며, 이후에도 《삼자경》에 관한 간행 사업을 계속 이어가 청말까지 만한滿漢·만몽滿蒙의 계몽 서적이 민간에서 널리 유전流傳되었다.

민국民國 초기에 이르러 국학대사國學大師 장태염章太炎이 또 《삼자경》을 새로 수정하여 《중정삼자경重訂三字經》을 편찬했는데, 오늘날 독자들로부터 가장 많은 호응을 받고 있다.

한편, 명대明代에 인쇄업이 발달한 후 《삼자경》은 또 해외로 전파되어 한국·일본·월남 등이 한학漢學의 식자교본識字教本으로 채택했는데, 특히 일본은 강호시대江戶時代부터 중국의 《삼자경》을 직접 채택하여 사숙私塾의 교육을 진행하기도 했다.

후인들이 편찬한 《삼자경》 관련 저작들을 주해본·개편본과 모방본模倣本으로 구분하여 열거하면 다음과 같다.

(1) 《삼자경》의 주해본注解本과 개편본改編本

《三字經注》: 趙南星, 《味檗齋遺書》 收錄本.

《三字經訓詁》: 王相, 徐氏三種本 (民國 80年 北京中國書店 影印本).

《三字經故實》: 王琪, 稿本.

《三字經注解備要》: 賀興思, 同治 10年 刊本.

《三字經注圖》: 尙兆魚, 南京, 李光明莊刊本.

《三字經集注音疏》: 光緖 3年 劉氏校經堂刊本.

《三字經句釋全集》: 廣州, 醉經書局本.

《增補注釋三字經》: 連恒, 道光22年 刊本.

《增補三字經全文》: 苑芳刊本.

《增訂啓蒙三字經》: 許印芳,《雲南叢書》收錄本.

《廣三字經》: 蕉軒氏, 光緒 7年 廣仁堂刊本.

《重訂三字經》: 章炳麟, 雙流黃氏濟忠堂刊本·成都 茹古書局本.

(2)《삼자경》을 모방한 훈몽서訓蒙書

《三字鑒》: 余懋勛著, 陳超元注, 同治 9年 刊本.

《女三字經》: 朱浩文, 東聽雨堂刊本.

《訓女三字文》: 賀端麟,《西京淸麓叢書外編》收錄本.

《三字孝經》: 蘭湖漁父, 南京 寶文書局.

《新編三字經》: 黃周星, 淸刊本.

《地理三字經》: 程思樂, 刊本未詳.

《繪圖增注歷史三字經》: 北京 文成堂石印本.

《西學三字經》: 光緒 27年印本.

《時務三字經》: 江翰, 光緒 28年 刊本.

《增續淺說時務三字經》: 任恩綏, 光緒 31年 醉六堂石印本.

《太平天國三字經》:《太平天國野史》引.

《時務三字經》: 民國 34年(臺灣)鹿港信昌社排印.

《臺灣三字經》: 王石鵬, 臺灣銀行《臺灣史料叢刊》.

《中華國民必讀三字經》: 江翰編, 黃朝傳注, 民國 34年 臺北聯發興業公司.

《精神教育三字經》: 張淑子, 民國 24年 嘉義蘭記圖書部.

《光復新編臺灣三字經》: 廖啓章, 民國 34年 臺南五原公司出版部.

《天方三字經》: 劉智, 同治 9년 鎭江淸眞寺刊本.

《蒙漢三字經》: 崧岩富俊譯, 道光 12年 刊本.

《滿漢三字經》: 陶格敬譯, 北京 三槐堂刊本.

위에 열거한 바를 통해 알 수 있듯이, 옛사람들이 《삼자경》을 중시했던 흔적을 여실히 볼 수 있고, 또 《삼자경》을 모방한 저술이 많을 뿐만 아니라 범위 또한 역사·지리·시무時務·서학西學·여훈女訓·정신교육 등 다방면에 걸쳐 두루 섭렵하고 있다는 점에서도 《삼자경》의 영향이 매우 크고 대중들로부터 폭넓은 환영을 받았다는 사실을 증명할 수 있다.

《삼자경三字經》 전문全文

(宋末元初 1,068字本)

01 人之初, 性本善。性相近, 習相遠。
02 苟不敎, 性乃遷。敎之道, 貴以專。
03 昔孟母, 擇鄰處。子不學, 斷機杼。
04 竇燕山, 有義方, 敎五子, 名俱揚。
05 養不敎, 父之過, 敎不嚴, 師之惰。
06 子不學, 非所宜。幼不學, 老何爲。
07 玉不琢, 不成器, 人不學, 不知義。
08 爲人子, 方少時, 親師友, 習禮儀。
09 香九齡, 能溫席。孝於親, 所當執。
10 融四歲, 能讓梨。弟於長, 宜先知。
11 首孝弟, 次見聞。知某數, 識某文。
12 一而十, 十而百, 百而千, 千而萬。
13 三才者, 天地人。三光者, 日月星。
14 三綱者, 君臣義, 父子親, 夫婦順。
15 曰春夏, 曰秋冬, 此四時, 運不窮。
16 曰南北, 曰西東, 此四方, 應乎中。
17 曰水火, 木金土, 此五行, 本乎數。
18 曰仁義, 禮智信, 此五常, 不容紊。
19 稻粱菽, 麥黍稷, 此六穀, 人所食。
20 馬牛羊, 雞犬豕, 此六畜, 人所飼。
21 曰喜怒, 曰哀懼, 愛惡欲, 七情具。
22 匏土革, 木石金, 絲與竹, 乃八音。
23 高曾祖, 父而身, 身而子, 子而孫。
自子孫, 至玄曾, 乃九族, 人之倫。
24 父子恩, 夫婦從, 兄則友, 弟則恭。
長幼序, 友與朋, 君則敬, 臣則忠。
此十義, 人所同。
25 凡訓蒙, 須講究。詳訓詁, 明句讀。
26 爲學者, 必有初。小學終, 至四書。
27 論語者, 二十篇, 群弟子, 記善言。
28 孟子者, 七篇止, 講道德, 說仁義。
29 作中庸, 乃孔伋, 中不偏, 庸不易。
30 作大學, 乃曾子, 自修齊, 至平治。
31 孝經通, 四書熟, 如六經, 始可讀。
32 詩書易, 禮春秋, 號六經, 當講求。
33 有連山, 有歸藏, 有周易, 三易詳。
34 有典謨, 有訓誥, 有誓命, 書之奧。
35 我周公, 作周禮, 著六官, 存治體。
36 大小戴, 註禮記, 述聖言, 禮樂備。
37 曰國風, 曰雅頌, 號四詩, 當諷詠。

38 詩既亡, 春秋作, 寓褒貶, 別善惡。
39 三傳者, 有公羊, 有左氏, 有穀梁。
40 經既明, 方讀子。撮其要, 記其事。
41 五子者, 有荀揚, 文中子, 及老莊。
42 經子通, 讀諸史。考世系, 知終始。
43 自羲農, 至黃帝, 號三皇, 居上世。
44 唐有虞, 號二帝, 相揖遜, 稱盛世。
45 夏有禹, 商有湯, 周文武, 稱三王。
46 夏傳子, 家天下, 四百載, 遷夏社。
47 湯伐夏, 國號商, 六百載, 至紂亡。
48 周武王, 始誅紂, 八百載, 最長久。
49 周轍東, 王綱墜, 逞干戈, 尚游說。
50 始春秋, 終戰國, 五霸彊, 七雄出。
51 嬴秦氏, 始兼併, 傳二世, 楚漢爭。
52 高祖興, 漢業建, 至孝平, 王莽篡。
53 光武興, 爲東漢, 四百年, 終於獻。
54 蜀魏吳, 分漢鼎, 號三國, 迄兩晉。
55 宋齊繼, 梁陳承, 爲南朝, 都金陵。
56 北元魏, 分東西, 宇文周, 與高齊。
57 迨至隋, 一土宇, 不再傳, 失統緒。
58 唐高祖, 起義師, 除隋亂, 創國基。
59 二十傳, 三百載, 梁滅之, 國乃改。
60 梁唐晉, 及漢周, 稱五代, 皆有由。
61 炎宋興, 受周禪, 十八傳, 南北混。
62 十七史, 全在兹。載治亂, 知興衰。

63 讀史者, 考實錄。通古今, 若親目。
64 口而誦, 心而惟。朝於斯, 夕於斯。
65 昔仲尼, 師項橐, 古聖賢, 尙勤學。
66 趙中令, 讀魯論, 彼既仕, 學且勤。
67 披蒲編, 削竹簡, 彼無書, 且知勉。
68 頭懸梁, 錐刺股, 彼不敎, 自勤苦。
69 如囊螢, 如映雪, 家雖貧, 學不輟。
70 如負薪, 如掛角, 身雖勞, 猶苦卓。
71 蘇老泉, 二十七, 始發憤, 讀書籍。
彼既老, 猶悔遲; 爾小生, 宜早思。
72 若梁灝, 八十二, 對大廷, 魁多士。
彼既成, 衆稱異, 爾小生, 宜立志。
73 瑩八歲, 能咏詩, 泌七歲, 能賦碁。
彼穎悟, 人稱奇, 爾幼學, 當效之。
74 蔡文姬, 能辨琴, 謝道韞, 能咏吟。
彼女子, 且聰敏, 爾男子, 當自警。
75 唐劉晏, 方七歲, 擧神童, 作正字。
彼雖幼, 身已仕, 爾幼學, 勉而致。
76 有爲者, 亦若是。
77 犬守夜, 雞司晨。苟不學, 曷爲人。
78 蠶吐絲, 蜂釀蜜。人不學, 不如物。
79 幼而學, 壯而行。上致君, 下澤民。
80 揚名聲, 顯父母。光於前, 裕於後。
81 人遺子, 金滿籯, 我敎子, 惟一經。
82 勤有功, 戲無益。戒之哉, 宜勉力。

삼자경三字經

1

인 지 초 성 본 선 성 상 근 습 상 원
人之初, 性本善。性相近, 習相遠。
rén zhī chū xìng běn shàn xìng xiāng jìn xí xiāng yuǎn

주석

【人之初】: 사람의 출생 초기. 사람이 태어날 때.

〖初〗: 출생 초기. 태어날 때.

【性本善】: 본성은 본래 착하다.

〖性〗: 본성. 천성.

【性相近】: 본성은 서로 가깝다.

〖近〗: 가깝다. 비슷하다.

【習相遠】: 습성으로 인해 서로 멀어지다.

〖習〗: 습성. 습관.

〖遠〗: 멀어지다. 달라지다. 차이가 발생하다.

번역

사람이 태어날 때, 본성은 본래 착하다. 본성은 서로 가까우나, 습성으로 인해 서로 멀어진다.

해설

본문은 공맹孔孟의 학설을 근거로 인성人性의 본질과 후천적인 변화를 설명하면서, 동시에 교육의 중요성을 강조한 것이다.

사람이 태어날 때 본성은 모두 착하지만 성장하면서 서로 차이가 발생한다. 이는 전적으로 후천적인 환경과 교육의 영향으로 말미암은 것이다.

맹자孟子는 《맹자孟子·공손추상公孫丑上》에서 「측은하게 여기는 마음은 인仁의 발단이요, 부끄러워하고 미워하는 마음은 의義의 발단이요, 사양하는 마음은 예禮의 발단이요, 시비를 가리는 마음은 지智의 발단이다. 사람이 사단四端을 가지고 있는 것은 마치 사체四體(팔과 다리)를 가지고 있는 것과 같다.(惻隱之心, 仁之端也; 羞惡之心, 義之端也; 辭讓之心, 禮之端也; 是非之心, 智之端也。人之有是四端也, 猶其有四體也.)」라고 했다. 이른바 단端이라고 하는 것은 바로 「싹」이다. 사람이 처음 태어날 때 「인·의·예·지」라고 하는 착한 싹을 지니고 태어나기 때문에 천성이 모두 착한 것인데, 다만 성장하면서 서로 다른 환경과 교육의 영향으로 인해 선악의 구별이 생겨나는 것이다.

또 공자孔子는 《논어論語·양화陽貨》에서 「본성은 서로 비슷하지만, 후천적인 습성으로 인해 점차 서로 멀어진다.(性相近也, 習相遠也.)」라고 했다.

2

구 불 교 성 내 천 교 지 도 귀 이 전

苟不教，性乃遷。教之道，貴以專。

gǒu bú jiào xìng nǎi qiān jiào zhī dào guì yǐ zhuān

주석

【苟不教】: 만일 가르치지 않으면.

〖苟〗: 만일. 만약.

〖教〗: 가르치다. 훈도하다.

【性乃遷】: 본성이 곧 변하다.

〖乃〗: 곧. 이내.

〖遷〗: 변하다.

【教之道】: 훈도의 방법.

〖道〗: 방법.

【貴以專】: 전심전력하는 것을 중히 여기다.

〖貴〗: 귀히 여기다. 중히 여기다. 중시하다.

〖以〗: …을.

〖專〗: 전심전력하다.

번역

만일 가르치지 않으면, 선량한 본성은 이내 변한다. 가르치는 방법은, 전심전력하는 것을 가장 중히 여긴다.

해설

본문은 아이들의 착한 본성을 유지하기 위해 꾸준히 가르쳐야 한다는 교육의 중요성을 강조한 것이다.

아이들을 가르치는 일은 국가 백년대계를 위해 가장 중요한 덕목이다. 성장 과정의 아이들은 가르치는 일을 소홀히 하면 잘못된 길로 빠지기가 매우 쉽다. 교육은 아이들의 선량한 본성을 유지하게 할 수 있는 유일한 방법이다. 따라서 아이들을 사회의 유용한 인재로 기르기 위해서는 잠시도 방심하거나 나태하지 말고 오로지 전심전력으로 심혈을 기울여 가르쳐야 한다.

3

석 맹 모 택 린 처 자 불 학 단 기 저
昔孟母, 擇鄰處。子不學, 斷機杼。
xí mèng mǔ zé lín chǔ zǐ bù xué duàn jī zhù

주석

【昔孟母】: 옛날 맹자孟子의 어머니.

〖昔〗: 옛날. 예전.

〖孟母〗: 전국시대 맹자의 어머니 장씨仉氏. 맹자(B.C. 372–B.C. 289)는 전국시대 유학자, 이름은 가軻.

【擇鄰處】: 이웃을 골라 거주하다.

〖擇〗: 고르다. 택하다.

〖鄰〗: 이웃. 즉, 부근의 민가 또는 환경.

〖處〗: 살다. 거주하다.

【子不學】: 아들이 열심히 배우지 않다.

〖學〗: 열심히 배우다.

【斷機杼】: 베틀의 북을 잘라버리다.

〖斷〗: 끊다. 자르다.

〖機〗: 베틀.

〖杼〗: 베틀의 북. ※혹은「베틀에서 짜낸 베」를 가리킨다고도 한다.

번역

옛날에 맹자의 어머니는, 이웃을 골라 거주했다. 아들이 열심히 배우지 않자, 베틀의 북을 잘라버렸다.

해설

본문은 맹자 어머니가 아들의 교육을 위해 여러 차례 이사한 것을 예로 들어 환경과 교육의 관계를 설명한 것이다.

옛날 맹자의 어머니가 아들의 좋은 교육 환경을 위해 집을 세 번 이사하고, 아들이 학업에 열중하지 않으려 하자, 베틀의 북을 잘라 훈계했다는 고사는 유향劉向의 《열녀전列女傳·추맹가모鄒孟軻母》에 보인다.

《열녀전》에 의하면, 처음에는 공동묘지 근처에 살았는데, 맹자가 날마다 장례 지내는 모습을 흉내 내며 놀자 다른 곳으로 이사를 했다. 그곳이 시장 근처였는데, 맹자가 날마다 장사 놀이를 하며 놀자, 다시 이사하여 서당 근처로 가니 맹자가 비로소 날마다 공부놀이를 하게 되었는데, 이를 일러 「맹모삼천지교孟母三遷之敎」라고 한다.

그 후 맹자는 서당에 들어가 공부를 했다. 어느 날 맹자가 공부를 하다 말고 집으로 돌아오자, 맹자 어머니는 몹시 화를 내며 베틀의 북을 잘라버리고 아들에게 말했다:「네가 만일 열심히 공부하지 않고 중도에서 그만두면, 내가 이 베틀의 북을 잘라버린 것과 마찬가지다.(子之廢學, 若吾斷斯織也.)」 이로부터 교훈을 받은 맹자는 열심히 공부하여 마침내 당대의 대유大儒가 되었고 후세 사람들로부터 아성亞聖이라 존경을 받았다.

4

두 연 산　　유 의 방　　교 오 자　　명 구 양

竇燕山，有義方，教五子，名俱揚。

dòu yān shān　yǒu yì fāng　jiào wǔ zǐ　míng jù yáng

주석

【竇燕山】: [인명] 두우균竇禹鈞. 오대五代 시기 후진後晉 계주薊州(지금의 하북성 계현薊縣) 사람으로 간의대부諫議大夫를 지냈다. 계주에 연산燕山이 있는데, 두우균이 이곳에 살았기 때문에 별명을「두연산竇燕山」이라 했다.

【有義方】: 도의에 부합한 방법이 있다.

〖義方〗: 도의에 부합한 방법. ※《좌전左傳·은공삼년隱公三年》:「저는 자식을 사랑하면, 마땅히 정의에 부합한 도리로 가르쳐, 사악한 길로 들어서지 않게 해야 한다고 들었습니다.(臣聞愛子, 教之以義方, 弗納於邪.)」

【教五子】: 다섯 아들을 가르치다.

〖教〗: 가르치다. 훈도하다.

〖五子〗: 두우균의 다섯 아들인 의儀·엄儼·간侃·칭偁·희僖.

【名俱揚】: 모두 이름을 날리다.

〖俱〗: 모두. 다.

〖揚〗: 날리다. 드날리다. 떨치다.

번역

두연산竇燕山은 도의道義에 부합한 방법이 있어, 다섯 아들을 가르쳐, 그들 모두 세상에 이름을 날렸다.

해설

본문은 두우균의 교육 방법을 통해, 부모의 자식에 대한 교육 방법의 중요성을 강조한 것이다.

오대五代 시기의 두우균竇禹鈞은 매사에 있어서 항상 정의에 부합하는 도리를 견지하며 자식을 가르쳤다. 그리하여 다섯 아들 모두 성공을 거두어 세상에 크게 이름을 날렸는데, 맏아들 의儀는 상서尙書를 지내고, 둘째 엄儼은 한림학사翰林學士, 셋째 간侃은 기거랑起居郞, 넷째 칭偁은 참지參知, 다섯째 희僖는 좌보궐左補闕을 지냈다.

《송사宋史·두의전竇儀傳》에도 두씨竇氏의 다섯 아들 모두가 과거에 급제하여 명망이 매우 높았다는 기록이 있다.

5

양 불 교 부 지 과 교 불 엄 사 지 타

養不敎, 父之過, 敎不嚴, 師之惰。

yǎng bú jiào fù zhī guò jiào bù yán shī zhī duò

주석

【養不敎】: 기르며 가르치지 않다.

〖養〗: 기르다. 양육하다.

〖敎〗: 가르치다.

【父之過】: 부모의 잘못. ※여기서「父母」라 하지 않고「父」라 한 것은 당시의 부권사회父權社會를 의미하나, 실제로는 부모를 지칭하는 것으로 보는 것이 타당하다.

〖過〗: 잘못. 허물.

【敎不嚴】: 가르치며 엄하지 않다.

〖嚴〗: 엄하다. 엄격하다.

【師之惰】: 스승의 태만.

〖惰〗: 태만하다. 게으르다.

번역

기르며 가르치지 않으면, 그것은 부모의 잘못이고, 가르치며 엄하지 않으면, 그것은 스승이 태만한 것이다.

해설

본문은 가정과 학교가 공히 아이들의 중요한 학습 터전으로, 부모와 교사 모두 아이들에 대한 관리 책임이 있다는 점에서 가정교육과 학교교육의 중요성을 설명한 것이다.

자식을 먹이고 입혀 기르기만 하고 학업을 가르치지 않는다면, 그것은 부모의 잘못이고, 학업을 가르치면서 엄히 하지 않는다면, 그것은 스승이 태만한 것이다.

안에서 현명한 부모가 있고, 밖에서 현명한 스승이 있어야 자식을 훌륭한 인재로 성장하게 할 수 있다.

6

자 불 학 　비 소 의 　유 불 학 　노 하 위

子不學, 非所宜。幼不學, 老何爲。

zǐ bù xué 　fēi suǒ yí 　yòu bù xué 　lǎo hé wéi

주석

【子不學】: 아이가 배우려 하지 않다.

〖子〗: 아이. 아동.

【非所宜】: 옳지 않다. 옳은 일이 아니다.

〖宜〗: 옳다. 당연하다. 마땅하다.

【幼不學】: 어렸을 때 배우지 않다.

〖幼〗: 어릴 적에. 어렸을 때.

【老何爲】: 나이가 들었을 때 무엇을 하겠는가?

〖老〗: 늙다. 나이가 들다.

〖何爲〗: 무엇을 하겠는가? 무슨 역할을 하겠는가?

번역

아이가 배우려 하지 않는 것은, 옳지 않은 일이다. 어려서 배우지 않으면, 나이가 들어 무엇을 하겠는가?

해설

본문은 배움에 때가 있어 시기를 놓치면 절대 회복이 불가능하다는 도리를 설명한 것이다.

진晉 도연명陶淵明의 《잡시雜詩》에 「한창 젊은 시절은 거듭 오지 않고, 하루는 아침을 두 번 맞지 못한다. 제때에 부지런히 애써 노력해야지, 세월은 사람을 기다리지 않는다.(盛年不重來, 一日難再晨. 及時當勉勵, 歲月不待人.)」라는 구절이 있다. 배움의 시기로 말하면, 어린 시절은 곧 배움이 가장 왕성한 시기이다. 따라서 사람이 어렸을 적에 배우지 못하면 어른이 되어 아무리 후회해도 되돌릴 수가 없다.

7

옥 불 탁 불 성 기 인 불 학 부 지 의

玉不琢, 不成器, 人不學, 不知義。

yù bù zhuó bù chéng qì rén bù xué bù zhī yì

주석

【玉不琢】: 옥을 갈고 다듬지 않다.

〖琢〗: 쪼다. 갈고 다듬다.

【不成器】: 기물이 되지 못하다.

〖成〗: 되다.

〖器〗: 그릇. 기물.

【人不學】: 사람이 배우지 않다.

【不知義】: 도리를 알지 못하다.

〖義〗: 도리.

번역

옥은 갈고 다듬지 않으면, 유용한 기물이 되지 못하고, 사람은 배우지 않으면, 도리를 알지 못한다.

해설

본문은 옥기玉器를 제조할 때 반드시 갈고 다듬어야 한다는 것을 비유로 들어, 사람도 반드시 학습을 통해야 비로소 도리를 깨우쳐 유용한 재목이 될 수 있다는 것을 설명한 것이다.

옥은 갈고 다듬지 않으면 보통 돌이나 다름없지만, 갈고 다듬은 후에는 사람에게 쓸모 있는 유용한 기물이 된다. 사람도 이와 마찬가지다. 부지런히 배우고자 각고 노력해야 비로소 처세의 도리를 알고 사회에 공존할 수 있는 유용한 사람이 되는 것이다.

8

위 인 자　방 소 시　친 사 우　습 예 의

爲人子，方少時，親師友，習禮儀。

wéi rén zǐ　fāng shào shí　qīn shī yǒu　xí lǐ yí

주석

【爲人子】: 사람의 자식이 되다.

〖爲〗: 되다.

〖子〗: 자녀. 자식.

【方少時】: 젊었을 때.

〖方…時〗: …때.

〖少〗: 젊다. 나이가 적다.

【親師友】: 스승과 친구를 가까이하다.

〖親〗: 가까이하다. 친하다.

〖師友〗: 스승과 친구.

【習禮儀】: 예의를 배우고 익히다.

〖習〗: 배우고 익히다. 학습하다.

〖禮儀〗: 예의. 예절과 의식.

번역

사람의 자식이 되어, 젊었을 때는, 스승과 친구를 가까이하여, 그들로부터 예의를 배우고 익혀야 한다.

해설

본문은 학습의 다양한 방법을 설명한 것이다.

자녀들이 도리를 배울 수 있는 방법은 여러 가지가 있다. 부모의 훈도를 받을 수도 있고, 독서를 통할 수도 수 있고, 스승을 좇아 배울 수도 있고, 친구와 더불어 절차탁마切磋琢磨할 수도 있다. 다만 중요한 것은 시기를 포착하여 가급적 젊을수록 유리하다. 일단 악습이 배어들면 사후에 바로잡기란 미연에 방지하는 것보다 훨씬 힘들기 때문이다.

자녀들이 철들기 전에 일찍이 좋은 스승과 좋은 친구를 가까이하여 그들로부터 여러 가지 유익한 경험과 지식을 배워 자신의 단점을 보완할 수 있다면, 그것은 향후 성장하여 인간의 도리를 행하는 데 있어서 진정 양호한 길잡이가 될 것이다.

9

향 구 령　능 온 석　효 어 친　소 당 집

香九齡，能溫席。孝於親，所當執。

xiāng jiǔ líng　néng wēn xí　xiào yú qīn　suǒ dāng zhí

주석

【香九齡】: 황향黃香이 아홉 살 때.

〖香〗: [인명] 황향黃香. 동한東漢 강하江夏 안육安陸(지금의 호북성湖北省 안육현安陸縣) 사람.

〖九齡〗: 아홉 살. ※《후한서後漢書·문원전文苑傳·황향黃香》의 기록에 의하면, 향은 아홉 살 때 어머니가 세상을 떠나자 아버지를 모시고 극진히 효도하여 마을 사람들로부터 효자라 칭찬을 받았다.

【能溫席】: 능히 이부자리를 따뜻하게 할 줄 알다.

〖溫〗: 따뜻하게 하다.

〖席〗: 자리. 여기서는「침석. 이부자리」를 가리킨다.

【孝於親】: 부모에게 효도하다.

〖於〗: [개사] …에게. …대해.

〖親〗: 양친. 부모.

【所當執】: 마땅히 지켜야 하는 바.

〖當〗: 마땅히. 당연히.

〖執〗: 지키다.

번역

황향黃香은 아홉 살 때, 능히 아버지의 이부자리를 따뜻하게 할 줄 알았다. 부모에게 효도하는 것은, 자식이 마땅히 지켜야 하는 바이다.

해설

본문은 황향의 이야기를 통해, 자녀의 부모에 대한 효행이, 곧「모든 행실의 으뜸」이라는 것을 설명한 것이다.

황향은 아홉 살 때부터 부모에게 효도할 줄을 알아, 여름날 더울 때는 부채를 가지고 부모의 잠자리를 시원하게 하여 주무시게 하고, 겨울철 추울 때는 자기가 먼저 누워 이부자리를 따뜻하게 한 후 부모가 편안히 잠자리에 들도록 했다.

원元나라 때 곽거경郭居敬이 편찬한《이십사효二十四孝》중의 하나인「선침온금扇枕溫衾」고사는 바로 황향의 효행에 관한 이야기이다.

10

융 사 세　능 양 리　제 어 장　의 선 지
融四歲，能讓梨。弟於長，宜先知。
róng sì suì　néng ràng lí　tì yú zhǎng　yí xiān zhī

주석

【融四歲】: 융의 네 살 때.

〖融〗: [인명] 공융孔融(A.D. 153-208). 자는 문거文擧. 동한東漢 말기 예주豫州 노국魯國(지금의 산동성山東省 곡부曲阜) 사람으로 어려서부터 재능이 있어 문장에 능했다. 후에 진림陳琳·왕찬王粲·서간徐幹·완우阮瑀·응창應瑒·유정劉楨 등과 더불어 건안칠자建安七子(후한 건안 시기의 시문詩文에 뛰어난 일곱 사람)로 불리었다.

【能讓梨】: 능히 배를 양보할 줄 알다.

〖讓〗: 양보하다.

〖梨〗: 배.

【弟於長】: 형에게 공손하다. 형을 존경하다.

〖弟〗: 悌제. 공경하다. 존경하다. 공손하다.

〖於〗: [개사] …에게. …에 대해.

〖長〗: 윗사람. 여기서는「형」을 가리킨다.

【宜先知】: 마땅히 먼저 알아야 하다.

〖宜〗: 마땅히.

〖先知〗: 어려서부터 먼저 알다.

번역

공융孔融은 네 살 때, 능히 배를 양보할 줄 알았다. 형을 존경해야 하는 도리는, 어려서부터 마땅히 먼저 알아야 한다.

해설

본문은 공융의 고사를 통해, 윗사람을 공경하는 「제悌」의 도리는 마땅히 어려서부터 가르쳐야 한다는 이치를 설명한 것이다.

《후한서後漢書·공융전孔融傳·주注》에 보면, 《융가전融家傳》을 인용하여 「형제가 일곱이고 융은 그중 여섯째인데, 어려서부터 순박하고 선량한 성품을 지니고 있었다. 융이 네 살 때 형들과 함께 배를 먹을 때면 융은 번번이 작은 배를 집어 들었다. 어른이 그 까닭을 묻자, 융이 대답하길: 『저는 작은 아이이니, 마땅히 작은 것을 가져야 돼요.』라고 했다.(融家傳曰: 「兄弟七人, 融第六, 幼有自然之性. 年四歲時, 每與諸兄共食梨, 融輒引小者. 大人問其故, 荅曰: 『我小兒, 法當取小者.』)」라는 기록이 있다.

공융은 겨우 네 살의 어린 나이에 이미 양보하는 예절을 배워 형에게 큰 배를 먹게 하고, 자기는 작은 배를 선택했다. 이처럼 형을 존경하는 미덕은 마땅히 어려서 가르쳐 길러주어야 한다.

11

수 효 제 차 견 문 지 모 수 식 모 문
首孝弟，次見聞。知某數，識某文。
shǒu xiào tì cì jiàn wén zhī mǒu shù shí mǒu wén

주석

【首孝弟】: 먼저 부모에 효도하고 형을 공경하다.

〖首〗: 먼저. 우선. 첫째.

〖孝〗: 부모에 대한 효도.

〖弟〗: 悌(제). 형제간의 우애.

【次見聞】: 다음에 견문을 넓혀 배우다.

〖次〗: 다음. 둘째.

〖見聞〗: 보고 듣는 지식을 배우는 일.

【知某數】: 기본적인 산술을 알다.

〖某數〗: 십十·백百·천千·만萬 등의 숫자. 여기서는「기본적 산술算術」을 가리킨다.

【識某文】: 기본적인 문자를 알다.

〖識〗: 알다. 이해하다.

〖某文〗: 기본적인 문자.

번역

부모에 대한 효도와 형제간의 우애가 먼저요, 견문을 넓혀 배우는 것이 그 다음이다. 또한 기본적인 산술算術을 알고, 기본적인 문자를 알아야 한다.

해설

본문은 공자孔子의 관점에 따라, 부모에 대한 효도와 형제간의 우애를 인륜의 가장 기본적인 도리로 인식하여, 도리가 학문에 우선한다는 학습의 순서를 설명한 것이다.

공자는 《논어論語·학이學而》에서 말하길: 「젊은이는 집에 들면 부모에게 효도하고, 밖에 나가면 어른에게 공손하며, 행동을 삼가고 신의를 지키되, 널리 대중을 사랑하고 어진 자를 가까이해야 한다. 이런 일을 실행하고 나서 여력이 있으면 비로소 글을 배운다.(弟子入則孝, 出則弟, 謹而信, 汎愛衆而親仁. 行有餘力, 則以學文.)」라고 하여, 기본적인 도리를 행하고 여력이 있으면 학문에 힘쓰라고 했다.

12

일 이 십 십 이 백 백 이 천 천 이 만
一而十, 十而百, 百而千, 千而萬。
yī ér shí shí ér bǎi bǎi ér qiān qiān ér wàn

주석

【一而十】: 1이 열이면 10이다.

【十而百】: 10이 열이면 100이다.

【百而千】: 100이 열이면 1,000이다.

【千而萬】: 1,000이 열이면 10,000이다.

번역

1이 열이면 10이고, 10이 열이면 100이고, 100이 열이면 1,000이고, 1,000이 열이면 10,000이다.

해설

본문은 십진법十進法의 기본 원리를 설명한 것이다.

1은 수의 시작이다. 1에서 10, 10에서 100, 100에서 1,000, 1,000에서 10,000……이렇게 진행하면 무한대로 나간다. 산술은 매우 심오한 학문으로 거의 모든 과학 분야도 수학의 영역을 벗어나지 못한다.

13

삼 재 자 천 지 인 삼 광 자 일 월 성
三才者，天地人。三光者，日月星。
sān cái zhě tiān dì rén sān guāng zhě rì yuè xīng

주석

【三才者】: 삼재三才라는 것. 세 가지 기본 요소라는 것.

〖才〗: 기본 요소. 생명 현상 및 생명 의의를 구성하는 세 가지 요소.

〖者〗: …라는 것.

【天地人】: 하늘·땅·사람.

【三光者】: 삼광三光이라는 것. 빛을 발하는 세 가지 물체라는 것.

【日月星】: 해·달·별.

번역

생명 현상과 생명 의의意義를 구성하는 세 가지 기본 요소는, 하늘과 땅과 사람이고, 빛을 발하는 세 가지 물체는, 해와 달과 별이다.

해설

본문은 우리 인류의 삶과 관련이 있는 「삼재」와 「삼광」의 의의意義를 설명한 것이다.

옛날에는 생명 현상과 생명 의의意義를 구성하는 기본 요소로 천天·지地·인人, 즉 하늘과 땅과 사람을 말했다. 「하늘」은 만물이 의존하여 생존하는 모든 공간 환경을 가리키는 것으로, 일월성신日月星辰(해와 달과 별)·주야

한서晝夜寒暑(낮과 밤, 추위와 더위)·풍우명회風雨明晦(바람과 비, 밝음과 어둠) 등을 포함하고, 「땅」은 만물이 생장하는 지리 조건과 각종 물산物產을 가리키며, 「사람」은 만물의 영장으로 천지에 순응하여 만물을 화육化育(만들어 기름)한다. 이 세 가지의 기본 요소들이 서로 호응해야 비로소 인류의 문명을 창조할 수 있다.

그리고 빛을 발하는 세 가지 물체인 「삼광」은 일日·월月·성星, 즉 해와 달과 별을 가리킨다.

14

삼 강 자 군 신 의 부 자 친 부 부 순

三綱者, 君臣義, 父子親, 夫婦順。

sān gāng zhě jūn chén yì fù zǐ qīn fū fù shùn

주석

【三綱者】: 삼강이라는 것.

〖三綱〗: 세 가지 강령綱領. 즉, 사람과 사람 사이의 관계에서 마땅히 지켜야 하는 세 가지 행위 준칙.

【君臣義】: 임금과 신하 사이의 의리.

〖義〗: 의리義理.

【父子親】: 부모와 자식 사이의 친애.

〖親〗: 친애親愛.

【夫婦順】: 남편과 아내 사이의 화목.

〖順〗: 화순和順(온화하고 양순함). 화목和睦.

번역

삼강三綱이라는 것은 임금과 신하 사이의 의리義理, 부모와 자식 사이의 친애親愛, 남편과 아내 사이의 화목和睦을 가리키는 말이다.

해설

본문은 삼강三綱의 중요성을 설명한 것이다.

사람과 사람 사이의 원만한 관계를 유지하기 위해서는 서로 지켜야 할 행위 준칙이 있다. 삼강이란 바로 임금과 신하 간의 도리를 말하는 군위신강君爲臣綱, 부모와 자식 간의 도리를 말하는 부위자강父爲子綱, 남편과 아내 사이에 서로 지켜야 하는 행위 준칙을 말하는 부위부강夫爲婦綱을 가리킨다.

그러나 인간 사회의 관계는 다만 이뿐만이 아니다. 친구와 친구, 남녀 사이, 타인 간의 장유長幼 관계 등 여러 경우가 있다. 대인관계의 총체적인 관점에서 볼 때, 사회의 안녕과 평화를 지탱하기 위해서는 사람마다 각기 자신의 위치를 알고 스스로 도리를 실행해 나가야 가능하다는 것을 확실히 인식해야 한다.

15

왈 춘 하 왈 추 동 차 사 시 운 불 궁

曰春夏, 曰秋冬, 此四時, 運不窮。

yuē chūn xià yuē qiū dōng cǐ sì shí yùn bù qióng

주석

【曰春夏】: 봄·여름이라 이르다.

〖曰〗: …라 하다. …라고 부르다. …라 이르다.

【曰秋冬】: 가을·겨울이라 이르다.

【此四時】: 이 네 계절.

〖四時〗: 사계四季. 사철. 네 계절. ※「時」는 계절을 가리킨다.

【運不窮】: 운행하며 영원히 멈추지 않다.

〖運〗: 운행하다. 순환하다.

〖不窮〗: 다함이 없다. 즉「영원히 멈추지 않는다.」의 뜻.

※봄이 가면 여름이 오고, 여름이 가면 가을이 오고, 가을이 가면 겨울이 오고, 겨울이 가면 봄이 온다. 이와 같이 사계절은 계속 운행하며 영원히 멈추지 않는다.

번역

봄·여름이라 이르고, 가을·겨울이라 이르는, 이 네 계절은, 순환 운행하며 영원히 멈추지 않는다.

해설

본문은 사계절四季節이 변화하며 영원히 멈추지 않고 계속 순환하는 현상을 설명한 것이다.

사계절의 봄은 음력으로 정월부터 삼월까지, 여름은 사월부터 유월까지, 가을은 칠월부터 구월까지, 겨울은 시월부터 십이월까지로 나눈다. 봄이 가면 여름이 오고, 여름이 가면 가을이 오고, 가을이 가면 겨울이 오고, 겨울이 가면 다시 봄이 오며 사계절이 계속 순환한다. 사계절은 봄에 따뜻하다가 여름에는 매우 덥고, 가을이 되면 선선해졌다가 겨울에 추워지는 현상이 이어지는 특징이 있다.

16

왈 남 북 왈 서 동 차 사 방 응 호 중
曰南北，曰西東，此四方，應乎中。
yuē nán běi yuē xī dōng cǐ sì fāng yìng hū zhōng

주석

【曰南北】: 남·북이라 이르다.

【曰西東】: 동·서라 이르다.

【此四方】: 이 네 방향.

【應乎中】: 중앙에 대응하다.

〖應〗: 대응하다.

〖乎〗: [개사] …에. …에 대해. …을 향해.

〖中〗: 중앙.

번역

남과 북이라 이르고, 서와 동이라 이르는, 이 네 방향은, 모두 중앙에 대응하고 있다.

해설

본문은 사방四方의 함의와 중앙에 대응하는 사방의 상호 관계를 설명한 것이다.

동서남북이란 방향은 중앙이라는 중심축이 있어야 결정된다. 만일 중심이 없다면 동서남북의 기준을 무엇으로 정하겠는가? 그러므로 중심이 이동하면 방향도 이에 따라 이동하게 된다.

우리의 생활에서 방향은 매우 중요하다. 그래서 나침판을 발명하여 항해나 독도법讀圖法(지도가 표시하고 있는 내용을 해독하는 기술) 등 여러 방면에서 유용한 도구로 사용하고 있다. 나침판은 곧 동서남북의 중앙 역할을 한다.

17

왈 수 화 목 금 토 차 오 행 본 호 수

曰水火, 木金土, 此五行, 本乎數。

yuē shuǐ huǒ mù jīn tǔ cǐ wǔ xíng běn hū shù

주석

【曰水火】: 물·불이라 이르다.

〖水〗: 물.

〖火〗: 불.

【木金土】: 나무·금속·흙.

〖木〗: 나무.

〖金〗: 금속.

〖土〗: 흙.

【此五行】: 이 우주 만물을 구성하는 다섯 가지 원소.

〖五行〗: 우주 만물을 구성하는 다섯 가지 원소.

【本乎數】: 수에 바탕을 두다.

〖本〗: 근거하다. 근본을 두다. 바탕을 두다.

〖乎〗: [개사] …에.

〖數〗: 《상서尙書·홍범洪範》에 「五行: 一曰水, 二曰火, 三曰木, 四曰金, 五曰土.」라 하여 오행을 숫자로 표시했다. 여기서 수數의 개념은 이에 근거한 것이다.

번역

물과 불, 나무와 금속과 흙이라는, 이 우주 만물을 구성하는 다섯 가지 원소는, 모두 수數에 바탕을 두고 있다.

해설

본문은 오행五行의 함의와 피차의 관계를 설명한 것이다.

옛사람들은 목木·화火·토土·금金·수水 다섯 가지를 우주 만물을 구성하는 기본 원소로 간주하여 이를 「오행五行」이라 하고, 오행의 변화를 근거로 이들 상호 간의 상생相生과 상극相剋 관계를 해석했다. 예를 들어, 금생수金生水(금속이 녹아 액체 상태가 될 수 있다), 수생목水生木(식물은 물을 흡수해야 비로소 생장할 수 있다), 목생화木生火(나무를 문질러 불을 피울 수 있다), 화생토火生土(나무가 타서 재가 된다), 토생금土生金(금속은 모두 흙에서 나온다)은 상생相生의 관계이고, 금극목金剋木(칼이나 도끼는 나무를 벨 수 있다), 목극토木剋土(식물의 뿌리가 흙을 파고 들어간다), 토극수土剋水(흙을 쌓아 수재를 막는다), 수극화水剋火(물로 불을 끌 수 있다), 화극금火剋金(불은 금속을 녹일 수 있다)은 상극相剋의 관계이다.

18

왈 인 의 예 지 신 차 오 상 불 용 문

曰仁義, 禮智信, 此五常, 不容紊。

yuē rén yì lǐ zhì xìn cǐ wǔ cháng bù róng wěn

주석

【曰仁義】: 인·의라 이르다.

〖仁〗: 어짊. 즉, 사람을 사랑하고 만물을 이롭게 함.

〖義〗: 의로움. 즉, 공정하고 합당함.

【禮智信】: 예·지·신.

〖禮〗: 예절. 예의.

〖智〗: 지혜.

〖信〗: 신용. 믿음.

【此五常】: 이 다섯 가지의 영원히 변하지 않는 도리.

〖五常〗: 유가儒家에서 말하는 다섯 가지의 영원히 변하지 않는 도리.

【不容紊】: 문란을 용인하면 안 되다.

〖容〗: 용인하다. 허용하다. 용납하다.

〖紊〗: 어지럽히다. 문란하다.

번역

인仁과 의義, 예禮와 지智와 신信이라 이르는, 이 다섯 가지의 영원히 변하지 않는 도리는, 어지럽힘을 용인해서는 안 된다.

해설

본문은 인격 수양에 있어서 가장 중요한 다섯 가지의 상도常道(항상 지켜야 할 도리)인 「인仁·의義·예禮·지智·신信」에 관해 설명한 것이다.

유가儒家에서 인·의·예·지·신은 사람들이 인격 수양에서 지켜야 할 가장 중요한 다섯 가지 도리이다. 사회생활을 하면서 다른 사람과 왕래하자면 이 다섯 가지 도리는 반드시 갖추어야 하기 때문에, 그래서 옛사람들은 이를 오상五常이라 하여 영원히 변하지 않는 덕목으로 삼았다.

만일 모든 사람이 능히 이러한 덕목을 갖추어 공동생활을 할 수 있다면, 자연히 사회는 안정되고 천하는 태평성대를 누릴 것이다.

19

도 량 숙 　 맥 서 직 　 차 육 곡 　 인 소 식

稻粱菽，麥黍稷，此六穀，人所食。

dào liáng shú　mài shǔ jì　cǐ liù gǔ　rén suǒ shí

주석

【稻粱菽】: 벼·조·콩.

〖稻〗: 벼.

〖粱〗: 조.

〖菽〗: 콩.

【麥黍稷】: 보리 또는 밀·기장·수수.

〖麥〗: 대맥大麥(보리)과 소맥小麥(밀)이 있다.

〖黍〗: 기장.

〖稷〗: 수수. 고량.

【此六穀】: 이 여섯 가지 곡식.

〖穀〗: 곡식. 곡물.

【人所食】: 사람이 먹는 것.

〖食〗: 먹다.

번역

벼와 조와 콩, 보리와 기장과 수수, 이 여섯 가지 곡식은, 사람이 먹는 양식이다.

해설

본문은 우리의 식생활에서 가장 중요한 여섯 가지 곡식의 종류와 명칭을 소개한 것이다.

중국은 예로부터 농업이 발달한 나라로 면적이 매우 넓고 각지의 기후가 달라 재배 환경에 적합한 작물도 매우 다양하며 차이가 있다. 그중 가장 중요한 작물이 바로 벼와 조와 콩, 보리와 기장과 수수, 이 여섯 가지로 이름하여 육곡六穀이라 한다.

20

마 우 양 계 견 시 차 육 축 인 소 사
馬牛羊, 雞犬豕, 此六畜, 人所飼。
mǎ niú yáng jī quǎn shǐ cǐ liù chù rén suǒ sì

주석

【馬牛羊】: 말·소·양.

【雞犬豕】: 닭·개·돼지.

〖雞〗: 닭.

〖犬〗: 개.

〖豕〗: 돼지.

【此六畜】: 이 여섯 종류의 가축.

〖畜〗: 가축. 짐승.

【人所飼】: 사람이 기르다.

〖飼〗: 기르다. 사육하다.

번역

말과 소와 양, 닭과 개와 돼지, 이 여섯 종류의 가축은, 사람이 사육하는 것들이다.

해설

본문은 우리의 생활에서 없어서는 안 될 가장 중요한 여섯 종류의 가축을 소개한 것이다.

말은 사람이 타거나 수레를 끌고, 소는 농사철에 경작에 이용하는 외에 식용으로 제공되기도 하지만, 가죽이나 뿔도 유용하게 사용된다.

양은 식용 외에 털이나 가죽을 이용하여 의복을 제작하는 용도로 쓰이며, 닭은 계육과 계란이 식용으로 제공되지만 예전에는 사신司晨(새벽을 관장한다)이라 하여 새벽을 알려주는 역할을 하기도 했다.

개는 야밤을 지키고 사냥을 돕기도 하며, 돼지는 식용으로 제공되는 외에 털이나 가죽도 쓰임새가 있다.

21

왈 희 로 왈 애 구 애 오 욕 칠 정 구

曰喜怒，曰哀懼，愛惡欲，七情具。

yuē xǐ nù yuē āi jù ài wù yù qī qíng jù

주석

【曰喜怒】: 기쁨·노여움이라 이르다.

〖喜〗: 기쁨.

〖怒〗: 노여움.

【曰哀懼】: 슬픔·두려움이라 이르다.

〖哀〗: 슬픔.

〖懼〗: 두려움.

【愛惡欲】: 사랑·미움·욕심.

〖愛〗: 사랑.

〖惡〗: 미움.

〖欲〗: 욕심.

【七情具】: 일곱 가지 감정을 지니다.

〖七情〗: 일곱 가지 감정.

〖具〗: 갖추다. 구비하다. 지니다. 가지다.

번역

기쁨과 노여움, 슬픔과 두려움, 사랑과 미움과 욕심, 일곱 가지 감정은 누구나 가지고 있다.

해설

본문은《예기禮記》의 논조를 근거로 인간이 선천적으로 지니고 있는 일곱 가지 감정에 대해 설명한 것이다.

《예기禮記·예운禮運》에「무엇을 인정이라 하는가? 기쁨과 노여움과 슬픔과 두려움과 사랑과 미움과 욕심, 일곱 가지는 배우지 않고도 능하다.(何謂人情? 喜怒哀懼愛惡欲, 七者弗學而能.)」라고 했다.

사람은 태어나면서부터 칠정七情을 지니고 태어나 누구나 그것을 말살할 수는 없다. 그러나 지혜 있고 수양을 쌓은 사람은 스스로 적절히 조절하고 통제하여 감정에 이끌리지 않아 그러한 감정의 노예가 되지 않는다. 그래야 편안하고 즐겁고 의미 있는 삶을 살아갈 수가 있다.

22

포 토 혁 목 석 금 사 여 죽 내 팔 음
匏土革, 木石金, 絲與竹, 乃八音。
páo tǔ gé mù shí jīn sī yǔ zhú nǎi bā yīn

주석

【匏土革】: 박·점토·가죽.

〖匏〗: [식물] 박. ※박으로 만든 악기로, 생笙(생황)·우竽(피리) 등이 있다.

〖土〗: 흙. 점토. ※점토를 구워서 만든 악기로, 훈壎(질나발)·부缶(장군) 등이 있다.

〖革〗: 가죽. 피혁. ※가죽으로 만든 악기로, 고鼓(북)·도鞀(노도. 작은 북) 등이 있다.

【木石金】: 나무·돌·금속.

〖木〗: 나무. ※나무로 만들 악기로, 축柷(타악기)·어敔(타악기)·목탁 등이 있다.

〖石〗: 돌. ※옥이나 돌로 만든 악기로, 석경石磬이 있다.

〖金〗: 쇠. 금속. ※금속으로 만든 악기로, 종鐘·박鎛 등이 있다.

【絲與竹】: 실과 대나무.

〖絲〗: 사현絲絃. 실과 줄. ※실이나 줄을 이용하여 소리를 내는 악기로, 금琴(거문고)·슬瑟(비파) 등이 있다.

〖與〗: …와(과).

〖竹〗: 대나무. 죽관. ※죽관을 이용하여 소리를 내는 악기로, 소簫(퉁

소)·적笛(피리) 등이 있다.

【乃八音】: 바로 여덟 가지 악기를 만드는 재료이다.

〖乃〗: 바로 …이다.

〖八音〗: 여덟 가지의 악기. 여기서는 「여덟 가지 악기를 만드는 재료」를 가리킨다.

번역

포匏(박)·토土(점토)·혁革(가죽)·목木(나무)·석石(돌)·금金(금속)·사絲(실)·죽竹(대나무)는, **바로 여덟 가지 악기를 만드는 재료이다.**

해설

본문은 여덟 가지 악기의 제작에 제공되는 각각의 재료를 설명한 것이다.

음악은 사람의 감정을 통제하고 조절할 수 있어 예로부터 매우 중시해 왔다. 그래서 정서에 따라 각종 음악과 이에 상응하는 각양각색의 악기를 발명하여 상황에 따라 희로애락喜怒哀樂을 표현하는 데 사용했다.

중국인들이 발명한 악기의 여덟 가지 재료는 재질이 각기 달라 각기 다른 소리를 낸다. 그래서 팔음八音이라 한다. 예를 들어, 포匏로 만든 악기로 생황·피리 등이 있고, 토土로 만든 악기로 질나발·장군 등이 있고, 혁革으로 만든 악기로 북·노도 등이 있고, 목木으로 만든 악기로 타악기·목탁 등이 있고, 석石으로 만든 악기로 석경石磬이 있고, 금金으로 만든 악기로 종鐘·박鎛 등이 있고, 사絲로 만든 악기로 거문고·비파 등이 있고, 죽竹으로 만든 악기로 퉁소·피리 등이 있다.

23

고 증 조 부 이 신 신 이 자 자 이 손
高曾祖, 父而身, 身而子, 子而孫。
gāo zēng zǔ fù ér shēn shēn ér zǐ zǐ ér sūn

자 자 손 지 현 증 내 구 족 인 지 륜
自子孫, 至玄曾, 乃九族, 人之倫。
zì zǐ sūn zhì xuán zēng nǎi jiǔ zú rén zhī lún

주석

【高曾祖】: 고조·증조·조부.

〖高〗: 고조高祖.

〖曾〗: 증조曾祖.

〖祖〗: 조부祖父.

【父而身】: 부친 그리고 나.

〖而〗: [연사] 그리고.

〖身〗: 나 자신. 나.

【身而子】: 나 그리고 아들.

【子而孫】: 아들 그리고 손자.

【自子孫】: 아들·손자로부터.

〖自〗: …로부터.

【至玄曾】: 증손·현손까지. ※「至玄曾」은 항렬의 순서로 보아 마땅히 「至曾玄」이라 해야 하지만, 여기서는 협운協韻으로 말미암아 도치한 것이다. 협운이란 시문詩文의 평측平仄을 정리하기 위해 고음古音에서 같

은 운韻에 속하지 않는 문자를 같은 운으로 간주하여 서로 통용시킨 것을 말한다. 즉 손孫과 현玄은 협운 관계이다.

〖至〗: …까지.

〖玄〗: 현손.

〖曾〗: 증손.

【乃九族】: 바로 구족九族이다.

〖乃〗: 바로 …이다.

〖九族〗: 자기를 기준으로 고조高祖·증조曾祖·조부祖父·부친父親 등 위 4대와 자기自己·아들·손자孫子, 증손曾孫, 현손玄孫 등 아래 4대를 합친 아홉 직계 혈통의 항렬 관계를 가리킨다.

【人之倫】: 인륜 관계. 여기서는 「친족 혈통 간의 인륜 관계」를 가리킨다.

〖倫〗: 윤리.

번역

고조·증조·조부, 부친 그리고 나, 나 그리고 아들, 아들 그리고 손자.

아들·손자로부터 증손·현손까지가, 바로 구족九族으로, 친족 혈통 간의 인륜 관계이다.

해설

본문은 자신을 기준으로 고조·증조·조부·부친 등 위 4대와 아들·손자·증손·현손 등 아래 4대를 합친 아홉 직계 혈통의 항렬 관계를 설명한 것이다.

구족은 혈통의 계승 관계요, 가족은 사회를 구성하는 핵심이다. 따라서 가족 구성원은 마땅히 장유존비長幼尊卑에 따른 자신의 지위를 인식하고 자기의 도리를 다해야 비로소 가정이 화목해진다.

24

부 자 은 부 부 종 형 즉 우 제 즉 공
父子恩, 夫婦從, 兄則友, 弟則恭。
fù zǐ ēn fū fù cóng xiōng zé yǒu dì zé gōng

장 유 서 우 여 붕 군 즉 경 신 즉 충
長幼序, 友與朋, 君則敬, 臣則忠。
zhǎng yòu xù yǒu yǔ péng jūn zé jìng chén zé zhōng

차 십 의 인 소 동
此十義, 人所同。
cǐ shí yì rén suǒ tóng

주석

【父子恩】: 부자간에 서로 은정恩情을 베풀다.

〖恩〗: 은정을 베풀다.

【夫婦從】: 부부간에 서로 화순하다.

〖從〗: 순종順從하다. 화순和順하다.

【兄則友】: 형이 아우에게 우애롭다.

〖友〗: 우애롭다.

【弟則恭】: 아우가 형에게 공손하다.

〖恭〗: 공경하다. 공손하다.

【長幼序】: 어른과 아이 사이에는 존비尊卑의 질서가 있어야 한다.

〖長〗: 어른.

〖幼〗: 아이.

〖序〗: 차례. 질서.

【友與朋】: 친구와 친구 사이. 여기서는 「친구 사이에 믿음이 있어야 한다.」라는 뜻을 내포하고 있다.

〖友〗: 의기투합意氣投合하는 사람.

〖與〗: …와(과).

〖朋〗: 동문수학同門受學한 사람.

【君則敬】: 임금은 신하를 존중해야 한다.

〖敬〗: 존중하다. 여기서는 「신하를 존중하다.」의 뜻.

【臣則忠】: 신하는 임금에게 충성해야 한다.

〖忠〗: 충성하다. 충심을 다하다. 여기서는 「임금에게 충성하다.」의 뜻.

【此十義】: 이 열 가지 의리.

〖義〗: 사람이 지켜야 하는 행위 규범.

【人所同】: 사람들이 함께 준수하다.

〖同〗: 함께하다. 즉 「함께 준수하다.」의 뜻.

번역

부자父子 사이는 서로 은정恩情을 베풀어야 하고, 부부 사이는 서로 화순和順해야 하며, 형은 아우에게 우애로워야 하고, 아우는 형에게 공손해야 한다.

어른과 아이 사이에는 존비尊卑의 질서가 있어야 하고, 친구 사이에는 믿음이 있어야 하며, 임금은 신하를 존중해야 하고, 신하는 임금에게 충성해야 한다.

이 열 가지 행위 규범은, 사람들이 함께 준수해야 하는 도리이다.

해설

본문은 인륜관계에 관한 「십의十義」를 설명한 것이다.

십의十義에 관한 옛 문헌의 기록은 《예기禮記》와 《맹자孟子》에서 찾아볼 수 있다. 《예기禮記·예운禮運》에는: 「인의란 무엇을 이르는가? 아버지는 자애를 베풀어야 하고, 아들은 효도해야 하며, 형은 우애해야 하고, 아우는 공경해야 하며, 남편은 의를 지켜야 하고, 아내는 순종해야 하며, 어른은 은혜로워야 하고, 아이는 순종해야 하며, 임금은 어질어야 하고, 신하는 충성해야 한다. 이 열 가지를 일러 십의十義라고 한다.(何謂人義? 父慈, 子孝, 兄良, 弟弟, 夫義, 婦聽, 長惠, 幼順, 君仁, 臣忠, 十者謂之人義.)」라고 하여 「부, 자」, 「형, 제」, 「부, 부」, 「장, 유」, 「군, 신」 열 사람 간의 관계를 말했고, 또 《맹자孟子·등문공상滕文公上》에는: 「아버지와 아들 사이에는 친함이 있어야 하고, 임금과 신하 사이에는 의리가 있어야 하고, 남편과 아내 사이에는 분별이 있어야 하고, 어른과 아이 사이에는 차례가 있어야 하고, 벗과 벗 사이에는 신의가 있어야 한다.(父子有親, 君臣有義, 夫婦有別, 長幼有序, 朋友有信.)」라고 하여, 「부, 자」, 「군, 신」, 「부, 부」, 「장, 유」, 「붕, 우」 열 사람의 관계를 말했다.

이처럼 가정의 화목과 사회의 안정을 위해서는 모든 구성원 간 서로 지켜야할 덕목이 있다. 부자간에는 아버지의 자애와 자식의 효도가 따라야 하고, 부부간에는 서로 침범함이 없이 존중하고 양보해야 하며, 형제간에는 우애가 있어야 한다. 또 어른과 아이는 존비尊卑의 질서가 있어야 하고, 친구 간에는 신의信義가 있어야 하며, 군신君臣 간에는 충의忠義가 있어야 한다.

그런데 본문에서는 십의十義를 말하면서 「부·자父·子」, 「부·부夫·婦」, 「형·제兄·弟」, 「장·유長·幼」, 「붕·우朋·友」, 「군·신君·臣」 등 열두 사람의 관계를 들어 십이의十二義라는 의문이 제기된다. 이는 아마도 본서가 《예기》와 《맹자》에서 언급한 인륜 관계를 취합한 개념으로 보인다.

25

범 훈 몽 수 강 구 상 훈 고 명 구 두
凡訓蒙，須講究。詳訓詁，明句讀。
fán xùn méng xū jiǎng jiū xiáng xùn gǔ míng jù dòu

주석

【凡訓蒙】: 무릇 아이를 가르치는 데 있어서는.

〖凡〗: 무릇. 대저.

〖訓蒙〗: 아이를 가르치다. 「訓」: 가르쳐 인도하다. 「蒙」: 동몽童蒙. 아동. 아이.

【須講究】: 반드시 가르치는 방법을 강구해야 한다.

〖須〗: 반드시 …해야 한다.

〖講究〗: 강구하다. 궁리하여 찾아내다. 즉 「가르치는 방법을 강구하다.」의 뜻.

【詳訓詁】: 자의字義의 해석을 상세히 하다.

〖詳〗: 상세히 하다.

〖訓詁〗: 자의字義를 해석하다. 자의의 해석.

【明句讀】: 구두句讀를 확실히 밝히다.

〖明〗: 확실히 밝히다.

〖句讀〗: 문장의 분단分段 방법.

※ 옛사람들은 글을 쓸 때 끊지 않고 계속 이어 씀으로써 후세의 독자들이 그 뜻을 이해하는 데 적잖은 불편을 초래했다. 그리하여 후세 사람들은 그러한 문장에 문장부호를 사용하여 단락段落을 표

시했는데, 말이 완성된 부분을「구句」라 하여「 。」로 표시하고, 말이 아직 완성되지 않은 부분을「두讀」라 하여「 , 」로 표시했다. 이를 일러「구두점句讀點」이라 한다.

번역

무릇 아이를 가르치는 데 있어서는, 반드시 가르치는 방법을 강구해야 한다. 자의字義의 해석을 상세히 해야 하고, 문장의 분단分段 방법을 확실히 밝혀야 하다.

해설

본문은 아동 교육에 있어서 마땅히 견지해야 할 태도와 절차를 설명한 것이다.

아동 교육이 매우 조심스럽고 신중해야 하는 것은, 처음 글을 배우기 시작할 때 반드시 양호한 기초를 다져야하기 때문이다. 따라서 훈몽訓蒙 교육의 중점은 훈고訓詁와 구두口頭 두 방면에 달려있다고 할 수 있다.

26

위 학 자 필 유 초 소 학 종 지 사 서

爲學者，必有初。小學終，至四書。

wéi xué zhě bì yǒu chū xiǎo xué zhōng zhì sì shū

주석

【爲學者】: 학문을 하는 사람.

〖爲學〗: 학문을 하다.

【必有初】: 반드시 처음 시작 단계에서의 기초가 있어야 한다.

〖初〗: 처음. 즉「시작 단계에서의 기초」를 가리킨다.

【小學終】: 소학小學이 끝나다. 즉「소학의 학습이 끝나다. 소학의 학습을 마치다.」의 뜻.

〖小學〗: [서명] 송宋 유자징劉子澄이 주희朱熹의 가르침으로 펴낸 초학자들의 교양서. 쇄소灑掃·응대應對·진퇴進退의 예법과 선행善行, 가언嘉言, 수신 도덕의 격언, 충신 · 효자의 사적事績 등을 고금古今의 책에서 뽑아 6권 5책으로 편찬하였다. 우리나라에서도 널리 알려진 책이다.

〖終〗: 끝나다. 마치다.

【至四書】: 사서四書에 이르다. 즉「사서의 학습에 들어가다.」의 뜻.

〖至〗: 이르다. 즉「임하다. 들어가다.」의 뜻.

〖四書〗: [서명]《논어論語》·《맹자孟子》·《대학大學》·《중용中庸》.

※《대학》·《중용》은 본래《예기禮記》의 한 편篇이었으나, 남송南宋 때 주희朱熹가《논어》·《맹자》와 함께「사서」라 칭하고《사서집주

四書集註》를 저술했다.

번역

학문을 하는 사람은, 반드시 시작 단계에서 기초를 튼튼히 해야 하며, 《소학小學》의 학습이 끝나야, 《사서四書》의 학습에 들어갈 수 있다.

해설

본문은 학문하는 사람에게 요구되는 초기 학습 단계와 진행 과정의 중요성을 설명한 것이다.

모든 일은 처음 시작할 때 기초가 튼튼해야 목표를 향한 과정이 비교적 순탄하다. 학문도 마찬가지이다. 만일 기초가 불안정하면 이후 독서의 과정에서 많은 노력을 들이고도 합당한 성과를 거두지 못하는 결과를 초래하게 된다. 기초가 튼튼해야 《소학》과 《사서》를 거쳐 더욱 높은 단계로 매진할 수 있는 것이다.

27

논 어 자 이 십 편 군 제 자 기 선 언

論語者, 二十篇, 群弟子, 記善言。

lún yǔ zhě èr shí piān qún dì zǐ jì shàn yán

주석

【論語者】: 《논어論語》라는 것.

〖論語〗: [서명] 《논어》는 중국의 위대한 사상가이자 교육가이며 유가 사상의 대표 인물인 공자孔子와 그의 제자 또는 내왕했던 사람들과 나눈 대화 및 제자와 제자들 간의 대화를 기록한 책으로, 총 20편으로 구성되어 있다. 《논어》의 저자에 대해서는 명확히 알려진 바가 없고, 다만 공자의 재전제자再傳弟子 혹은 삼전제자三傳弟子의 손에서 완성된 것으로 보고 있으며, 특히 재전제자 가운데 유자有子와 증자曾子의 역할이 많았던 것으로 알려지고 있다. 《논어》의 문체는 모두 구어체口語體로 이루어져 있는데, 내용은 정치·철학·도덕·문화·교육·예절에 이르기까지 공자의 사상과 언행을 보여주고 있다.

〖者〗: …라는 것.

【二十篇】: 이십 편. 즉, 「학이學而」·「위정爲政」·「팔일八佾」·「이인里仁」·「공야장公冶長」·「옹야雍也」·「술이述而」·「태백泰伯」·「자한子罕」·「향당鄕黨」·「선진先秦」·「안연顔淵」·「자로子路」·「헌문憲問」·「위령공衛靈公」·「계씨季氏」·「양화陽貨」·「미자微子」·「자장子張」·「요왈堯日」 등으로, 각 편은 첫 장에서 두 글자 또는 세 글자를 따서 편명篇名을 삼았다.

【群弟子】: 여러 제자들.

〖群〗: 여러.

【記善言】: 선언을 기록하다.

〖記〗: 기록하다.

〖善言〗: 가언嘉言. 즉, 본받을 만한 좋은 말.

번역

《논어論語》는, 모두 이십 편으로, 공자의 여러 제자들이, 공자와 관련된 가언嘉言을 모아 기록한 책이다.

해설

본문은 《논어論語》의 편수와 편찬자에 대해 설명한 것이다.

본래 《논어》는 한漢나라 때 《노론魯論》, 《제론齊論》, 《고론古論》의 세 종류가 전래되었다. 이 중 《노론》과 《제론》은 금문今文, 즉 한나라 당시에 통행되던 문자인 예서隸書로 썼고, 《고론》은 전국시대戰國時代 육국六國에서 통행되던 고문古文으로 썼다. 금문 《논어》와 고문 《논어》는 자체字體뿐만 아니라 편목篇目과 자구字句에서도 상당한 차이가 있다. 《노론》은 노魯나라에서 통행된 판본으로 20편이고, 《제론》은 《노론》보다 「문왕問王」, 「지도知道」 2편이 많아 22편이며, 《고론》은 한경제漢景帝 때 공자 고택故宅의 벽에서 발견되었는데, 이 판본은 「요왈」 중에서 「자장문子張問」 부분을 떼어내 한 편으로 만들어 21편이 되었다. 이 세 가지 판본은 후에 한漢 장우張禹와 정현鄭玄, 위魏 하안何晏 등의 정리를 거쳐 오늘날의 판본으로 전해졌다.

28

맹 자 자 칠 편 지 강 도 덕 설 인 의
孟子者, 七篇止, 講道德, 說仁義。
mèng zǐ zhě qī piān zhǐ jiǎng dào dé shuō rén yì

주석

【孟子者】: 《맹자》라는 것.

〖孟子〗: [서명] 《맹자》는 맹자孟子의 제자인 만장萬章·공손추公孫丑 등이 맹자의 언행을 기록한 책으로, 송대宋代 이후부터 「십삼경十三經」의 하나가 되었다. 맹자는 추鄒(지금의 산동성山東省 추현鄒縣) 지방 출신으로 이름은 가軻, 자는 자여子輿 또는 자거子車이며 「맹자」는 존칭이다. 고대의 저명한 사상가이자 유가사상의 거목으로 공자의 삼전제자三傳弟子라 할 수 있으며, 역시 인의도덕仁義道德을 제창했다.

【七篇止】: 일곱 편으로 멈추다. 즉 「일곱 편이다.」의 뜻.

〖七篇〗: 「양혜왕梁惠王」·「공손추公孫丑」·「등문공滕文公」·「이루離婁」·「만장萬章」·「고자告子」·「진심盡心」 등 일곱 편.

〖止〗: 멈추다. 그치다.

【講道德】: 도덕을 강론하다.

〖講〗: 강론하다. 강술하다.

〖道德〗: 사람을 대하고 일을 처리하는 기본 원칙과 행위규범.

【說仁義】: 인의를 설명하다.

〖說〗: 설명하다. 해설하다.

〖仁義〗: 어짊과 의로움. 「仁」: 어짊. 즉, 사람을 사랑하고 만물을 이롭

게 함. 「義」: 의로움. 즉, 공정하고 합당함.

번역

《맹자孟子》는, 일곱 편으로, 내용은 도덕을 강론하고, 인의仁義를 설명했다.

해설

본문은《맹자孟子》의 편수와 중심 사상을 설명한 것이다.

맹자孟子가 살았던 전국시대戰國時代는 왕도王道가 행해지지 않아 민간의 풍습이 날로 각박해졌다. 이에 맹자는 인의를 제창하며 왕도정치를 주장하여 시폐를 바로잡고자 애를 썼으나 그의 학설이 당시 군주들의 뜻에 영합하지 않아 성과를 기대하기 어려웠다. 이에 조용히 물러나 저술에 종사하며 공자의 사상을 발양하여《맹자》7편을 세상에 전했다.

29

작 중 용 내 공 급 중 불 편 용 불 역

作中庸，乃孔伋，中不偏，庸不易。

zuò zhōng yōng nǎi kǒng jí zhōng bù piān yōng bú yì

주석

【作中庸】: 《중용中庸》을 짓다.

〖作〗: 짓다. 저술하다.

〖中庸〗: [서명] 《중용》은 본래 《예기禮記》의 한 편篇이었으나, 남송南宋 때 주희朱熹가 《논어》·《맹자》·《대학》과 함께 「사서四書」라 칭하고 《사서집주四書集註》를 저술했다.

【乃孔伋】: 바로 공급孔伋이다.

〖乃〗: 바로 …이다.

〖孔伋〗: [인명] 공자의 손자, 공리孔鯉의 아들로, 이름은 급伋, 자는 자사子思이며, 증자曾子의 문하에서 수학受學했다.

【中不偏】: 중中은 치우치지 않는다는 뜻이다.

〖中〗: 딱 알맞음. 지나치지도 않고 모자라지도 않음.

〖偏〗: 치우치다.

【庸不易】: 용庸은 바꾸지 않는다는 뜻이다.

〖庸〗: 평상平常. 항상 그대로.

〖易〗: 바뀌다. 변하다.

번역

《중용中庸》을 지은 사람은, 바로 공급孔伋이다. 「중中」은 치우치지 않는다는 뜻이며, 「용庸」은 바꾸지 않는다는 뜻이다.

해설

본문은 《중용》의 작자와 중용의 본의本義를 설명한 것이다.

공급孔伋이 《중용》을 지었다는 설은 《사기史記·공자세가孔子世家》에 처음 보이며, 주희朱熹도 《중용장구中庸章句》에서 자사子思가 도학道學의 전통을 위해 《중용》을 지었다고 했다. 한편 근대 학자들은 《중용》에 「지금 천하의 수레는 궤가 같고, 글은 문자가 같고, 행위에 있어서는 윤리가 같다.(今天下車同軌, 書同文, 行同倫.)」라고 하여 진시황이 천하를 통일한 이후의 상황을 말했고, 또 「중니는 요임금과 순임금을 으뜸으로 계승했다.(仲尼祖述堯舜.)」라고 한 말을 근거로, 손자가 조부의 이름을 피휘避諱하지 않고 직접 불렀다는 점을 들어 《중용》의 작자를 공급이 아니고 진한秦漢시기의 유가儒家라고 보았다.

《중용》의 본의本義에 대해서는 《논어論語·옹야雍也》: 「중용의 덕이, 참으로 지극하다. 그러나 덕을 행하는 사람이 드문 지가 오래되었도다!(中庸之爲德也, 其至矣乎. 民鮮久矣!)」라고 했는데, 「중中」은 어느 한쪽으로 치우치지 않음을 이르고, 용庸은 항상 변하지 않는 규칙을 이르는 말이다. 그리고 본문에서 말하는 「中不偏, 庸不易.」은 주희朱熹가 《중용장구中庸章句》에서 북송北宋 정이程頤의 중용에 대한 해석을 인용한 것인데, 「不偏」은 치우치지 않음을 말하고, 「不易」은 바꾸지 않는 것이니, 중용中庸은 바로 인간의 처세處世에서 「최고의 도덕 표준」을 가리키는 말이다.

30

작대학 내증자 자수제 지평치
作大學, 乃曾子, 自修齊, 至平治。
zuò dà xué nǎi zēng zǐ zì xiū qí zhì píng zhì

주석

【作大學】: 《대학大學》을 짓다.

〖作〗: 짓다. 저술하다.

〖大學〗: [서명] 《대학》은 본래 《예기禮記》의 한 편篇이었으나, 남송南宋 때 주희朱熹가 《논어》·《맹자》·《중용》과 함께 「사서四書」라 칭하고 《사서집주四書集註》를 저술했다. 내용은 「명명덕明明德」·「친민親民」·「지어지선止於至善」의 세 강령綱領 위에 그에 이르는 「격물格物」·「치지致知」·「성의誠意」·「정심正心」·「수신修身」·「제가齊家」·「치국治國」·「평천하平天下」의 여덟 가지 조목條目을 차례로 설명하고 있다.

【乃曾子】: 증자曾子이다.

〖乃〗: …이다. 바로 …이다.

〖曾子〗: [인명] 남무성南武城(지금의 산동성山東省 비현費縣 서남쪽) 사람으로, 이름은 삼參, 자는 자여子輿이며, 증자는 존칭이다. 공자孔子보다 46세가 적은 공자 만년의 제자로, 공자 사후에 유가의 유력한 일파를 형성했다. 부모에게 효성이 지극한 효자로도 세상에 널리 알려졌다.

【自修齊】: 수신修身·제가齊家로부터.

〖自〗: …로부터.

〖修齊〗: 수신修身·제가齊家.

【至平治】: 치국治國·평천하平天下에 이르다.

〖至〗: 이르다. 도달하다.

〖平治〗: 치국治國·평천하平天下의 약칭.

번역

《대학大學》을 지은 사람은, 증자曾子이며, 내용은 수신修身·제가齊家로부터, 치국治國·평천하平天下에 이르는 도리를 설명한 것이다.

해설

본문은 《대학大學》을 지은 사람과 《대학》의 중심 사상을 설명한 것이다.

《대학》의 작자가 누구인지에 관해 한漢·당唐시기에는 언급한 사람을 찾아보기 어렵다. 남송南宋에 이르러 비로소 주희朱熹가 《사서집주四書集註》 중 《대학장구大學章句》「경일장經一章」 말미에서: 「경일장經一章은, 대체로 공자孔子의 말씀을, 증자曾子가 기술한 것이고, 나머지 전십장傳十章은 증자의 뜻을 증자의 문인이 기술한 것이다.(經一章, 蓋孔子之言, 而曾子述之. 其傳十章, 則曾子之意, 而門人記之也.)」라고 했다. 이는 주희가 「경일장」을 증자가 짓고, 나머지 「전십장」을 증자의 문인이 지었다고 본 것이다. 따라서 본문이 「作大學, 乃曾子.」라고 한 것은 지나친 억측이라는 견해가 있다.

《대학》의 중심 사상은 이른바 「삼강령三綱領」과 「팔조목八條目」에 있다고 할 수 있다. 그러나 본문에서는 다만 팔조목의 뒷부분인 「수신修身」·「제가齊家」·「치국治國」·「평천하平天下」를 들었는데, 이는 즉 「먼저 자기 몸을 닦고, 집안을 보살핀 다음에, 나라를 다스리고 천하를 평정하는 이상을 실현할 수 있다.」라는 요지를 말한 것이다.

31

효 경 통　사 서 숙　여 육 경　시 가 독

孝經通, 四書熟, 如六經, 始可讀。

xiào zīng tōng　sì shū shóu　rú liù zīng　shǐ kě dú

주석

【孝經通】: 《효경》에 통달하다.

〖孝經〗: [서명] 공자孔子와 증자曾子의 효도에 관한 대화를 기록하고, 아울러 성왕聖王이 효도로써 천하를 다스리는 도리를 설명한 책.

〖通〗: 통달하다. 정통하다.

【四書熟】: 《사서》를 숙독하다.

〖四書〗: [서명] 《논어論語》·《맹자孟子》·《대학大學》·《중용中庸》.

※《대학》·《중용》은 본래 《예기禮記》의 한 편篇이었으나, 남송南宋 때 주희朱熹가 《논어》·《맹자》와 함께 「사서」라 칭하고 《사서집주四書集註》를 저술했다.

〖熟〗: 숙독하다.

【如六經】: 육경과 같은 서적.

〖如〗: …와 같은.

〖六經〗: 《역易》·《서書》·《시詩》·《주례周禮》·《예기禮記》·《춘추春秋》 등 여섯 가지 경서經書.

※학자에 따라서는 《주례周禮》 대신 《악樂》을 넣기도 한다.

【始可讀】: 비로소 읽을 수 있다.

〖始〗: 비로소.

【可讀】: 읽을 수 있다.

번역

효경孝經에 통달하고, 사서四書를 숙독하면, 육경六經과 같은 심오한 서적을, 비로소 읽을 수 있다.

해설

본문은 고서古書는 반드시 《효경孝經》·《사서四書》·《육경六經》의 순서에 따라 얕은 곳에서 깊은 곳으로 들어가야 한다는 독서의 방법을 설명한 것이다.

「육경」이란 말은 《장자莊子 · 천운天運》에 처음 보이는데, 《시詩》·《서書》·《예禮》·《악樂》·《역易》·《춘추春秋》를 들었다. 이 중 《악》이 실전되어 한대漢代에 이르러서는 오경五經만 있었다. 그러나 다음 구절인 「詩書易, 禮春秋, 號六經, 當講求.」의 내용을 미루어 볼 때, 본문에서 말하는 육경은 《역易》·《서書》·《시詩》·《주례周禮》·《예기禮記》·《춘추春秋》를 가리키는 것으로, 《장자》에서 말한 육경과 다르다.

32

시 서 역 예 춘 추 호 육 경 당 강 구

詩書易, 禮春秋, 號六經, 當講求。

shī shū yì lǐ chūn qiū hào liù jīng dāng jiǎng qiú

주석

【詩書易】: 《시경詩經》·《서경書經》·《역경易經》.

〖詩〗: [서명] 《시경》. 중국 최초의 시가 총집. 모두 305편이며 「국풍國風」, 「소아小雅」, 「대아大雅」, 「송頌」으로 구성되어 있다.

〖書〗: [서명] 《서경》. 《상서尙書》라고 하며, 중국 최고最古의 역사책으로, 요순堯舜시대로부터 하夏·은殷·주周 삼대에 걸쳐 고대 제왕의 사적史蹟을 기록한 책이다.

〖易〗: [서명] 《역경》 또는 《주역周易》이라고 하며, 음양陰陽이 변화하는 원리를 가지고 인사人事의 길흉을 설명한 책으로, 옛사람들은 이를 가지고 점을 쳤다. 일종의 점서占書라고 할 수 있다.

【禮春秋】: 《예기禮記》와 《춘추春秋》.

〖禮〗: [서명] 《예기》. 유가儒家의 중요한 전적典籍으로, 《의례儀禮》·《주례周禮》와 더불어 「삼례三禮」라고 부른다. 《예기》는 본래 오래 전부터 전해왔으나 한대漢代에 이르러 편수가 너무 문란하여 유학자들이 이를 정리한 후 다시 후세에 전했는데, 대덕戴德이 전한 것을 《대대기大戴記》라 하고, 그의 조카인 대성戴聖이 전한 것을 《소대기小戴記》라고 했다. 오늘날 전해지고 있는 《예기》는 바로 《소대기》이다. 모두 49편으로 이루어져 있으며, 대체로 공자의 제자와 그 후의 유학자들

이 예禮에 대해 언급한 글을 집대성한 것이라 할 수 있다.

〖春秋〗: [서명] 노魯나라 은공隱公 원년(B.C. 722)에서 애공哀公 14년(B.C. 481)까지 242년간의 사적事跡을 노나라의 사관이 편년체로 기록한 것을 공자孔子가 윤리적 입장에서 정리했다고 전한다. 《춘추》를 해설한 책으로 《좌전左傳》·《공양전公羊傳》·《곡량전穀梁傳》이 있는데, 《좌전》이 가장 유명하다.

【號六經】: 육경六經이라 부르다.

〖號〗: …라 부르다.

【當講求】: 마땅히 자세히 연구해야 한다.

〖當〗: 마땅히. 당연히.

〖講求〗: 자세히 연구하다. 연구 토론하다.

번역

《시경詩經》·《서경書經》·《역경易經》, 《예기禮記》·《춘추春秋》를, 육경六經이라 부르는데, 마땅히 자세히 연구해야 한다.

해설

본문은 육경六經의 명칭과 연구의 필요성을 설명한 것이다.

「육경」이란 말은 최초로 《장자莊子·천운天運》에 보이는데, 이는 공자孔子가 정리하여 전수한 《시경詩經》·《서경書經》·《예기禮記》·《역경易經》·《악경樂經》·《춘추春秋》 6부部의 선진先秦 고적을 가리킨다. 그중 《악경》은 진시황의 분서갱유焚書坑儒 때 실전된 후 현재까지 전하지 않는다. 본문에서 육경六經을 언급하면서 실제로는 「《시詩》·《서書》·《역易》·《예禮》·《춘추春秋》」 등 오경五經만을 들었는데, 아마도 이러한 이유가 아닐까 여겨진다.

33

유 연 산 유 귀 장 유 주 역 삼 역 상
有連山，有歸藏，有周易，三易詳。
yǒu lián shān yǒu guī cáng yǒu zhōu yì sān yì xiáng

주석

【有連山】:《연산連山》이 있다.

〖連山〗: [서명] 전하는 바로는 복희씨伏羲氏가 지었다고 하며, 또 일설에는 하夏나라 때의 점서占書라고도 한다. 이 책은 간괘艮卦를 첫머리에 놓았는데, 간艮은 곧 산山을 상징하기 때문에, 그래서 이름을「연산連山」이라 했다.

【有歸藏】:《귀장歸藏》이 있다.

〖歸藏〗: [서명] 전하는 바로는 황제黃帝가 지었다고 하며, 또 일설에는 상商나라 때의 점서占書라고도 한다. 이 책은 곤괘坤卦를 첫머리에 놓았는데, 곤坤은 땅을 상징하고 만물이 돌아가 감추어지는 곳이기 때문에, 그래서 이름을「귀장歸藏」이라 했다.

【有周易】:《주역周易》이 있다.

〖周易〗: [서명] 주周나라 때의 점서占書로 건괘乾卦를 첫머리에 놓았다. 전하는 바로는 주문왕周文王이 괘사卦辭를 짓고, 주공周公이 효사爻辭를 지었기 때문에, 그래서 이름을「주역周易」이라 했다.

【三易詳】: 삼역三易이 완비되었다.

〖三易〗:《연산連山》·《귀장歸藏》·《주역周易》.

〖詳〗: 상세히 갖추어지다. 삼역은 모두 괘卦의 형식으로 우주 만물과

순환의 이치를 설명했다.

번역

《연산連山》이 있고, 《귀장歸藏》이 있고, 《주역周易》이 있어, 삼역三易의 내용이 상세하게 갖추어졌다.

해설

본문은 「삼역三易」의 명칭을 설명한 것이다.

선진先秦 시대의 점서占書는 본래 여러 종류가 있었는데, 현재 《주역》을 제외하고는 모두 실전되어 전하지 않는다. 지금 우리가 볼 수 있는 《연산》과 《귀장》 역시 진본이 아닌 후인들의 위작僞作으로 고증되었다.

《주역》은 64괘卦로 나누고, 괘마다 6효爻가 있는데, 구체적으로 말하면 본문 64괘를 하나하나 풀이한 괘사卦辭와 괘에 속한 효를 하나하나 풀이한 효사爻辭가 있다. 이 괘사와 효사들은 비록 점서의 성격을 지니고 있지만 때로는 천도天道에 대한 이해와 인사人事의 변화도 운용하고 있어 모두가 미신에 속하는 것은 아니며 옛사람들의 지혜와 경험의 결정이라고 할 수도 있다. 그러나 괘와 효의 방식이 일반 사람들의 심중에는 철리哲理라는 관점보다 점서라는 인식이 더욱 깊이 자리 잡혀 있었다. 이후 공자가 저술한 「십익十翼」이 경문經文으로 편입된 후 점차 의리義理의 책으로 인식이 변하고, 《한서漢書·예문지藝文志》에서 《주역》을 오경五經의 하나로 분류함으로써 비로소 삼라만상森羅萬象을 포괄하는 경전經典으로 변모하였다.

34

有典謨, 有訓誥, 有誓命, 書之奧。

유 전 모 유 훈 고 유 서 명 서 지 오

yǒu diǎn mó yǒu xùn gào yǒu shì mìng shū zhī ào

주석

【有典謨】: 전典·모謨가 있다.

〖典〗: 제왕의 사적事跡에 대한 기록. 예를 들면「요전堯典, 순전舜典」등이 있다.

〖謨〗: 신하가 군주에게 올린 계책. 예를 들면「대우모大禹謨, 고요모皐陶謨」등이 있다.

【有訓誥】: 훈訓·고誥가 있다.

〖訓〗: 신하의 군주에 대한 간언. 예를 들면「이훈伊訓」이 있다.

〖誥〗: 군주의 신하에 대한 권계勸誡. 예를 들면「탕고湯誥, 강고康誥」등이 있다.

【有誓命】: 서誓·명命이 있다.

〖誓〗: 군주가 출정할 때 선서宣誓하는 문서. 예를 들면「태서泰誓, 감서甘誓」등이 있다.

〖命〗: 군주가 신하에게 하달하는 명령. 예를 들면「열명說命, 고명顧命」등이 있다.

【書之奧】: 서경書經의 심오한 곳이다.

〖書〗: [서명]《서경書經》.《상서尙書》라고 하며, 중국 최고最古의 역사책으로, 요순堯舜시대로부터 하夏·은殷·주周 삼대에 걸쳐 고대 제왕

의 사적史蹟을 기록한 책이다.

〖奧〗: 심오하다. 오묘하다.

번역

제왕의 사적事跡에 대한 기록이 있고, 신하가 군주에게 올린 계책이 있고, 신하의 군주에 대한 간언諫言이 있고, 군주의 신하에 대한 권계勸誡가 있고, 군주가 출정할 때 선서宣誓하는 문서가 있고, 군주가 신하에게 하달하는 명령이 있는데, 이 모두가《서경》의 심오한 사료史料이다.

해설

본문은《서경書經》을 구성하는 사료史料의 종류를 설명한 것이다.

《서경》은「우서虞書」5편,「하서夏書」4편,「상서尙書」17편,「주서周書」32편 등 총 58편으로 구성되어 있는데, 전典·모謨·훈訓·고誥·서誓·명命 등은《서경書經》의 편명篇名을 구성하는 주요 부분이다.

35

아 주 공 작 주 례 저 육 관 존 치 례

我周公，作周禮，著六官，存治體。

wǒ zhōu gōng zuò zhōu lǐ zhù liù guān cún zhì lǐ

주석

【我周公】: 우리의 주공周公.

〖周公〗: 성은 희姬, 이름은 단旦. 주周나라 문왕文王의 아들이자 무왕武王의 동생, 성왕成王의 숙부로, 무왕을 도와 은殷을 멸하고 주나라를 세우는 데 공이 컸으며, 무왕이 죽은 후에는 성왕을 도와 주왕실의 기반을 확고히 다졌다. 주周에 봉해져 주공周公이라 불렀다.

【作周禮】: 《주례周禮》를 짓다.

〖作〗: 짓다. 저술하다.

〖周禮〗: [서명] 《예기禮記》·《의례儀禮》와 더불어 삼례三禮의 하나로, 주나라의 관제官制와 전국시대戰國時代 각국의 제도를 기록한 책.

【著六官】: 육관六官을 설립하다.

〖著〗: 설립하다.

〖六官〗: 주대周代 중앙정부의 여섯 부서. 1. 천관天官: 장관은 총재冢宰로, 국정國政과 문무백관文武百官 및 궁정의 내정內政을 관장했다. 2. 지관地官: 장관은 사도司徒로, 민정民政과 교육을 관장했다. 3. 춘관春官: 장관은 종백宗伯으로, 예악禮樂 제도를 관장했다. 4. 하관夏官: 장관은 사마司馬로, 군정軍政을 관장했다. 5. 추관秋官: 장관은 사구司寇로, 법률과 형옥刑獄을 관장했다. 6. 동관冬官: 장관은 사공司空으로,

토목 공정을 관장했다.

【存治體】: 치국治國의 체제를 보존하다.

〖存〗: 보존하다. 남기다.

〖治體〗: 치국治國의 체제.

번역

우리의 주공周公은, 《주례周禮》를 지어, 육관六官 제도를 설립하고, 치국治國의 체제를 보존했다.

해설

본문은 《주례周禮》의 작자와 내용을 설명한 것이다.

주공周公이 《주례》를 지었다고 하는 설은 《사기史記·노주공세가魯周公世家》에 「성왕成王이 풍豐에 있을 때, 천하가 이미 안정되었음에도, 주周의 관직 제도가 아직 완비되지 않아, 이에 주공이 《주관周官》을 지어 모든 관리의 직책을 명확히 구분했다.(成王在豐, 天下已安, 周之官政未次序, 于是周公作《周官》, 官別其宜.)」라고 한 말에서 처음 보인다. 《주관》은 《주례》를 가리킨다.

주공은 문왕文王의 넷째 아들로, 형인 무왕武王이 죽은 후 그 아들 성왕成王이 어린 나이로 왕위를 계승하자 조카인 성왕을 극진히 보필했다. 주공은 널리 천하의 인재를 구하기 위해 온 힘을 기울여, 간혹 식사를 하다가 현사賢士가 찾아와 뵙기를 청하면 입에 있던 음식을 뱉고 나아가 손님을 맞이했다. 주공이 이처럼 현사들을 극진히 예우하자, 현사들의 적극적인 도움을 받아 마침내 나라의 번영을 위한 초석을 다지는데 성공했다. 이후 주공은 당시 국정國政 운영의 필요에 따라 관제를 신설하여 천관·지관·춘관·하관·추관·동관 여섯을 두고, 매 관직에 따라 직무를 안배한 후 《주례》를 지어 이러한 내용을 기록했다.

36

대 소 대 주 예 기 술 성 언 예 악 비

大小戴，註禮記，述聖言，禮樂備。

dà xiǎo dài zhù lǐ jì shù shèng yán lǐ yuè bèi

주석

【大小戴】: 대대大戴와 소대小戴. ※한漢나라 때의 대덕戴德과 대성戴聖 두 사람을 가리킨다. 이들은 숙질 사이로 대덕이 숙부이고 대성이 조카인데, 후인들은 대덕을 「대대」, 대성을 「소대」라 불렀다.

【註禮記】: 《예기禮記》를 주해하다.

〖註〗: 주해註解하다. 주석註釋하다.

〖禮記〗: [서명] 유가儒家의 중요한 전적典籍으로, 《의례儀禮》·《주례周禮》와 더불어 「삼례三禮」라고 부른다. 《예기》는 본래 오래 전부터 전해왔으나 한대漢代에 이르러 편수가 너무 문란하여 유학자들이 이를 정리한 후 다시 후세에 전했는데, 대덕戴德이 전한 것을 《대대기大戴記》라 하고, 그의 조카인 대성戴聖이 전한 것을 《소대기小戴記》라고 했다. 오늘날 전해지고 있는 《예기》는 바로 《소대기》이다. 모두 49편으로 이루어져 있으며, 대체로 공자의 제자와 그 후의 유학자들이 예禮에 대해 언급한 글을 집대성한 것이라 할 수 있다.

【述聖言】: 성현의 언론을 전술傳述하다.

〖述〗: 전술하다.

〖聖言〗: 성현의 언론.

【禮樂備】: 예악禮樂이 완비되다.

【禮】: 예법禮法.

【樂】: 음악. 즉, 각종 예법에 맞는 음악을 가리킨다.

【備】: 완비되다. 갖추어지다.

번역

대덕戴德과 대성戴聖이, 《예기禮記》를 주해註解하여, 성현의 언론을 전술함으로써, 예악禮樂이 완비되었다.

해설

본문은 대덕戴德과 대성戴聖 숙질이 《예기禮記》를 정리 편찬함으로서 예악禮樂이 완비된 과정을 설명한 것이다.

본래 한인漢人이 선집選輯한 예악禮樂 관련 서적은 대덕이 정리하여 전한 《대대예기大戴禮記》 85편(현재 남은 것은 39편)과 대성戴聖이 정리하여 전한 《소대예기小戴禮記》 45편인데, 오늘날 통행되고 있는 《예기》는 바로 《소대예기》이다. 이들이 성현의 언론을 정리하여 전함으로써 후세 사람들에게 옛날의 전장제도典章制度와 예악에 관한 귀중한 사료史料를 제공하였다.

37

왈 국 풍 왈 아 송 호 사 시 당 풍 영

曰國風, 曰雅頌, 號四詩, 當諷詠。

yuē guó fēng yuē yǎ sòng hào sì shī dāng fèng yǒng

주석

【曰國風】: 국풍國風이라 이르다.

〖國風〗: 《시경詩經》을 구성하는 체제의 하나로, 주대 15개국에서 채집한 민가를 가리킨다. 모두 160편이다.

【曰雅頌】: 아雅·송頌이라 이르다.

〖雅〗: 주나라 조정의 연회 때 사용하던 가요. 「아雅」는 대아大雅와 소아小雅로 나누며, 모두 105편이다.

〖頌〗: 제사 때 조상의 공덕을 찬미하던 가요. 「송頌」은 주송周頌·상송商頌·노송魯頌으로 나누며, 모두 40편이다.

【號四詩】: 사시四詩라 부르다.

〖號〗: …라 부르다.

〖四詩〗: 《시경》의 네 가지 체제. 《국풍国风》·《대아大雅》·《소아小雅》·《송颂》.

【當諷詠】: 마땅히 암송하고 읊어야 한다.

〖當〗: 마땅히.

〖諷〗: 외다. 암송하다.

〖詠〗: 읊다.

번역

국풍國風과, 아雅·송頌을 일러, 《시경詩經》의 네 가지 체제라고 부르는데, 마땅히 암송하고 읊어야 한다.

해설

본문은 《시경詩經》을 구성하는 네 가지 체제를 설명한 것이다.

《시경》은 중국 최초의 시가 총집으로 모두 305편이며, 「국풍國風」, 「소아小雅」, 「대아大雅」, 「송頌」으로 구성되어 있다. 이를 구체적으로 설명하면 다음과 같다.

「국풍國風」: 15개국의 민요를 모은 것으로 모두 160편이다.

① 주남周南 11편: 《한광漢廣》, 《여분汝墳》 2편은 남쪽에서 채집했고, 나머지 9편은 주周나라 본토에서 채집.

② 소남召南 14편: 모두 양자강 남쪽에서 채집.

주남과 소남은 주나라 종법제도宗法制度 하의 윤리 도덕을 표현한 노래로 풍격이 맑고 아름답다.

③ 패풍邶風·④ 용풍鄘風·⑤ 위풍衛風 39편: 주周나라 무왕武王이 은殷나라를 정복한 후 은의 도읍지인 조가朝歌 이북에 패邶·용鄘·위衛 세 곳의 봉지封地를 두었는데, 패·용·위 3풍은 바로 이 지역에서 채집한 노래이다.

⑥ 회풍檜風·⑦ 정풍鄭風 25편: 회풍은 4편, 정풍은 21편이다. 회檜는 지리적으로 정鄭과 인접해 있다. 정풍은 음란한 음악이 많아 「음풍淫風」이라고도 한다.

⑧ 위풍魏風 7편: 위魏는 본래 우禹임금과 순舜임금의 고향으로, 위풍은 곧 이 지방의 풍습을 노래한 시이다.

⑨ 당풍唐風 12편: 당唐은 옛날 요堯임금의 도읍지로, 당풍은 곧 이 지방의 풍습을 노래한 시이다.

⑩ 제풍齊風 11편: 제齊 지방의 풍습을 노래한 시이다.

⑪ 진풍秦風 10편: 진秦 지방의 풍습을 노래한 시이다.

⑫ 진풍陳風 11편: 젊은이들의 연애를 읊은 시가 많으며, 음란하기가 정풍鄭風에 버금간다.

⑬ 조풍曹風 4편: 조曹 지방의 풍습을 노래한 시이다.

⑭ 빈풍豳風 7편: 주공周公이 동정東征하기 전후의 작품이다. 그중《칠월유화七月流火》는 하夏나라의 달력을 이용, 4계절의 일하는 모습을 묘사하여 조상인 후직后稷의 업적을 찬양한 시이다.

⑮ 왕풍王風 10편: 동쪽 도읍지인 낙읍洛邑 성내 600리의 풍토와 인정세태를 묘사한 시이다.

「아雅」는 대아大雅와 소아小雅로 나누며, 대아가 31편, 소아가 74편으로 모두 105편이다. 주희朱熹에 의하면, 대아는 조정에서 조회할 때 연주하던 음악이고, 소아는 조정의 향연에서 사대부들이 부르던 노래이며, 대부분이 서주西周시대의 작품이다.

「송頌」은 주송周頌·상송商頌·노송魯頌으로 나누며, 주송이 31편, 상송이 5편, 노송이 4편으로 모두 40편이다. 송은 주로 제사를 지낼 때 조상의 공덕을 찬양하기 위해 쓰이던 노래이다.

이상에서 볼 때, 국풍國風은 민간문학民間文學이고, 아雅는 조정문학朝廷文學이며, 송頌은 종묘문학宗廟文學이라고 할 수 있다.

38

시 기 망 춘 추 작 우 포 폄 별 선 악

詩既亡，春秋作，寓褒貶，別善惡。

shī jì wáng chūn qiū zuò yù bāo biǎn bié shàn è

주석

【詩既亡】:《시경》이 쇠락하다.

〖詩〗: [서명]《시경詩經》.

〖既〗: …한 후. …하고 나서.

〖亡〗: 망하다. 여기서는「쇠락하다. 몰락하다.」의 뜻.

【春秋作】:《춘추》가 저술되다.

〖春秋〗: [서명] 노魯나라 은공隱公 원년(B.C. 722)에서 애공哀公 14년(B.C. 481)까지 242년간의 사적事跡을 노나라의 사관이 편년체로 기록한 것을 공자孔子가 윤리적 입장에서 정리했다고 전한다.《춘추》를 해설한 책으로《좌전左傳》·《공양전公羊傳》·《곡량전穀梁傳》이 있는데,《좌전》이 가장 유명하다.

〖作〗: 저술되다. 생겨나다. 출현하다.

【寓褒貶】: 찬양과 질책을 기탁하다.

〖寓〗: 기탁하다.

〖褒〗: 칭찬하다. 찬양하다.

〖貶〗: 질책하다. 견책하다.

【別善惡】: 선善과 악惡을 분별하다.

〖別〗: 분별하다. 판별하다.

번역

《시경》이 쇠락하고 나서, 《춘추》가 저술되었는데, 찬양과 질책을 기탁하고, 선과 악을 분별했다.

해설

본문은 《춘추春秋》의 탄생 배경과 의의意義를 설명한 것이다.

옛날 성왕聖王은 민정民情을 살피기 위해 채시관采詩官을 두고 민가民歌를 채집하여 정사政事에 참고했는데, 주周나라 평왕平王이 낙양洛陽으로 동천東遷한 후 주나라의 국운이 점차 쇠락하자 채시采詩의 풍조도 사라지고 《시경》에 대한 관심도 덩달아 시들해졌다. 그래서 공자孔子가 《춘추》를 지어 노魯나라 242년간의 역사를 상세히 기록했는데, 이 책에는 현실 정치를 포폄褒貶하고 선악 행위에 대해 분별한 내용을 담고 있다. 《맹자孟子·이루하離婁下》에는 「성왕聖王의 자취가 사라지자 시가 쇠락하고, 시가 쇠락한 연후에 《춘추》가 나왔다. (王者之迹熄而詩亡, 詩亡然後春秋作.)」라고 하여, 《춘추》가 출현한 배경을 설명했다.

39

삼 전 자 유 공 양 유 좌 씨 당 곡 구

三傳者, 有公羊, 有左氏, 有穀梁。

sān zhuàn zhě yǒu gōng yáng yǒu zuǒ shì yǒu gǔ liáng

주석

【三傳者】: 삼전三傳이라는 것.

〖三傳〗: 《춘추春秋》를 해설한 책으로, 《좌전左傳》·《공양전公羊傳》·《곡량전穀梁傳》을 가리킨다.

〖者〗: …라는 것.

【有公羊】: 《공양전》이 있다.

〖公羊〗: [서명] 《공양전公羊傳》. 전하는 바로는 공자의 재전제자再傳弟子인 노魯나라 사람 공양고公羊高가 지었는데, 처음에는 입과 귀를 통해서 전해졌으나 한漢나라 경제景帝 때 공양고의 현손인 공양수公羊壽와 제齊나라 사람 호모생胡母生이 전인들의 설을 근거로 자기의 의견을 첨가하여 책으로 펴냈다고 한다.

【有左氏】: 《좌전》이 있다.

〖左氏〗: [서명] 《좌씨전左氏傳》. 약칭으로 《좌전左傳》이라 한다. 작자에 대해서는 사마천司馬遷의 《사기史記·십이제후연표서十二諸侯年表序》에 「노나라의 군자 좌구명은 제자들이 각기 자기의 의견을 가지고 해석함으로써 공자의 진의眞意를 잃을까 두려워했다. 그래서 그는 공자의 역사 기록을 근거로 그 구절을 상세하게 논술하여 《좌씨춘추》를 지었다.(魯君子左丘明懼弟子人人異端, 各安其意, 失其真, 故因孔子史記具論

其語, 成左氏春秋.)」라고 하여 좌구명左丘明을 《좌전》의 작자로 보았다.

【有穀梁】: 《곡량전》이 있다.

〖穀梁〗: [서명] 《곡량전穀梁傳》. 전하는 바로는 노魯나라 사람 곡량숙穀梁俶이 전했다고 하는데, 처음에는 입과 귀로 전해지다가 서한西漢 경제景帝·무제武帝 때에 이르러 비로소 경사經師들이 다시 정리하여 책으로 편찬했다고 한다.

번역

《춘추》를 해설한 삼전三傳에는, 《좌전左傳》이 있고, 《공양전公羊傳》이 있고, 《곡량전穀梁傳》이 있다.

해설

본문은 《춘추春秋》 삼전三傳의 명칭을 소개한 것이다.

「전傳」이란 「경經」을 해석한 책으로, 삼전三傳은 곧 《춘추경春秋經》을 해설한 《좌전左傳》·《공양전公羊傳》·《곡량전穀梁傳》 삼종의 책을 가리킨다.

《춘추》는 노나라의 역사를 기록한 책으로, 사건을 기술한 문장이 너무 간결하고 연대가 오래되어 이해하기 어려움이 많았다.

삼전의 해석 방식을 보면, 《좌전》은 편년기사編年紀事 체제의 방법으로 주왕조周王朝와 제후국들의 흥망성쇠를 비롯하여 정치·경제·군사·문화 등 여러 방면의 사건들을 상세하게 기록했다. 《공양전》의 체제는 먼저 경문經文을 인용한 후 자문자답하는 형식으로 《춘추》의 미언대의微言大義(깊고 미묘한 언사와 심오한 도리)를 설명했으며, 《곡량전》은 체례體例와 사상 관점이 대체로 《공양전》과 비슷하다.

따라서 삼전은 후세인들이 《춘추》를 이해하는 데 있어서 귀중한 가치를 지닌 자료라고 할 수 있다.

40

경 기 명 방 독 자 촬 기 요 기 기 사

經旣明, 方讀子。撮其要, 記其事。

jīng jì míng fāng dú zǐ cuò qí yào jì qí shì

주석

【經旣明】: 경전經典을 명백히 이해하고 난 후.

〖經〗: 경전. 즉「사서四書·육경六經」을 가리킨다.

〖旣〗: 이미. …한 이후. …하고 나서.

〖明〗: 밝다. 즉「명백히 이해하다」의 뜻.

【方讀子】: 비로소 자서子書를 읽을 수 있다.

〖方〗: 비로소.

〖子〗: 자서子書. 즉, 고대 사상가의 서적. ※중국은 예로부터 도서를 분류할 때 경사자집經史子集의 분류법을 주로 사용했는데, 경經은 경서經書, 사史는 사서史書, 자子는 자서子書, 즉 제자백가諸子百家 등 사상가의 서적, 집集은 시문집詩文集을 가리킨다.

【撮其要】: 그중에서 중요한 것을 선택하다.

〖撮〗: 적취摘取하다. 골라서 취하다. 선택하다.

〖其〗: 그들. 즉「제자諸子」.

〖要〗: 중요한 것.

【記其事】: 그들의 언행과 학설을 깊이 마음에 새기다.

〖記〗: 기억하다. 깊이 마음에 새기다.

〖事〗: 일. 여기서는「언행과 학설」을 가리킨다. ※「일의 본말本末과 인

과因果」라 해석하기도 한다.

번역

경전經典을 명백히 이해하고 난 후에, 비로소 자서子書를 읽을 수 있는데, 그중 중요한 것을 선택하여 읽고, 그들의 언행과 학설을 깊이 마음에 새겨야 한다.

해설

본문은 먼저 경전經典을 읽고 나서 그 다음에 자서子書를 읽어야 한다는 독서의 절차를 설명한 것이다.

사서四書와 육경六經을 읽어 명확히 이해한 다음에는 자서, 즉 제자백가의 서적을 읽을 수 있는데, 자서는 분량이 너무 방대하고 또한 모두가 완전히 정확한 것이 아니기 때문에 그중 우리의 덕행과 학문에 도움이 될 수 있는 중요한 것들을 선별하여 읽어야 한다.

41

오 자 자, 유 순 양, 문 중 자, 급 노 장

五子者，有荀揚，文中子，及老莊。

wǔ zǐ zhě, yǒu xún yáng, wén zhōng zǐ, jí lǎo zhuāng

주석

【五子者】: 오자五子라는 것.

〖五子〗: 옛날 학문과 도덕 또는 지위가 있는 사람을 「자子」라고 부르는데, 여기서 「오자」는 순자荀子·양자揚子·문중자文仲子·노자老子·장자莊子 다섯 사람과 아울러 그들의 저서를 가리킨다.

【有荀揚】: 순자荀子와 양자揚子.

〖荀〗: 순자荀子. 전국시대戰國時代 조趙나라 사람으로, 이름은 황況, 자는 경卿이다. 당시의 저명한 사상가이자 문학가·정치가로 사람들은 그를 존경하여 「순경荀卿」이라 불렀다. 선진 유가를 집대성한 인물로, 맹자의 성선설性善說에 대해 성악설性惡說을 주장했으며, 저서로 《순자荀子》가 있다.

〖揚〗: 양웅揚雄. 한漢나라 촉군蜀郡 성도成都(지금의 사천성泗川省 성도成都) 사람으로, 자는 자운子雲이며 관리官吏이자 학자이다. 당唐 유우석劉禹錫의 《누실명陋室銘》에 「서촉자운정西蜀子雲亭」이라 한 자운子雲이 바로 양웅이다. 대표적인 저서로 《법언法言》이 있다.

【文中子】: 왕통王通의 시호謚號. 왕통은 수隋나라 용문龍門(지금의 산서성山西省 하진河津) 사람으로, 자는 중엄仲淹이며, 시호를 「문중자」라 했다. 당唐 초기의 문인 왕발王勃의 조부祖父이기도 하며, 대표적인 저서로

《중설中說》이 있다.

【及老莊】: 및 노자老子와 장자莊子.

〖及〗: 및. …와(과).

〖老〗: 노자老子. 성은 이李, 이름은 이耳이며, 자는 담聃, 노자는 존칭이다. 춘추시대 초楚나라 고현苦縣(지금의 하남성河南省 귀덕歸德) 사람으로, 위대한 사상가이자 철학가로 청정무위淸靜無爲를 주장하였으며 도가道家의 시조이다. 저서로 《노자老子》가 있다.

〖莊〗: 장자莊子. 전국시대戰國時代 송宋나라 몽성蒙城(지금의 하남성河南省 상구商邱) 사람으로, 성은 장莊, 이름은 주周, 자는 자휴子休이며, 저명한 사상가이자 철학가·문학가이다. 노자를 계승한 도가학파의 대표적 인물이다.

번역

옛날의 다섯 가지 중요한 자서子書는, 순자荀子·양자揚子·문중자文中子 및 노자老子·장자莊子 다섯 사람이 지은 책으로, 《순자荀子》·《법언法言》·《중설中說》·《노자老子》·《장자莊子》가 있다.

해설

본문은 역대 제자서諸子書 가운데 비교적 중요한 다섯 저작을 소개한 것이다.

다섯 저작은 시대 순으로 노담老聃의 《노자老子》·장주莊周의 《장자莊子》·순경荀卿의 《순자荀子》·양웅揚雄의 《법언法言》·왕통王通의 《중설中說》이다. 그중 《노자》·《장자》·《순자》는 선진제자先秦諸子 중에서 가장 잘 알려진 저술들이다. 그런데 작자가 《법언》과 《중설》을 오자에 열거한 것에 관해 알려진 바는 없지만, 일설에는 선진先秦 이외의 후세 작품 가운데 양웅은 한漢나라 사람이고 왕통은 수隋나라 사람으로, 그들의 저서가 사상적으로 포괄하는 면이 비교적 넓고, 또한 두 서적 모두 경전의 도리를 인사 방면에 실행할 수 있어 유가儒家의 경전과 상호 인증이 가능하다고 보기 때문이라 했다.

42

경 자 통 독 제 사 고 세 계 지 종 시
經子通, 讀諸史。考世系, 知終始。
jīng zǐ tōng dú zhū shǐ kǎo shì xì zhī zhōng shǐ

주석

【經子通】: 경서經書와 자서子書에 통달하다.

〖經〗: 경서經書.

〖子〗: 자서子書.

〖通〗: 통달하다. 관통하다.

【讀諸史】: 각종 사서史書를 읽다.

〖諸〗: 여러. 각종.

〖史〗: 사서史書.

【考世系】: 세대世代의 계보를 고찰하다.

〖考〗: 고찰하다. 살펴보다.

〖世系〗: 세대世代의 계보系譜. 대대로 내려오는 계통. 여기서는 「역대 왕조의 계보」를 가리킨다.

【知終始】: 흥성과 쇠망의 이치를 알다.

〖知〗: 알다. 이해하다.

〖終始〗: 시종始終. 처음과 끝. 여기서는 「흥성과 쇠망의 이치」를 뜻한다.

번역

경서經書와 자서子書에 통달한 후, 각종 사서史書를 읽을 수 있고, 역대 왕조의 계보系譜를 고찰하여, 그들의 흥성과 쇠망의 이치를 알 수 있다.

해설

본문은 사서史書를 읽는 절차와 목적을 설명한 것이다.

경서經書와 자서子書에 통달하고 나서, 각종 사서史書를 읽을 수 있는데, 사서는 나라의 흥망에 관한 모든 일을 기술하고 있어, 역대 왕조의 전승 계통을 고찰하여 각국의 정치 득실과 흥망성쇠의 원인을 알 수 있다. 따라서 인간은 사서를 통해 자신을 성찰하고 교훈을 얻어 취장보단取長補短(장점을 취하여 단점을 보완)함으로써 미래의 발전을 도모할 수 있다. 그래서 우리는 사서史書를 인생의 미래를 위한 양호한 길잡이라고 말하는 것이다.

43

자 희 농 지 황 제 호 삼 황 거 상 세

自羲農, 至黃帝, 號三皇, 居上世。

zì xī nóng zhì huáng dì hào sān huáng jū shàng shì

주석

【自羲農】: 복희씨伏羲氏와 신농씨神農氏로부터.

〖自〗: …로부터.

〖羲〗: 복희씨伏羲氏. 고대 전설상의 임금으로 삼황三皇 중의 한 사람이며, 복희伏犧·포희包犧·포희庖犧·복희宓羲·복희伏戲 등으로도 불린다. 《주역周易·계사하繫辭下》의 기록에 의하면, 처음으로 역易의 팔괘八卦를 만들고, 백성에게 어렵漁獵을 가르쳤다고 한다.

〖農〗: 신농씨神農氏. 고대 전설상의 임금으로 삼황三皇 중의 한 사람이며, 염제炎帝·열산씨烈山氏 등으로도 불린다. 성은 강씨姜氏. 《통지通志·삼황기三皇紀》의 기록에 의하면, 그는 쟁기를 만들어 백성에게 농사짓는 법을 가르치고, 또 온갖 약초를 찾아 의약을 만들어 병을 치료했다고 한다.

【至黃帝】: 황제黃帝까지.

〖至〗: …까지.

〖黃帝〗: 고대 전설상의 임금으로 삼황오제三皇五帝 중의 한 사람이며, 성은 공손씨公孫氏이다. 《사기史記·오제본기五帝本紀》의 기록에 의하면, 헌원軒轅의 언덕에서 태어났다고 하여 헌원씨軒轅氏라고 불렀는데, 희수姬水 일대에서 성장했다 하여 성을 희씨姬氏라고도 했고, 또

유웅有熊에서 나라를 세웠다 하여 유웅씨有熊氏라고도 불렀다. 헌원은 신농씨의 후예인 유망榆罔이 포악무도하여 판천阪泉에서 이를 물리쳤고, 치우蚩尤가 난동을 부려 탁록涿鹿에서 그를 주살했다. 그리하여 제후들이 그를 천자로 추대하여 황제黃帝라 했다.

【號三皇】: 삼황三皇이라 부르다.

〖號〗: …라고 부르다.

〖三皇〗: 고대 전설에 나오는 세 사람의 임금.

【居上世】: 상고시대에 살다.

〖居〗: 살다.

〖上世〗: 상고시대. 아주 오랜 옛날.

번역

복희씨伏羲氏와 신농씨神農氏로부터, 황제黃帝까지를, 삼황三皇이라 부르는데, 상고시대에 살았다.

해설

본문은 고대 전설 속의「삼황三皇」을 소개한 것이다.

역사가들은 대체로 역사를 상고上古·중고中古·근대近代로 나누고 있다. 중국의 역사는 상대商代 이후에야 비로소 비교적 신뢰할 수 있는 기록이 있고, 그 이전은 신화와 전설의 시대, 즉 상고시대라고 할 수 있다. 따라서 복희씨伏羲氏·신농씨神農氏·황제黃帝는 물론 여와女媧·당요唐堯·우순虞舜 등도 모두 전설의 인물일 뿐이다.

44

당 유 우　호 이 제　상 읍 손　칭 성 세

唐有虞, 號二帝, 相揖遜, 稱盛世。

táng yǒu yú　hào èr dì　xiāng yī xùn　chēng shèng shì

주석

【唐有虞】: 당唐의 요堯임금과 우虞의 순舜임금.

〖唐〗: 당요唐堯. 당의 요임금. 이름은 방훈放勳이며, 요堯는 시호이다. 그는 황제黃帝의 현손이자, 제곡帝嚳의 둘째 아들로, 처음에 당唐에 봉해졌다가 후에 도陶에 봉해져서 도당씨陶唐氏라 했는데, 역사에서는「당요唐堯」라 한다.

〖有虞〗: 우순虞舜. 우의 순임금. 이름은 중화重華, 자는 도군都君이며, 순舜은 시호이다. 기주冀州 사람으로, 요허姚墟에서 출생하여 성이 요씨姚氏가 되었다. 그는 황제黃帝의 후대後代였으나 몰락하여 서민이 된 후 시골에 묻혀 살았는데, 요임금이 그의 어질고 효성스러운 인품을 듣고 불러들여 섭정을 맡겼다가 후에 제위를 선양하여 국호를 우虞라 했고, 역사에서는 우순虞舜이라 불렀다. 우虞는 유우有虞라고도 하는데,「유有」자는 뜻이 없는 사두詞頭일 뿐이다. 요와 순의 사적은 《사기史記·오제본기五帝本紀》와 《통지通志·오제기五帝紀》에 보인다.

【號二帝】: 이제二帝라 부르다.

〖號〗: …라 부르다.

〖二帝〗: 두 임금.

【相揖遜】: 서로 제위帝位를 현인에게 선양하다.

〖揖遜〗: 예를 갖추어 겸손한 태도를 보이다. 여기서는「제위를 현인에게 선양한 일」을 가리킨다.

【稱盛世】: 성세盛世라 불리다.

〖稱〗: …라 일컫다. …라 불리다.

〖盛世〗: 국운이 번창하고 태평한 시대.

번역

당唐의 요堯와 우虞의 순舜을, 이제二帝라 부르는데, 서로가 현인에게 제위를 선양하여, 이를 태평성세太平盛世라 일컫는다.

해설

본문은 요堯·순舜 두 임금이 제위帝位를 아들에게 물려주지 않고 현능한 사람에게 선양禪讓한 상황을 소개한 것이다.

《상서商書·요전堯典》의 기록에 의하면, 요는 재위 70년이 되던 해 제위를 현인에게 물려주기 위한 준비를 하는데, 당시 사방 여러 부족의 영수들이 모두 순을 추천했다. 그리하여 요는 각종 임무를 맡겨 그를 시험한 후, 그의 인품과 성실하고 출중한 재능이 확인되자, 곧 제위를 순에게 선양했다.

순은 즉위 후, 인재의 육성을 매우 중시했다. 그때 순은 우禹가 홍수를 다스리는 것을 보고 그를 사공司空으로 임명하고, 얼마 후에 또 제위를 우에게 선양했다. 그리하여 두 임금이 통치하는 동안 천하가 잘 다스려지자, 후인들은 요순시대를 중국 역사상의 태평성세라고 찬양하고 있다.

45

夏有禹，商有湯，周文武，稱三王。

하 유 우 상 유 탕 주 문 무 칭 삼 왕

xià yǒu yǔ shāng yǒu tāng zhōu wén wǔ chēng sān wáng

주석

【夏有禹】: 하나라에는 우왕이 있다.

〖夏〗: [국명] B.C. 22세기–B.C. 18세기경 황하 중류지역을 중심으로 있던 나라. 우왕禹王에서 걸왕桀王까지 472년간 지배하다가 상商의 탕왕湯王에게 멸망했다.

〖禹〗: 하夏나라의 개국 군주로 성은 사씨姒氏이며, 황제黃帝의 현손이자 전욱顓頊의 손자이다. 당唐의 요堯임금 때 그의 아버지 곤鯀이 치수治水에 실패하여 순舜에게 살해된 후, 부업父業을 이어받아 13년 동안 밖에 거주하며 한 번도 집에 들른 적이 없었다. 치수에 성공하고 나서 후에 순으로부터 제위를 선양받아 안읍安邑에 도읍을 정하고 국호를 하夏라 했다.

【商有湯】: 상나라에는 탕왕이 있다.

〖商〗: [국명] B.C. 18세기–B.C. 12세기경 황하黃河 중류지역을 중심으로 있던 나라. 상의 시조는 설契이며 14대 탕왕에 이르러 하夏의 걸왕桀王을 멸한 후, 박亳(지금의 하남성河南城 상구현商邱縣 북쪽)에 도읍을 정하고 국호를 상商이라 했다. 주왕紂王에 이르러 주周나라에 멸망했다.

〖湯〗: 상商의 개국 군주로, 성은 자子, 이름은 이履이며, 성탕成湯이라

고도 한다. 본래 하夏나라를 섬기던 상商은 점차 강성하여 세력을 떨치면서 하나라에 대한 공납貢納을 중단했다. 이에 격노한 하의 걸왕桀王이 군사를 일으켜 토벌에 나섰으나 이때 걸왕의 폭정에 항거하는 내란이 일어나, 탕湯이 이 기회를 틈타 하나라를 멸망시키고 상나라를 세웠다.(《사기史記·은본기殷本紀》)

【周文武】: 주나라의 문왕과 무왕.

〖周〗: [국명] 주무왕周武王이 세운 나라.

〖文〗: 문왕文王. 성은 희姬, 이름은 창昌. 상商나라 말기 주족周族의 영수로 기산岐山 아래에서 나라를 세우고 서백西伯이라 호칭했다. 일찍이 숭후崇侯 호虎의 참소로 주왕紂王에게 잡혀와 유리羑里(지금의 하남성河南省 탕음湯飮 북쪽)의 감옥에서 7년 동안 옥살이를 했는데, 이때 주역周易 64괘卦의 괘사卦辭를 썼다. 후에 신하 산의생散宜生 등의 도움으로 풀려나 선정을 베풀고, 특히 만년에는 강태공姜太公·태공망太公望으로 불리는 재상 여상呂尙의 도움을 받아 더욱 덕치德治에 힘써 여러 제후들의 열렬한 호응을 받았다. 문왕이 죽은 후 아들 무왕武王이 은殷을 멸하고 주周왕조를 창건하여, 부왕에게 「문왕文王」이라는 시호를 추존했다.

〖武〗: 주周나라 무왕武王. 이름은 발發이며, 문왕文王의 아들로, 제후들을 이끌고 목야牧野에서 주왕紂王을 격퇴하여 은殷을 멸한 후, 국호를 주周라 하고 호경鎬京에 도읍을 정했다.(《사기史記·주본기周本紀》)

【稱三王】: 삼대의 성왕이라 부르다.

〖稱〗: …라고 부르다.

〖三王〗: 삼대三代의 성왕聖王.

번역

하夏의 우왕禹王, 상商의 탕왕湯王, 주周의 문왕文王과 무왕武王을 삼대三代의 성왕聖王이라 일컫는다.

해설

본문은 하夏·상商·주周 삼대三代의 성왕聖王을 소개한 것이다.

「삼대三代」라는 용어는 《논어論語·위령공衛靈公》에 「이 백성은 삼대의 곧은길을 이어받아 행하고 있기 때문이다.(斯民也, 三代之所以直道而行也.)라고 한 말에서 처음 보인다. 주희朱熹는 주注에서: 「삼대는 하, 상, 주이다.(朱熹注: 三代, 夏, 商, 周也.)」라고 했다.

삼대는 각기 조대朝代가 매우 길어, 하夏는 400년, 상商은 600년, 주周는 800년을 이어가며, 중국 역사에 많은 신화와 전설을 남겼다.

46

하 전 자 가 천 하 사 백 재 천 하 사

夏傳子，家天下，四百載，遷夏社。

xià chuán zǐ jiā tiān xià sì bǎi zǎi qiān xià shè

주석

【夏傳子】: 하나라가 제위를 아들에게 전하다.

〖傳子〗: 아들에게 전하다. 여기서는 「제위帝位를 아들에게 전하다.」의 뜻.

【家天下】: 천하를 자기 집으로 여기다.

〖家〗: [동사용법] 자기 집으로 여기다.

【四百載】: 사백 년.

〖載〗: 년年. 해.

【遷夏社】: 하나라의 사직이 바뀌다. 하나라의 왕조가 바뀌다.

〖遷〗: 변화하다. 바뀌다. 즉「왕조王朝가 바뀌다.」의 뜻.

〖社〗: 사직社稷. 국가. 왕조. ※「社」는 토지신이고, 「稷」은 곡신穀神으로, 고대의 제왕들은 반드시 사당을 설치하여 사직의 신을 모심으로써 사직은 항상 국가의 존망과 함께 했다. 이로 인해 사직은, 곧 국가를 대신하는 말로 사용되었다.

번역

하夏나라는 제위를 아들에게 전하여, 천하를 자기 집으로 여겨오다가, 사백 년이 경과하자, 하나라의 왕조가 바뀌었다.

해설

본문은 하왕조夏王朝의 제위帝位 양위讓位 방식과 국운國運을 설명한 것이다.

하夏나라 이전 당唐의 요堯임금과 우虞의 순舜임금은 국가를 사회 구성원의 공동 소유로 간주하고, 제위를 아들이 아닌 현자에게 물려주는 방식을 택하였다. 그리하여 요는 순에게, 순은 우禹에게 제위를 물려주었다. 《사기史記·하본기夏本紀》의 기록에 의하면, 우禹 또한 즉위한 후 익益을 기용하여 정사를 돕게 한 후, 말년에 이르러 제위를 익益에게 물려주었다. 그러나 당시 백성들은 우임금의 과거 치수治水 공로를 추념하고, 또 우의 아들 계啓가 매우 현능했기 때문에 계가 즉위하기를 희망하여, 익은 곧 제위를 계에게 양보했다. 그 후 계가 죽고 아들 태강太康이 즉위하면서, 이때부터 하왕조는 아들이 제위를 계승하는 전통이 생겨났는데, 400년이 경과한 후 상商의 탕왕湯王에게 멸망하여 왕조의 종말을 고했다.

47

湯伐夏，國號商，六百載，至紂亡。

탕 벌 하 / 국 호 상 / 육 백 재 / 지 주 망

tāng fá xià guó hào shāng liù bǎi zǎi zhì zhòu wáng

주석

【湯伐夏】: 성탕成湯이 하夏나라를 정벌하다.

〖湯〗: 상商의 개국 군주. 이름은 천을天乙 또는 성탕成湯.

〖伐〗: 정벌하다. 토벌하다.

【國號商】: 국호를 상商이라 하다.

【六百載】: 육백 년.

〖載〗: 년年. 해.

【至紂亡】: 주왕紂王에 이르러 나라가 멸망하다.

〖至〗: 이르다.

〖紂〗: 주왕紂王. 하夏의 마지막 임금. 이름은 수受 또는 제신帝辛이며, 주紂는 시호이다. 주색에 빠져 나라를 어지럽히고 포악한 정치를 하다가 주周나라 무왕武王에게 살해되고 나라가 멸망했다. 하夏나라의 마지막 군주인 걸왕桀王과 더불어 폭군의 전형으로 「걸주桀紂」라 일컬어지고 있다.

〖亡〗: 멸망하다.

번역

탕湯은 하夏나라를 정벌하여, 국호를 상商이라 하고, 육백 년이 지나,

주왕紂王에 이르러 나라가 멸망했다.

해설

본문은 상商나라의 국운國運을 설명한 것이다.

상왕조商王朝는 성탕成湯이 박亳(지금의 하남성河南省 상구현商丘縣 북쪽)에 도읍을 정한 후, 여러 차례 천도遷都 과정을 거쳤는데, 반경盤庚에 이르러 도읍을 엄奄(지금의 산동성山東省 곡부曲阜 동쪽)에서 은殷(지금의 하남성河南省 안양安陽)으로 옮긴 후에는 상商을 「은殷」이라고도 불렀다.

상왕조는 B.C. 17세기부터 B.C. 11세기까지 17대代 31왕 약 600년을 존속했는데, 마지막 군주인 주왕紂王이 달기妲己라는 여자에게 빠져 주지육림酒池肉林의 향락을 즐기며 포악한 정치를 일삼다가 마침내 주周나라 무왕武王에게 살해되고 국운이 다하는 운명을 맞았다.

48

주 무 왕 시 주 주 팔 백 재 최 장 구
周武王, 始誅紂, 八百載, 最長久。
zhōu wǔ wáng shǐ zhū zhòu bā bǎi zǎi zuì cháng jiǔ

주석

【周武王】: 주나라 무왕. ※ 앞의 「夏有禹, 商有湯, 周文武, 稱三王.」 참조.

【始誅紂】: 비로소 주왕을 토벌하다.

〖始〗: 비로소.

〖誅〗: 토벌하다.

〖紂〗: 주왕.

【八百載】: 팔백 년.

〖載〗: 년年. 해.

【最長久】: 가장 오래 존속하다.

〖長久〗: 길고 오래되다. 즉 「오래 존속하다.」의 뜻.

번역

주周나라 무왕武王이, 비로소 상商의 주왕紂王을 토벌하고, 팔백 년 동안, 가장 오래 존속存續하였다.

해설

본문은 주周나라의 건립建立과 국운國運을 소개한 것이다.

상商나라 말기에 주왕紂王은 주색에 빠져 포악한 행위를 일삼다가 백성들의 신뢰를 잃었고, 서백西伯 희창姬昌(이후의 주문왕周文王)을 유리羑里의 감옥에 가두어 박해를 가하기도 했다. 희창이 죽은 후 아들 희발姬發이 제후들을 연합하여 주왕을 토벌하고 주周나라를 건립한 후 천자에 즉위하여 무왕武王이라 하고, 부친 희창을 추존하여「문왕文王」이라 했다.

주나라의 역사는 서주西周와 동주東周로 나눈다. 유왕幽王이 살해되기 이전까지를 서주라 하고, 평왕平王이 동천東遷한 이후를 동주라 하는데, 중국 역사상 가장 오랜 왕조로 팔백여 년을 존속했다.

49

주 철 동　왕 강 추　영 간 과　상 유 세
周轍東, 王綱墜, 逞干戈, 尙游說。
zhōu zhé dōng　wáng gāng zhuì　chěng gān gē　shàng yóu shuì

주석

【周轍東】: 주나라가 동쪽으로 옮겨가다. 주나라가 동천東遷하다.

〖轍〗: 수레바퀴가 굴러간 자국. 여기서는 「옮겨가다」의 뜻.

【王綱墜】: 조정의 기강이 무너지다.

〖王〗: 왕실. 조정.

〖綱〗: 기당. 법도.

〖墜〗: 추락하다. 무너지다. 와해되다.

【逞干戈】: 무력을 남용하다. 즉 「제후들이 무력을 남용하여 자주 전쟁을 일으키다.」의 뜻.

〖逞〗: 뽐내다. 과시하다. 여기서는 「함부로 하다. 남용하다.」의 뜻.

〖干戈〗: 방패와 창. 즉 「전쟁. 무력」을 가리킨다.

【尙游說】: 유세游說를 숭상하다. 즉 「유세를 숭상하는 풍조가 일다.」의 뜻.

〖尙〗: 숭상하다.

〖游說〗: 유세하다. 모사謀士들이 여러 나라를 돌아다니며 자신의 주장을 가지고 제후들을 설득하여 입신출세立身出世를 추구한 행위.

번역

주周나라가 동천東遷한 후, 왕실의 기강紀綱이 완전히 무너져, 제후들은 무력을 남용하고, 모사들은 유세를 숭상하는 풍조가 일었다.

해설

본문은 동주東周 시대의 정치적 특색을 설명한 것이다.

주무왕周武王이 호경鎬京(지금의 섬서성陝西省 서안西安 서남쪽)에 도읍을 정하고 나라를 세운 뒤부터 유왕幽王이 견융犬戎에게 살해되기까지를 서주西周라 하고, 평왕平王이 도읍을 낙양洛陽(지금의 하남성河南省 낙양洛陽)으로 동천東遷한 이후를 동주東周라 하는데, 주나라는 동천 이후 국운이 쇠락하여 왕실의 기강이 완전히 무너졌다. 이런 상황에서 제후들은 각기 자기 세력을 키우며 천자의 명령에 복종하지 않음은 물론, 제후들 간에도 무력을 남용하여 자주 전쟁을 일으킴으로써 천하는 그야말로 걷잡을 수 없는 혼란에 빠져들었다.

이 시기에 일부 모사謀士들은 자신의 입신출세를 도모하기 위해 열국列國을 돌아다니며 부국강병富國强兵을 갈구하는 제후들의 심리를 이용하여 제후들에게 자신의 주장을 펼쳐 제후와 의기투합意氣投合하게 되면, 곧 높은 관직과 후한 복록을 누릴 수 있었다. 전국시대戰國時代 종횡가縱橫家 소진蘇秦이 합종合縱의 정책으로 조趙 숙후肅侯에게 유세한 것이 성공하여 조나라의 재상으로 15년간 부와 권세를 누린 것이나, 진秦나라가 장의張儀를 기용하여 연횡連橫의 방법으로 소진의 합종을 와해시킨 것은 유세游說의 대표적인 사례라 할 수 있다.

50

시 춘 추 종 전 국 오 패 강 칠 웅 출

始春秋, 終戰國, 五霸彊, 七雄出。

shǐ chūn qiū zhōng zhàn guó wǔ bà qiáng qī xióng chū

주석

【始春秋】: 춘추시대를 시작하다.

〖始〗: 시작하다.

〖春秋〗: [시대 이름] 춘추시대(B.C. 770–B.C. 476). ※「춘추」라는 명칭은 공자가 《춘추》를 지은 후로부터 비롯되었다.

【終戰國】: 전국시대를 끝내다.

〖終〗: 끝내다. 마감하다.

〖戰國〗: [시대 이름] 전국시대(B.C. 475–B.C. 221). ※한漢 유향劉向이 《전국책戰國策》을 지은 후「전국」이라는 명칭이 생겨났다.

【五霸彊】: 오패가 강성하다.

〖五霸〗: 춘추시대 제후들 중 세력이 강대하여 한때 천하를 제패했던 다섯 사람의 군주. 춘추오패春秋五霸라고도 하는데, 즉 제환공齊桓公·진문공晉文公·진목공秦穆公·송양공宋襄公·초장왕楚莊王을 가리킨다.

〖彊〗: [强(강)의 본자本字] 강하다. 강성하다.

【七雄出】: 칠웅이 출현하다.

〖七雄〗: 전국시대의 일곱 강국强國. 즉, 위魏·한韓·조趙·초楚·연燕·제齊·진秦.

〖出〗: 출현하다.

번역

춘추시대春秋時代로부터 시작하여, 전국시대戰國時代가 끝날 때까지, 춘추시대에는 오패五霸가 강성했고, 이후 전국시대에는 칠웅七雄이 출현했다.

해설

본문은 춘추오패春秋五霸와 전국칠웅戰國七雄을 소개한 것이다.

동주東周 시기는 춘추시대와 전국시대로 나누는데, 춘추시대는 제후들이 서로 세력을 확장하며 패권을 다투어 이른바 오패가 등장하고, 전국시대는 칠웅이 출현했다.

「오패」는 춘추시대 천하를 제패했던 다섯 사람의 제후를 말하는데, 제후의 패권을 차지한 순서로 보면 제환공·송양공·진문공·진목공·초장왕이다.

본래 오패라는 말은 《맹자孟子·고자하告子下》에 「오패는, 삼왕의 죄인이다.(五霸者, 三王之罪人也.)」라고 한 말에서 처음 보인다. 그러나 《맹자》에서는 실제로 인물을 거명하지 않았고, 《순자荀子·왕패王霸》에 이르러 비로소 「제환공齊桓公·진문공晉文公·초장왕楚莊王·오왕합려吳王闔閭·월왕구천越王句踐」 등 다섯 사람을 들었다. 그러나 한漢 반고班固의 《백호통의白虎通義·호號》에는 또 다른 두 가지 설을 제시했다. 첫째는 「제환공·진문공·진목공·초장왕·오왕합려.」, 둘째는 「제환공·진문공·진목공·송양공·초장왕」이라 했는데, 그 후 조기趙岐가 《맹자장구孟子章句》에서 후자를 채택하자 후인들이 이에 따르고 있다.

「칠웅」은 전국시대의 일곱 강국强國. 즉, 위魏·한韓·조趙·초楚·연燕·제齊·진秦을 말한다. 그중 한·조·위 세 나라는 진晉이 분할되어 독립한 나라들이다.

위魏나라는 지금의 하남성河南省 북부·섬서성陝西省 동부·산서성山西省 서남부 및 하북성河北省 남부 일대로, 도읍을 안읍安邑(지금의 산서성 하현夏縣 서북쪽)에 정했다가, 후에 대량大梁(지금의 하남성 개봉開封)으로 옮겼다. B.C. 225년 진秦에 멸망했다.

한韓나라는 지금의 하남성 중부와 산서성 동남부 일대로, 도읍을 양적陽翟(지금의 하남성 우현禹縣)에 정했다가, 후에 신정新鄭(지금의 하남성 경내)으로 옮겼다. B.C. 230년 진秦에 멸망했다.

조趙나라는 지금의 산서성 북부와 중부 및 하북성 서부와 남부 일대로, 초기에 도읍을 진양晉陽(지금의 산서성 태원太原)으로 정했다가, 후에 한단邯鄲(지금의 하북성 경내)으로 옮겼다. B.C. 222년 진秦에 멸망했다.

초楚나라는 지금의 호남성湖南省·호북성湖北省과 강서성江西省·절강성浙江省 및 하남성 남부 일대로, 처음에 도읍을 영郢(지금의 호북성 강릉江陵)에 정했다가, 후에 진陳(지금의 하남성 회양淮陽)으로 옮겼고, 후에 또 수춘壽春(지금의 안휘성安徽省 수현壽縣)으로 옮겼다. B.C. 225년 진秦에 멸망했다.

연燕나라는 지금의 하북성 북부와 요녕성遼寧省 남부 일대로, 도읍을 계薊(지금의 북경北京)에 정하고, 무양武陽(지금의 하북성 역현易縣)을 하도下都로 삼았다. B.C. 222년 진秦에 멸망했다.

제齊나라는 지금의 산동성 북부와 하북성 남부 일대로, 임치臨淄(지금의 산동성山東省 치박淄博)에 도읍을 정했다. B.C. 221년 진秦에 멸망했다.

진秦나라는 지금의 섬서성과 감숙성甘肅省 일대로, 옹雍(지금의 섬서성 봉상鳳翔)에 도읍을 정했으나, 전국시대에 도읍을 함양咸陽(지금의 섬서성 서안西安)으로 옮겼고, B.C. 221년 진왕秦王 정政(후의 진시황秦始皇)이 육국六國을 멸하고 전국을 통일했다.

51

영 진 씨 시 겸 병 전 이 세 초 한 쟁

嬴秦氏，始兼併，傳二世，楚漢爭。

yíng qín shì shǐ jiān bìng chuán èr shì chǔ hàn zhēng

주석

【嬴秦氏】: 진秦나라 군주의 성이 영씨嬴氏이기 때문에 「영진씨嬴秦氏」라 했으며, 여기서는 「진시황秦始皇」을 가리킨다. 진시황은 성이 영嬴, 이름은 정政이며, 장양왕莊襄王의 아들로 B.C. 246 13세에 진왕秦王으로 즉위하여 B.C. 210까지 37년간 재위했다. 즉위 초에는 나이가 어려 재상 여불위呂不韋가 섭정하다가 진왕 10년 여불위를 폐하고 친정親政을 시작하여 진왕 26년(B.C. 221) 전국을 통일했다. 영정嬴政은 이때부터 스스로를 「시황제始皇帝」라 호칭하고, 봉건제도를 군현제郡縣制로 바꾸어 전국을 36개 군郡과 1,400여 개의 현縣으로 편성하고 강력한 중앙집권 정치를 실행했다. 후에 지방 순수巡狩 도중 사구沙丘(지금의 하북성 평향平鄉 동북쪽)에서 최후를 마쳤다.(《사기史記·진시황본기秦始皇本紀》)

【始兼併】: 비로소 육국을 합병하여 천하를 통일하다.

〖始〗: 비로소.

〖兼併〗: 합병하다. 즉 「육국六國을 합병하여 천하를 통일하다.」의 뜻.

【傳二世】: 이세二世 호해胡亥에게 전하다.

〖傳〗: 전하다.

〖二世〗: 진나라 제2대 군주 호해胡亥. 진시황의 둘째 아들로 B.C. 209-207간 재위하다가 권신權臣 조고趙高의 박해를 받아 자살했다.

【楚漢爭】: 초楚나라와 한漢나라가 다투다. 즉「서초패왕西楚霸王 항우項羽와 한왕漢王 유방劉邦의 투쟁」을 가리킨다.

〖楚〗: 초나라. 여기서는「서초패왕西楚霸王 항우項羽」를 가리킨다. 항우의 성姓은 항項, 이름은 적籍, 자는 우羽. 진秦나라 말기 하상下相(지금의 강소성江蘇省 천서遷西) 사람으로, 선조들이 대대로 초나라 장수를 지냈다. 진이세秦二世 때 숙부 항량項梁을 좇아 오중吳中에서 군사를 일으켜 진나라 군사를 대파하고 함곡관函谷關으로 진입하여 투항한 진3세 자영子嬰을 죽이고 천하를 분봉分封한 후 자신을 서초패왕이라 했으나, 후에 유방과의 투쟁에서 패해 오강烏江에서 자살했다. (《사기史記·항우본기項羽本紀》)

〖漢〗: 한나라. 여기서는「한왕漢王 유방劉邦」을 가리킨다. 유방의 자는 계季이며, 패현沛縣 풍읍豐邑(지금의 강소성江蘇省) 사람으로 한漢나라의 개국 군주이다. 진말秦末 항우와 함께 진나라를 멸한 후, 항우의 주도 하에 파巴·촉蜀·한중漢中을 봉지로 받아 한왕漢王이라 하다가, 항우와 패권을 다투어 승리한 후 장안長安(지금의 섬서성 서안西安)을 도읍으로 정하고, 한나라를 건립하여 12년간 재위했다. (《사기史記·고조본기高祖本紀》)

〖爭〗: 다투다. 투쟁하다.

번역

진왕秦王 영정嬴政이, 비로소 합병하여 천하를 통일했으나, 진이세秦二世 호해胡亥에 전하고 나서, 서초패왕西楚霸王 항우項羽와 한왕漢王 유방劉邦이 서로 천하를 다투는 국면을 조성했다.

해설

본문은 진왕秦王 영정嬴政이 천하를 통일하여 진왕조秦王朝를 수립한 업적과 진이세秦二世의 실정失政으로 나라가 멸망하여, 한漢·초楚의 투쟁을 야기한 과정을 서술한 것이다.

진왕 영정은 한韓(B.C. 230년)·위魏(B.C. 225년)·초楚(B.C. 225년)·연燕(B.C. 222년)·조趙(B.C. 222년)·제齊(B.C. 221년) 여섯 나라를 차례로 멸하고 천하를 통일하여 진왕조秦王朝를 건립한 후, 봉건제도를 군현제도로 바꾸며 강력한 중앙집권정치를 시행했으나, 아들인 진이세秦二世에 이르러 나라가 망하고, 서초패왕西楚霸王 항우項羽와 한왕漢王 유방劉邦이 천하를 다투는 국면을 조성했다.

52

高祖興, 漢業建, 至孝平, 王莽簒。

고조흥 한업건 지효평 왕망찬

gāo zǔ xīng hàn yè jiàn zhì xiào píng wáng mǎng cuàn

주석

【高祖興】: 고조가 일어나다.

〖高祖〗: 한고조 유방劉邦.

〖興〗: 흥기하다. 일어나다.

【漢業建】: 한왕조의 기초가 세워지다.

〖業〗: 사업의 기초.

〖建〗: 세우다.

【至孝平】: 효평제孝平帝에 이르다.

〖至〗: 이르다.

〖孝平〗: 한평제漢平帝. 서한西漢의 마지막 황제. 이름은 간衎. 선제宣帝의 증손으로 중산효왕中山孝王의 아들이다. 나이가 불과 아홉 살에 즉위한 후 5년 동안 재위하다가 왕망에게 시해弑害되었다.(《한서漢書·평제기平帝紀》)

【王莽簒】: 왕망이 제위를 찬탈하다.

〖王莽〗: [인명] 자는 거군巨君이며, 한동漢東 평릉平陵(지금의 산동성 역성歷城) 사람으로, 원제元帝의 황후인 효원황후孝元皇后의 조카로, 성제成帝 때 대사마大司馬를 지냈다. 왕망은 평제平帝가 유약幼弱하여 정사에 미숙한 기회를 틈타 조정을 장악하고 자신을 「안한공安漢公」

이라 칭하고 막강한 권력을 행사했다. 그 후 평제를 시해하고 그의 어린 아들 영嬰을 황태자로 옹립한 후 섭정을 하다가 마침내 왕위를 빼앗아 국호를 「신新」이라 하고, 15년을 재위하다 한나라 병사에게 살해되었다. (《한서漢書·왕망전王莽錢》)

〖簒〗: 찬탈하다. 무력으로 제위를 빼앗다.

번역

한고조漢高祖 유방劉邦이 일어나, 한왕조漢王朝의 기초를 세웠으나, 효평제孝平帝에 이르러, 왕망王莽에게 제위를 빼앗겼다.

해설

본문은 서한西漢의 건국建國과 왕망王莽의 제위 찬탈에 관해 서술한 것이다.

한漢은 고조 유방이 건국한 이래 혜제惠帝·문제文帝·경제景帝·무제武帝·소제昭帝·선제宣帝·원제元帝·성제成帝·애제哀帝를 거쳐 평제平帝에 이르러 왕망王莽의 재앙을 만났다. 왕망은 성제成帝 때 대사마大司馬를 지내고, 평제 때 안한공安漢公이라 하여 막강한 권력을 행사하더니, 평제를 시해하고 그의 어린 아들 영嬰을 황태자로 옹립한 후 섭정을 하다가 얼마 후 왕위를 빼앗아 스스로 신新의 황제로 즉위하니, 서한은 마침내 종말을 고했다.

53

광 무 흥　위 동 한　사 백 년　종 어 헌

光武興, 爲東漢, 四百年, 終於獻。

guāng wǔ xīng　wéi dōng hàn　sì bǎi nián　zhōng yú xiàn

주석

【光武興】: 광무제가 일어나다.

〖光武〗: 동한東漢의 광무제光武帝 유수劉秀. 유수의 자는 문숙文叔이며, 한고조의 9대손으로, 「광무」는 그의 시호이다. 신망新莽 말기에 유수가 완宛(지금의 하남성 남양南陽)에서 군사를 일으키자, 경시제更始帝 유현劉玄이 그를 태상편장군太常偏將軍으로 임명하여 곤양昆陽(지금의 운남성 雲南省 진녕현晉寧縣)에서 왕망의 군사를 격파했다. 왕망이 죽은 후 영웅들이 다투어 일어나 각자 칭제稱帝하는 상황에서, 유수도 서기 25년 6월 황제에 즉위하여 연호를 건무建武라 하고 점차 군웅群雄을 평정한 후, 마침내 천하를 통일하여 한나라를 다시 일으켜 세웠다. 역사에서는 이때부터 마지막 임금 헌제獻帝까지를 가리켜 「동한東漢」이라 한다.

〖興〗: 일어나다.

【爲東漢】: 동한東漢이라 하다.

〖爲〗: …이다. …이라 하다.

〖東漢〗: 후한後漢(A.D. 25~220)이라고도 한다. 왕망이 한을 찬탈한 후, 유수가 거병擧兵하여 천하를 통일하고 다시 한을 일으켜 세운 후부터 헌제獻帝가 조조曹操에게 찬탈당할 때까지를 가리킨다. 한나라는 유방이 개국한 후부터 장안長安(지금의 섬서성 서안西安)을 도읍으로 정했으나,

광무제가 동쪽의 낙양洛陽으로 천도遷都함으로써 「동한」이라 불렀다.

【四百年】: 사백 년.

【終於獻】: 헌제獻帝에서 끝이 나다.

〖終〗: 끝나다.

〖於〗: [개사] …에서.

〖獻〗: 헌제獻帝. 이름은 협協이며, 영제靈帝의 아들로 동한의 마지막 황제이다. 31년을 재위하는 동안 시종 동탁董卓과 조조曹操 등으로부터 제제를 받다가 후에 조조에게 제위를 찬탈당하고, 산양공山陽公으로 지위가 격하되면서 한왕조는 최후를 맞았다.

번역

광무光武가 일어나니, 동한東漢이라 하는데, 서한과 동한을 합쳐 사백 년이 지나, 헌제獻帝에서 끝이 났다.

해설

본문은 동한東漢의 흥기興起와 헌제獻帝에서 끝난 한漢나라의 국운國運을 서술한 것이다.

왕망王莽이 한실漢室을 찬탈한 후, 유수劉秀가 일어나 왕망을 제거하고 군웅群雄의 발흥을 평정하여 한漢을 회복했는데, 이가 곧 동한의 광무제이다. 동한은 광무제로부터 헌제까지 196년을 지속했다. 그런데 여기에서 400년이라고 말한 것은 작자가 서한과 동한을 합산한 것이다. 즉 서한 고조 원년(B.C. 206)부터 왕망이 찬탈한 영嬰 3년(A.D. 8)까지의 214년에, 동한 광무제 건무建武 원년(A.D. 25)부터 헌제獻帝 연강延康 원년(A.D. 220)까지의 196년을 합하여 410년이다.

54

촉 위 오 분 한 정 호 삼 국 흘 양 진

蜀魏吳，分漢鼎，號三國，迄兩晉。

shǔ wèi wú fēn hàn dǐng hào sān guó qì liáng jìn

주석

【蜀魏吳】: 촉·위·오 세 나라.

〖蜀〗: [국명] (A.D. 221−263). 한헌제漢獻帝가 위魏에 찬탈당한 후, 유비劉備가 한나라의 종실宗室로써 촉蜀(지금의 사천성四川省)에서 칭제하고 국호를 「촉蜀」이라 하고 성도成都에 도읍을 정했는데, 역사에서는 「촉한蜀漢」이라 했다. 2대 43년간 존속했다.

〖魏〗: [국명] (A.D. 220−265). 동한 헌제獻帝 때 조비曹丕가 한漢을 찬탈하고 칭제한 후, 국호를 「위魏」라 하고 낙양洛陽에 도읍을 정했다. 후에 촉한을 멸했으나, 위원제魏元帝 함희咸熙 2년(A.D. 265)에 이르러 사마염司馬炎에게 제위를 찬탈당해 초대 위문제魏文帝 조비 이후 46년 만에 나라를 잃었다.

〖吳〗: [국명] (A.D. 222−280). 위나라와 촉나라가 칭제稱帝한 후, 손권孫權이 건업建業(지금의 남경南京)에 도읍을 정하고 국호를 「오吳」라 했다. 59년을 존속하다가 서진西晉에게 멸망했다.

【分漢鼎】: 한漢나라를 나누다.

〖分〗: 나누다.

〖漢鼎〗: 한漢나라의 정鼎. 여기서는 「한漢나라」를 가리킨다.

※「정鼎」: 전설에 의하면, 하夏의 우禹임금이 구주九州(전국을 아홉으

로 나눈 행정단위)에서 조공으로 받은 쇠를 녹여 주조한 세 발에 두 귀가 달린 솥으로, 하夏·상商·주周 삼대에 걸쳐 전국 구주九州를 상징하는 보물로 전해왔다. 따라서 고대의 통치자들은 정鼎을 나라를 세우는 중요한 기구인 동시에 정권의 상징으로 여겼다.

【號三國】: 삼국이라 부르다.

〖號〗: …라 부르다.

〖三國〗: 삼국시대. 위·촉·오로 인해 붙여진 명칭이다. 삼국 중에는 위나라가 가장 강성했으나 오와 촉의 연합으로 인해 끝내 천하를 통일하지 못했다.

【迄兩晉】: 진대晉代에 이르다.

〖迄〗: 이르다.

〖兩晉〗: 서진西晉과 동진東晉. 삼국三國의 분립은 반세기만에 막을 내리고 위魏에서 나온 진晉나라에 의해 통일되었다. 진나라는 서진과 동진으로 나뉘는데, 서진은 사마염司馬炎이 위魏를 멸하고 세운 나라로, 무제武帝 사마염 태시泰始 원년(A.D. 265)으로부터 민제愍帝 사마업司馬鄴 건흥建興 4년(A.D. 316)까지 낙양洛陽을 도읍으로 하던 52년간을 말하고, 동진은 원제元帝 사마예司馬睿 건무建武 원년(A.D. 317) 건강建康으로 천도한 후부터 공제恭帝 원희元熙 2년(A.D. 420)까지 104년간을 말한다. 건강建康은 본래 건업建業이었으나 민제愍帝의 이름 사마업司馬鄴의 「鄴」자 발음을 피휘하여 이름을 바꾸었다.

번역

촉蜀나라·위魏나라·오吳나라가, 한漢나라를 분할하여, 역사에서는 이를 삼국이라 부르는데, 진대晉代에 이르러 비로소 분란이 종식되었다.

해설

본문은 삼국三國의 성립成立과 진晉의 흥성으로 삼국시대가 종식된 과정을 서술한 것이다.

촉蜀·위魏·오吳 삼국이 한漢나라를 분할 점령한 후, 역사에서는 이를 삼국시대三國時代라 부르는데, 후에 사마염司馬炎이 일어나 위魏를 멸하고 진晉나라를 세움으로써 비로소 삼국시대의 분란 국면이 종식되었다.

여기서 삼국의 순서를 기존의 「위·촉·오」라 하지 않고 「촉·위·오」라 한 것은 삼국시대를 보는 작자의 관점에서 비롯된 것으로 보인다. 위를 정통으로 보는 관점에서는 「위·촉·오」라 하고, 촉한을 정통으로 보는 관점에서는 「촉·위·오」라고 할 수 있기 때문이다.

55

송 제 계　양 진 승　위 남 조　도 금 릉

宋齊繼，梁陳承，爲南朝，都金陵。

sòng qí jì　liáng chén chéng　wéi nán cháo　dū jīn líng

주석

【宋齊繼】: 송宋나라와 제齊나라가 계승하다.

〖宋〗: [국명] 남조南朝의 한 나라. (A.D. 420-479). 송은 동진東晉 말기에 송무제宋武帝 유유劉裕가 진晉을 찬탈하고 세운 나라로, 도읍은 건강建康(지금의 남경南京)이다. 후에 권신權臣 소도蕭道에게 제위를 빼앗겨 60년 만에 멸망했다.

※ 역사가들은 유유劉裕가 세운 남조南朝의 송宋을 「당송唐宋」의 「송宋」과 구별하기 위해 「유송劉宋」 또는 「남조송南朝宋」이라 하고, 당송의 송을 「조송趙宋」 또는 「송宋」이라고 한다.

〖齊〗: [국명] 남조南朝의 한 나라. (A.D. 479-502). 유송劉宋의 권신 소도蕭道가 제위를 찬탈하여 세운 나라로, 도읍은 건강建康이다. 후에 군주가 무도無道하여 골육상쟁이 일어나 국력이 쇠하자, 마침내 옹주자사雍州刺史 소연蕭衍에게 찬탈당해, 24년 만에 멸망했다.

※ 역사가들은 소도蕭道가 세운 남조南朝의 제齊를 춘추시대의 「제齊」와 북조北朝시대의 「북제北齊」를 구별하기 위해 「남제南齊」라 부른다.

〖繼〗: 계승하다. 이어가다.

【梁陳承】: 양나라와 진나라가 계승하다.

〖梁〗: [국명] 남조南朝의 한 나라. (A.D. 502−557). 양무제梁武帝 소연蕭衍이 남제南齊를 찬탈하여 세운 나라로, 도읍은 건강建康이다. 무제는 재위하는 동안 정사政事에 부지런하고 백성을 사랑했으나, 말년에 불교에 빠져 국정을 소홀히 하고, 또 「후경侯景의 난」으로 타격을 받아 경제敬帝에 이르러 진패선陳覇先에게 제위를 찬탈당하고 56년 만에 멸망했다.

〖陳〗: [국명] 남조南朝의 한 나라. (A.D. 557−589). 진무제陳武帝 진패선陳覇先이 양梁을 찬탈하여 세운 나라로, 도읍은 건강建康이며, 후주後主 숙보叔寶에 이르러 수문제隋文帝에게 멸망하여 33년 만에 나라를 잃었다.

〖承〗: 계승하다. 이어가다.

【爲南朝】: 남조南朝라 하다.

〖爲〗: …이다. …이라 하다.

〖南朝〗: [시대명] (A.D. 420−589). 진晉이 망하고 나서 남쪽 지역에 송·제·양·진 네 나라가 일어났는데, 역사에서는 이를 일러 「남조南朝」라 했다. 네 나라는 모두 건강建康을 도읍으로 정했는데, 유유劉裕가 동진東晉을 찬탈하여 송宋을 건국한 후부터 진陳의 후주後主가 수隋나라 문제文帝에게 투항할 때까지 170년에 불과했다.

【都金陵】: 금릉金陵을 도읍으로 삼다.

〖都〗: 도읍으로 삼다.

〖金陵〗: [지명] 지금의 남경南京. 금릉은 또 건업建業 또는 건강建康이라고도 하는데, 삼국시대 오吳나라가 이곳에 도읍을 정하며 건업建業으로 개명했고, 진晉나라 때는 건업建業의 「業」자가 민제愍帝 사마업司馬鄴의 「鄴」자와 발음이 같기 때문에 피휘하여 이름을 건강建康이

라 바꾸었다.

번역

송宋과 제齊가 계승하고, 양梁과 진陳이 이어가니, 남조南朝라 하며, 금릉金陵을 도읍으로 삼았다.

해설

본문은 남조南朝의 네 나라가 교체되는 상황을 기술한 것이다.

유유劉裕가 동진東晉을 찬탈하여 송宋을 건국한 후부터 남조시대가 시작되는데, 남조는 중원 사람들이 남쪽지방에서 정권을 수립함으로써 남조라 일컬은 것이다. 송·제·양·진 네 나라는 모두 금릉金陵(지금의 남경南京)을 도읍으로 정하고, 이전 삼국시대의 오吳나라와 동진東晉 또한 금릉을 도읍으로 정했기 때문에, 그래서 역사가들은 이를 남조와 합쳐 「육조六朝」라 부르기도 한다.

56

北元魏, 分東西, 宇文周, 與高齊。

북 원 위 　 분 동 서 　 우 문 주 　 여 고 제

běi yuán wèi 　 fēn dōng xī 　 yǔ wén zhōu 　 yǔ gāo qí

주석

【北元魏】: 북위北魏. 북조北朝의 한 나라. (A.D. 386-534). 동한東漢 말기 북방 선비족鮮卑族인 탁발규拓跋珪가 흉노족의 옛 지역을 점거하여 세운 나라로, 국호를 위魏라 하고, 처음에는 평성平城(지금의 산서성山西省 대동大同)에 도읍을 정했다가 효문제孝文帝 때 낙양洛陽으로 천도했다. 이후 국력이 강성하여 영토를 크게 확장했으나, 후에 동위東魏와 서위西魏로 분열되면서 국력이 쇠하여 149년 만에 멸망했다.

※ 역사가들은 탁발규가 세운 위魏를 전국시대 「위魏」나라 및 삼국시대 「위魏」와 구별하기 위해 북위北魏·후위後魏·원위元魏·탁발위跖跋魏 등으로 불렀다.

【分東西】: 동위東魏와 서위西魏로 분열되다.

〖分〗: 분열되다. 나누어지다.

〖東西〗: 동서. 여기서는 동위東魏와 서위西魏를 가리킨다.

※「東魏」: [국명] 북조北朝의 한 나라. (A.D. 534-550). 북위 효무제孝武帝가 권신權臣 고환高歡이 권세를 휘둘러 장안長安에 주둔하던 선비족 우문태宇文泰에게 피신하자, 고환高歡이 효정제孝靜帝를 옹립하고 업鄴(지금의 하남성 임장臨漳 서쪽)으로 천도했다. 역사에서는 이를 「동위」라 하는데, 동위는 낙양洛陽 동쪽의 북위 영토를 차

지했다. 후에 고환의 차남인 고양高洋에게 제위를 찬탈당해 불과 17년 만에 멸망했다.

※「西魏」: [국명] 북조北朝의 한 나라. (A.D. 535-557). 북위 효무제孝武帝가 권신權臣 고환高歡의 발호로 인해 장안長安에 주둔하던 선비족 우문태宇文泰에게 피신하고 장안으로 천도했는데, 역사에서는 이를 「서위西魏」라 했다. 서위는 공제恭帝에 이르러 우문태의 셋째 아들인 우문각右文閣에게 제위를 빼앗겨 23년 만에 멸망했다.

【宇文周】: 우문각宇文覺이 세운 주周나라.

〖宇文〗: [인명] 우문각宇文覺. 우문태宇文泰의 셋째 아들로, 자는 타라니陁羅尼. 서위西魏 공제恭帝 때 부친의 관작을 세습하여 태사太師·대총재大冢宰에 임명되고, 주공周公으로 봉해졌다. 후에 제위를 찬탈하고 스스로 일어나 국호를 「주周」라 했는데, 후에 우문태宇文泰의 장형長兄 우문호宇文顥의 아들인 우문호宇文護에게 살해되었다.

〖周〗: [국명] 북조北朝의 한 나라. 북주北周. 우문각右文閣이 세운 나라.

※ 역사가들은 이를 고대의 「주周」나라와 구별하기 위해 「북주北周」라고 불렀다.

【與高齊】: …와 고양高洋이 세운 북제北齊.

〖與〗: …와(과).

〖高齊〗: 북조北朝의 한 나라. 고양高洋이 세운 제나라. 고양은 북위의 권신權臣 고환高歡의 아들로, 동위東魏 시절 거듭 제왕齊王에 봉해지고, 얼마 후 효정제孝靜帝를 폐위하고 스스로 왕이 되어 국호를 「제齊」라 했다.

※ 역사가들은 제齊를 춘추시대의 「제齊」와 남조南朝시대의 「남제南齊」를 구별하기 위해 북제北齊 또는 고제高齊라 하고, 주周를 고대

의 주周나라와 구별하기 위해 북주北周 또는 우문주宇文周라고 부른다.

번역

북위北魏는, 동위東魏와 서위西魏로 분열되고, 그 후 우문각宇文覺의 북주北周와, 고양高洋의 북제北齊가 건립되었다.

해설

본문은 북위北魏·동위東魏·서위西魏·북제北齊·북주北周 등 북조北朝 다섯 나라의 흥망에 관한 경위를 기술한 것이다.

북조北朝의 상황은 남조南朝에 비해 매우 복잡하다. 일찍이 서진西晉은 「팔왕八王의 난」으로 통치 기반이 급격히 악화했다. 이런 와중에 흉노匈奴·갈羯·선비鮮卑·저氐·강羌 북방의 다섯 외민족이 각기 한족漢族의 중원 지역에 쳐들어와 정권을 수립하여 서진이 남쪽으로 천도遷都하는 어지러운 상황이 벌어졌는데, 이것이 바로 역사에서 일컫는 「오호난화五胡亂華」이다. 서진은 결국 흉노족의 침입으로 멸망하고 말았다.

이들 외민족들은 북방에서 전조前趙·성한成漢·전량前涼·후조後趙·전연前燕·전진前秦·후진後秦·후연後燕·서진西秦·후량後涼·남량南涼·남연南燕·서량西涼·북량北涼·하夏·북연北燕 등 16국을 세웠다. 역사에서는 이를 「오호십육국五胡十六國」이라 부른다.

결국 서진의 멸망으로 외민족이 중원으로 들어와 자리를 잡기 시작하면서, 동진 중후반부터는 세력이 더욱 강성해졌다. 그중 북조의 북위北魏는 A.D. 386 선비족鮮卑族인 도무제道武帝 탁발규拓跋珪가 흉노족의 옛 지역을 점거하여 나라를 세운 후 A.D. 439 태무제太武帝 탁발도拓跋燾가 북방을 통일했는데, 효문제孝文帝 탁발굉拓跋宏에 이르러 성을 원씨元氏로 바꾸었다. 그래서「원위元魏」라고도 부른다.

그 후 효무제孝武帝 원수元修에 이르러 권신權臣 고환高歡이 조정을 독점하자 원수가 고환을 피해 서쪽으로 나아가 장안長安에 도읍을 정하고, 얼마 후 효문제孝文帝의 손자 원보거元寶炬가 제위를 계승했는데, 이를「서위西魏」라 하며, 또 이와 별도로 고환이 효정제孝靖帝 원선견元善見을 옹립하고 업鄴으로 도읍을 옮겼는데, 이를「동위東魏」라 한다.

이렇게 동위와 서위로 분할되어 서로 대립 관계에 놓였으나, 후에는 두 나라 모두 권신에게 찬탈을 당해, 동위의 효정제는 고환의 아들 고양에게 제위를 빼앗겨 고양이 북제北齊를 건립했고, 서위는 공제恭帝 원곽元廓에 이르러 우문각宇文覺에게 제위를 빼앗겨 우문각이 북주北周를 건립했다.

57

태지수 일토우 부재전 실통서

迨至隋，一土宇，不再傳，失統緖。

dài zhì suí yī tǔ yǔ bú zài chuán shī tǒng xù

주석

【迨至隋】: 수에 이르다.

〖迨至〗: …에 이르다.

〖隋〗: [국명] 수나라. (A.D. 581-618). 수문제隋文帝 양견楊堅이 세운 나라. 양견은 북주北周의 정제靜帝를 찬탈하고, 581년 황제의 자리에 올라 국호를 수隋라 하고 대흥大興(지금의 섬서성 장안長安)을 도읍으로 삼았다. 아버지 문제를 시해하고 제위에 오른 양제煬帝는 황음무도荒淫無道하고 사치스런 생활에 빠지는가 하면 여러 가지 실정을 거듭하다가 신하인 우문화급宇文化及에게 살해되고, 양제의 손자인 양유楊侑 공제恭帝가 대를 잇는 듯했으나 당唐 고조高祖 이연李淵에게 찬탈당해 37년 만에 멸망했다.

【一土宇】: 천하를 통일하다.

〖一〗: [동사용법] 하나로 만들다. 통일하다.

〖土宇〗: 국토. 천하.

【不再傳】: 제위帝位를 두 번 전하지 못하다. 즉, 수문제가 다만 수양제에게 한 번만 양위하고 나서 수나라가 멸망한 것을 가리킨다.

〖再傳〗: 두 번 전하다. 여기서는「제위帝位를 두 번 전하다.」의 뜻.

【失統緖】: 대를 잇는 계통과 사업을 잃다. 제업을 상실하다. 즉「나라가

망하다.」의 뜻.

〖失〗: 잃다. 상실하다.

〖統緖〗: 계통을 잇는 사업. 즉「제업帝業」.

번역

수隋나라에 이르러, 천하를 통일했으나, 제위를 두 번 전하지 못하고, 나라가 멸망했다.

해설

본문은 수隋나라의 건립과 멸망을 기술한 것이다.

양견은 본래 북주北周 왕실의 외척으로 북주의 재상이자 선제宣帝의 장인이기도 했다. 처음 수隨에 봉해졌다가, 후에 일어나 북주北周의 정제靜帝를 찬탈하고 581년 황제의 자리에 올랐는데, 자신의 봉지인「수隨」라는 글자의 부수部首「착辵」이「빨리 달려서 편안하지 못하다.」라는 뜻을 지니고 있다 하여「수隨」를「수隋」로 바꾸어 국호國號로 정하고, 대흥大興(지금의 섬서성 장안長安)을 도읍으로 삼았다. 이후 양견은 능력을 발휘하여 몇 년에 걸쳐 영토를 확장하고 마침내 진陳과 양梁을 멸하여 천하를 통일했다.

이후 문제는 장남 용勇을 태자로 삼고 광廣을 진왕晉王으로 삼았는데, 태자가 사치와 여색을 즐겨 문제의 눈밖에 난데다가 광의 사주를 받은 신하의 참소로 인해, 문제는 결국 세자 양용楊勇을 폐하고 차남 양광楊廣을 세자로 교체했다. 야심이 많은 양광은 후에 아버지와 형을 죽이고 제위를 계승했는데, 이가 수양제隋煬帝이다. 양제는 황제에 오른 후 황음무도荒淫無道하고 사치스런 생활에 빠지는가 하면 중국의 남북을 잇는 대운하를 건설하고, 무력을 남용하여 몇 차례 고구려 원정에 나서는 등 무리한 정책을 추진했다가 극심한 혼란에 빠져, 백성들의 원망과 더불어 전국에서 군웅群雄들이 봉기하는 상황이 벌어졌다. 양제는 나중에 강도江都(지금의 강소성과 안휘성 경계)를 남순南巡하다가 신하인 무장武將 우문화급宇文化及에게 살해되었는데, 그 후 당고조唐高祖 이연李淵이 장안長安으로 공격해 들어와 양제煬帝의 손자인 양유楊侑를 공제恭帝로 옹립했다가, 얼마 후 바로 폐위시킴으로써 마침내 수나라는 37년 만에 멸망하고 말았다.

따라서 본문에 「不再傳, 失統緒.」라고 한 말은 작자가 공제恭帝를 대를 이은 군주로 간주하지 않은 것이다.

58

당 고 조 기 의 사 제 수 란 창 국 기

唐高祖, 起義師, 除隋亂, 創國基。

táng gāo zǔ qǐ yì shī chú suí luàn chuàng guó jī

주석

【唐高祖】: 당唐의 고조高祖 이연李淵(566~635). 농서隴西 성기成紀(지금의 감숙성 천수天水) 사람으로, 성은 이李, 이름은 연淵, 자는 숙덕叔德이며, 당나라의 건립자이다. 이연은 본래 북주北周의 관리였는데, 아버지 이병李昞이 죽자 작위를 세습하여 당국공唐國公에 봉해졌다. 수隋나라 양제煬帝 때 태원유수太原留守를 지냈으나, 수나라 말기에 왕실이 쇠하여 천하가 혼란에 빠지고 각지에서 평민들의 봉기가 일어나자, 아들 건성建成·세민世民과 함께 진양晉陽(지금의 산서성山西省 진원晉源)에서 군사를 일으켜 장안長安으로 공격해 들어갔다. 그 후, 수隋 양제煬帝를 폐위하고 양제煬帝의 손자 양유楊侑를 황제(공제恭帝)로 옹립하고 당왕唐王이 되어 천하를 호령하다가 양제가 우문화급宇文化及에게 시해되자 양유를 폐위시킨 다음 자신이 직접 황제에 올라 국호를 당唐, 연호를 무덕武德이라 하고 장안長安에 도읍을 정했다. 이연은 국내를 통일한 후 돌궐突厥과 서방 여러 나라들을 정복하여 널리 위세를 떨쳤다. 그러나 재위 9년 만에 이세민에게 왕위를 물려주고 국정國政에서 물러나 태상왕太上王의 신분으로 지내다가 70세를 일기로 병사했다.

【起義師】: 정의正義의 군사를 일으키다.

〖起〗: 일으키다.

〖義師〗: 정의正義의 군사. 정의를 위해 싸우는 군사.

【除隋亂】: 수나라의 분란을 제거하다.

〖除〗: 제거하다. 없애다. 평정하다.

〖隋亂〗: 수隋나라의 분란.

【創國基】: 나라의 기틀을 다지다.

〖創〗: 창건하다. 다지다.

〖基〗: 기반. 기틀. 기초.

번역

당唐 고조高祖 이연李淵이, 의병을 일으켜, 수隋나라의 혼란을 제거하고, 당나라의 기틀을 다졌다.

해설

본문은 당왕조唐王朝의 흥성을 기술한 것이다.

당고조唐高祖 이연李淵은 본래 북주北周의 관리로, 아버지 이병李昞이 죽자 당국공唐國公이란 작위를 세습하고 수나라 양제煬帝 때 태원유수太原留守를 지냈다. 수나라 말기에 왕실이 쇠하면서 천하가 혼란에 빠져 소선蕭銑·이밀李密·왕세충王世充·두건덕竇建德·설거薛擧·이궤李軌 등이 분분히 일어나 천하가 일대 혼란 상황에 처했다. 617년 차남 이세민李世民과 부하 유문정劉文靜 등의 권유로 군사를 일으켜 장안을 점령한 후 수양제隋煬帝를 폐위한 후 양제의 손자인 양유楊侑를 공제恭帝로 옹립하고 당왕唐王에 봉해져 천하를 호령하였다. 그러다가 618년 양제가 우문화급宇文化及에게 시해되자 양유를 쫓아낸 다음 자신이 직접 황제에 올라 국호를 당唐, 연호를 무덕武德이라 하고 장안長安에 도읍을 정했다. 이연이 수나라를 멸하고 당나라를 세우기까지는 차남 이세민李世民의 활약이 매우 컸다. 그러나 이연은 장남 이건성李建成을 태자로 책봉했다. 이후 이세민의 세력이 날로 커지자 이건성이 이세민을 해치려는 불온한 움직임을 보였고, 이를 간파한 이세민이 장손무기長孫無忌·울지경덕尉遲敬德과 공모하여 태자 이건성과 동생 이원길李元吉을 제거한 후, 부왕을 압박하여 제위를 양위하도록 강요했다. 그리하여 이연은 재위 9년 만에 이세민에게 왕위를 물려주고 국정國政에서 물러나 태상왕太上王의 신분으로 지내다가 70세를 일기로 병사했다.

59

이 십 전 삼 백 재 양 멸 지 국 내 개

二十傳, 三百載, 梁滅之, 國乃改。

èr shí chuán sān bǎi zǎi liáng miè zhī guó nǎi gǎi

주석

【二十傳】: 이십 대를 전하다.

〖二十〗: 여기서는 「이십 명의 황제」를 가리킨다. 당왕조唐王朝는 제1대 고조高祖 이연李淵으로부터 마지막 황제인 제20대 애제哀帝 이축李柷까지 모두 20대이다.

〖傳〗: 제위를 전승傳承하다.

【三百載】: 삼백 년. ※당왕조唐王朝가 존속한 기간은 실제로 290년이나, 여기서는 개략적인 수치를 말한 것이다.

〖載〗: 해. 년.

【梁滅之】: 양梁나라가 이를 멸하다.

〖梁〗: [국명] 후량後梁(907–923). 오대五代의 한 나라로 주전충朱全忠이 세운 나라. 주전충은 본명이 주온朱溫인데, 당말唐末 「황소黃巢의 난」에 참가하여 부장部將이 되었으나, 나중에 형세가 불리하자 관군에 항복하여 희종僖宗으로부터 전충全忠이라는 이름을 하사받았다. 후에 주전충은 당唐을 찬탈하여 국호를 양梁이라 하고, 변汴(지금의 하남성 개봉開封)에 도읍을 정했는데, 역사에서는 이를 후량後梁이라 부른다. 양梁은 주전충이 죽은 후 여러 아들들이 제위를 다투며 골육상쟁을 벌이다가 17년 만에 후당後唐의 이존욱李存勗에게 멸망당했다.

〖滅〗: 멸하다. 멸망시키다.

〖之〗: [대명사] 이. 이것. 즉「당왕조唐王朝」.

【國乃改】: 나라가 곧 바뀌다.

〖國〗: 나라. 여기서는「국호」를 가리킨다.

〖乃〗: 곧. 이내.

〖改〗: 바뀌다.

번역

당왕조唐王朝는 이십 대를 전승傳承하며, 삼백 년이 경과했는데, 양梁나라가 이를 멸하여, 국호가 곧 양梁으로 바뀌었다.

해설

본문은 당왕조唐王朝의 제위帝位 계승과 존속 연한 및 멸망에 관해 기술한 것이다.

당왕조의 제위는 고조高祖 이연李淵으로부터 태종太宗 이세민李世民을 거쳐 고종高宗 중엽부터 정권이 점차 측천무후則天武后의 수중으로 넘어갔다. 그리하여 684년 측천무후는 중종中宗을 폐위하고 예종睿宗을 옹립하더니 태후太后로써 섭정하다가 690년에 스스로 즉위하여「성신황제聖神皇帝」라 칭하고 국호를 바꾸어「주周」라 했다. 그 후 705년에 이르러 중종中宗이 다시 복위하여 당唐의 국호를 회복하고, 예종睿宗, 현종玄宗, 숙종肅宗, 대종代宗, 덕종德宗, 순종順宗, 헌종憲宗, 목종穆宗, 경종敬宗, 문종文宗, 무종武宗, 선종宣宗, 의종懿宗, 희종僖宗, 소종昭宗을 거쳐 애제哀帝로 이어졌으나, 907년 양梁의 주전충朱全忠에게 멸망하여 290년 만에 나라를 잃었다.

그런데 본문에서「二十傳」이라 한 것을 보면 측천무후의「주周」를 제외한 것임을 미루어 알 수 있는데, 이는 《신당서新唐書》와 《구당서舊唐書》에 〈측천황후본기則天皇后本紀〉가 있어 사가史家들이 「주周」를 당사唐史의 범주에 넣은 것과 다르다.

60

양 당 진 급 한 주 칭 오 대 개 유 유

梁唐晉, 及漢周, 稱五代, 皆有由。

liáng táng jìn jí hàn zhōu chēng wǔ dài jiē yǒu yóu

주석

【梁唐晉】: 양梁나라·당唐나라·진晉나라.

〖梁〗: [국명] 후량後梁(907–923) 오대五代의 한 나라. 주전충朱全忠이 당唐을 멸하고 세운 나라.

〖唐〗: [국명] (923–936) 오대五代의 한 나라. 돌궐突厥 출신 이존욱李存勗이 세운 나라로, 낙양洛陽에 도읍을 정하고 국호를 당唐이라 했으며, 역사에서는 「후당後唐」이라 부른다. 당唐나라 말기에 돌궐突厥 출신의 이극용李克用이 「황소黃巢의 난」을 진압하는데 공이 있어 하동절도사河東節度使로 임명되고, 진왕晉王에 봉해졌다. 선무절도사宣武節度使 주전충朱全忠이 당唐을 멸하고 후량後梁을 세우자, 이극용도 그에 맞서 자립했다. 이극용이 죽은 뒤 진왕의 지위를 계승한 이존욱李存勖이 후당後唐을 세우고 후량을 멸한 후 낙양洛陽으로 도읍을 옮겼다. 후당은 이후 장종莊宗 이존욱·명종明宗 이사원李嗣源·민제閔帝 이종후李從厚·말제末帝 이종가李從珂 등 4대에 걸쳐 14년 동안 존속하다가 후진後晉에게 멸망했다.

〖晉〗: [국명] (936–946) 오대五代의 한 나라. 석경당石敬瑭이 거란契丹과 결탁하여 후당後唐을 멸한 후 세운 나라. 도읍을 변汴(지금의 하남성 개봉開封)으로 옮기고 국호를 진晉이라 했는데, 역사에서는 「후진後

晉」이라 부른다. 석경당은 본래 돌궐突厥 출신으로 후당의 개국공신이었으나, 말제末帝와 불화가 일어나자 거란과 결탁하여 후당을 멸한 후, 거란의 꼭두각시 황제가 되어 원군援軍에 대한 대가로 연운십육주燕雲十六州의 땅을 거란에 떼어주었다. 후에 석경당이 죽고 그의 조카 석중귀石重貴가 제위를 계승했는데, 거란에 대한 충성을 거부했다가 거란의 분노를 사서 결국 2대 11년 만에 거란에게 멸망했다.

【及漢周】: 및 한漢나라·주周나라.

〖及〗: 및. …와(과).

〖漢〗: [국명] 오대五代의 한 나라. 유지원劉知遠이 세운 나라(947−950).

※거란契丹이 후진後晉을 멸하고 중원中原으로 들어가 주둔하다가 얼마 후 다시 북방으로 돌아갔다. 당시 후진後晉의 하동절도사河東節度使 유지원劉知遠이 이를 틈타 진양晉陽(지금의 산서성 진원晉源)에서 군사를 일으켜 곧바로 개봉開封에서 칭제稱帝한 후 국호를 한漢으로 바꾸었는데, 역사에서는 「후한後漢」이라고 부른다. 후에 은제隱帝가 뒤를 이었으나 건국공신인 곽위郭威와의 충돌로 인해 피살당함으로써 2대 4년 만에 멸망하고, 곽위가 후주後周를 건립했다.

〖周〗: [국명] 오대五代의 한 나라. 곽위郭威가 세운 나라(951−960).

※곽위郭威는 후한後漢의 추밀사樞密使였으나, 은제隱帝가 그의 세력이 강대함을 두려워하여 제거하려 하자, 군사를 일으켜 은제를 제거한 후 스스로 제위에 올라 국호를 주周라 하고 변汴(지금의 하남성 개봉開封)에 도읍을 정했는데, 역사에서는 고대 무왕武王이 세운 주周와 구별하기 위해 후주後周라고 부른다. 제2대 양자養子 세종世宗 자영柴榮은 오대五代의 군주 가운데 문치文治와 무공武功이 가장 탁월하여, 군의 개혁을 비롯하여 통일 사업을 추진했지만 갑자기

중병에 걸려 도중에 세상을 떠났다. 아들 공제恭帝가 제위를 계승했으나 조광윤趙匡胤이 찬탈하여 송宋을 건립함으로서 후주는 3대 10년 만에 멸망했다.

【稱五代】: 오대五代라 일컫다.

〖稱〗: …라 일컫다. …라 하다.

〖五代〗: 황하 유역을 중심으로 존재했던 다섯 왕조, 즉 양梁·당唐·진晉·한漢·주周. 이 다섯 나라의 명칭은 전대에 이미 존재하고 있어, 역사에서는 전대와 구별하기 위해 앞에 「후後」자를 붙여 후량·후당·후진·후한·후주라고 부른다.

【皆有由】: 모두 까닭이 있다.

〖皆〗: 모두. 다.

〖由〗: 이유. 까닭.

번역

양梁나라·당唐나라·진晉나라 및 한漢나라·주周나라를, 오대五代라 일컫는데, 이들이 교체된 데는 모두 까닭이 있다.

해설

본문은 양梁·당唐·진晉·한漢·주周 다섯 나라가 잇달아 흥하고 망한 과정을 기술한 것이다.

당唐나라 말기 「황소黃巢의 난」이 일어난 후 비록 평정되기는 했으나 당 제국의 국력은 만회할 수 없을 정도로 쇠락하여 마침내 주전충朱全忠에게 찬탈당해 국호가 양梁으로 바뀌고, 변汴(지금의 하남성 개봉開封)에 도읍을 정하면서 「오대五代」시대로 들어갔다.

이후 주전충의 후량은 이존욱李存勖의 후당後唐에 멸망하고, 후당은 석경당石敬瑭의 후진後晉에 멸망하고, 후진은 유지원劉知遠의 후한後漢에 멸망하고, 후한은 곽위郭威의 후주後周에 멸망한 후, 후주가 송태조宋太祖 조광윤趙匡胤에게 멸망함으로써 오대五代는 54년 만에 종말을 고했다.

61

염 송 흥　수 주 선　십 팔 전　남 북 혼
炎宋興，受周禪，十八傳，南北混。
yán sòng xīng　shòu zhōu shàn　shí bā chuán　nán běi hùn

주석

【炎宋興】: 송宋나라가 일어나다.

〖炎宋〗: 송宋의 별칭. 송나라 사람들은 조씨趙氏가 제왕의 명을 받아 송나라를 세운 것이 오행五行(목木·화火·토土·금金·수水) 중의 화덕火德으로 인한 것이라 여겨 화송火宋 또는 염송炎宋이라 했다.

〖興〗: 홍성하다. 일어나다.

【受周禪】: 주周나라의 선양을 받다.

〖受〗: 받다.

〖周〗: 후주後周.

〖禪〗: 선양禪讓하다. 제위를 자손에게 전하지 않고 재덕을 갖춘 사람에게 양위하는 것을 가리킨다.

【十八傳】: 십팔 대를 전하다.

【南北混】:

〖南北〗: 남방과 북방.

〖混〗: 혼란에 빠지다.

번역

송宋이 일어나, 후주後周로부터 제위를 선양 받아, 십팔 대를 전한 후,

북방 소수민족의 남침으로 남과 북이 혼란에 빠졌다.

해설

본문은 송왕조宋王朝의 흥망을 기술한 것이다.

조광윤趙匡胤은 본래 후한後漢의 장수인 곽위郭威의 막료였다가 곽위가 후한을 멸하고 후주後周를 세워 태조太祖가 되자, 전장금군典掌禁軍을 지내다가 후주 세종世宗 시영柴榮의 휘하에서 전전도점검殿前都點檢에 임명되어 금군禁軍을 통솔했다. 세종이 북정北征에서 돌아와 사망하고, 공제恭帝가 일곱 살의 어린 나이로 즉위하자, 권력은 조광윤의 수중에 들어갔다. 다음 해인 960년 정월 초하루 북한北漢과 거란契丹이 연합하여 변경汴京(지금의 하남성 개봉開封)을 침입했다. 조광윤이 출병하여 방어에 나섰는데, 초사흘 날 군사들이 개봉開封 동북쪽의 진교역陳橋驛(지금의 하남성 봉구현封丘縣 진교진陳橋鎭)에서 반란을 일으켜 강제로 조광윤을 황제로 옹립했다. 역사에서는 이를「진교역병변陳橋驛兵變」이라고 한다. 그리고 즉시 개봉으로 회군하여 공제로부터 제위를 선양 받아 국호를「송宋」이라 하고, 변경汴京을 도읍으로 정했다.

태조太祖 조광윤趙匡胤이 즉위한 후 송宋의 영토는 하북성·산서성 북부와 귀주성·운남성 외에도 장성長城 이남의 여러 성을 확보하고 있었다. 그러나 개국 이후 내우외환內憂外患이 끊이지 않고 정치적으로 중앙집권과 문치주의文治主義를 채택함으로써 군비軍備의 부진을 면치 못한 데다, 또 신종神宗 때 왕안석王安石의 변법變法 추진이 신구 세력 간의 당쟁을 야기함으로써 국력을 크게 약화시켰다. 그리하여 1126년 금金나라 군사가 변경汴京을 함락하고 휘종徽宗·흠종欽宗과 3,000여 명을 포로로 잡아 북으로 돌아가는 큰 사건이 발생했다. 이를「정강靖康의 난」이라 한다. 역사에서는 태조太祖로부터 태종太宗·진종眞宗·인종仁宗·영종英宗·신종神宗·철종哲宗·휘종徽宗을 거쳐 흠종欽宗까지의 168년 동안을「북송北宋」이라 부른다.

이후 송은 흠종의 아우인 고종高宗이 남쪽으로 옮겨가 임안臨安(지금의 절강성 항주杭州)에서 즉위하여 송왕조를 이어갔는데, 이로부터 북방은 금나라의 천하로 변하고, 송의 영토는 겨우 회하淮河·한수漢水이남으로 축소되어 국력은 더욱 쇠약해졌다. 중엽 이후에는 또 몽고족의 세력이 점차 확대되어 1234년 북방의 금金나라를 멸하고, 1279년 마침내 송을 멸한 후 원元나라를 세워 남북의 천하를 통일했다.

역사에서는 고종이 임안에서 즉위한 후 효종孝宗·광종光宗·영종寧宗·이종理宗·도종度宗·공제恭帝·단종端宗을 거쳐 마지막 위왕衛王까지의 153년간을「남송南宋」이라 부른다.

따라서 본문에「십팔전十八傳」이라 한 말은, 곧 북송의 9대와 남송 9대를 합친 것을 의미한다.

62

십 칠 사 전 재 자 재 치 란 지 흥 쇠
十七史，全在茲。載治亂，知興衰。
shí qī shǐ quán zài zī zài zhì luàn zhī xīng shuāi

주석

【十七史】: 송宋 이전까지의 중국 정사正史로《사기史記》·《한서漢書》·《후한서後漢書》·《삼국지三國志》·《진서晉書》·《송서宋書》·《남제서南齊書》·《양서梁書》·《진서陳書》·《위서魏書》·《북제서北齊書》·《주서周書》·《수서隋書》·《남사南史》·《북사北史》·《당서唐書》·《오대사五代史》 등 17부를 가리킨다.

【全在茲】: 모두 여기에 있다.

〖全在…〗: 모두 …에 있다.

〖茲〗: 이곳. 여기.

【載治亂】: 치세治世와 난세亂世의 상황을 기록하다.

〖載〗: 싣다. 기록하다. 기재하다.

〖治亂〗: 치세治世와 난세亂世. 태평太平과 동란動亂.

【知興衰】: 흥성과 쇠망의 이치를 알다.

〖知〗: 알다. 이해하다.

〖興衰〗: 흥성과 쇠망.

번역

십칠사에는 역대에 발생한 역사 사실이 모두 여기에 있는데, 치세治世

와 난세亂世의 상황을 기록하고 있어, 나라의 흥성과 쇠망의 이치를 알 수 있다.

해설

본문은 역사 교훈의 함의含意를 개괄한 것이다.

중국 고금의 역사는 삼황오제三皇五帝로부터 중화민국中華民國, 중화인민공화국中華人民共和國에 이르기까지 고금의 모든 역사 사실을 망라하여, 각 조대朝代의 치세治世와 난세亂世 상황을 기록하고 있다. 따라서 역사를 통해 나라의 흥성과 쇠망의 이치를 알면, 이를 역사의 교훈으로 삼아 잘못한 일은 반성해서 전철을 밟지 않도록 개선해 나갈 수 있고, 잘한 일은 본받아 더욱 발전을 추구할 수 있다.

63

독사자 고실록 통고금 약친목

讀史者，考實錄。通古今，若親目。

dú shǐ zhě kǎo shí lù tōng gǔ jīn ruò qīn mù

주석

【讀史者】: 역사를 연구하는 사람.

〖讀〗: 공부하다. 연구하다.

【考實錄】: 실록實錄을 고찰하다.

〖考〗: 고찰하다.

〖實錄〗: 역사 사실을 기록한 자료.

【通古今】: 고금을 통달하다.

〖通〗: 통달하다.

〖古今〗: 옛날과 지금. 여기서는 「고금의 역사」를 가리킨다.

【若親目】: 친히 목격한 것과 같다. 직접 자신의 눈으로 본 것처럼 명료하다.

〖若〗: 마치 …같다.

〖親目〗: 친히 목격하다. 자신의 눈으로 직접 보다.

번역

역사를 연구하는 사람은, 실록을 고찰하여, 고금의 역사에 통달해야, 비로소 직접 자신의 눈으로 본 것처럼 명료하다.

해설

본문은 역사를 연구하는 방법을 설명한 것이다.

역사를 연구하는 목적은 역사 변천의 규율과 발전의 추세를 이해하고, 지난날을 거울삼아 앞날을 위한 교훈을 얻기 위한 것이다. 그러자면 역사를 공부하는 사람은 반드시 신뢰할 수 있는 자료를 근거로 고찰해야 비로소 귀중한 자료를 얻어 역사의 진상을 탐구할 수가 있다.

64

구 이 송 심 이 유 조 어 사 석 어 사

口而誦, 心而惟。朝於斯, 夕於斯。

kǒu ér sòng xīn ér wéi zhāo yú sī xī yú sī

주석

【口而誦】: 입으로 암송하다.

〖而〗: 以(이). …로써.

〖誦〗: 외다. 암송하다.

【心而惟】: 마음으로 생각하다.

〖惟〗: 생각하다. 사고思考하다.

【朝於斯】: 아침에도 이에 마음을 두다.

〖朝〗: 아침.

〖於〗: [개사] …에.

〖斯〗: 此(차). 이. 여기. 즉「口誦心惟」.

【夕於斯】: 저녁에도 이에 마음을 두다.

〖夕〗: 저녁.

번역

입으로 암송하고, 마음으로 생각하며, 아침에도 이에 마음을 두고, 저녁에도 이에 마음을 둔다.

해설

본문은 독서의 요령에 대해 설명한 것이다.

독서할 때 기억을 촉진하기 위해서는 입으로 소리를 내어 읽으면서 동시에 마음으로 그 의미를 생각해야 오래도록 기억에 남는다. 또한 학습이란 낮이건 밤이건 항상 끊이지 않고 꾸준히 반복해야지 하루 공부하고 열흘 쉬는 식으로 하다 말다 하면 결코 진정한 학습효과를 거둘 수가 없다.

65

昔仲尼, 師項橐, 古聖賢, 尚勤學。

석 중 니 / 사 항 탁 / 고 성 현 / 상 근 학

xí zhòng ní shī xiàng tuó gǔ shèngxián shàng qín xué

주석

【昔仲尼】: 예전에 공자孔子는.

〖昔〗: 예전. 옛날.

〖仲尼〗: 공자孔子(B.C. 551-B.C. 479). 춘추시대 노魯나라 추읍陬邑(지금의 산동성 곡부曲阜) 사람으로, 성은 공孔, 이름은 구丘, 자는 중니仲尼이다. 처음에는 노나라에서 사공司空을 지내고 이어서 사구司寇를 지냈는데, 노나라가 잘 다스려졌다. 후에 기용起用되지 않자 위衛·송宋·진陳·채蔡·초楚 등 여러 나라를 돌아다니며 군주들을 설득했으나 오직 부국강병책으로 천하통일만을 노리는 당시의 세태에서는 도덕정치를 실현하고자 하는 공자의 이상을 받아주는 군주가 없었다. 만년에 노나라로 돌아와《시경詩經》과《서경書經》을 정리하고《춘추春秋》를 저술했으며, 아울러 제자들을 모아 강학講學에 힘썼는데 제자가 3천 명에 달하고, 그중 육예六藝에 정통한 사람이 72명이었다. 후세 사람들이 그를 지성선사至聖先師로 추존했다.

【師項橐】: 항탁項橐을 스승으로 삼다.

〖師〗: 스승으로 삼다. 스승으로 삼아 가르침을 청하다.

〖項橐〗: [인명] 항탁項託, 또는 항탁項伔이라고도 한다. 춘추시대 사람으로 생졸 연대 미상.《전국책戰國策·진책오秦策五》와《사기史記·저

리자감무열전樗里子甘茂列傳》에 의하면, 항탁이 일곱 살 때 공자의 스승이 되었다고 한다.(項橐生七歲爲孔子師.) 이 밖에 《회남자淮南子》 고유주高誘注와 《전국책戰國策》·《논형論衡》·《신서新序》 등에도 보인다.

【古聖賢】: 옛 성현.

〖聖賢〗: 성인과 현인. 지혜와 덕망과 재능이 최고의 경지에 이른 사람.

【尙勤學】: …조차도 또한 배움에 부지런하다.

〖尙〗: …조차도 또한.

〖勤學〗: 학문에 힘쓰다. 부지런히 배우다.

번역

예전에 공자孔子는, 항탁項橐을 스승으로 삼은 적이 있는데, 옛 성현조차도, 또한 이처럼 배움에 부지런했다.

해설

본문은 옛 성현이 배움에 부지런했던 사례를 들어 아이들의 면학勉學을 격려한 것이다.

지성至聖으로 불리는 공자孔子가 겨우 일곱 살의 어린 항탁項橐에게 가르침을 청한 것을 첫 번째 예로 들고, 본문 이후 십여 구句는 서로 다른 근학勤學의 사례를 소개하여 아이들의 면학을 격려하고 있다.

공자와 항탁에 관한 일화는 《전국책戰國策》·《회남자淮南子》·《사기史記》·《신서新序》·《논형論衡》 등에 부분적인 기록이 있다. 당대唐代에 이르러 사람들은 정사正史의 기록을 근거로 공자孔子와 항탁이 문답한 일화를 고사로 엮어《돈황변문집敦煌變文集·공자항탁상문서孔子項託相問書》에 수록했다.〈공자항탁상문서孔子項託相問書〉에는 또 부록으로〈소아론小兒論〉1편과〈신편소아난공자新編小兒難孔子〉1편을 싣고 있는데, 이들 기록에서 일부를 추려 소개하면 다음과 같다.

공자가 어느 날 제자들을 거느리고 유람을 나서는데, 길에서 아이들이 흙으로 성 쌓기 놀이를 하고 있었다. 수레가 다가오자, 다른 아이들이 모두 피하는데, 그중 한 아이가 홀로 피하지 않고 그대로 성 안에 앉아 있었다.

공자가 아이에게 물었다:「너는 어째서 수레를 피하지 않느냐?」아이가 대답했다:「옛날 성인께서 말씀하시길, 사람은 위로는 천문天文을 알고, 아래로는 지리地理를 알며, 그 가운데 인정人情을 알아야 한다고 들었습니다. 자고로 수레가 성을 피해간다는 말을 들었어도, 성이 수레를 피해 옮겼다는 말은 들어보지 못했습니다.」(夫子語小兒曰:「何不避車?」小兒答曰:「昔聞聖人有言: 上知天文, 下知地理, 中知人情. 從昔至今, 只聞車避城, 豈聞城避車?」) (〈孔子項託相問書〉)

공자는 그때 대꾸할 말이 없어, 곧 수레를 성 아래에 피해놓고, 사람을 보내 어느 집 아이이며, 성과 이름이 무었인가를 물어, 성은 항이고 이름은 탁이라는 것을 알았다. 공자는 항탁과 일문일답을 통해 그의 재주와 사고력이 출중함에 흥미를 느껴 다시 한번 까다로운 문제를 가지고 그를 시험해 보기로 했다.

공자가 아이에게 물었다:「어떤 산에 돌이 없고, 어떤 물에 고기가 없느냐? 어떤 문에 빗장이 없고, 어떤 수레에 바퀴가 없느냐? 어떤 소가 새끼를 낳을 수 없고, 어떤 말이 새끼를 낳을 수 없느냐? 어떤 칼에 고리가 없고, 어떤 불이 연기가 나지 않느냐? …… 어떤 나무에 가지가 없느냐?」(夫子問小兒曰:「汝知何山無石? 何水無魚? 何門無關? 何車無輪? 何牛無犢? 何馬無駒? 何刀無環? 何火無煙? …… 何樹無枝?) (《孔子項託相問書》)

아이가 대답했다:「토산에는 돌이 없고, 우물에는 고기가 없으며, 열린 문에는 빗장이 없고, 가마에는 바퀴가 없습니다. 진흙으로 만든 소는 새끼를 낳지 못하고, 목마木馬는 새끼를 낳지 못합니다. 작두에는 고리가 없고, 반딧불은 연기가 나지 않으며, …… 마른나무에는 가지가 없습니다.」(小兒答曰:「土山無石, 井水無魚, 空門無關, 轝車無輪, 泥牛無犢, 木馬無駒, 斫刀無環, 螢火無煙, …… 枯樹無枝.) (《孔子項託相問書》)

공자가 또 항탁에게 몇 가지 문제를 물었는데, 항탁의 대답은 모두 도리에 부합했다. 공자의 질문이 끝나자, 이번에는 반대로 항탁이 공자에게 질문했다.

아이가 공자에게 물었다:「거위와 오리는 어째서 물에 뜰 수 있고, 기러기와 학은 어째서 울음소리를 내며, 소나무와 잣나무는 어째서 사철 푸릅니까?」 공자가 대답했다:「거위와 오리가 물에서 뜰 수 있는 것은 발에 물갈퀴가 있기 때문이고, 기러기와 학이 울음소리를 내는 것은 목이 길기 때문이며, 소나무와 잣나무가 사철 푸른 것은 속이 단단하기 때문이다.」 이에 아이가 대답했다:「그렇지 않습니다! 두꺼비가 울 수 있는 것이 어찌 목이 길기 때문이고, 거북이가 물에 뜨는 것이 어찌 발에 물갈퀴가 있기 때문이며, 대나무가 사철 푸른 것이 어찌 속이 단단하기 때문입니까?」 공자가 탄식하며 말했다:「좋구나! 좋아! 비로소 후생後生(뒤에 난 사람, 젊은 세대)이 실로 두렵다는 것을 알았다.」(小兒卻問夫子曰:「鵝鴨何以能浮? 鴻鶴何以能鳴? 松柏何以冬夏常青?」夫子對曰:「鵝鴨能浮者緣腳足方, 鴻鶴能鳴者緣咽項長, 松柏冬夏常青者緣心中強.」小兒答曰:「不然也! 蝦蟆能鳴, 豈猶咽項長? 龜鱉能浮, 豈猶腳足方? 胡竹冬夏常青, 豈猶心中強?」夫子嘆曰:「善哉! 善哉! 方知後生實可畏也.」)(〈孔子項託相問書〉)

당唐 한유는《사설師說》에서「나보다 먼저 태어났으면, 그 도리를 들어 아는 것도, 당연히 나보다 먼저이니, 나는 그를 따르고 스승으로 삼을 것이요; 나보다 늦게 태어났어도, 그 도리를 들어 아는 것이, 역시 나보다 앞서면, 나는 그를 따르고 스승으로 삼을 것이다. 그러므로 신분의 귀천이나 연령의 고하를 막론하고, 도리가 있는 곳이 바로 스승이 있는 곳이다.(生乎吾前, 其聞道也, 固先乎吾, 吾從而師之; 生乎吾後, 其聞道也, 亦先乎吾, 吾從而師之. 是故無貴·無賤·無長·無少, 道之所存, 師之所存也.)」라고 했는데, 비록 아이들을 대상으로 한 말은 아니지만, 역시 면학의 중요성을 십분 강조한 것이다.

66

조 중 령　독 노 론　피 기 사　학 차 근

趙中令，讀魯論，彼旣仕，學且勤。

zhào zhōng lìng　dú lǔ lùn　bǐ jì shì　xué qiě qín

주석

【趙中令】: 조보趙普(922–992). 송宋 유주幽州 계薊(지금의 하북성 대흥大興 서남쪽) 사람으로 자는 칙평則平이며, 송宋 태조太祖 조광윤趙匡胤을 도와 송나라의 건립에 공을 세웠으며, 그가 중서령中書令을 지냈기 때문에 조중령趙中令이라 불렀다. 태조가 무장武將들의 병권兵權을 거두어들이고 중앙집권제를 채택한 것은 바로 조보가 계책을 올린 것이다. 태종太宗이 즉위한 후 재상이 되어 위국공魏國公에 봉해졌으며, 시호를 충헌忠獻이라 했다. 조보는 젊은 시절 관리가 되는 일은 익히면서 학술에 대해서는 전혀 공부하지 않아 태조가 그에게 독서를 하도록 권했다. 그래서 만년에는 책에서 손을 떼지 않고 매일 조회가 끝나 승상부로 돌아오면 즉시 문을 닫고 상자에서 책을 꺼내 읽었다. 그가 죽은 후 집안사람들이 상자를 열어 《논어》 20편을 발견했다. 《송사宋史》에 그의 열전이 있다.

【讀魯論】: 《논어》를 공부하다.

〖讀〗: 읽다. 공부하다.

〖魯論〗: 《논어論語》. 《논어》는 한漢나라 때 《노론魯論》·《제론齊論》·《고론古論》 세 종류의 전본傳本이 있었다. 《노론》과 《제론》은 금문今文, 즉 당시 통행되던 문자인 예서隷書로 썼고, 《고론》은 고문古

文, 즉 전국시대 육국六國에서 사용한 과두문자蝌蚪文字로 썼다. 금문《논어》와 고문《논어》는 글자체가 서로 다를 뿐 아니라 편수나 자구字句 등도 모두 다르다. 《노론》은 노나라에서 통행된 판본으로 모두 20편이고, 《제론》은 《노론》보다 「문왕問王」, 「지도知道」 2편이 많아 22편이며, 《고론》은 한漢나라 경제景帝 때 공자孔子가 살았던 옛집 벽 속에서 발견한 것으로, 〈자장편子張篇〉 2편을 포함하여 모두 21편으로 되어 있다. 이 세 가지 판본은 후에 한漢의 장우張禹와 정현鄭玄 및 위魏의 하안何晏 등의 수정을 거쳐 오늘날 통행하는 판본이 되었다.

【彼旣仕】: 그는 이미 관리가 되다.

〖彼〗: [지시대명사] 그. 저. 즉「조중령」.

〖旣〗: 이미.

〖仕〗: 벼슬을 하다. 관리가 되다.

【學且勤】: 배움에 있어서 여전히 부지런하다.

〖且〗: 여전히. 아직도. 또한.

〖勤〗: 근면하다. 부지런하다.

번역

조보趙普는, 《논어論語》를 열심히 공부했는데, 그는 이미 관리가 되고 나서도, 배우는 데 여전히 부지런했다.

해설

본문은 조보趙普를 예로 들어 입신출세 후에도 여전히 배움에 태만하지 않는 면학勉學 태도를 설명한 것이다.

옛사람이 이르길: 「배움에는 끝이 없다.(學無止境.)」라고 했고, 속담에 이르길: 「죽을 때까지 배운다.(活到老, 學到老.)」라고 했다. 재상宰相의 지위에 올라서도 여전히 배우기를 좋아하고 나태하지 않는 조보의 면학 태도야말로 후학들이 이어받아야 할 가장 소중한 유산遺産이다.

67

피 포 편 삭 죽 간 피 무 서 차 지 면

披蒲編，削竹簡，彼無書，且知勉。

pī pú biān xuè zhú jiǎn bǐ wú shū qiě zhī miǎn

주석

【披蒲編】: 부들을 갈라 엮어서 책을 만들다. ※노온서路溫舒의 고사를 가리켜 한 말이다. 서한西漢 사람 노온서는 어려서 양몰이를 했는데, 늪에서 부들 잎을 꺾어 갈라 엮은 다음 책을 빌려다가 거기에 글을 써서 읽었다. 《한서漢書·노온서전路溫舒傳》에 그에 관한 기록이 보인다.

〖披〗: 나누다. 쪼개다. 가르다.

〖蒲〗: 부들.

〖編〗: 엮다.

【削竹簡】: 대나무를 깎아 간책을 만들다. ※공손홍公孫弘의 고사를 가리켜 한 말이다. 이 말의 출처는 알 수 없으나, 《삼자경주해비요三字經註解備要》에 의하면, 서한西漢 사람 공손홍은 나이 50에 대나무 밭에서 남의 돼지 기르는 일을 하면서, 대나무의 푸른 껍질을 깎아 간책을 만들고 《춘추春秋》를 빌려다가 거기에 써서 공부를 했다고 한다.

〖削〗: 깎다.

〖簡〗: 간책簡册을 만들다.

【彼無書】: 그들은 책이 없어도.

〖彼〗: 그들, 즉 노온서路溫舒와 공손홍公孫弘.

〖無書〗: 책이 없다.

【且知勉】: 여전히 노력할 줄을 알다.

〖且〗: 여전히. 그래도.

〖知〗: 알다.

〖勉〗: 노력하다.

번역

노온서路溫舒는 부들을 갈라 엮어 책을 만들고, 공손홍公孫弘은 대나무를 깎아 간책을 만들었는데, 그들은 책이 없어도, 여전히 이처럼 독서에 부지런했다.

해설

본문은 노온서路溫舒와 공손홍公孫弘을 예로 들어 사람들이 열악한 환경을 이유로 배움을 포기하는 일이 없도록 독려한 것이다.

종이를 발명하기 이전의 옛사람들은 대체로 죽간竹簡이나 목편木片 또는 비단 등을 가지고 필사 도구로 사용했다. 그러나 가난한 집안의 자제들은 이러한 도구들을 구입할 능력이 없고 읽을 책도 없었다. 그리하여 노온서나 공손홍처럼 스스로 도구를 만들어 사용하는 방법으로 열악한 학습 환경을 타개하며 학습에 열중했다.

68

두 현 량 추 자 고 피 불 교 자 근 고

頭懸梁, 錐刺股, 彼不教, 自勤苦。

tóu xuán liáng zhuī cì gǔ bǐ bú jiào zì qín kǔ

주석

【頭懸梁】: 두발을 대들보에 매달다. ※손경孫敬의 고사를 가리켜 한 말이다. 《태평어람太平御覽·611》이 진晉 장방張方의 《초국선현전楚國先賢傳》을 인용한 바에 의하면, 손경은 진晉나라 신도信都(지금의 하북성 기현冀縣) 사람으로 배우기를 좋아하여, 밤늦게까지 공부하면서 졸음을 피하기 위해 두발을 대들보에 매달아, 졸다가 두발이 당겨지면 아파서 졸음이 달아났다.

〖頭〗: 머리. 여기서는「두발」을 가리킨다.

〖懸〗: 매달다.

〖梁〗: 들보. 대들보.

【錐刺股】: 송곳으로 허벅지를 찌르다. ※소진蘇秦의 고사를 가리켜 한 말이다. 한漢 유향劉向이 편찬한 《전국책戰國策·진책秦策》에 의하면, 소진은 전국시대 동주東周 낙양洛陽(지금의 하남성 낙양洛陽) 사람으로 자가 계자季子이며, 어려서 장의張儀와 함께 제齊나라의 귀곡자鬼谷子에게 사사師事했다. 학업을 마친 후 주현왕周顯王 32년(B.C. 337) 진秦나라로 들어가 진혜왕秦惠王에게「연횡連橫」의 정책을 써서 연燕·한韓·위魏·제齊·초楚·조趙 육국을 정복하도록 권했으나 거절당한 후, 실의에 빠져 집으로 돌아왔는데, 아내와 형수로부터 심한 푸대접을 당했다. 그리하

여 대오각성大悟覺醒하고 분발하여 케케묵은 상자에서 태공太公의 《음부陰符》를 찾아 숙독하는데, 야밤에 책을 읽다가 졸리면 송곳으로 허벅지를 찔러 졸음을 쫓았다. 소진은 탐구를 끝낸 후 다시 연燕·조趙 두 나라에 가서 조숙후趙肅侯에게 「합종合縱」의 정책으로 육국이 단결하여 진秦에 저항하도록 유세遊說한 것이 성공하여 15년 동안 진秦나라가 감히 동쪽의 함곡관函谷關(진秦나라 때의 관문 이름. 지금의 하남성 영보현靈寶縣에 위치)을 넘보지 못하였다. 후에 진秦이 장의張儀를 기용하여 육국의 합종合縱을 와해시켜 제齊·위魏 두 나라가 조趙나라를 공격하자, 소진은 조나라에서 빠져나와 연나라를 거쳐 제나라로 갔다가 제나라 사대부의 자객에 의해 살해당했다.

〖錐〗: 송곳.

〖刺〗: 찌르다.

〖股〗: 허벅지. 넓적다리의 윗부분.

【彼不敎】: 그들은 가르치지 않았어도.

〖彼〗: 그들. 저들. 즉「손경과 소진」.

【自勤苦】: 스스로 부지런히 노력하다.

〖勤苦〗: 부지런히 노력하다.

번역

손경孫敬은 야밤에 두발을 대들보에 매달아 졸음을 쫓으며 공부를 했고, 소진蘇秦은 야독夜讀할 때 잠이 오면 송곳으로 허벅지를 찔러 잠을 깨우며 열심히 공부했다. 그들은 누가 가르치지 않았어도, 스스로 부지런히 노력할 줄 알았다.

해설

본문은 옛사람들이 고학苦學한 예를 들어 후학들을 독려한 것이다.

사람의 생리현상은 정신을 집중하지 못할 때 흔히 졸음이 오기 마련이다. 그러나 의지가 굳센 사람은 이러한 경우 스스로 적절한 방법을 찾아 자신이 태만하지 않도록 대책을 강구한다. 손경이 두발을 대들보에 매달고, 소진이 송곳으로 허벅지를 찔러 졸음을 쫓은 것도 옛사람들이 각자 나름대로 개발한 방법을 보여준 것이다.

현대인들은 굳이 이러한 방법을 사용하지는 않는다. 그러나 옛사람들의 불요불굴不撓不屈의 올곧은 정신은 십분 본받을 만한 가치가 있다.

69

여 낭 형 여 영 설 가 수 빈 학 불 철

如囊螢，如映雪，家雖貧，學不輟。

rú náng yīng rú yìng xuě jiā suī pín xué bú chè

주석

【如囊螢】: 마치 반딧불을 잡아 망사 주머니에 넣어 그 빛으로 책을 읽듯이. ※이는 차윤車胤의 고사를 가리켜 한 말이다. 《진서晉書·차윤전車胤傳》에 의하면, 차윤은 동진東晉의 남평南平(지금의 호북성 공안公安 동북쪽) 사람으로, 배우기를 좋아하여 면학에 힘썼으나 집이 가난하여 기름을 사다가 등불을 밝힐 형편이 되지 못하자, 여름밤이면 망사 주머니에 반딧불을 잡아넣고 그 빛을 이용하여 독서를 했다. 차윤은 후에 관직이 이부상서吏部尙書에 오르고 임상후臨湘侯에 봉해졌다.

〖如〗: 마치 …처럼. …과 같이. …듯이.

〖囊〗: [동사] 주머니에 넣다.

〖螢〗: 반디. 반딧불이.

【如映雪】: 마치 설광雪光을 이용하여 책을 읽듯이. ※이는 손강孫康의 고사를 가리켜 한 말이다. 후진後晉 이한李瀚의 《몽구蒙求·손강영설孫康映雪》에 의하면, 손강은 진晉나라 경조京兆(지금의 섬서성 장안長安 동쪽) 사람으로, 집이 몹시 가난하여 기름을 사다가 등불을 밝힐 형편이 되지 못하자, 겨울밤이면 설광雪光을 이용하여 독서를 했다. 손강은 후에 관직이 어사대부御史大夫에 올랐다.

〖映雪〗: 설광에 비추다.

【家雖貧】: 집이 비록 가난하지만.

〖雖〗: 비록.

〖貧〗: 가난하다.

【學不輟】: 배우기를 중단하지 않다.

〖輟〗: 중단하다. 멈추다.

번역

진晉나라의 차윤車胤이 반딧불을 잡아 망사 주머니에 넣어 그 빛으로 책을 읽듯이, 그리고 손강孫康이 설광雪光을 이용하여 책을 읽듯이, 그들은 비록 집안이 가난했지만, 여전히 배우기를 중단하지 않았다.

해설

본문은 차윤車胤이 망사 주머니에 반딧불을 잡아넣고 그 빛을 이용하여 독서를 하고, 손강孫康이 설광雪光을 이용하여 독서를 했다는 고사를 예로 들어「형설지공螢雪之功」을 설명한 것이다.

차윤은 배우기를 좋아하여 면학에 힘썼으나 집이 가난하여 기름을 사다가 등불을 밝힐 형편이 되지 못하자, 여름밤이면 망사 주머니에 반딧불을 잡아넣고 그 빛을 이용하여 독서를 했고, 손강은 집이 몹시 가난하여 기름을 사다가 등불을 밝힐 형편이 되지 못하자, 겨울밤이면 설광雪光을 이용하여 독서를 했다. 후에 차윤은 관직이 이부상서吏部尙書에 오르고, 손강은 어사대부御史大夫에 올랐다.

생활 여건이 넉넉하고 빈곤하고는, 배우기를 추구하는 결심이나 굳센 의지와는 결코 필연적인 관계가 없다. 물론 배우고자 하는 열망이 동일한 조건에서 생활이 여유가 있다면 유리할 수는 있다. 그러나 의지가 확고한 사람은 설사 집안이 빈곤하더라도 나름대로의 각종 방법을 통해 열심히 노력하여 성공하는 사례가 얼마든지 있기 때문이다.

70

여부신 여괘각 신수로 유고탁

如負薪，如掛角，身雖勞，猶苦卓。

rú fù xīn rú guà jiǎo shēn suī láo yóu kǔ zhuó

주석

【如負薪】: 마치 땔나무를 등에 진 것처럼. ※주매신朱買臣의 고사를 가리켜 한 말이다. 《한서漢書·주매신전朱買臣傳》에 의하면, 주매신은 서한西漢 오吳(지금의 강소성 오현吳縣) 사람으로, 자는 옹자翁子이다. 어린 시절 집이 가난하여 나무를 팔아 생활을 유지했으나, 독서를 좋아하여 항상 땔감을 등에 지고 걸으면서 책을 읽었다. 후에 벼슬이 재상의 막료인 승상장사丞相長史에 올랐다.

〖如〗: 마치 …처럼. …과 같이.

〖負〗: 짐 따위를 지다. 메다.

〖薪〗: 땔나무.

【如掛角】: 마치 책을 뿔에 걸은 것처럼. ※이밀李密의 고사를 가리켜 한 말이다. 《신당서新唐書·이밀전李密傳》에 의하면, 이밀은 수말당초隋末唐初의 경조京兆(지금의 섬서성 장안長安 동쪽) 사람으로, 자는 현수玄邃 또는 법주法主이다. 어려서 향학向學에 뜻을 두고 포개包愷를 스승으로 모시기 위해 소를 타고 포개가 있는 구산緱山으로 가면서 소의 뿔에 《한서漢書》를 걸어 놓고 읽었다. 후에 민중을 모아 기의起義하여 왕으로 추대되었다.

〖掛〗: 걸다.

〖角〗: 뿔.

【身雖勞】: 몸은 비록 고달프지만.

〖雖〗: 비록. 설사.

〖勞〗: 피로하다. 고달프다.

【猶苦卓】: 고생 중에도 여전히 탁월함을 드러내다.

〖猶〗: 여전히.

〖苦卓〗: 고생 중에 탁월함을 드러내다.

번역

주매신朱買臣이 땔감을 등에 지고 걸으면서 책을 읽고, 또 이밀李密이 소의 뿔에 《한서漢書》를 걸고 읽은 것처럼, 몸은 비록 고달프지만, 여전히 고생 중에도 탁월함을 드러냈다.

해설

본문은 서한西漢의 주매신朱買臣과 수말당초隋末唐初의 이밀李密을 예로 들어, 힘써 향상을 꾀하는 사람은 절대로 어떤 학습의 기회도 놓치지 않는다는 것을 설명한 것이다.

주매신은 땔감을 팔아 생활하는데 항상 땔감을 등에 지고 걸으면서 책을 읽고, 이밀은 학문이 높은 포개包愷를 스승으로 모시기 위해 소를 타고 포개가 있는 구산緱山으로 가면서 소의 뿔에 《한서漢書》를 걸어 놓고 읽었다. 이들은 한편으로 일을 하면서 한편으로 독서를 하는 힘든 상황으로, 비록 몸이 고달프지만 고생 속에서도 여전히 굳은 의지를 견지하며 포기하지 않는 불굴의 정신을 보여주었다.

71

소 노 천 이 십 칠 시 발 분 독 서 적

蘇老泉, 二十七, 始發憤, 讀書籍。

sū lǎo quán èr shí qī shǐ fā fèn dú shū jí

피 기 로 유 회 지 이 소 생 의 조 사

彼旣老, 猶悔遲; 爾小生, 宜早思。

bǐ jì lǎo yóu huǐ chí ěr xiǎo shēng yí zǎo sī

주석

【蘇老泉】: 소순蘇洵. ※《송사宋史·문원전文苑傳》에 의하면, 소순은 사천四川 미산眉山사람으로 자는 명윤明允, 호는 노천老泉이며, 27세에 비로소 독서에 열중하기 시작하여 여러 차례 과거에 응시했지만 매번 낙방했다. 그러나 계속 학문에 정진하여 육경六經과 제자백가諸子百家에 통달하여 문장으로써 당시 사회에 널리 알려졌다. 아들 소식蘇軾·소철蘇轍과 더불어 삼소三蘇라 불리었으며, 삼부자 모두 당송팔대가唐宋八大家의 반열에 이름을 올렸다.

【二十七】: 나이 27세.

【始發憤】: 비로로 분발하다.

〖始〗: 비로소. 처음으로.

〖發憤〗: 분발하다.

【讀書籍】: 각종 서적을 읽다.

【彼旣老】: 그는 이미 나이가 들다.

〖彼〗: 그. 저. 즉「소순蘇洵」.

〖旣〗: …한 후. …하고 나서.

〖老〗: 늙다. 여기서는 「나이가 들다.」의 뜻.

【猶悔遲】: 여전히 늦은 것을 후회하다.

〖猶〗: 여전히. 아직. 아직도.

〖悔〗: 후회하다.

〖遲〗: 늦다.

【爾小生】: 너희 어린이들.

〖爾〗: 너희들.

〖小生〗: 어린이들. 아이들.

【宜早思】: 마땅히 일찍 서두를 생각을 해야 한다.

〖宜〗: 마땅히.

〖早思〗: 일찍 서두를 생각을 하다.

번역

소순蘇洵은, 나이 27세에 비로소 분발하여, 각종 서적을 읽기 시작했다. 그는 나이가 들고 나서도, 여전히 늦게 시작한 것을 후회하고 있으니, 너희 어린이들은, 마땅히 일찍 서두를 생각을 해야 한다.

해설

본문은 소순蘇洵이 나이 27세에 비로소 분발하여 학습에 열중한 것을 들어, 학문에 뜻이 있다면 나이의 많고 적음은 결코 장애가 되지 않는다는 것을 강조하는 한편, 나이 든 후에도 여전히 늦게 시작한 것을 후회하는 소순의 경우를 거울삼아, 아이들이 마땅히 어려서부터 일찍 서둘러야 그만큼 유리하다는 것을 강조한 말이다.

도연명陶淵明의 시에 「좋은 나이는 두 번 오지 않고, 하루는 새벽이 두 번 있지 않다. 때가 되면 마땅히 학문에 힘써야 하니, 세월은 사람을 기다리지 않는다.(盛年不重來, 一日難再晨, 及時當勉勵, 歲月不待人.)」라고 한 말은 깊이 새겨볼 만하다.

72

약 양 호 팔 십 이 대 대 정 괴 다 사

若梁灝, 八十二, 對大廷, 魁多士。

ruò liáng hào bā shí èr duì dà tíng kuí duō shì

피 기 성 중 칭 이 이 소 생 의 입 지

彼旣成, 衆稱異, 爾小生, 宜立志。

bǐ jì chéng zhòng chēng yì ěr xiǎo shēng yí lì zhì

주석

【若梁灝】: 양호梁灝 같은 사람.

〖若〗: …와 같은.

〖梁灝〗: [인명] 양호(963-1004). ※《송사宋史·양호전梁灝傳》에 의하면, 양호는 송宋나라 운주鄆州 수성須城(지금의 산동성 동평東平) 사람으로, 자는 태소太素이다. 태종太宗 옹희雍熙 2년(985) 진사進士로 전시殿試에서 수석으로 합격하여 일찍이 우간의대부右諫議大夫·동지심관원同知審官院의 관직을 거쳐, 진종眞宗 경덕景德 원년(1004) 권지개봉부權知開封府를 지내다가 병사했다. 《양학사문집梁學士文集》 15권이 전한다.

【八十二】: 82세

【對大廷】: 조정朝廷에서 응답하다. 즉「전시殿試에서 황제의 물음에 응답하다.」의 뜻.

〖對〗: 응답하다.

〖大廷〗: 조정朝廷.

【魁多士】: 여러 선비들 가운데 수석으로 합격하다.

〖魁〗: [동사용법] 수석으로 합격하다. 장원壯元으로 급제하다.

〖多士〗: 여러 선비들.

【彼旣成】: 양호가 성공한 후.

〖彼〗: 그. 저. 즉「양호梁灝」.

〖旣〗: …하고 나서. …한 후.

〖成〗: 성취하다. 성공하다.

【衆稱異】: 사람들이 비범하다고 칭찬하다.

〖衆〗: 여러 사람들.

〖稱〗: 말하다. 일컫다. 칭찬하다.

〖異〗: 비범하다.

【爾小生】: 너희 어린이들.

〖爾〗: 너희들.

〖小生〗: 어린이들. 아이들.

【宜立志】: 마땅히 뜻을 세워야 한다.

〖宜〗: 마땅히.

〖立志〗: 뜻을 세우다.

번역

양호梁灝 같은 사람은, 82세의 나이로, 조정朝廷의 전시殿試에서 황제의 물음에 응답하여, 여러 선비들 가운데 수석으로 합격했다.

그가 성공한 후, 사람들이 그를 비범하다고 칭찬했으니, 너희 어린이들은, 마땅히 뜻을 세워 정진해야 한다.

해설

본문은 양호의 대기만성大器晩成을 예로 들어, 아동들의 독서열을 독려한 것이다.

양호가 82세에 장원급제 했다는 설은 송宋 공평중孔平仲의 《담원談苑》과 범정민范正敏의 《둔재한람遯齋閒覽》에 보인다. 그러나 《송사宋史·양호전梁灝傳》에 태종太宗 옹희雍熙 2년(985)에 장원으로 급제하고, 진종眞宗 경덕景德 원년(1004) 92세로 사망했다고 한 것을 근거로 계산해 보면, 양호가 장원한 나이는 73세이다. 또 송宋 왕칭王稱의 《동도사략東都事略·양호전梁灝傳》과 홍매洪邁의 《용재사필容齋四筆·14》에 의하면, 양씨가 사망한 나이를 42라 하는 등 이밖에도 여러 설이 있어 사실을 단정하기 어렵다.

그러나 본문의 요지는 여기서 진위를 따지기보다는 오히려 아동들로 하여금 배움을 추구함에 있어서 만학晩學은 결코 장애가 되지 않으며, 의지를 가지고 열심히 노력하면 반드시 성공할 수 있다는 교훈을 심어주는 것이 더욱 중요하다.

73

영 팔 세 능 영 시 필 칠 세 능 부 기
瑩八歲，能咏詩，泌七歲，能賦碁。
yíng bā suì néng yǒng shī mì qī suì néng fù qí

피 영 오 인 칭 기 이 유 학 당 효 지
彼穎悟，人稱奇，爾幼學，當效之。
bǐ yǐng wù rén chēng qí ěr yòu xué dāng xiào zhī

주석

【瑩八歲】: 조영祖瑩이 여덟 살 때.

〖瑩〗: [인명] 조영祖瑩. ※《위서魏書·조영전祖瑩傳》 및 《북사北史·조영전祖瑩傳》에 의하면, 조영은 북제北齊 범양范陽 주遒(지금의 하북성 내수淶水 북쪽) 사람으로, 자가 원진元珍이다. 여덟 살 때 능히 《시경詩經》·《상서尙書》를 암송하고, 열두 살 때 중서학생中書學生, 즉 태학太學의 학생이 되어 친족들은 그를 「성소아聖小兒」라고 불렀다. 문재文才가 있어 태학박사太學博士를 배수하고, 후에 여러 차례 관직이 올라 국자제주國子祭酒·영급사황문시랑領給事黃門侍郞·유주대중정幽州大中正·비서감秘書監·거기대장군車騎大將軍 등을 지냈으며, 사후에 상서좌복야尙書左僕射·사도공司徒公에 봉해졌다.

【能咏詩】: 능히 시를 읊다.

〖能〗: 능히 …하다. 능히 …할 줄 알다.

〖咏〗: 시를 읊다.

【泌七歲】: 이필李泌이 일곱 살 때.

〖泌〗: [인명] 이필李泌. ※《구당서舊唐書·이필전李泌傳》과《신당서新唐書·이필전李泌傳》에 의하면, 이필은 당唐 경조京兆(지금의 섬서성 장안長安 동쪽) 사람으로, 자는 장원長源이다. 일곱 살 때 능히 문장을 지을 줄 알았는데, 하루는 현종玄宗 황제와 연국공燕國公 장열張說이 바둑을 두면서 이필을 궁정으로 불러 그의 재능을 시험하고자 했다. 장열이 이필에게「방원동정方圓動靜」네 글자의 의미를 펼쳐보도록 청하고, 자기가 먼저 하나의 예를 들어:「모난 것은 바둑판과 같고, 둥근 것은 바둑돌과 같으며, 움직임은 바둑돌이 살아있는 것과 같고, 고요한 것은 바둑돌이 죽은 것과 같다.(方若棋局, 圓若棋子; 動若棋生, 靜若棋死.)」라고 했다. 이필은 바로 답하길:「모난 것은 의義를 행함과 같고, 둥근 것은 지智를 쓰는 것과 같으며, 움직임은 인재를 초빙하는 것과 같고, 고요함은 뜻을 얻은 것과 같다.(方若行義, 圓若用智; 動若騁材, 靜若得意.)」라고 했다. 이에 장열이 그를 기동奇童이라 칭찬하고, 임금은 그에게 속백束帛을 하사했다. 이필은 현종玄宗 천보天寶 연간에 한림翰林의 신분으로 태자를 모셨으며, 그 후 현종玄宗·숙종肅宗·대종代宗·덕종德宗 4대에 걸쳐 재상을 지냈다.

【能賦碁】: 능히 바둑에 관한 부賦를 짓다.

〖賦〗: 부를 짓다.

〖碁〗: 棋(기). 바둑.

【彼穎悟】: 그들은 남보다 뛰어나게 총명하다.

〖彼〗: 그들. 저들. 즉「조영과 이밀」.

〖穎悟〗: 남보다 뛰어나게 총명하다.

【人稱奇】: 사람들이 비범하다고 칭찬하다.

〖稱〗: 칭찬하다.

〖奇〗: 특이하다. 비범하다.

【爾幼學】: 너희 초학자初學者들.

〖爾〗: 너희. 너희들.

〖幼學〗: 처음으로 학문을 시작하다. 여기서는「초학자」를 가리킨다.

【當效之】: 마땅히 그들을 본받아야 한다.

〖當〗: 마땅히.

〖效〗: 본받다.

〖之〗: [대명사] 그들. 즉「조영과 이필」.

번역

조영祖瑩은 여덟 살 때, 능히 시를 읊었고, 이필李泌은 일곱 살 때, 능히 바둑에 관한 부賦를 지었다.

그들은 남보다 뛰어나게 총명하여, 사람들이 비범하다고 칭찬하였으니, 너희 초학자들은 마땅히 그들을 본받아야 한다.

해설

본문은 조영祖瑩과 이필李泌을 본보기로 삼도록 독려한 것이다. 조영과 이필은 비록 어려서부터 남보다 총명하여 사람들을 부러워하고 감복하게 했지만, 또한 매일 손에서 책을 놓지 않을 정도로 각고 노력하며 독서를 생활 중의 가장 즐거움으로 여겼다 한다. 만약 이들이 배우고자 하는 열망이 돋보이지 않았다면 아무리 탁월한 재능을 타고났다 해도 결코 성공을 장담할 수 없다. 따라서 중요한 것은 타고난 재능을 논하지 말고 성공한 위인偉人들의 정신을 본받아 큰 뜻을 세운 후, 자신의 취향과 재능을 계발하고 잠재력을 발휘하여 부지런히 노력하는 것이다.

74

채 문 희 능 변 금 사 도 온 능 영 음

蔡文姬, 能辨琴, 謝道韞, 能咏吟。

cài wén jī néng biàn qín xiè dào yùn néng yǒng yín

피 여 자 차 총 민 이 남 자 당 자 경

彼女子, 且聰敏, 爾男子, 當自警。

bǐ nǚ zǐ qiě cōng mǐn ěr nán zǐ dāng zì jǐng

주석

【蔡文姬】: [인명] 채염蔡琰. ※《후한서後漢書·열녀전列女傳·동사처董祀妻》의 기록에 의하면, 채염은 후한後漢의 여류시인으로 자는 문희文姬이며, 후한 말의 저명한 학자인 채옹蔡邕의 딸이기도 하다. 그는 박학하고 재변才辯이 있는 데다 또 음률에도 정통했다. 처음에 하동河東의 위중도衛仲道에게 출가했으나 남편이 죽고 자식이 없어 친정으로 돌아왔다. 헌제獻帝 흥평興平 연간의 천하 대란으로 인해 흉노의 기병에게 붙잡혀 남흉노南匈奴 좌현왕左賢王 유표劉豹의 아내가 되어 오랑캐 땅에서 12년을 살면서 두 아들을 낳았다. 후에 조조曹操가 속죄금을 내고 그를 데려왔고, 얼마 후 동사董祀에게 재가再嫁했다. 남긴 작품으로《비분시悲憤詩》2편이 전하며, 악부금곡樂府琴曲《호가십팔박胡笳十八拍》역시 채문희의 작품이라 전한다.

【能辨琴】: 능히 거문고의 음을 분별하다.

〖能〗: 능히 …하다. …에 능하다.

〖辨〗: 변별하다. 분별하다.

〖琴〗: 거문고. 여기서는「거문고의 음률」을 가리킨다.

【謝道韞】: [인명] 사도온. ※《진서晉書·열녀전列女傳·왕응지처사씨王凝之妻謝氏》에 의하면, 사도온은 동진東晉 사람으로, 사혁謝奕의 딸이자 동진의 재상인 사안謝安의 질녀이며, 왕희지王羲之의 아들 왕응지王凝之의 아내이다. 총명하고 박식하며 재지才智가 있고 말재주가 뛰어났다. 시문詩文에 능했으나 아깝게도 전하는 작품이 거의 없다.

【能咏吟】: 능히 시를 읊다. 즉「능히 시를 지을 줄 알다.」의 뜻.

〖咏吟〗: 시를 읊다.

【彼女子】: 저들은 여자임에도.

〖彼〗: 그들. 저들.

【且聰敏】: 또한 총명하고 민첩하다.

〖且〗: 또한.

〖聰敏〗: 총명하고 민첩하다.

【爾男子】: 너희 남자들은.

〖爾〗: 너희. 너희들.

【當自警】: 마땅히 스스로 경계심을 가져야 한다.

〖當〗: 마땅히.

〖自警〗: 스스로 경계하다. 스스로 경계심을 가지다.

번역

동한東漢의 채문희蔡文姬는, 능히 거문고의 음률을 분별할 줄 알고, 동진東晉의 사도온謝道韞은, 능히 시를 읊을 줄 알았다.

그들은 여자임에도, 또한 총명하고 민첩하다. 너희 남자들은, 마땅히 스스로 경계심을 가져야 한다.

해설

본문은 채문희蔡文姬와 사도온謝道韞을 예로 들어, 여자 중에도 재지才智가 비범한 사람이 있음을 설명하는 동시에, 남자 아이들로 하여금 분발하도록 독려한 것이다.

예로부터 총명하고 박식하며 시문詩文에 능한 재녀才女가 많았다. 그러나 봉건사회에서, 사람들은 여인들의 지위를 인정하지 않고, 여자가 재능을 갖추지 않는 것을 덕이라 여겼다. 그리하여 여자들은 예교禮敎의 속박으로 인해 학문의 과정에서 왕왕 심한 어려움을 겪어야 했고, 상대적으로 성과를 거두기도 쉽지 않았다. 따라서 채문희와 사도온처럼 극소수의 운이 좋은 사람들만이 사서史書의 열녀전列女傳에 이름을 남겼을 뿐이다.

따라서 본문에 「저들은 여자임에도 또한 총명하고 민첩하다. 너희 남자들은 마땅히 스스로 경계심을 가져야 한다.」라고 한 것은, 바로 그러한 당시 사회의 불평등 관념을 반영한 것이다.

그러나 오늘날은 시대가 발전하여 「남녀평등」은 사회의 보편적인 가치가 되었고, 남녀 누구나 자기의 재능을 발휘하여 국가 사회에 공헌할 수 있다.

75

당 유 안 방 칠 세 거 신 동 작 정 자
唐劉晏，方七歲，擧神童，作正字。
táng liú yàn fāng qī suì jǔ shén tóng zuò zhèng zì

피 수 유 신 이 사 이 유 학 면 이 치
彼雖幼，身已仕，爾幼學，勉而致。
bǐ suī yòu shēn yǐ shì ěr yòu xué miǎn ér zhì

주석

【唐劉晏】: 당唐나라 유안劉晏.

〖唐〗: [국명] 고조高祖 이연李淵이 세운 나라.

〖劉晏〗: [인명] 유안. ※《신당서新唐書·유안전劉晏傳》과 《구당서舊唐書·유안전劉晏傳》에 의하면, 유안은 조주曹州 남화南華(지금의 하북성 동명東明) 사람으로, 자는 사안士安이며 당대唐代의 정치가이다. 나이 일곱 살에 신동과神童科 시험에 합격하여 도서를 관장하는 비서성秘書省에서 정자正字라는 직책을 맡았다. 그 후 현종玄宗 천보天寶 연간에 현량방정제과賢良方正制科에 합격하여, 숙종肅宗·대종代宗 연간에 이부상서吏部尙書·평장사平章事에 올라 20년 동안 재정財政을 관리했다.

【方七歲】: 겨우 일곱 살.

〖方〗: 겨우. 비로소.

【擧神童】: 신동과神童科 시험에 합격하다.

〖擧〗: 시험에 합격하다.

〖神童〗: 신동과神童科. 당대唐代 과거시험과목의 하나. 《문헌통고文獻通考·선거고팔選擧考八》의 기록에 의하면, 당나라 때 동자과童子科를 설치하여 아동들이 응시하도록 했는데, 10세 이하의 아동이 일경一經 및 《효경孝經》·《논어論語》에 능통하여 매 권卷마다 경문 10편을 암송하면 관직을 주고, 7편을 암송하면 임용任用 자격을 주었다.

【作正字】: 정자正字가 되다.

〖作〗: 되다.

〖正字〗: [관직] 당나라 때 비서성秘書省에 속하여 전적典籍의 교감과 문자의 교정 업무를 관리하는 직책.

【彼雖幼】: 그는 비록 나이가 어리지만.

〖彼〗: 그. 저. 즉「유안劉晏」.

〖雖〗: 비록. 설사.

〖幼〗: 나이가 어리다.

【身已仕】: 이미 관리가 되다. 이미 벼슬살이를 하다.

〖身〗: 몸. ※해석할 필요가 없다.

〖已〗: 이미.

〖仕〗: 벼슬을 하다. 관리가 되다.

【爾幼學】: 너희처럼 어려서 배우는 사람은, 부지런히 노력하면 능히 해낼 수 있다.

〖爾〗: 너. 너희.

〖幼學〗: 어려서 배우다.

【勉而致】: 부지런히 노력하면 능히 해낼 수 있다.

〖勉〗: 부지런히 노력하다.

〖而〗: [연사].

〖致〗: 이르다. 도달하다. 즉「성취하다. 해내다. 달성하다.」의 뜻.

번역

당唐의 유안劉晏은 겨우 일곱 살에, 신동과神童科 시험에 합격하여, 정자正字가 되었다.

그는 비록 나이가 어리지만, 이미 관리가 되었고, 너희처럼 어려서 배우는 사람은, 부지런히 노력하면 능히 해낼 수 있다.

해설

본문은 당唐나라 유안劉晏을 예로 들어, 아이들이 학문에 대한 재능이 있고 열심히 공부하고자 노력한다면, 반드시 이에 상응하는 좋은 결과를 얻을 수 있고, 나아가 입신양명立身揚名하여 나라를 위해 봉사 할 수 있다는 것을 설명한 것이다.

76

유 위 자 역 약 시

有爲者, 亦若是。

yǒu wéi zhě yì ruò shì

주석

【有爲者】: 행위가 있는 자. 즉 「의지가 있고 열심히 노력하는 자」.

〖爲〗: 행위. 여기서는 「의지가 있고 열심히 노력함.」을 가리킨다.

【亦若是】: 역시 이들과 같이 될 수 있다. 즉 「앞에서 열거한 여러 성현들처럼 성공하여 후세에 이름을 남길 수 있다.」의 뜻.

〖若〗: …와 같다.

〖是〗: 이. 즉 「앞에서 열거한 여러 성현들이 성공하여 후세에 이름을 남긴 일.」을 가리킨다.

번역

의지가 있고 열심히 노력하는 자는, 역시 여러 성현들처럼 성공하여 후세에 이름을 남길 수 있다.

해설

「노력은 성공의 어머니」라는 말이 있다. 또 「천재란 99%의 노력과 1%의 영감으로 된다.」라는 말도 있다. 이는 노력이 성공 여부의 가장 중요한 관건임을 가리키는 말이다. 설사 머리가 좋다 해도 자신의 머리만 믿고 노력하지 않으면 아무것도 이룰 수가 없다. 자신이 목표로 하고 있는 일을 받아들여 그것을 꾸준히 해나갈 때, 이것이 바로 성공을 기약할 수 있는 유일한 길이다.

77

견 수 야 계 사 신 구 불 학 갈 위 인

犬守夜，雞司晨。苟不學，曷爲人。

quǎn shǒu yè jī sī chén gǒu bù xué hé wéi rén

주석

【犬守夜】: 개가 밤을 지키다. 즉「개가 밤에 주인을 대신해 집을 지키다.」의 뜻.

〖犬〗: 개.

〖守夜〗: 밤을 지키다.

【雞司晨】: 닭이 새벽을 맡다. 즉「새벽을 알리는 일을 맡다. 새벽을 알리다.」의 뜻.

〖雞〗: 닭.

〖司〗: 맡다. 관장하다.

〖晨〗: 새벽.

【苟不學】: 만일 배우지 않는다면.

〖苟〗: 만일. 만약.

【曷爲人】: 어찌 사람이라 하겠는가?

〖曷〗: 어찌.

〖爲人〗: 사람이다. 사람이라 칭하다.

번역

개는 밤을 지키고, 닭은 새벽을 알린다. 만일 배우지 않는다면, 어찌 사람이라 칭할 수 있겠는가?

해설

본문은 개와 닭의 역할을 예로 들어, 만물의 영장인 사람이 사람으로서의 역할을 하기 위해서는 어려서부터 열심히 배워야 한다는 교육의 중요성을 강조한 것이다.

만물은 모두 자연이 부여한 특성을 지니고 있다. 그래서 개는 집을 지키고 닭은 새벽을 알린다. 가축인 개와 닭도 이처럼 사람을 위해 봉사할 줄을 아는데, 만물의 영장이라고 하는 사람이 배우지 않아 진보할 줄 모르고 오히려 사회에 도움을 주지 못한다면, 이는 짐승만큼도 역할을 못하는 것이다. 그래서 사람은 모름지기 어려서부터 잘 가르치고 열심히 배우도록 독려하여 품성과 학문을 갖춘 인재로 길러 국가 사회에 공헌하도록 해야 한다.

78

잠 토 사 봉 양 밀 인 불 학 불 여 물
蠶吐絲，蜂釀蜜。人不學，不如物。
cán tǔ sī fēng niàng mì rén bù xué bù rú wù

주석

【蠶吐絲】: 누에가 실을 토해내다.

〖蠶〗: 누에.

〖吐〗: 토하다. 토해내다.

〖絲〗: 실.

【蜂釀蜜】: 벌이 꿀을 만들다.

〖蜂〗: 벌.

〖釀〗: 꿀을 만들다.

〖蜜〗: 꿀.

【人不學】: 사람이 배우지 않으면.

【不如物】: 미물만도 못하다.

〖不如〗: …만 못하다.

〖物〗: 미물微物. 여기서는「누에와 벌」을 가리킨다.

번역

누에는 실을 토해내고, 벌은 꿀을 만드는데, 사람이 배우지 않는다면, 미물만도 못한 것이다.

해설

본문은 앞 구절과 같이 누에와 벌의 역할을 예로 들어, 만물의 영장인 사람이 사람의 역할을 하기 위해서는 모름지기 열심히 배워야 한다는 교육의 중요성을 강조한 것이다.

누에는 실을 토해 누에고치를 만들어 인류에게 각종 의류의 원료를 제공하고, 벌은 꽃에서 꿀을 따다가 인류에게 먹거리를 제공한다. 만일 사람이 배우지 않아 세상에 도움이 되지 않는다면, 그것은 누에나 벌과 같은 미물보다도 못한 것이다. 때문에 사람은 누구나 열심히 배워서 서로에게 도움을 줄 수 있어야 세상을 살아가면서 양심에 부끄러움이 없다.

79

유 이 학 장 이 행 상 치 군 하 택 민

幼而學，壯而行。上致君，下澤民。

yòu ér xué zhuāng ér xíng shàng zhì jūn xià zé mín

주석

【幼而學】: 어릴 적에 배우다.

〖幼〗: 어리다.

〖而〗: [연사].

【壯而行】: 장성한 후에 행하다.

〖壯〗: 장성하다.

〖行〗: 행하다. 실천하다.

【上致君】: 위로 군주를 보필하여 성군聖君이 되게 하다.

〖致君〗: 군주를 보필하여 성군聖君이 되게 하다.

【下澤民】: 아래로 백성에게 은택을 베풀다.

〖澤民〗: 백성에게 은택을 베풀다.

번역

어릴 적에 배우고, 장성한 후에 실천하여, 위로는 군주를 보필하여 성군聖君이 되게 하고, 아래로는 백성에게 은택을 베풀어야 한다.

해설

본문은 사람이 어려서 배우는 목적이 장성한 후 국가 사회를 위해 봉사하는 데 있음을 설명한 것이다.

《맹자孟子·양혜왕하梁惠王下》에 이르길:「대저 사람이 어려서 배우는 것은, 장성하여 실천하려는 것이다.(夫人幼而學之, 壯而欲行之.)」라고 했다.

따라서 배운다는 것은 좁은 의미에서 보면, 개인의 신분 상승을 위한 길이기도 하지만, 넓은 의미에서 보면, 배운 것을 활용하여 국가 사회를 위해 공헌하는 것으로 후자에 더욱 큰 가치를 두고 있다.

80

양 명 성　　현 부 모　　광 어 전　　유 어 후

揚名聲，顯父母。光於前，裕於後。

yáng míng shēng　xiǎn fù mǔ　guāng yú qián　yù yú hòu

주석

【揚名聲】: 명성을 날리다.

〖揚〗: (이름을) 날리다.

【顯父母】: 부모를 드러내다.

〖顯〗: (이름·지위 등을) 드러내다.

【光於前】: 조상에게 빛이 나게 하다. 조상을 빛나게 하다.

〖光〗: 빛나다. 영광되다.

〖於〗: …에게. …에 대해.

〖前〗: 앞. 여기서는 「선조. 조상」을 가리킨다.

【裕於後】: 후손에게 복이 되게 하다. 후손을 복되게 하다.

〖裕〗: 넉넉하다. 여유가 있다. 여기서는 「복되게 하다.」의 뜻.

〖後〗: 뒤. 여기서는 「후손. 자손」을 가리킨다.

번역

그러면 자신의 명성을 날리고, 부모를 현양하게 되며, 조상을 빛나게 하고, 자손을 복되게 한다.

해설

본문은 자신의 성취가, 곧 효도를 실천하는 최선의 길임을 설명한 것이다.

자신이 입신출세하여 이름을 날리면 당연히 부모를 영광되게 할 뿐만 아니라, 조상을 빛나게 하고 후손을 복되게 한다. 그래서《효경孝經·개종명의開宗明義》에 이르길:「출세하여 정도正道를 행하고 후세에 이름을 날려, 부모를 드러내는 것이, 효도의 완성이다.(立身行道, 揚名於後世, 以顯父母, 孝之終也.)」라고 했다.

81

인 유 자 금 만 영 아 교 자 유 일 경
人遺子，金滿籯，我教子，惟一經。
rén yí zǐ jīn mǎn yíng wǒ jiāo zǐ wéi yī jīng

주석

【人遺子】: 사람들이 자식에게 남겨주다.

〖遺〗: 남기다. 남겨주다.

【金滿籯】: 황금이 바구니에 가득하다.

〖滿〗: 가득하다. 가득 채우다.

〖籯〗: 바구니.

【我教子】: 내가 자식을 가르치다.

〖教〗: 가르치다.

【惟一經】: 오직 경서經書 하나가 있을 뿐이다.

〖惟〗: 오직.

〖經〗: 경서經書. 여기서는《삼자경三字經》을 가리킨다.

번역

사람들은 자식에게 남겨주어, 금이 바구니에 가득하지만, 나는 자식을 가르쳐, 오직 경서 하나가 있을 뿐이다.

해설

본문은 부모가 진정으로 자식을 사랑하는 방법은, 자식에게 물질적인 만족을 주는 것이 아니라, 그들로 하여금 양질의 교육을 받아 스스로 성장 발전할 수 있도록 하는 것이 바른길임을 설명한 것이다.

지식은 인류의 가장 고귀한 재산이다. 부모가 설사 자식에게 많은 재물을 남겨준다 해도, 그것은 죽은 재산으로 장래를 완전무결하게 보장하는 수단이 될 수가 없다. 만일 자손이 향상 발전을 추구하지 않고 그것을 쓰기만 한다거나, 기타 천재지변 등 각종 예측 불가능한 문제가 발생한다면 소멸을 면할 수 없다. 그러나 「물고기를 잡아주지 말고, 물고기 잡는 방법을 가르쳐야 한다.」는 격언처럼, 교육은 수신修身·제가齊家·치국治國·평천하平天下의 지혜를 심어주어, 어떠한 환경의 변화에도 대처할 능력을 길러주는 것이니, 이것이야말로 영원히 고갈되지 않는 가장 가치 있는 재산이다.

82

근 유 공 희 무 익 계 지 재 의 면 력

勤有功，戲無益。戒之哉，宜勉力。

qín yǒu gōng xì wú yì jiè zhī zāi yí miǎn lì

주석

【勤有功】: 부지런하면 성과가 있다.

〖勤〗: 부지런하다.

〖有功〗: 공이 있다. 즉「성과가 있다. 소득이 있다.」의 뜻.

【戲無益】: 놀면 이로울 것이 없다.

〖戲〗: 놀다. 노닐다.

〖無益〗: 이익이 없다. 이로울 것이 없다.

【戒之哉】: 이를 경계하다.

〖戒〗: 경계하다.

〖之〗: [대명사] 이. 이것. 즉「勤有功, 戲無益.」

〖哉〗: [어조사].

【宜勉力】: 마땅히 노력해야 하다.

〖宜〗: 마땅히. 응당.

〖勉力〗: 노력하다. 힘쓰다.

번역

부지런하면 반드시 얻는 것이 있고, 놀기만 하면 결코 이로울 것이 없다. 이를 경계하고, 마땅히 노력해야 한다.

해설

본문은 면학勉學을 재차 강조하면서 본서의 전체 요지를 마무리한 것이다.

젊어서 노력하면 평생이 편하고, 젊어서 편안하면 평생이 힘들다. 사람은 모름지기 젊어서 열심히 배우고 부지런히 노력해야 스스로 활로를 개척할 수 있는 지혜를 얻어 밝은 장래를 기대할 수 있지만, 만일 젊어서 배우려 하지 않고 놀기만 하다가 기회를 잃으면 어두운 장래가 기다릴 뿐이다. 젊은이들은 이를 명심하고 깊이 경계해야 한다.

장병린章炳麟《삼자경三字經》 2종

장병린章炳麟(1869–1936)은 절강浙江 여항餘杭 사람으로, 원래 이름이 학승學乘이었으나 후에 병린炳麟으로 개명했다. 그는 반청反淸 의식이 농후하고 고강顧絳(고염무顧炎武의 원래 이름)을 경모敬慕하여 이름을 「강絳」으로 개명하고 호를 태염太炎이라 하여, 사람들은 그를 「태염선생太炎先生」이라 불렀다. 그는 사상가이자 민주 혁명가이며 저명한 학자로, 소학小學·역사·철학·정치학 등 여러 분야의 저술이 매우 풍부하다.

《삼자경三字經》은 송말원초宋末元初에 처음 출현하여 기술한 내용이 역사적으로 송대宋代에 머물러, 그 후 시대의 변천에 따라 조대朝代마다《삼자경》에 대한 보충과 수정이 계속 이어졌다. 예를 들어, 청淸 도광道光 연간에 하흥사賀興思는 최초의《삼자경》원문에 원元·명明·청淸 삼대의 역사에 관한 24구(72자)를 첨가하여 소폭 수정을 했고, 민국民國 초기에 이르러 장병린章炳麟이《삼자경三字經》증정본增訂本을 출판하여 국내외에 널리 유행했다. 장병린은 그 후 1928년 봄에, 다시 대폭 수정을 가하여 1932년 상해上海 한문정해인서국漢文正楷印書局에서《중정삼자경重訂三字經》을 출판했다. 그 이유는 현재의 교과서가 학생들을 가르치기에 당시의 시대 상황과 맞지 않아 학생들의 전통문화에 대한 지식수준이 하향하는 것을 우려했기 때문이다. 그리하여 다시 원작原作 내용 중의 상당 부분을 수정하여 민국民國 시대의 특징에 부합하도록 했다.

1.《三字經》增訂本

(清末民初) 章炳麟

(台北, 三民書局, 新譯三字經 附錄)

001 人之初, 性本善。性相近, 習相遠。

002 苟不教, 性乃遷。教之道, 貴以專。

003 昔孟母, 擇鄰處。子不學, 斷機杼。

004 竇燕山, 有義方, 教五子, 名俱揚。

005 養不教, 父之過; 教不嚴, 師之惰。

006 子不學, 非所宜。幼不學, 老何爲?

007 玉不琢, 不成器; 人不學, 不知義。

008 爲人子, 方少時, 親師友, 習禮儀。

009 香九齡, 能溫席。孝於親, 所當執。

010 融四歲, 能讓梨。弟於長, 宜先知。

011 首孝弟, 次見聞。知某數, 識某文。

012 一而十, 十而百, 百而千, 千而萬。

013 三才者, 天地人。三光者, 日月星。

014 三綱者, 君臣義, 父子親, 夫婦順。

015 曰春夏, 曰秋冬, 此四時, 運不窮。

016 曰南北, 曰西東, 此四方, 應乎中。

017 曰水火, 木金土, 此五行, 本乎數。

018 十干者, 甲至癸。十二支, 子至亥。

019 曰黃道, 日所躔。曰赤道, 當中權。

020 赤道下, 溫暖極, 我中華, 在東北。

021 曰江河, 曰淮濟, 此四瀆, 水之紀。

022 曰岱華, 嵩恆衡。此五岳, 山之名。

023 曰士農, 曰工商, 此四民, 國之良。

024 曰仁義, 禮智信, 此五常, 不容紊。

025 地所生, 有草木, 此植物, 遍水陸。

026 有蟲魚, 有鳥獸, 此動物, 能飛走。

027 稻粱菽, 麥黍稷, 此六穀, 人所食。

028 馬牛羊, 雞犬豕, 此六畜, 人所飼。

029 曰喜怒, 曰哀懼, 愛惡欲, 七情具。

030 青赤黃, 及黑白, 此五色, 目所識。

031 酸苦甘, 及辛鹹, 此五味, 口所含。

032 羶焦香, 及腥朽, 此五臭, 鼻所嗅。

033 匏土革, 木石金, 與絲竹, 乃八音。

034 曰平上, 曰去入, 此四聲, 宜調協。

035 高曾祖, 父而身, 身而子, 子而孫。

036 自子孫, 至玄曾, 乃九族, 人之倫。

037 父子恩, 夫婦從; 兄則友, 弟則恭;

038 長幼序, 友與朋; 君則敬, 臣則忠。

039 此十義, 人所同。當順敘, 勿違背。

040 斬齊衰, 大小功, 至緦麻, 五服終。

041 禮樂射, 御書數, 古六藝, 今不具。
042 惟書學, 人共遵。既識字, 講說文。
043 有古文, 大小篆, 隸草繼, 不可亂。
044 若廣學, 懼其繁, 但略說, 能知原。
045 凡訓蒙, 須講究。詳訓詁, 明句讀。
046 爲學者, 必有初。小學終, 至四書。
047 論語者, 二十篇; 群弟子, 記善言。
048 孟子者, 七篇止; 講道德, 說仁義。
049 作中庸, 乃孔伋; 中不偏, 庸不易。
050 作大學, 乃曾子, 自修齊, 至平治。
051 孝經通, 四書熟。如六經, 始可讀。
052 詩書易, 禮春秋, 號六經, 當講求。
053 有連山, 有歸藏, 有周易, 三易詳。
054 有典謨, 有訓誥, 有誓命, 書之奥。
055 我周公, 作周禮, 著六官, 存治體。
056 大小戴, 註禮記, 述聖言, 禮樂備。
057 曰國風, 曰雅頌, 號四詩, 當諷詠。
058 詩既亡, 春秋作, 寓褒貶, 別善惡。
059 三傳者, 有公羊, 有左氏, 有穀梁。
060 經既明, 方讀子。撮其要, 記其事。
061 五子者, 有荀揚, 文中子, 及老莊。
062 經子通, 讀諸史。考世系, 知終始。
063 自羲農, 至黃帝, 號三皇, 居上世。
064 唐有虞, 號二帝, 相揖遜, 稱盛世。
065 夏有禹, 商有湯, 周文武, 稱三王。
066 夏傳子, 家天下, 四百載, 遷夏社。
067 湯伐夏, 國號商, 六百載, 至紂亡。
068 周武王, 始誅紂, 八百載, 最長久。
069 周轍東, 王綱墜, 逞干戈, 尙游說。
070 始春秋, 終戰國, 五霸彊, 七雄出。
071 嬴秦氏, 始兼併, 傳二世, 楚漢爭。
072 高祖興, 漢業建, 至孝平, 王莽簒。
073 光武興, 爲東漢, 四百年, 終於獻。
074 蜀魏吳, 分漢鼎, 號三國, 迄兩晉。
075 宋齊繼, 梁陳承, 爲南朝, 都金陵。
076 北元魏, 分東西, 宇文周, 與高齊。
077 迨至隋, 一土宇, 不再傳, 失統緒。
078 唐高祖, 起義師, 除隋亂, 創國基。
079 二十傳, 三百載, 梁滅之, 國乃改。
080 梁唐晉, 及漢周, 稱五代, 皆有由。
081 炎宋興, 受周禪, 十八傳, 南北混。
082 遼與金, 皆稱帝。元滅金, 絶宋世。
083 輿圖廣, 超前代, 九十年, 國祚廢。
084 太祖興, 國大明, 號洪武, 都金陵。
085 迨成祖, 遷燕京, 十六世, 至崇禎。
086 權閹肆, 寇如林, 李闖出, 神器焚。
087 淸世祖, 膺景命, 靖四方, 克大定。
088 由康雍, 歷乾嘉, 民安富, 治績誇。
089 道咸間, 變亂起, 始英法, 擾都鄙。
090 同光後, 宣統弱, 傳九帝, 滿淸歿。

091 革命興, 廢帝制, 立憲法, 建民國。
092 古今史, 全在茲。載治亂, 知興衰。
093 史雖繁, 讀有次。史記一, 漢書二,
094 後漢三, 國志四。兼證經, 參通鑑。
095 讀史者, 考實錄。通古今, 若親目。
096 口而誦, 心而惟。朝於斯, 夕於斯。
097 昔仲尼, 師項橐, 古聖賢, 尙勤學。
098 趙中令, 讀魯論, 彼旣仕, 學且勤。
099 披蒲編, 削竹簡, 彼無書, 且知勉。
100 頭懸梁, 錐刺股, 彼不教, 自勤苦。
101 如囊螢, 如映雪, 家雖貧, 學不輟。
102 如負薪, 如掛角, 身雖勞, 猶苦卓。
103 蘇老泉, 二十七, 始發憤, 讀書籍。
104 彼旣老, 猶悔遲; 爾小生, 宜早思。
105 若梁灝, 八十二, 對大廷, 魁多士。
106 彼旣成, 衆稱異; 爾小生, 宜立志。
107 瑩八歲, 能咏詩; 泌七歲, 能賦碁。
108 彼穎悟, 人稱奇; 爾幼學, 當效之。
109 蔡文姬, 能辨琴; 謝道韞, 能咏吟。
110 彼女子, 且聰敏; 爾男子, 當自警。
111 唐劉晏, 方七歲, 擧神童, 作正字。
112 彼雖幼, 身已仕。有爲者, 亦若是。
113 犬守夜, 雞司晨。苟不學, 曷爲人?
114 蠶吐絲, 蜂釀蜜。人不學, 不如物。
115 幼而學, 壯而行。上致君, 下澤民。
116 揚名聲, 顯父母。光於前, 裕於後。
117 人遺子, 金滿籯; 我教子, 惟一經。
118 勤有功, 戲無益。戒之哉, 宜勉力。

(全文 472句 1,416字)

2.《重訂三字經》

(民國) 章炳麟 重訂
(1928年春增補訂正, 1932年由上海漢文正楷印書局出版.)

001 人之初, 性本善。性相近, 習相遠。
002 苟不教, 性乃遷。教之道, 貴以專。
003 昔孟母, 擇鄰處。子不學, 斷機杼。
004 荀季和, 有義方, 教八子, 名俱揚。
005 養不教, 父之過。教不嚴, 師之惰。
006 子不學, 非所宜。幼不學, 老何爲?
007 玉不琢, 不成器; 人不學, 不知義。
008 爲人子, 方少時, 親師友, 習禮儀。
009 香九齡, 能溫席, 孝於親, 所當執。
010 融四歲, 能讓梨, 弟於長, 宜先知。
011 首孝弟, 次見聞。知某數, 識某文。
012 一而十, 十而百, 百而千, 千而萬。
013 三才者, 天地人。三光者, 日月星。
014 三綱者, 君臣義, 父子親, 夫婦順。
015 曰春夏, 曰秋冬, 此四時, 運不窮。
016 曰南北, 曰西東, 此四方, 應乎中。
017 曰水火, 木金土, 此五行, 本乎數。
018 十干者, 甲至癸。十二支, 子至亥。
019 曰黃道, 日所躔, 曰赤道, 當中權。
020 赤道下, 溫煖極。我中華, 在東北。
021 寒燠均, 霜露改。右高原, 左大海。
022 曰江河, 曰淮濟, 此四瀆, 水之紀。
023 曰岱華, 嵩恒衡, 此五嶽, 山之名。
024 古九州, 今改制, 稱行省, 二十二。
025 曰士農, 曰工商, 此四民, 國之良。
026 醫卜相, 皆方技; 星堪輿, 小道泥。
027 地所生, 有草木, 此植物, 徧水陸。
028 有蟲魚, 有鳥獸, 此動物, 能飛走。
029 稻粱菽, 麥黍稷, 此六穀, 人所食。
030 馬牛羊, 雞犬豕, 此六畜, 人所飼。
031 曰喜怒, 曰哀懼, 愛惡欲, 七情具。
032 曰仁義, 禮智信, 此五常, 不容紊。
033 青赤黃, 及白黑, 此五色, 目所識。
034 酸苦甘, 及辛鹹, 此五味, 口所含。
035 羶焦香, 及腥朽, 此五臭, 鼻所嗅。
036 宮商角, 及徵羽, 此五音, 耳所取。
037 匏土革, 木石金, 與絲竹, 乃八音。
038 曰平上, 曰去入, 此四聲, 宜調叶。
039 九族者, 序宗親: 高曾祖, 父而身,
040 身而子, 子而孫, 自子孫, 至曾玄。

041 五倫者: 始夫婦, 父子先, 君臣後,
042 次兄弟, 及朋友。當順敘, 勿違負。
043 有伯叔, 有舅甥, 婿婦翁, 三黨名。
044 斬齊衰, 大小功, 至緦麻, 五服終。
045 凡訓蒙, 須講究。詳訓故, 明句讀。
046 禮樂射, 御書數, 古六藝, 今不具。
047 惟書學, 人共遵。既識字, 講說文。
048 有古文, 大小篆, 隸草繼, 不可亂。
049 若廣學, 懼其繁, 但略說, 能知原。
050 爲學者, 必有初。小學終, 至四書。
051 論語者, 二十篇, 群弟子, 記善言。
052 孟子者, 七篇是, 辨王霸, 說仁義。
053 中庸者, 子思筆, 中不偏, 庸不易。
054 大學者, 學之程, 自修齊, 至治平。
055 此二篇, 在禮記, 今單行, 本元晦。
056 四書通, 孝經熟, 如六經, 始可讀。
057 六經者, 統儒術。文作周, 孔子述。
058 易詩書, 禮春秋, 樂經亡, 餘可求。
059 有連山, 有歸藏, 有周易, 三易詳。
060 有典謨, 有訓誥, 有誓命, 書之奥。
061 有國風, 有雅頌, 號四詩, 當諷誦。
062 周禮者, 著六官。儀禮者, 十七篇。
063 大小戴, 集禮記, 述聖言, 禮法備。
064 王迹熄, 春秋作, 寓褒貶, 別善惡。
065 三傳者, 有公羊, 有左氏, 有穀梁。
066 爾雅者, 善辨言, 求經訓, 此莫先。
067 注疏備, 十三經。惟大戴, 疏未成。
068 左傳外, 有國語。合群經, 數十五。
069 經既明, 方讀子, 撮其要, 記其事。
070 古九流, 多亡佚, 取五種, 脩文質。
071 五子者, 有荀揚, 文中子, 及老莊。
072 經子通, 讀諸史。考世系, 知終始。
073 自羲農, 至黃帝, 幷項嚳, 在上世。
074 堯舜興, 禪尊位, 號唐虞, 爲二帝。
075 夏有禹, 商有湯, 周文武, 稱三王。
076 夏傳子, 家天下, 四百載, 遷夏社。
077 湯伐夏, 國號商, 六百載, 至紂亡。
078 周武王, 始誅紂, 八百載, 最長久。
079 周共和, 始紀年。歷宣幽, 遂東遷。
080 周道衰, 王綱墜, 逞干戈, 尙游說。
081 始春秋, 終戰國, 五霸强, 七雄出。
082 嬴秦氏, 始兼幷。傳二世, 楚漢爭。
083 高祖興, 漢業建。至孝平, 王莽簒。
084 光武興, 爲東漢, 四百年, 終於獻。
085 魏蜀吳, 爭漢鼎, 號三國, 迄兩晉。
086 宋齊繼, 梁陳承, 爲南朝, 都金陵。
087 北元魏, 分東西, 宇文周, 與高齊。
088 迨至隋, 一土宇, 不再傳, 失統緖。
089 唐高祖, 起義師。除隋亂, 創國基。
090 二十傳, 三百載, 梁滅之, 國乃改。

091 梁唐晉, 及漢周, 稱五代, 皆有由。
092 趙宋興, 受周禪, 十八傳, 南北混。
093 遼與金, 皆夷裔, 元滅之, 絶宋世。
094 莅中國, 兼戎狄, 九十年, 返沙磧。
095 太祖興, 稱大明, 紀洪武, 都金陵。
096 迨成祖, 遷宛平, 十六世, 至崇禎。
097 權閹肆, 流寇起, 自成入, 神器毀。
098 清太祖, 興遼東, 金之後, 受明封。
099 至世祖, 乃大同, 十二世, 淸祚終。
100 凡正史, 廿四部, 益以淸, 成廿五。
101 史雖繁, 讀有次。史記一, 漢書二,
102 後漢三, 國志四。此四史, 最精致。
103 先四史, 兼證經, 參通鑑, 約而精。
104 歷代事, 全在茲, 載治亂, 知興衰。
105 讀史者, 考實錄, 通古今, 若親目。
106 漢賈董, 及許鄭, 皆經師, 能述聖。
107 宋周程, 張朱陸, 明王氏, 皆道學。
108 屈原賦, 本風人, 逮鄒枚, 暨卿雲。
109 韓與柳, 竝文雄; 李若杜, 爲詩宗。
110 凡學者, 宜兼通, 翼聖敎, 振民風。
111 口而誦, 心而惟, 朝於斯, 夕於斯。
112 昔仲尼, 師項橐。古聖賢, 尙勤學。
113 趙中令, 讀魯論。彼旣仕, 學且勤。
114 披蒲編, 削竹簡。彼無書, 且知勉。
115 火焠掌, 錐刺股。彼不敎, 自勤苦。
116 如囊螢, 如映雪。家雖貧, 學不輟。
117 如負薪, 如掛角。身雖勞, 猶苦卓。
118 蘇明允, 二十七, 始發憤, 讀書籍。
119 彼旣老, 猶悔遲。爾小生, 宜早思。
120 若荀卿, 年五十, 遊稷下, 習儒業。
121 彼旣成, 衆稱異。爾小生, 宜立志。
122 瑩八歲, 能詠詩。泌七歲, 能賦棋。
123 彼穎悟, 人稱奇。爾幼學, 當效之。
124 蔡文姬, 能辨琴。謝道韞, 能詠吟。
125 彼女子, 且聰敏。爾男子, 當自警。
126 唐劉晏, 方七歲。擧神童, 作正字。
127 彼雖幼, 身已仕。爾幼學, 勉而致。
128 犬守夜, 雞司晨。苟不學, 曷爲人?
129 蠶吐絲, 蜂釀蜜。人不學, 不如物
130 幼習業, 壯致身。上匡國, 下利民。
131 揚名聲, 顯父母, 光於前, 裕於後。
132 人遺子, 金滿籯。我敎子, 惟一經。
133 勤有功, 戱無益。戒之哉! 宜勉力。

(全文 532句, 1,596字)

참고문헌

註解語譯, 國語注音 三字經, 臺北 陽明書局, 中華民國 72年 5月.

三字經注解備要, 吳蒙 標點, 上海古籍出版社, 1989. 1. 第2次 印刷.

三字經注解備要, 王應麟手著; 賀思興註解, 대만 yahoo 奇摩 臺灣華文電子書庫.

三字經, 章太炎 增訂, 李牧華 注解, 甘肅人民出版社, 1994. 4. 第3次 印刷.

三字經易解(章炳麟增訂本), 대만 yahoo 奇摩.

新譯三字經, 黃沛榮, 臺北 三民書局, 2003年 2월 初版 4刷.

三字經全文解釋, 臺灣 yahoo 奇摩(作者: 何曉明).

三字經簡說, 臺灣 yahoo 奇摩(作者: 宋 王應麟, 撰述者: 林美岑).

[부록]

이십사효二十四孝

| 서문 |

옛 중국 속담에 「백 가지 선행 가운데 효孝가 으뜸이다.」라는 말이 있다. 어른을 존경하고 부모에게 효도하는 이른바 효문화孝文化는 수천 년의 역사를 거쳐 전승되어 온 기본 도덕규범이자 중국 특유의 문화유산이다.

공자孔子는 제자인 증자曾子에게 효도의 요지要旨를 전해 《효경孝經》이 세상에 출현하도록 했고, 맹자孟子는 한 걸음 더 나아가 어른에 대한 존경과 부모에 대한 효도를 인생 일대의 대사大事로 인식하도록 지대한 역할을 했다.

진한秦漢 시기는 효孝가 사회 통치 질서의 핵심으로 조정朝廷이 민중을 통치하는 중요한 역할을 했고, 특히 한대漢代는 유가儒家 출현 이후 효로써 나라를 다스리는 정책을 추진하여 효와 관련된 서적을 학교의 필수 학습 과목으로 채택하는가 하면, 효행을 통해야 관리가 될 수 있는 제도적 장치를 설치하기도 했다.

그 후 위진魏晉에서 수당隋唐에 이르는 동안은 때에 따라 부침을 겪기도 했으나 실제로는 한대漢代의 기본정신을 견지했으며, 송원宋元에 이르러서는 효행을 적극 추진함으로써 부모가 설사 자식에 대해 자상하지 않아도, 자녀는 부모에 대해 반드시 무조건적으로 복종하며 효도하도록 요구했다.

《이십사효二十四孝》는 이러한 배경에서 작자가 상고시대로부터 송대에 이르기까지 역대 24명의 효자가 효를 실행한 사례를 엮어 고사집故事集 형식의 아동 교훈서를 만든 것인데, 어린이 교육에 널리 활용되었을 뿐만 아니라 중국 사회 전반에 걸쳐 널리 전파되었다.

본서는 민국民國 72년(1983) 5월, 대만 대북臺北 양명서국陽明書局《삼자경三字經》의 부록에 수록되어 있는《이십사효二十四孝》를 저본으로 하고, 다른 판본을 참고하여 정리하였다.

역주 방법에 있어서는 필자가《이십사효》의 원문을 우리말로 번역하여 독자들에게 소개한다는 목적 외에도, 고문 학습을 위한 참고서로서의 역할을 겸하기 위해 단어 하나하나에 대해 상세한 주석을 달아 한자에 대한 기본 지식이 있는 사람이면 충분히 독학이 가능하도록 배려하였다. 관심 있는 독자들의 학습에 다소나마 도움이 되길 바랄 뿐이다.

2024년 5월

최봉원

| 일러두기 |

본서의 역주 방법에 있어서는《이십사효》전문全文에서 찬시讚詩 부분을 제외한 고사 원문을 중심으로 매 고사마다「원문 및 주석」,「번역」,「해설」의 세 부분으로 나누어 다음과 같은 원칙을 적용하였다.

1. 공통부분

1) 우리말 설명에 한자 표기가 필요할 경우 우리말 뒤에 표기했다.

예) 우虞의 순舜임금은 고수瞽叟의 아들로, 천성이 지극히 효순孝順했다. 아버지는 완고하고 어머니는 간사했으며, 이복동생인 상象은 매우 오만했다.

2) 서명書名과 작품명은《 》로 표시하였다.

예) 이 고사는 진晉 간보幹寶의《수신기搜神記》권卷 11에도 보인다.

3) 인명·지명·작품명 등은 모두 우리말 독음으로 표기하고 뒤에 한자를 표기하였다.

예) 강혁江革은 동한東漢 시기 제齊나라 임치臨淄 사람으로, 어려서 아버지가 세상을 떠나고 어머니와 단 둘이 남았다.

2. 「원문 및 주석」 부분

1) 원문에 한하여 인명·지명·국명 등 고유명사는 밑줄 '___'로 표시했다.

예) 虞舜, 瞽瞍之子, 性至孝. 父頑, 母嚚, 弟象傲. 舜耕於歷山, ……

2) 주석은 각주 형식을 취하되, 원문에서 한 문구를 따온 후 번역을 첨가하고, 그 문구 중에서 필요한 부분을 취해【 】〖 〗로 묶어 설명하였으며,

표제어 한자漢字는 한글과 한어병음자모漢語拼音字母로 독음讀音을 달았다.

예) 晉楊香, 年十四, 常隨父豐往田間穫粟, 父爲虎曳去. → 진晉나라의 양향楊香은, 열네 살 때, 일찍이 아버지를 따라 밭에 가서 곡식을 거두는데, 아버지가 호랑이에게 물려갔다.

【穫粟(확속, huò sù)】: 곡식을 수확하다. 곡식을 거두다. ※판본에 따라서는「穫粟」을「獲杰粟(획걸속)」이라 했다.

〖穫〗: 수확하다. 거두다.

〖粟〗: 조. 여기서는「곡식」을 가리킨다.

3. 「번역」 부분

1) 원문의 우리말 번역은 직역을 원칙으로 하되, 직역으로 인해 문맥이 매끄럽지 못할 경우, 본래의 뜻을 훼손하지 않는 범위 안에서 약간의 의역을 했다.

2) 원문에 문자의 생략 또는 의미의 함축으로 인해 보충설명이 필요할

경우 (   ) 안에 넣어 문맥을 원활하도록 했다.

예) 적미군赤眉軍이 그것을 보고 채순에게 물으니 채순이 대답하길: 「(잘 익은) 검은 것은 어머니께 드리고, (덜 익은) 붉은 것은 내가 먹을 것입니다.」라고 했다.

4. 「해설」 부분

원문 직역의 한계로 인해 고사의 내용이 명확히 전달되지 못하는 결점을 보완하기 위해 미흡한 부분을 상세하게 풀어 보충 설명함으로써 고사의 본의를 확연히 이해할 수 있도록 했다.

5. 기타

본서에 나오는 국명·인명·지명·관직명·서명·작품명, 행정단위 등 모든 명칭은 우리말 발음으로 표기하고 뒤에 한자를 표기하였다.

예) 황향黃香은 동한東漢 강하江夏 운몽雲夢(지금의 호북성湖北省 효감시孝感市 운몽현雲夢縣) 사람으로, 상서령尙書令을 지낸 후 위군태수魏郡太守에 오른 동한東漢의 저명한 대신이다.

차례

《이십사효二十四孝》에 관하여

《이십사효》는 중국 상고시대로부터 송대宋代에 이르기까지 역대 24명의 효자가 효孝를 실행한 사례를 엮어 만든 고사집故事集이다. 매 고사 말미에 찬시讚詩를 첨가하고 있어 정식 명칭을 《전상이십사효시선全相二十四孝詩選》이라고 하며, 이후의 판본 대부분이 그림을 삽입하고 있어 《이십사효도二十四孝圖》라고도 한다.

작자에 관해서는 원대元代 곽거경郭居敬이라는 설[1]과 곽거경의 아우 곽수정郭守正이라는 설[2]이 있고, 또 곽거업郭居業이 지었다는 설[3]도 있다.

---

1 왕기王圻 《속문헌통고續文獻通考·절의고節義考·효자孝子》: 「곽거경郭居敬은 우계尤溪 사람으로, 천성이 지극히 효순하여 부모를 잘 섬겼다. ……일찍이 우순虞舜 이하 24인의 효행의 개요를 수집하여 차례를 정하고 시를 곁들여 이름을 《이십사효시二十四孝詩》라 하고, 이로써 동몽童蒙을 가르쳤다.(郭居敬尤溪人, 性至孝, 事親, …嘗摭虞舜而下二十四人孝行之概序而詩之, 名二十四孝詩, 以訓童蒙.)」

2 양백준楊伯峻 《경서천담經書淺談》: 「원대元代 곽수정郭守正이 고인古人 24명의 효도에 관한 일을 모아 책을 만들고, 왕극효王克孝가 《이십사효도二十四孝圖》를 그려 세간에 유전했는데, 청말 장지동張之洞 등이 그것을 《백효도설百孝圖說》로 확대 개편하였다.(元代郭守正將24位古人孝道的事輯錄成書, 由王克孝繪成《二十四孝圖》流傳世間; 淸末, 張之洞等人將之擴編至《百孝圖說》.)」

3 반수렴潘守廉 《이십사효도설병시二十四孝圖說並詩》 자서自序: 「원元 곽거업郭居業에 이르러 처음으로 예로부터 효행이 탁월한 자 24인을 모아 이름을 《이십사효》라 했다.(至元朝郭居業始將伊古以來孝行卓著者集24人, 名二十四孝.)」 그러나 반수렴은 곽거업이 어떤 사람인가에 대해서는 설명하지 않았다.

《이십사효》의 고사 취재取材 배경은 대부분 서한西漢의 경학가인 유향劉向의 《효자전孝子傳》에서 취하고, 또 일부 고사는 《예문류취藝文類聚》·《태평어람太平御覽》 등에서 취하기도 했다. 이 밖에 진晉 간보干寶의 《수신기搜神記》 권11의 「잉어가 스스로 얼음을 깨고 튀어나온 고사 3칙」은 《이십사효》 중 「와빙구리臥冰求鯉」의 고사 배경과 일치하는 대목이며, 돈황敦煌 장경동藏經洞에서 발견된 불교 변문變文 《이십사효압좌문二十四孝押座文》이나 남송南宋의 화가 조자고趙子固의 「이십사효서화합벽도二十四孝書畫合璧圖」 또한 이십사효의 편찬과 관련이 있을 것으로 추측된다.

《이십사효》에 대한 평가는 「효」가 유가儒家 윤리사상의 핵심으로서 오랜 세월 동안 중국 사회의 가정 관계를 유지하는 도덕 준칙이자 중화민족의 전통 미덕으로 존중되어 왔다는 점에서 긍정적인 견해가 지배적이지만, 혹자는 《이십사효》 중의 일부 고사가 사리에 맞지 않는 어리석은 효행이라 하여 부정적인 견해를 보이기도 한다. 예를 들어, 노신魯迅은 「이십사효도」의 주요 목적이 봉건의 효도를 선양한 것이라 여기며 자신의 산문집인 《조화석습朝花夕拾·이십사효도二十四孝圖》[4]에서 자기가 어렸을 때 《이십사효도》를 읽은 느낌으로부터 착수하여 자신이 「노래오친老萊娛親」·「곽거매아郭巨埋兒」 두 고사를 읽었을 때의 강렬한 반감을 중점적으로 묘사했는데, 이에 대해 그는 「잔혹한 효」, 「거짓의 효」라 하여 전통 관념을 뒤엎는 독특한 가치관에 의거하여 고사를 비판했다.

---

4 《조화석습朝花夕拾》은 노신魯迅의 산문집으로, 노신이 1926년에 쓴 《구狗·묘貓·서鼠》·《아장여산해경阿長與山海經》·《이십사효도二十四孝圖》·《오창회五猖會》·《무상無常》·《종백초원도삼미서옥從百草園到三味書屋》·《부친적병父親的病》·《쇄기瑣記》·《등야선생藤野先生》·《범애농范愛農》 등 10편의 회고록 성격의 산문을 수록했는데, 그중 《이십사효도》의 내용은 노신이 어렸을 때 《이십사효》 중의 「노래오친老萊娛親」과 「곽거매아郭巨埋兒」 두 편의 고사를 읽고 일으킨 강렬한 반감을 중점적으로 묘사하여 봉건효도의 허위와 잔혹성을 비판한 것이다.

《이십사효》 고사 내용에 비록 일부 봉건사상의 해독이 심각한 줄거리가 있다 해도, 이는 효를 모든 선행의 으뜸으로 여긴 옛 중국 문화의 일부분이라는 점에서 전통이 남긴 효문화에 대해 시의時宜에 맞지 않는 풍습으로 인해 초래할 수 있는 불량한 영향은 우리가 정확한 가치관과 이성理性의 관점을 가지고 이들 효에 관한 고사를 다루도록 해야 할 것이다.

《이십사효二十四孝》 전문全文

1. 孝感動天

虞舜, 瞽瞍之子, 性至孝。父頑, 母嚚, 弟象傲。舜耕於歷山, 有象爲之耕, 有鳥爲之耘。其孝感如此。帝堯聞之, 事以九男, 妻以二女, 遂以天下讓焉。

系詩頌之:

詩曰: 對對耕春象, 紛紛耘草禽。嗣堯登帝位, 孝感動天下。

2. 親嘗湯藥

西漢文帝, 名恒, 高祖第三子, 初封代王。生母薄太后, 帝奉養無怠。母嘗病三年, 帝目不交睫, 衣不解帶, 湯藥非親嘗弗進。仁孝聞於天下。

系詩頌之:

詩曰: 仁孝聞天下, 巍巍冠百王。母后三載病, 湯藥必先嚐。

3. 嚙指心痛

周曾參, 字子輿, 事母至孝。參曾採薪山中, 家有客至。母無措, 參不還, 乃嚙其指。參忽心痛, 負薪以歸, 跪問其母。母曰:「有客忽至, 吾嚙指以悟汝耳。」

後人系詩頌之：

詩曰：母指方纏嚙，兒心痛不禁。負薪歸未晚，骨肉至情深。

4. 單衣順母

周閔損，字子騫。早喪母，父娶後母，生二子，衣以棉絮，閔損，衣以蘆花。一日，父令損御車，體寒，失鞭。父察知其故，欲出後母。損曰：「母在一子單，母去三子寒。」後母聞之，卒悔改。

系詩頌之：

詩曰：閔氏有賢嚙，何曾怨後娘。車前留母在，三子免風霜。

5. 負米養親

周仲由，字子路。家貧，嘗食黍薯之食，爲親負米百里之外。親歿，南遊於楚，從車百乘，積粟萬鐘，累褥而坐，列鼎而食。乃嘆曰：「雖欲食黍薯之食，爲親負米百里之外，不可得也。」

有詩爲頌：

詩曰：負米供甘旨，寧辭百里遙。身榮親已歿，猶念舊劬勞。

6. 賣身葬父

漢董永，家貧，父死，賣身貸錢而葬。及去償工，途遇一婦，求爲永妻。俱至主家，主令織布三百疋，始得歸。婦織一月而成，歸至槐陰會所，遂辭永而去。

有詩爲頌:

詩曰: 葬父貸孔兄, 仙姬陌上逢。織布償債主, 孝感動蒼穹。

7. 鹿乳奉親

周郯子, 性至孝。父母年老, 俱患雙目, 思食鹿乳。郯子乃衣鹿皮, 往深山群鹿之中, 取鹿乳供親。獵者見而欲射之, 郯子俱以情告, 乃免。

有詩爲頌:

詩曰: 親老思鹿乳, 身穿褐毛衣。若不高聲語, 山中帶箭歸。

8. 行傭供母

後漢江革, 少失父, 獨與母居。遭亂, 負母逃難, 數遇賊。或欲劫之去, 革輒泣告有母在, 賊不忍殺。轉客下邳, 貧窮裸跣, 行傭以供母, 母使身之物, 莫不畢給。

有詩爲頌:

詩曰: 負母逃危難, 窮途賊犯頻, 告哀方獲免, 傭力以供親。

9. 懷橘遺親

後漢陸績, 字公紀。年六歲, 至九江見袁術, 術出橘待之。績懷橘二枚, 及跪拜辭墮地。術曰:「陸郎作賓客而懷橘乎?」績跪答曰:「吾母性之所愛, 欲歸以遺母。」術大奇之。

有詩爲頌:

詩曰: 孝悌皆天性, 人間六歲兒, 袖中懷橘實, 遺母報深慈。

10. 乳姑不怠

唐崔山南, 曾祖母長孫夫人, 年高無齒。祖母唐夫人, 每日櫛洗, 升堂乳其姑, 姑不粒食, 數年而康。一日病, 長幼咸集, 乃宣言曰:「無以報新婦恩, 願子孫婦如新婦孝敬足矣。」

有詩爲頌:

詩曰: 孝敬崔家婦, 乳姑晨盥梳。此恩無以報, 願得子孫如。

11. 恣蚊飽血

晉吳猛, 年八歲, 事親至孝。家貧, 榻無帷帳, 每夏夜, 蚊多潛膚。恣渠膏, 雖多不驅之, 恐其去己而噬親也。愛親之心至矣。

有詩爲頌:

詩曰: 夏夜無帷帳, 蚊多不敢揮。恣渠膏血飽, 免使入親幃。

12. 臥冰求鯉

晉王祥, 母喪, 繼母朱氏不慈, 父前數譖之, 由是失愛於父。母欲食鮮魚, 時天寒冷凍, 祥解衣, 臥冰求之。冰忽自解, 雙鯉躍出, 持歸供母。

有詩爲頌:

詩曰: 繼母人間有, 王祥天下無。至今河上水, 留得臥冰模。

13. 爲母埋兒

漢郭巨, 家貧, 有子三歲, 母嘗減食與之。巨謂妻曰:「貧乏不能供母, 子又分父母之食, 盍埋此子?」及掘坑三尺, 得黃金一釜, 上云:「官不得取, 民不得奪。」

有詩爲頌:

詩曰: 郭巨思供親, 埋兒爲母存。黃金天所賜, 光彩照寒門。

14. 搤虎救父

晉楊香, 年十四, 常隨父豐往田間穫粟, 父爲虎曳去。時楊香手無寸鐵, 惟知有父而不知有身。踴躍向前, 搤持虎頸, 虎亦靡然而逝, 父方得免於害。

有詩爲頌:

詩曰: 深山逢白額, 努力搏腥風。父子俱無恙, 脫身饞口中。

15. 棄官尋母

宋朱壽昌, 年七歲, 生母劉氏, 爲嫡母所妒, 復出嫁, 母子不相見者五十年。神宗朝棄官入秦, 與家人訣, 謂不尋見母, 誓不復還。後行次同州得之, 時母年已七十有餘矣。

有詩爲頌:

詩曰: 七歲離生母, 參商五十年。一朝相見後, 喜氣動皇天。

16. 嘗糞憂心

南齊庚黔婁, 爲孱陵令, 到縣未旬日, 忽心驚流汗, 及棄官歸。時父疾始二日, 醫曰:「欲知瘉劇, 但嘗糞苦則佳。」黔婁嘗之, 甜, 心甚憂之。至夕, 稽顙北辰, 求以身代父死。

有詩爲頌:

詩曰: 到縣未旬日。椿庭遘疾深。願將身代死, 北望起憂心。

17. 戲彩娛親

周老萊子, 至孝, 奉養二親, 備極甘脆, 行年七十, 言不稱老。常着五彩斑爛之衣, 爲嬰兒戲於親側。又常取水上堂, 詐跌臥地, 作嬰兒啼以娛親。

有詩爲頌:

詩曰: 戲舞學驕癡, 春風動彩衣。雙親開口笑, 喜氣滿庭幃。

18. 拾桑供母

漢蔡順, 少孤, 事母至孝。遭王莽亂, 歲荒不給, 拾桑, 以異器盛之。赤眉賊見而問之, 順曰:「黑者奉母, 赤者食。」賊憫其孝, 以白米三斗, 牛蹄一隻與之。

有詩爲頌:

詩曰: 黑桑奉萱幃, 饑啼淚滿衣。赤眉知孝意, 牛米贈君歸。

19. 扇枕溫衾

漢黃香, 年九歲, 失母, 思慕惟切, 鄕人稱其孝。香躬執勤苦, 一意事父。夏天暑熱, 爲扇涼其枕蓆; 冬天寒冷, 以身暖其被褥。太守劉護表而異之。

有詩爲頌:

詩曰: 冬月溫衾暖, 炎天扇枕涼。兒童知子職, 千古一黃香。

20. 湧泉躍鯉

漢姜詩, 事母至孝; 妻龐氏, 奉姑尤謹。母性好飮江水, 妻出汲而奉母。又嗜魚膾, 夫婦常作之, 召鄰母供食之。後舍側忽有湧泉, 味如江水, 日躍雙鯉, 詩時取以供母。

有詩爲頌:

詩曰: 舍側甘泉出, 朝朝雙鯉魚。子能恆孝母: 婦亦孝其姑。

21. 聞雷泣墓

魏王裒, 事母至孝。母存日, 性畏雷, 旣卒, 殯葬於山林。每遇風雨, 聞阿香響震之聲, 卽奔墓所, 跪拜泣告曰:「裒在此, 母親勿懼。」

有詩爲頌:

詩曰: 慈母怕聞雷, 冰魂宿夜臺。阿香時一震, 到墓繞千迴。

22. 刻木事親

漢丁蘭, 幼喪父母, 未得奉養, 而思念劬勞之恩, 刻木爲像, 事之如生。其妻久而不敬, 以針戲刺其指, 則出血。木像見蘭, 又眼中垂淚。蘭問得其情, 將妻出棄之。

有詩爲頌:

詩曰: 刻木爲父母, 形容如在時。寄言諸子姪, 各要孝親幃。

23. 哭竹生筍

三國孟宗, 字恭武, 少孤。母老病篤, 冬月思筍煮羹食。宗無計可得, 乃往竹林中, 抱竹而泣。孝感天地, 須臾地裂, 出筍數莖。持歸作羹奉母。食畢, 疾愈。

有詩爲頌:

詩曰: 淚滴朔風寒, 蕭蕭竹數竿。須臾冬筍出, 天意報平安。

24. 滌親溺器

宋黃庭堅, 元符中爲太史, 性至孝。身體貴顯, 奉母盡誠。每夕, 親自爲母洗滌溺器, 未嘗一刻不供子職。

有詩爲頌:

詩曰: 貴顯聞天下, 平生事孝親。不辭常滌溺, 焉用婢生嗔。

001

효감동천孝感動天

원문 및 주석

孝感動天[1]

虞舜, 瞽瞍之子, 性至孝。父頑, 母嚚, 弟象傲。[2] 舜耕於歷山, 有象爲之耕, 有鳥爲之耘。其孝感如此。[3] 帝堯聞之, 事以九男, 妻

---

1 孝感動天 → 효심이 하늘을 감동시키다
【孝(효, xiào)】: 효도. 효성. 효심.

2 虞舜, 瞽瞍之子, 性至孝。父頑, 母嚚, 弟象傲。→ 우虞의 순舜임금은, 고수瞽叟의 아들로, 천성이 지극히 효순孝順했다. 아버지는 완고하고, 어머니는 간사했으며, 이복동생인 상象은 매우 오만했다.
【虞舜(우순, yú shùn)】: 우虞나라의 순舜임금. 오제五帝의 하나. 성은 요姚, 이름은 중화重華, 호는 우씨虞氏로, 역사에서는 우순虞舜이라 한다.
【瞽瞍(고수, gǔ sǒu)】: [인명] 순의 아버지.
【至孝(지효, zhì xiào)】: 지극히 효순孝順하다. 지극히 효성스럽다. 효심이 지극하다.
【頑(완, wán)】: 완고하다.
【嚚(은, yín)】: 간사하다. 말에 진실성이 없다.
【象(상, xiàng)】: [인명] 순의 배다른 동생.
【傲(오, ào)】: 오만하다. 거만하다.

3 舜耕於歷山, 有象爲之耕, 有鳥爲之耘。其孝感如此。→ 순이 역산歷山에서 밭을 가는데, 코끼리가 그를 위해 밭을 갈아주고, 새가 그를 위해 김을 매주었다. 그의 효심이 이처럼 감동을 주었다.
【耕(경, gēng)】: 밭을 갈다.
【於(어, yú)】: [개사] …에서.

以二女, 遂以天下讓焉。[4]

번역

효심이 하늘을 감동시키다

우虞의 순舜임금은 고수瞽叟의 아들로, 천성이 지극히 효순孝順했다. 아버지는 완고하고 어머니는 간사했으며, 이복동생인 상象은 매우 오만했다.

순이 역산歷山에서 밭을 가는데, 코끼리가 그를 위해 밭을 갈아주고, 새가 그를 위해 김을 매주었다. 그의 효심이 이처럼 감동을 주었다.

요堯임금이 순의 행실을 듣고, 아홉 명의 아들로 순을 섬기도록 하는 한편, 두 딸을 순에게 시집보내고, 마침내 천하를 순에게 선양했다.

【歷山(역산, lì shān)】: [산이름].
【象(상, xiàng)】: 코끼리.
【之(지, zhī)】: [대명사] 그, 즉「순」.
【耘(운, yún)】: 김매다. 잡풀을 뽑아내다.
【如此(여차, rú cǐ)】: 이처럼. 이와 같이.

4 帝堯聞之, 事以九男, 妻以二女, 遂以天下讓焉。→ 요堯임금이 순의 행실을 듣고, 아홉 명의 아들로 순을 섬기도록 하는 한편, 두 딸을 순에게 시집보내고, 마침내 천하를 순에게 선양했다.
【帝堯(제요, dì yáo)】: 요임금.
【聞(문, wén)】: 듣다.
【之(지, zhī)】: [대명사] 이. 이것. 즉「순의 행실」.
【事(사, shì)】: 섬기다. 모시다.
【妻(처, qì)】: [동사] 시집보내다.
【二女(이녀, èr nǚ)】: 요의 두 딸. 즉「아황娥皇과 여영女英」.
【遂(수, suì)】: 마침내.
【讓(양, ràng)】: 양위하다. 선양하다.

해설

순舜은 전설에 나오는 중국 상고시대 우虞나라의 제왕으로, 오제五帝의 하나이다. 성은 요姚, 이름은 중화重華이며, 역사에서는 우순虞舜이라 칭한다. 순이 어렸을 때 친모가 세상을 떠나 아버지 고수瞽叟가 후처를 얻어 아들 상象을 낳았다. 계모와 배다른 동생은 항상 순을 살해할 생각을 하고 아버지도 마찬가지였다. 하루는 아버지가 순으로 하여금 곡식창고 지붕을 보수하도록 한 후 밑에서 불을 질렀는데, 순이 손에 두 개의 밀짚모자를 들고 뛰어내려 화를 면했는가 하면, 또 순으로 하여금 우물을 파게 한 후 흙으로 덮었는데, 순이 우물 아래에서 다른 통로를 파서 탈출하기도 했다. 이러한 일이 있고 나서도 순은 조금도 그들을 미워하거나 원망하지 않고 여전히 아버지에게 공손하고 동생에게도 자애로웠다. 그의 효행은 천제天帝를 감동하게 했다. 그리하여 순이 역산歷山에서 밭을 갈고 파종을 하는데, 코끼리가 와서 밭을 갈아주고 새가 날아와 잡초를 뽑아주기도 했다. 후에 요堯임금이 순의 효행이 지극하고 능력이 뛰어나다는 말을 전해 듣고, 자기의 두 딸 아황娥皇과 여영女英을 순에게 시집보내고, 여러 해 동안 관찰과 시험을 거쳐 마침내 그를 자기의 후계자로 정했다. 순은 임금의 자리에 오른 후, 부친을 찾아뵙고 여전히 부모에게 효도하고 이복동생과 사이좋게 지냈다. (《사기史記·오제본기五帝本紀》)

002

친상탕약親嘗湯藥

원문 및 주석

親嘗湯藥[1]

西漢文帝, 名恒, 高祖第三子, 初封代王。生母薄太后, 帝奉養無怠。[2] 母嘗病三年, 帝目不交睫, 衣不解帶, 湯藥非親嘗弗進。仁

---

1 親嘗湯藥 → 몸소 탕약을 맛보다
【親(친, qīn)】: 친히. 몸소.
【嘗(상, cháng)】: 맛보다.
【湯藥(탕약, tāng yào)】: 달여서 마시는 한약.

2 西漢文帝, 名恒, 高祖第三子, 初封代王。生母薄太后, 帝奉養無怠。→ 서한西漢의 문제文帝는, 이름이 항恒이며, 고조高祖의 셋째 아들로, 최초로 대왕代王에 책봉되었다. 생모는 박태후薄太后인데, 문제는 어머니를 봉양하며, 조금도 게으름을 피우지 않았다.
【西漢(서한, xī hàn)】: [국명] 한漢은 서한西漢과 동한東漢으로 나눈다. 서한은 기원전 202년 고조高祖 유방劉邦이 세운 나라로 전한前漢이라고도 한다. 전한은 서기 8년까지 이어가다가 서기 9년 왕망王莽이 정변을 일으켜 신新나라를 건립하면서 종말을 고했다. 그 후 서기 25년 한왕조의 후예인 광무제光武帝 유수劉秀가 왕망의 신나라를 무너뜨리고 다시 한나라를 건립했는데, 역사에서는 이를 후한後漢 또는 동한東漢이라 한다.
【文帝(문제, wén dì)】: 한漢의 네 번째 임금. 이름은 항恒.
【三子(삼자, sān zǐ)】: 셋째 아들. ※판본에 따라서는「三子」를「四子」라 했다.
【代王(대왕, dài wáng)】: 왕이 되기 전에 책봉하는 작위의 하나.
【薄太后(박태후, bó tài hòu)】: 한문제漢文帝의 생모. ※임금의 어머니를 태후太后라 하고, 임금의 아내를 황후皇后라 한다.
【無怠(무태, wú dài)】: 나태함이 없다. 게으름을 피우지 않다.

孝聞於天下。[3]

번역

몸소 탕약을 맛보다

서한西漢의 문제文帝는 이름이 항恒이며, 고조高祖의 셋째 아들로 처음에는 대왕代王에 책봉되었다. 생모는 박태후薄太后인데, 문제는 어머니를 봉양하며 조금도 게으름을 피우지 않았다.

어머니가 일찍이 삼 년 동안 병을 앓을 때, 문제는 눈을 붙이지도 못하고, 옷을 벗지도 못했으며, 탕약은 자기가 친히 맛을 보기 전에는 올리지 않았다. 그는 인효仁孝로 천하에 이름이 알려졌다.

해설

한문제漢文帝 유항劉恒은 한고조漢高祖 유방劉邦의 넷째 아들로 박태후薄

---

3 母嘗病三年, 帝目不交睫, 衣不解帶, 湯藥非親嘗弗進。仁孝聞於天下。→ 어머니가 일찍이 삼 년 동안 병을 앓을 때, 문제는 눈을 붙이지도 못하고, 옷을 벗지도 못했으며, 탕약은 자기가 친히 맛을 보기 전에는 올리지 않았다. 그는 인효仁孝로 천하에 이름이 알려졌다.
【嘗(상, cháng)】: 일찍이. ※판본에 따라서는 「嘗」을 「常」이라 했다.
【目不交睫(목불교첩, mù bù jiāo jié)】: 눈을 붙이지 못하다.
〖交睫〗: 눈을 붙이다. 잠들다.
【衣不解帶(의불해대, yī bù jiě dài)】: 옷을 벗지 못하다. 즉 「옷을 벗지 않고 잠자다.」의 뜻.
【親嘗(친상, qīn cháng)】: 친히 맛을 보다.
【弗(불, fú)】: 不.
【進(진, jìn)】: 올리다. 바치다. 드리다.
【聞於(문어, wén yú)…】: …에 소문이 나다. …에 이름이 알려지다.

太后의 소생이며, 고후高后 8년(B.C. 180)에 즉위했다. 그는 어질고 효심이 지극하기로 알려져 천하 사람들로부터 칭찬이 자자했다. 어머니가 삼 년 동안 병으로 누워있을 때, 그는 항상 자신의 휴식을 포기하고 어머니의 병상을 지키며 병수발을 했는데, 어머니가 마실 탕약을 자기가 먼저 마셔보고 안심이 되면 어머니에게 마시도록 권했다. 한문제는 24년 간 재위하면서 덕치德治를 중시하고 예의禮儀를 일으키며 농업을 발전시켜 서한西漢 사회의 안정을 이루었다. 그리하여 역사에서는 한문제와 한경제漢景帝의 통치 시기를 일컬어 「문경지치文景之治」라 한다.

003

교지심통嚙指心痛

원문 및 주석

嚙指心痛[1]

周曾參, 字子輿, 事母至孝。參曾採薪山中, 家有客至。[2] 母無

---

1 嚙指心痛 → 어머니가 손가락을 깨무니 아들이 가슴의 통증을 느끼다
※「교지통심嚙指痛心」이라고도 한다.
【嚙(교, niè)】: 깨물다.
【指(지, zhǐ)】: 손가락.
【心痛(심통, xīn tòng)】: 마음이 아프다. 가슴이 아프다.

2 周曾參, 字子輿, 事母至孝。參曾採薪山中, 家有客至。→ 주周나라의 증삼曾參은, 자가 자여子輿이며, 지극한 효성으로 어머니를 섬겼다. 증삼이 산으로 나무를 하러 갔는데, 집에 손님이 왔다.
【周(주, zhōu)】: [국명] B.C. 11세기에 은殷나라를 이어 무왕武王 희발姬發이 세운 나라. B.C. 256년에 진秦나라에 멸망했다.
【曾參(증삼, zēng shēn)】: [인명] 증자. 남무성南武城(지금의 산동성山東省 비현費縣 서남쪽) 사람으로, 이름은 삼參, 자는 자여子輿이며, 증자는 존칭이다. 공자보다 46세가 적은 공자 만년의 제자로 공자 사후에 유가의 유력한 일파를 형성했다. 부모에게 효성이 지극한 효자로도 세상에 널리 알려졌다.
【事(사, shì)】: 섬기다. 모시다.
【至孝(지효, zhì xiào)】: 지극히 효순孝順하다. 지극히 효성스럽다. 효심이 지극하다.
【曾(증, céng)】: 일찍이. ※판본에 따라서는「曾」을「嘗」이라 했다.
【採薪(채신, cǎi xīn)】: 땔감을 채집하다. 나무를 하다. ※판본에 따라서는「採」를「采」라 했다.
〖採〗: 채집하다.

措, 參不還, 乃嚙其指。參忽心痛, 負薪以歸, 跪問其母。[3] 母曰:「有客忽至, 吾嚙指以悟汝耳。」[4]

번역

어머니가 손가락을 깨무니 아들이 가슴의 통증을 느끼다

주周나라의 증삼曾參은 자가 자여子輿이며, 지극한 효성으로 어머니를 섬겼다. 증삼이 산으로 나무를 하러 갔는데, 집에 손님이 왔다.

어머니는 당황하여 어찌할 바를 모르는데, 증삼이 돌아오지 않자 곧 자기 손가락을 깨물었다. 증삼이 갑자기 가슴의 통증을 느껴 나무를 짊어지고 집으로 돌아와 무릎을 꿇고 어머니께 까닭을 여쭈었다. 어머니가 말하

【薪】: 땔감. 땔나무.
【客至(객지, kè zhì)】: 손님이 오다.

3 母無措, 參不還, 乃嚙其指。參忽心痛, 負薪以歸, 跪問其母。→ 어머니는 당황하여 어찌할 바를 모르는데, 증삼이 돌아오지 않자, 곧 자기 손가락을 깨물었다. 증삼이 갑자기 가슴의 통증을 느껴, 나무를 짊어지고 집으로 돌아와, 무릎을 꿇고 어머니께 까닭을 여쭈었다.
【無措(무조, wú cuò)】: 당황하여 어찌할 바를 모르다.
【還(환, huán)】: 돌아오다.
【乃(내, nǎi)】: 곧. 이내.
【忽(홀, hū)】: 돌연. 갑자기.
【負(부, fù)】: 짊어지다. 메다.
【跪問其母(궤문기모, guì wèn qí mǔ)】: 무릎을 꿇고 어머니께 여쭙다. ※판본에 따라서는「母」를「故」라 했다.

4 母曰:「有客忽至, 吾嚙指以悟汝耳。」→ 어머니가 말하길:「손님이 갑자기 와서, 내가 손가락을 깨물어 너를 일깨우고자 했을 뿐이다.」라고 했다.
【悟(오, wù)】: 일깨우다. 깨우치다. 주의를 환기시키다.
【汝(여, rǔ)】: 너. 당신.
【耳(이, ěr)】: [어조사] ※판본에 따라서는「耳」를「爾」이라 했다.

길:「손님이 갑자기 와서 내가 손가락을 깨물어 너를 일깨우고자 했을 뿐이다.」라고 했다.

해설

증삼曾參은 춘추시대 노魯나라 사람으로, 자가 자여子輿이며 공자孔子의 제자로, 세상에서는 그를 증자曾子라 부른다. 그는 어렸을 때 집안이 가난하여 항상 산에 나무를 하러 다녔다. 하루는 집에 손님이 찾아왔다. 어머니는 어찌할 바를 몰라 자기의 손가락을 깨물었다. 그러자 증삼이 갑자기 가슴에 통증을 느끼고 어머니가 자기를 부르고 있다는 것을 알았다. 증삼이 급히 나무를 짊어지고 집으로 돌아와 어머니 앞에 무릎을 꿇고 무슨 연유인가를 여쭈었다. 어머니는 말하길:「손님이 갑자기 찾아와서 내가 손가락을 깨물어 너를 일깨우고자 했을 뿐이다.」라고 했다. 즉 모자母子 간의 마음이 잘 통하고 골육의 정이 깊음을 보여주는 것이다.

증자는「나는 매일 세 가지 일을 가지고 나 자신을 반성한다.(吾日三省吾身.)」라는 유명한 말을 남기기도 했다.

004

단의순모單衣順母

원문 및 주석

單衣順母[1]

周閔損, 字子騫。早喪母, 父娶後母, 生二子, 衣以棉絮, 閔損, 衣以蘆花。[2] 一日, 父令損御車, 體寒, 失鞭。父察知其故, 欲出後母。[3] 損曰:「母在一子單, 母去三子寒。」後母聞之, 卒悔改。[4]

---

1 單衣順母 → 홑옷을 입고 계모에게 순종하다
※「노의순모蘆衣順母」라고도 한다.
【單衣(단의, dān yī)】: 홑옷.
【順母(순모, shùn mǔ)】: 계모에게 순종하다.
〖母〗: 어머니. 여기서는「계모」를 가리킨다.

2 周閔損, 字子騫。早喪母, 父娶後母, 生二子, 衣以棉絮, 閔損, 衣以蘆花。→ 주周나라의 민손閔損은, 자가 자건子騫이다. 일찍이 어머니를 잃어, 아버지가 계모를 들였는데, 두 아들을 낳아, 그들에게는 목화솜을 넣어 만든 옷을 입히고, 민손에게는, 갈대 솜을 넣어 만든 옷을 입혔다.
【周(주, zhōu)】: [국명] 003 교지심통嚙指心痛 주2) 참조.
【閔損(민손, mǐn sǔn)】: [인명] 춘추시대 노魯나라 사람.
【喪(상, sàng)】: 잃다. 여의다.
【娶(취, qǔ)】: (아내를) 맞다. 맞아들이다.
【後母(후모, hòu mǔ)】: 계모.
【衣以棉絮(의이면서, yì yǐ mián xù)】: 목화솜으로 만든 옷을 입히다.
【蘆花(노화, lú huā)】: 갈대꽃. 여기서는「갈대 솜」을 가리킨다.

번역

홑옷을 입고 계모에게 순종하다

주周나라의 민손閔損은 자가 자건子騫이다. 일찍이 어머니를 잃어 아버지가 계모를 들였는데, 두 아들을 낳아 그들에게는 목화솜을 넣어 만든 옷을 입히고, 민손에게는 갈대 솜을 넣어 만든 옷을 입혔다.

하루는 아버지가 민손에게 수레를 몰게 했는데, 몸이 추워 떨다가 채찍을 놓쳤다. 아버지가 그 까닭을 살펴 알고 계모를 내쫓으려 했다.

이에 민손이 말하길:「어머니가 계시면 한 아들이 혼자 추위에 떨지만, 어머니가 떠나면 세 아들이 추위에 떨게 됩니다.」라고 했다. 계모가 그 말을 듣고 나서 마침내 잘못을 뉘우치고 고쳤다.

---

3 一日, 父令損御車, 體寒, 失鞭。父察知其故, 欲出後母。→ 하루는, 아버지가 민손에게 수레를 몰게 했는데, 몸이 추워 떨다가, 채찍을 놓쳤다. 아버지가 그 까닭을 살펴 알고, 계모를 내쫓으려 했다.
【令(령, lìng)】: …로 하여금 …하게 하다. …에게 …하도록 시키다.
【御車(어거, yù jū)】: 수레를 몰다.
【體寒(체한, tǐ hán)】: 몸이 춥다.
【失鞭(실편, shī biān)】: 채찍을 놓치다. ※판본에 따라서는「鞭」을「紖」이라 했다.
【察知(찰지, chá zhī)】: 살펴 알다. 조사하여 알다. ※판본에 따라서는「察」을「査」라 했다.
【故(고, gù)】: 연고. 까닭.
【欲(욕, yù)】: …하고자 하다. …하려고 하다.
【出(출, chū)】: 내치다. 내쫓다.

4 損曰:「母在一子單, 母去三子寒。」後母聞之, 卒悔改。→ 이에 민손이 말하길:「어머니가 계시면 한 아들이 혼자 추위에 떨지만, 어머니가 떠나면 세 아들이 추위에 떨게 됩니다.」라고 했다. 계모가 그 말을 듣고 나서, 마침내 잘못을 뉘우치고 고쳤다.
【單(단, dān)】: 혼자. 단독. 여기서는「혼자 추위에 떨다.」의 뜻.
【去(거, qù)】: 떠나다.
【聞之(문지, wén zhī)】: 그 말을 듣다.
〖之〗: [대명사] 그것. 그 말. 즉「민손이 아버지에게 한 말」.
【卒(졸, zú)】: 마침내.
【悔改(회개, huǐ gǎi)】: 회개하다. 잘못을 뉘우치고 고치다.

해설

민손閔損은 춘추시대 노魯나라 사람으로 자는 자건子騫이며, 공자孔子의 제자이다. 공자의 문하에서 덕행이 안연顔淵과 비견된다고 알려져 있으며, 세간에서는 그를 민자閔子라 부른다.

그는 어려서 어머니가 세상을 떠났는데, 아버지가 후처를 얻어 또 두 아들을 낳았다. 계모는 항상 그를 학대하여 겨울에 두 아들에게는 목화솜을 넣어 만든 옷을 입히고, 민손에게는 갈대꽃 솜을 넣어 만든 옷을 입혔다. 하루는 아버지가 외출하면서 민손에게 수레를 몰게 했는데, 민손이 날씨가 추워 손을 떨다가 채찍을 떨어뜨렸다. 아버지가 매우 화를 내며 채찍으로 그를 두 번 후려치니 옷이 찢어지며, 찢어진 옷 틈으로 갈대꽃 솜털이 흩날렸다. 아버지는 민손이 입은 옷이 목화솜이 아닌 갈대꽃 솜이라는 것을 발견하고 비로소 아들이 계모로부터 학대받은 사실을 알았다. 그리하여 집에 돌아오자마자 바로 후처를 내쫓으려 했다. 이에 민손이 무릎을 꿇고 아버지에게 계모를 용서해 달라고 간청하며 말하길:「어머니가 계시면 한 아들이 혼자 추위에 떨지만, 어머니가 떠나면 세 아들이 추위에 떨게 됩니다.」라고 했다. 아버지는 너무 감동하여 아들의 뜻을 받아들였고, 계모는 이 말을 들은 후 잘못을 뉘우치며 민손을 친아들처럼 대했다.

공자는 민손이 효행으로 이름을 날리는 것을 듣고 말하길:「효성스럽도다, 민자건이여!(孝哉, 閔子騫!)」(《論語·先秦》)라며 그를 칭찬했다.

005

부미양친負米養親

원문 및 주석

負米養親[1]

周仲由, 字子路。家貧, 常食黍薯之食, 爲親負米百里之外。[2] 親歿, 南游於楚, 從車百乘, 積粟萬鐘, 累褥而坐, 列鼎而食。[3] 乃嘆

---

1 負米養親 → 쌀을 지고 백 리 먼 길을 와서 부모를 봉양하다
※「백리부미百里負米」 또는 「위친부미爲親負米」라고도 한다.
【負(부, fù)】: 메다. 짊어지다.
【養親(양친, yǎng qīn)】: 부모를 봉양하다.

2 周仲由, 字子路。家貧, 常食黍薯之食, 爲親負米百里之外。→ 주周나라의 중유仲由는, 자가 자로子路이다. 집이 가난하여, 자신은 항상 기장이나 감자 등의 음식을 먹으면서도, 부모를 위해 (품삯으로 받은) 쌀을 백 리 밖에서 짊어지고 왔다.
【周(주, zhōu)】: [국명] 003 교지심통嚙指心痛 주2) 참조.
【仲由(중유, zhòng yóu)】: [인명] 노魯나라 사람으로, 자는 자로子路 또는 계로季路이며, 공자孔子의 제자이다.
【貧(빈, pín)】: 가난하다.
【常(상, cháng)】: 항상.
【食(식, shí)】: 앞의 식은 동사로 「먹다」의 뜻이고, 뒤의 식은 명사로 「음식」의 뜻이다.
【黍薯(서서, shǔ shǔ)】: 기장과 감자. ※판본에 따라서는 「黍薯」를 「藜藿(여곽)」이라 했다.
〖黍〗: 기장.
〖薯〗: 감자·고구마 따위의 총칭.

3 親歿, 南游於楚, 從車百乘, 積粟萬鐘, 累褥而坐, 列鼎而食。→ 중유는 부모가 돌아가신 후, 남쪽 초楚나라로 유세遊說를 떠났는데, (높은 관직에 올라) 수레 백 대가 따랐고, 집에는 쌓아둔 곡식이 만 종鐘에 달했으며, 방석을 겹으로 깔고 앉아, 여러 개의 솥을 걸고 식사를

曰:「雖欲食黍薯之食, 爲親負米百里之外, 不可得也。」[4]

번역

쌀을 지고 백 리 먼 길을 와서 부모를 봉양하다

주周나라의 중유仲由는 자가 자로子路이다. 집이 가난하여 자신은 항상

했다.
※ 이 말은《공자가어孔子家語·치사致思》에 보인다.
【歿(몰, mò)】: 죽다.
【於(어, yú)】: [개사] …에. …으로.
【楚(초, chǔ)】: [국명] 지금의 호남성·호북성과 강서성·절강성 및 하남성 남부에 걸쳐 있던 주대周代의 제후국.
【從車百乘(종거백승, cóng jū bǎi shèng)】: 수레 백 대가 따르다.
〖從〗: 좇다. 따르다.
〖乘〗: [양사] 대. 량. ※네 필의 말이 끄는 한 대의 수레를「일승一乘」이라 한다.
【積粟萬鐘(적속만종, jī sù wàn zhōng)】: 곡식 만 종鐘을 쌓아놓다.
〖積〗: 쌓다. 쌓아두다.
〖粟〗: 곡식의 총칭.
〖鐘〗: [용량 단위] 1종鐘은 6곡斛 4두斗, 8곡, 10곡 등 여러 설이 있다.
【累褥而坐(누욕이좌, lěi rù ér zuò)】: 자리를 몇 겹으로 깔고 앉다.
〖累〗: 여러. 몇.
〖褥〗: 자리. 방석. 깔개. ※판본에 따라서는「褥」을「茵(인)」이라 했다.
【列鼎而食(열정이식, liè dǐng ér shí)】: 솥을 여러 개 걸고 식사하다. ※옛날 부자들은 대가족이 여러 개의 솥을 걸고 식사를 했다.
〖列〗: 벌리다. 진열하다.
〖鼎〗: 세 발이 달린 큰 솥.
〖食〗: [동사] 먹다. 식사하다.

4 乃嘆曰:「雖欲食黍薯之食, 爲親負米百里之外, 不可得也。」→ 그리하여 그는 탄식하며 말하길:「비록 기장과 감자 같은 음식을 먹고, 부모님을 위해 백 리 밖에서 쌀을 짊어지고자 해도, 이제는 할 수가 없다.」라고 했다.
【乃(내, nǎi)】: 이에. 그리하여.
【雖(수, suī)】: 비록. 설사.
【欲(욕, yù)】: …하고자 하다. …하길 바라다.
【不可得(불가득, bù kě dé)】: …할 수 없다.

기장이나 감자 등의 음식을 먹으면서도, 부모를 위해 (품삯으로 받은) 쌀을 백 리 밖에서 짊어지고 왔다.

중유는 부모가 돌아가신 후, 남쪽 초楚나라로 유세遊說를 떠났는데, (높은 관직에 올라) 수레 백 대가 따랐고, 집에는 쌓아둔 곡식이 만 종鍾에 달했으며, 방석을 겹으로 깔고 앉아 여러 개의 솥을 걸고 식사를 했다.

그리하여 그는 탄식하며 말하길:「비록 기장과 감자 같은 음식을 먹고, 부모님을 위해 백 리 밖에서 쌀을 짊어지고자 해도, 이제는 할 수가 없다.」라고 했다.

해설

중유仲由는 춘추시대 노魯나라 사람으로, 자는 자로子路 또는 계로季路이며 공자孔子의 제자이다. 그는 집이 가난하여 매일 야채로 허기를 채우면서도 부모를 봉양하기 위해 멀리 백 리 밖까지 가서 양식을 짊어지고 돌아왔다.

부모가 돌아가신 후, 그는 남쪽 초楚나라에 가서 관리 생활을 했는데, 후에 부귀하여 매우 풍요로운 생활을 누릴 수 있었다. 그러나 그는 자신이 먹는 풍부한 음식을 볼 때마다 항상 부모를 그리워하며, 설사 야채를 먹으며 백 리 밖에서 양식을 부모님께 갖다 드리고 싶어도 다시 그런 기회가 없는 것을 한탄했다. 이에 공자는 그를 칭찬하여 말하길:「유由는 부모를 봉양하면서, 살아 계실 때 최선을 다하고, 돌아가신 후에 그리워한 자라고 할 수 있느니라.(孔子曰:「由也事親, 可謂生事盡力, 死事盡思者也。」(《孔子家語·致思》)라고 했다.

006

매신장부賣身葬父

원문 및 주석

賣身葬父[1]

漢董永, 家貧, 父死, 賣身貸錢而葬。及去償工, 途遇一婦, 求爲永妻。[2] 俱至主家, 主令織布三百疋, 始得歸。[3] 婦織一月而成,

1 賣身葬父 → 몸을 팔아 아버지의 장례를 치르다
【賣身(매신, mài shēn)】: 자기 몸을 팔다.
【葬父(장부, zàng fù)】: 아버지의 장례를 치르다.

2 漢董永, 家貧, 父死, 賣身貸錢而葬。及去償工, 途遇一婦, 求爲永妻。→ 한漢나라의 동영董永은, 집이 가난하여, 아버지가 돌아가시자, 몸을 팔아 돈을 빌려 장례를 치렀다. 일을 나가기에 이르러, 길에서 한 여인을 만났는데, 동영의 아내가 되기를 간청했다.
【漢(한, hàn)】: [국명] 002 친상탕약親嘗湯藥 주2) 참조.
【董永(동영, dǒng yǒng)】: [인명] 동한東漢 시기 천승千乘(지금의 산동성山東省 박홍현博興縣) 사람.
【貸錢(대전, dài qián)】: 돈을 빌리다.
【及(급, jí)】: …에 이르다.
【償工(상공, cháng gōng)】: 빌린 돈을 상환하기 위해 하는 일.
【途遇(도우, tú yù)…】: 길에서 …를 만나다. 도중에 …를 만나다.
【求爲(구위, qiú wéi)…】: …가 되기를 청하다.

3 俱至主家, 主令織布三百疋, 始得歸。→ 그리하여 두 사람이 함께 주인집으로 갔는데, 주인은 그들에게 삼백 필의 베를 짜게 하고, 그래야 비로소 속신贖身하여 돌아갈 수 있다고 했다.
【俱(구, jù)】: 함께. 같이. 모두.

歸至槐陰會所, 遂辭永而去。[4]

번역

몸을 팔아 아버지의 장례를 치르다

한漢나라의 동영董永은 집이 가난하여 아버지가 돌아가시자, 몸을 팔아 돈을 빌려 장례를 치렀다. 일을 나가기에 이르러 길에서 한 여인을 만났는데, 동영의 아내가 되기를 간청했다.

그리하여 두 사람이 함께 주인집으로 갔는데, 주인은 그들에게 삼백 필의 베를 짜게 하고, 그래야 비로소 속신贖身하여 돌아갈 수 있다고 했다.

부인은 한 달 동안 베를 짜서 일을 끝내고 돌아오는 길에 그들이 만났던 괴음槐陰에 이르자, 곧 동영에게 작별을 고하고 떠나버렸다.

【至(지, zhì)】: 이르다. 도착하다.
【令(령, lìng)】: …하게 하다.
【織布(직포, zhī bù)】: 베를 짜다. ※판본에 따라서는「布」를「縑(겸)」이라 했다.
【疋(필, pǐ)】: [포·비단 등 옷감의 길이 단위] 필匹.
【始(시, shǐ)】: 비로소.
【得(득, dé)】: 能(능). …할 수 있다.

4 婦織一月而成, 歸至槐陰會所, 遂辭永而去。→ 부인은 한 달 동안 베를 짜서 일을 끝내고, 돌아오는 길에 그들이 만났던 괴음槐陰에 이르자, 곧 동영에게 작별을 고하고 떠나버렸다.
【槐陰(괴음, huái yīn)】: ① [지명]. ② 홰나무 그늘. ※판본에 따라서는「槐陰」을「槐蔭(괴음)」이라 했다.
【會所(회소, huì suǒ)】: (서로) 만난 장소.
【遂(수, suì)】: 곧. 즉시.
【辭永而去(사영이거, cí yǒng ér qù)】: 동영에게 작별을 고하고 떠나다.

해설

동영董永은 동한東漢의 천승千乘(지금의 산동성山東省 고청현高靑縣 북쪽) 사람이라고 전한다. 그는 어려서 어머니가 세상을 떠난 후 부친과 함께 병란을 피해 안륙安陸(지금의 호북성湖北省)으로 이사했다. 그 후 부친마저도 병으로 세상을 떠나자, 그는 장례비용을 마련하기 위해 어느 부잣집의 머슴으로 팔려갔다. 어느 날 그는 일을 나가다가 괴음槐蔭이라는 곳에서 한 여인을 만났다. 그녀는 동영에게 돌아갈 곳이 없다고 하며, 동영의 아내가 되기를 간청하여 두 사람은 곧 부부가 되었다. 그리하여 두 사람이 함께 주인집으로 갔는데, 주인은 그들에게 삼백 필의 베를 짜야만 비로소 속신贖身하여 돌아갈 수 있다고 했다. 이 여인은 동영을 위해 한 달 동안 쉬지 않고 일을 하여 삼백 필의 베를 모두 짰다. 동영이 자유의 몸이 되어 아내와 함께 집으로 돌아오는데, 두 사람이 처음 만났던 괴음에 이르자 아내가 동영에게 말하길, 자기는 본래 천제天帝의 딸로 동영의 효심이 하늘을 감동시켜 하늘이 동영을 도우려고 자기를 파견했는데, 지금 이미 임무를 완수했기 때문에 돌아가야 한다는 것이었다. 그리하여 여인은 구름과 안개를 타고 하늘로 날아갔고, 이때부터 괴음槐蔭이라는 명칭은 「효감孝感」으로 바뀌었다.

007

녹유봉친鹿乳奉親

원문 및 주석

鹿乳奉親[1]

周郯子, 性至孝。父母年老, 俱患雙目, 思食鹿乳。[2] 郯子乃衣鹿皮, 往深山群鹿之中, 取鹿乳供親。[3] 獵者見而欲射之, 郯子具以

1 鹿乳奉親 → 사슴의 젖으로 부모를 봉양하다
【鹿乳(녹유, lù rǔ)】: 사슴의 젖.
【奉親(봉친, fèng qīn)】: 부모를 봉양하다.

2 周郯子, 性至孝。父母年老, 俱患雙目, 思食鹿乳。→ 주周나라의 담자郯子는, 천성이 지극히 효순했다. 부모가 연로하고, 모두 눈병을 앓았는데, 사슴의 젖을 먹고 싶어 했다.
【周(주, zhōu)】: [국명] 003 교지심통嚙指心痛 주2) 참조.
【郯子(담자, tán zǐ)】: [인명] 춘추시대 담郯나라의 군주로, 성은 기己이며 상고시대 오제五帝의 하나인 소호少昊의 후예라고 알려져 있다.
【至孝(지효, zhì xiào)】: 지극히 효순孝順하다. 지극히 효성스럽다. 효심이 지극하다.
【俱(구, jù)】: 모두. 함께.
【患(환, huàn)】: 앓다.
【思食(사식, sī shí)】: 먹고 싶어 하다.

3 郯子乃衣鹿皮, 往深山群鹿之中, 取鹿乳供親。→ 그리하여 담자는 사슴의 가죽을 입고, 깊은 산 사슴의 무리 속으로 들어가, 사슴의 젖을 짜 가지고 와서 부모를 봉양했다.
【乃(내, nǎi)】: 이에. 그리하여.
【衣(의, yì)】: [동사] 입다.
【往(왕, wǎng)】: 가다.
【供(공, gōng)】: 공양하다.

情告, 乃免。[4]

번역

사슴의 젖으로 부모를 봉양하다

주周나라의 담자郯子는 천성이 지극히 효순했다. 부모가 연로하고 모두 눈병을 앓았는데, 사슴의 젖을 먹고 싶어 했다.

그리하여 담자는 사슴의 가죽을 입고 깊은 산 사슴의 무리 속으로 들어가 사슴의 젖을 짜 가지고 와서 부모를 봉양했다.

(그때) 사냥꾼이 담자를 보고 (사슴으로 오인하여) 쏘려 하자, 담자가 (황급히) 사정을 낱낱이 이야기하여 비로소 화를 면했다.

해설

담자郯子는 춘추시대 사람으로, 일찍이 공자孔子가 여러 나라를 떠돌 때 담자를 스승으로 삼았다는 전설이 있다.

효심이 지극한 담자는 부모가 연로하여 두 분 모두 눈병을 앓자, 사방으로 의사를 수소문한 끝에 마침내 명의名醫를 찾아 처방을 받았다. 이 처방

4 獵者見而欲射之, 郯子具以情告, 乃免。→ (그때) 사냥꾼이 담자를 보고 (사슴으로 오인하여) 쏘려 하자, 담자가 (황급히) 사정을 낱낱이 이야기하여, 비로소 화를 면했다.
【獵者(엽자, liè zhě)】: 사냥꾼.
【具(구, jù)】: 모두. 낱낱이.
【以情告(이정고, yǐ qíng gào)】: 사정을 이야기하다.
【乃(내, nǎi)】: 비로소. 겨우. ※판본에 따라서는「乃」를「以(이)」라 했다.
【免(면, miǎn)】: 면하다. 모면하다. 여기서는「사냥꾼의 활에 맞는 위험을 모면하다.」의 뜻.

에는 녹유鹿乳(야생 사슴의 젖)라는 특별한 약재가 필요했다. 야생 사슴은 접근하는 것조차 매우 어려운데, 하물며 젖을 얻기란 막연하기 이를 데 없었다.

담자는 밤낮으로 곰곰이 생각한 후, 다음날 사냥꾼에게 사슴 가죽 한 장을 사서 이를 착용하고 사슴 무리 속으로 들어가 겨우 사슴의 행적을 발견했다. 그때 어떤 사냥꾼이 담자를 사슴으로 여겨 활을 쏘려 했다. 놀란 담자가 황급히 큰 소리로 사냥꾼에게 자신을 밝히고 자초지종自初至終을 설명했다. 사냥꾼은 담자의 말에 감동되어 산길에 익숙하지 못한 담자를 도와 길을 안내해주었다. 그리하여 담자는 마침내 사슴의 젖을 구해 부모의 눈병을 고칠 수 있었다.

008

행용공모行傭供母

원문 및 주석

行傭供母[1]

後漢江革, 少失父, 獨與母居。遭亂, 負母逃難, 數遇賊。[2] 或欲劫之去, 革輒泣告有母在, 賊不忍殺。[3] 轉客下邳, 貧窮裸跣, 行傭

---

1 行傭供母 → 고용살이를 하여 어머니를 봉양하다
【行傭(행용, xíng yōng)】: 고용살이를 하다. 품팔이하다.
【供(공, gōng)】: 공양하다. 봉양하다.

2 後漢江革, 少失父, 獨與母居。遭亂, 負母逃難, 數遇賊。→ 후한後漢의 강혁江革은, 어려서 아버지를 잃고, 홀로 어머니와 함께 살았다. 난리를 만나, 어머니를 업고 피난을 하다가, 여러 차례 도적을 만났다.
【後漢(후한, hòu hàn)】: [국명] 002 친상탕약親嘗湯藥 주2) 참조.
【江革(강혁, jiāng gé)】: [인명] 동한東漢 임치臨淄(지금의 산동성 치박淄博) 사람으로 자는 차옹次翁이며, 장제章帝 때 간의대부諫議大夫를 지냈다.
【少(소, shào)】: 어려서. 어렸을 때.
【失父(실부, shī fù)】: 아버지를 잃다. 아버지를 여의다. 아버지가 돌아가시다.
【獨(독, dú)】: 홀로.
【與(여, yǔ)…居(거, jū)】: …와 함께 살다.
【遭亂(조란, zāo luàn)】: 난을 만나다.
【負(부, fù)】: (등에) 업다. 짊어지다.
【逃難(도난, táo nàn)】: 피난하다.
【數(삭, shuò)】: 누차. 여러 번. 자주.
【遇賊(우적, yù zéi)】: 도적을 만나다.

以供母, 母使身之物, 莫不畢給。[4]

번역

고용살이를 하여 어머니를 봉양하다

후한後漢의 강혁江革은 어려서 아버지를 잃고 홀로 어머니와 함께 살았다. 난리를 만나 어머니를 업고 피난을 하다가 여러 차례 도적을 만났다.

어떤 도적이 강혁을 협박하여 강제로 데려가려 하자, 강혁이 곧 울면서 어머니가 계시다고 하소연하니 도적이 차마 그를 죽이지 못했다.

---

3 或欲劫之去, 革輒泣告有母在, 賊不忍殺。→ 어떤 도적이 강혁을 협박하여 강제로 데려가려 하여, 강혁이 곧 울면서 어머니가 계시다고 하소연하니, 도적이 차마 그를 죽이지 못했다.
【或(혹, huò)】: 어떤 도적.
【欲(욕, yù)】: …하고자 하다. …하려고 하다.
【劫(겁, jié)】: 위협하다. 협박하다.
【之(지, zhī)】: [대명사] 그. 즉「강혁」.
【輒(첩, zhé)】: 곧. 바로. 즉시.
【泣告(읍고, qì gào)】: 울며 하소연하다.
【不忍(불인, bù rěn)】: 차마 …하지 못하다.

4 轉客下邳, 貧窮裸跣, 行傭以供母, 母使身之物, 莫不畢給。→ 후에 그는 거처를 하비下邳로 옮겼는데, 가난하여 신발도 없이 맨발로, 남의 집 고용살이를 하여 어머니를 봉양하면서도, 어머니가 신변에서 필요한 물건은, 모두 마련해 드렸다.
【轉客(전객, zhuǎn kè)】: 거처를 옮기다.
【下邳(하비, xià pī)】: [지명] 지금의 강소성江蘇省 휴녕현睢寧縣 고비진古邳鎭.
【裸跣(나선, luǒ xiǎn)】: 맨발. 맨발을 하다.
【使身之物(사신지물, shǐ shēn zhī wù)】: 신변에서 필요한 물건. 신변에서 자주 사용하는 물건. ※판본에 따라서는「使身」을「便身」이라 했다.
【莫不(막불, mò bù)…】: …하지 않음이 없다. 모두 …하다.
【畢(필, bì)】: 모두. 전부.
【給(급, jǐ)】: 주다. 공급하다.

후에 그는 거처를 하비下邳로 옮겼는데, 가난하여 신발도 없이 맨발로 남의 집 고용살이를 하여 어머니를 봉양하면서도, 어머니가 신변에서 필요한 물건은 모두 마련해 드렸다.

해설

강혁江革은 동한東漢 시기 제齊나라 임치臨淄(지금의 산동성 치박淄博) 사람으로, 어려서 아버지가 세상을 떠나고 어머니와 단 둘이 남았다. 그때 전란으로 천하가 태평하지 못하고 도적이 들끓어 위험한 상황에 처하자, 강혁은 어머니를 등에 업고 피난을 가는데 몇 번을 도적과 조우하여 도적이 그를 죽이려 했다. 이에 강혁이 울면서 노모가 연로한데 봉양할 사람이 없다고 하소연하자, 도적들도 그의 효심에 감동되어 차마 죽이지 못했다.

강혁은 후에 강소江蘇 하비下邳로 이주하여 고용살이를 하며 어머니를 봉양했는데, 자신은 가난하여 신발도 없이 맨발로 지내면서도 어머니가 필요한 물건을 모두 마련해 드리며, 어머니가 편히 지내는 것을 매우 기쁘게 생각했다. 그는 이후 명제明帝 때 효렴孝廉으로 천거되고, 장제章帝 때 현량방정賢良方正으로 천거된 후 오관중랑장五官中郎將에 임명되었다.

009

회귤유친懷橘遺親

원문 및 주석

懷橘遺親[1]

後漢陸績, 字公紀。年六歲, 至九江見袁術, 術出橘待之。[2] 績懷

1 懷橘遺親 → 귤을 품속에 감추어 어머니께 드리다
【懷(회, huái)】: 품다. 여기서는 「몰래 감추다」의 뜻.
【橘(귤, jú)】: 귤. 감귤.
【遺(유, wèi)】: 주다. 선사하다. 증여하다.
【親(친, qīn)】: 부모.

2 後漢陸績, 字公紀, 年六歲, 至九江見袁術, 術出橘待之。→ 후한後漢의 육적陸績은, 자가 공기公紀이다. 나이 여섯 살 때, 구강九江에 가서 원술袁術을 알현하니, 원술이 귤을 내와 그를 접대했다.
【後漢(후한, hòu hàn)】: [국명] 002 친상탕약親嘗湯藥 주2) 참조.
【陸績(육적, lù jì)】: [인명] 오군吳郡 오현吳縣(지금의 강소성江蘇省 소주蘇州) 사람으로, 자는 공기公紀이며 동한東漢 말기의 대신이다. 박학다식하고, 천문天文 역법歷法에 통달하여 저서로《혼천도渾天圖》가 있다.
【年(년, nián)】: 나이.
【至(지, zhì)】: 가다. 도착하다. 이르다.
【九江(구강, jiǔ jiāng)】: [지명] 지금의 강서성江西省 경내.
【見(견, jiàn)】: 뵙다. 알현하다.
【袁術(원술, yuán shù)】: [인명] 동한東漢 말기 여남汝南 여양如陽(지금의 하남성河南省 상수현商水縣) 사람으로, 자는 공로公路이며, 사공司空인 원봉袁逢의 둘째 아들이자 원소袁紹의 아우이기도 하다. 원술은 일찍이 양주자사揚州刺史를 지냈는데, 양주揚州에 할거하며 스스로 황제라 칭했으나, 후에 패권 쟁탈에 실패하여 구강九江에서 죽었다.

橘二枚, 及跪拜辭墮地。[3] 術曰:「陸郎作賓客而懷橘乎?」[4] 績跪答曰:「吾母性之所愛, 欲歸以遺母。」術大奇之。[5]

번역

귤을 품속에 감추어 어머니께 드리다

후한後漢의 육적陸績은 자가 공기公紀이다. 나이 여섯 살 때 구강九江에 가서 원술袁術을 알현하니 원술이 귤을 내와 그를 접대했다.

육적이 귤 두 개를 품속에 넣고 있다가 돌아갈 때가 되어 무릎을 꿇고 작별을 고하는데, 귤이 바닥에 떨어졌다.

【出(출, chū)】: 내오다. 가져오다.
【待(대, dài)】: 접대하다.
【之(지, zhī)】: [대명사] 그. 즉「육적」.

3 績懷橘二枚, 及跪拜辭墮地。→ 육적이 귤 두 개를 품속에 넣고 있다가, 돌아갈 때가 되어 무릎을 꿇고 작별을 고하는데 귤이 바닥에 떨어졌다.
【枚(매, méi)】: [양사] 개.
【及(급, jí)】: …에 이르러. …때가 되어.
【跪(궤, guì)】: 무릎을 꿇다.
【拜辭(배사, bài cí)】: 작별을 고하다.
【墮地(타지, duò dì)】: 바닥에 떨어지다.

4 術曰:「陸郎作賓客而懷橘乎?」→ 원술이 물었다:「육랑은 손님으로 와서 귤을 몰래 감추어 가는가?」
【郎(랑, láng)】: 남의 자제子弟에 대한 존칭.
【作賓客(작빈객, zuò bīn kè)】: 손님이 되다.

5 績跪答曰:「吾母性之所愛, 欲歸以遺母。」術大奇之。→ 육적이 무릎을 꿇고 대답했다:「저의 어머니 성품이 귤을 좋아하셔서, 집에 돌아가 어머니께 드리고 싶었습니다.」원술은 그를 매우 기특하게 여겼다.
【欲(욕, yù)】: …하려고 하다. …하고자 하다. 하고 싶어 하다.
【大奇(대기, dà qí)】: 매우 기특하게 여기다.
【之(지, zhī)】: [대명사] 그. 즉「육적」.

원술이 물었다:「육랑은 손님으로 와서 귤을 몰래 감추어 가는가?」

육적이 무릎을 꿇고 대답했다:「저의 어머니 성품이 귤을 좋아하셔서 집에 돌아가 어머니께 드리고 싶었습니다.」 원술은 그를 매우 기특하게 여겼다.

해설

육적陸績은 삼국시대三國時代 오吳나라 오현吳縣 화정華亭(지금의 상해시上海市 송강松江) 사람으로, 자는 공기公紀이며 삼국시대의 과학자이다. 그는 여섯 살 때 아버지 육강陸康을 따라 구강九江에 가서 원술袁術을 알현했다. 원술이 귤을 가져와 접대하자, 육적이 귤 두 개를 품속에 감추었다. 방문을 마치고 떠날 때 일어서는 순간, 귤이 바닥에 떨어졌다. 원술이 비웃으며 물었다:「육랑은 내 집에 손님으로 와서, 몰래 주인의 귤을 가져가려 하는가?」 그러자 육적이 대답했다:「어머니가 귤을 좋아하셔서 어머니에게 드리고 싶었습니다.」 원술은 그가 어린 나이에 부모에게 효도할 줄 아는 것을 보고 매우 놀랍고 기이하게 여겼다.

육적은 성년이 된 후 손권孫權의 휘하에서 울림태수鬱林太守·편장군偏將軍 등을 지냈는데, 학문에도 박학다식博學多識하고, 천문天文과 역법曆法 산수算數 역점易占에도 조예가 깊어 《혼천도渾天圖》·《역경주易經注》·《태현경주太玄經注》 등의 저술을 남겼다.

010

유고불태乳姑不怠

원문 및 주석

乳姑不怠[1]

唐崔山南, 曾祖母長孫夫人, 年高無齒。[2] 祖母唐夫人, 每日櫛洗, 升堂乳其姑, 姑不粒食, 數年而康。[3] 一日病, 長幼咸集, 乃宣

---

1 乳姑不怠 → 시어머니께 젖 먹이는 일을 게을리하지 않다.
【乳(유, rǔ)】: [동사] 젖을 먹이다.
【姑(고, gū)】: 시어머니.
【怠(태, dài)】: 게으르다. 태만하다.

2 唐崔山南, 曾祖母長孫夫人, 年高無齒。→ 당唐 최산남崔山南의 증조모 장손부인長孫夫人은, 연로하여 치아가 하나도 없었다.
【唐(당, táng)】: [국명] 이연李淵이 세운 나라.
【崔山南(최산남, cuī shān nán)】: [인명] 당대唐代 박릉博陵(지금의 하북성河北省 경내) 사람으로 이름은 관琯이며, 산남서도절도사山南西道節度使를 지내, 사람들이 산남山南이라 불렀다. ※저본에는 「崔南山」이라 했으나, 다른 판본 및 자료를 근거로 「崔山南」으로 고쳤다.
【長孫(장손, zhǎng sūn)】: 복성複姓.
【年高(연고, nián gāo)】: 나이가 많다. 고령이다. 연로하다.

3 祖母唐夫人, 每日櫛洗, 升堂乳其姑, 姑不粒食, 數年而康。→ 조모 당부인唐夫人은, 매일 머리를 빗고 씻은 다음, 당상에 올라가 시어머니에게 자기 젖을 먹였는데, 시어머니는 알곡 밥을 먹지 않아도, 여러 해 동안 건강하게 지냈다.
【櫛洗(즐세, zhì xǐ)】: 머리를 빗고 세수를 하다.
【升堂(승당, shēng táng)】: 당상에 오르다.

言曰:「無以報新婦恩, 願子孫婦如新婦孝敬足矣。」[4]

번역

시어머니께 젖 먹이는 일을 게을리하지 않다

당唐 최산남崔山南의 증조모 장손부인長孫夫人은 연로하여 치아가 하나도 없다.

조모 당부인唐夫人은 매일 머리를 빗고 씻은 다음, 당상에 올라가 시어머니에게 자기 젖을 먹였는데, 시어머니는 알곡 밥을 먹지 않아도 여러 해 동안 건강하게 지냈다.

【姑(고, gū)】: 시어머니. ※저본에는「奶(내)」라 했으나 다른 판본을 근거로「姑」로 고쳤다.
【粒食(입식, lì shí)】: 알곡 밥을 먹다. 밥을 먹다.
【數年(수년, shù nián)】: 여러 해. 몇 해.
【康(강, kāng)】: 건강하다.

4 一日病, 長幼咸集, 乃宣言曰:「無以報新婦恩, 願子孫婦如新婦孝敬足矣。」→ 어느 날 (장손부인이) 병이 들어, 온 집안 식구들이 다 모이자, 곧 선언하여 말하길:「내가 며느리의 은혜에 보답할 방법은 없고, 바라건대 손자며느리도 며느리가 나에게 효도한 것처럼 하면 그것으로 족할 것이다.」라고 했다.
【一日(일일, yī rì)】: 어느 날.
【病(병, bìng)】: [동사] 병이 나다.
【長幼咸集(장유함집, zhǎng yòu xián jí)】: 온 집안 식구들이 다 모이다.
〖咸〗: 모두. 다.
〖集〗: 모으다.
【乃(내, nǎi)】: 곧. 바로.
【無以(무이, wú yǐ)…】: …할 방법이 없다. …할 도리가 없다.
【報(보, bào)】: 보답하다.
【新婦(신부, xīn fù)】: 신부. 여기서는「며느리」를 가리킨다.
【願(원, yuàn)】: 원하건대. 바라건대.
【如(여, rú)】: …처럼. …같이.
【孝敬(효경, xiào jìng)】: 부모를 잘 섬기고 공경하다. 즉「효도하다」의 뜻.

어느 날 (장손부인이) 병이 들어 온 집안 식구들이 다 모이자, 곧 선언하여 말하길:「내가 며느리의 은혜에 보답할 방법은 없고, 바라건대 손자며느리도 며느리가 나에게 효도한 것처럼 하면 그것으로 족할 것이다.」라고 했다.

해설

최산남崔山南은 당대唐代 박릉博陵(지금의 하북성河北省) 사람으로 이름은 관琯이며, 산남서도절도사山南西道節度使를 지냈다. 그래서 사람들은 그를「산남山南」이라 불렀다.

최산남의 증조모 장손부인長孫夫人은 연로하여 이가 모두 빠졌다. 조모인 당부인唐夫人은 효심이 지극하여 자기의 젖을 짜서 시어머니에게 먹였다. 이렇게 여러 해가 지나자, 장손부인은 다른 음식을 먹지 않고도 여전히 건강을 유지했다.

후에 장손부인이 병이 들어 임종이 가까워지자, 전 가족을 한자리에 모아놓고 말했다:「내가 며느리의 은혜에 보답할 방법은 없고, 다만 며느리의 손자 며느리들도 며느리가 나에게 했듯이 효도하길 바랄 뿐이다.」

후에 최산남은 큰 벼슬을 했는데, 증조모가 한 말을 생각하고 조모인 당부인에게 지극정성으로 효도를 다했다.

011

자문포혈恣蚊飽血

원문 및 주석

恣蚊飽血[1]

晉吳猛, 年八歲, 事親至孝。家貧, 榻無帷帳, 每夏夜, 蚊多潛膚。[2] 恣渠膏, 雖多不驅之, 恐其去已而噬親也。愛親之心至矣。[3]

---

1 恣蚊飽血 → 모기에게 자기 피를 배불리 먹도록 내맡기다
【恣(자, zì)】: 마음대로 하게 내맡기다. 마음 내키는 대로 하게 두다.
【蚊(문, wén)】: 모기.
【飽血(포혈, bǎo xuè)】: 피를 배불리 먹다.

2 晉吳猛, 年八歲, 事親至孝。家貧, 榻無帷帳, 每夏夜, 蚊多潛肤。→ 진晉나라의 오맹吳猛은, 여덟 살의 나이에, 지극한 효성으로 부모를 섬겼다. 집이 가난하여, 침상에 모기장이 없어, 매년 여름철 밤이 되면, 모기가 많아 피부에 달라붙어 물었다.
【晉(진, jìn)】: [국명] 지금의 산서성山西省 일대에 있던 주대周代의 제후국. B.C. 375년 조씨趙氏·한씨韓氏·위씨魏氏가 진晉의 영토를 삼분하여 각기 조趙·한韓·위魏 세 나라로 독립했다.
【年(년, nián)】: 나이.
【事親(사친, shì qīn)】: 부모를 섬기다.
【至孝(지효, zhì xiào)】: 지극히 효순孝順하다. 지극히 효성스럽다. 효심이 지극하다.
【家貧(가빈, jiā pín)】: 집이 가난하다.
【榻(탑, tà)】: 침상. 침대.
【帷帳(유장, wéi zhàng)】: 모기장.
【潛膚(잠부, qián fū)】: 피부에 달라붙어 물다. ※판본에 따라서는「潛」을「攢」이라 했다.

3 恣渠膏, 雖多不驅之, 恐其去已而噬親也。愛親之心至矣。→ 오맹은 모기가 자기 고혈을

번역

모기에게 자기 피를 배불리 먹도록 내맡기다

진晉나라의 오맹吳猛은 여덟 살의 나이에 지극한 효성으로 부모를 섬겼다. 집이 가난하여 침상에 모기장이 없어, 매년 여름철 밤이 되면 모기가 많아 피부에 달라붙어 물었다.

오맹은 모기가 자기 고혈을 실컷 빨아먹도록 내맡기고, 비록 많아도 쫓아버리지 않으며, 모기가 자기에게서 떠나 아버지를 물을까봐 두려워했다. 부모를 사랑하는 마음이 이처럼 지극했다.

해설

오맹吳猛은 동진東晉 예장豫章 분녕分寧(지금의 강서성江西省 수수현修水縣) 사람으로 자는 세운世雲이며, 도가道家 출신의 도사道士이다.

실컷 빨아먹도록 내맡기고, 비록 많아도 쫓아버리지 않으며, 모기가 자기에게서 떠나 아버지를 물을까봐 두려워했다. 부모를 사랑하는 마음이 이처럼 지극했다.

【恣渠膏(자거고, zì qú gāo)】: 모기가 자기를 물어 실컷 고혈을 빨아먹도록 내버려두다.
※ 판본에 따라서는 「恣渠膏」를 「恣渠膏血之飽」라 했다.
〖渠〗: [대명사] 그것. 즉 「모기」.
〖膏〗: 고혈膏血.
【雖(수, suī)】: 비록. 설사.
【驅之(구지, qū zhī)】: 모기를 쫓아버리다.
〖驅〗: 쫓아버리다. 몰아내다.
〖之〗: [대명사] 그것. 즉 「모기」.
【恐(공, kǒng)】: 두려워하다.
【去己(거기, qù jǐ)】: 자기를 떠나다.
【噬(서, shì)】: 물다.
【親(친, qīn)】: 부모.
【至(지, zhì)】: 지극하다. 극진하다.

오맹은 어렸을 때 집안이 가난하여 겨우 여덟 살의 나이에도 부모에게 효도하는 것을 너무 잘 알았다. 여름이면 모기가 득실거려도 모기장을 장만할 형편이 되지 못했다. 부모는 매일 일을 마치고 집에 돌아오면 피곤에 지쳐 기진맥진한 상태지만, 밤에는 또 모기에 물려 잠을 편히 잘 수가 없었다. 이를 지켜보던 오맹은 몹시 마음이 아팠다. 그러던 어느 날, 문득 모기가 어린아이의 보드라운 살결과 피를 더 좋아할 것이라는 생각이 떠올랐다. 그리하여 밤에 부모가 잠이 들면 맨몸으로 부모의 침상 곁에 앉아 모기로 하여금 자기의 피를 빨아먹고 아버지에게 날아가지 않도록 했다. 후에 부모가 이 사실을 알고 매우 감동하여 오맹의 이야기가 세상에 전해졌다.

012

와빙구리臥冰求鯉

원문 및 주석

臥冰求鯉[1]

晉王祥, 母喪, 繼母朱氏不慈, 父前數譖之, 由是失愛於父。[2] 母欲食鮮魚, 時天寒冷凍, 祥解衣, 臥冰求之。[3] 冰忽自解, 雙鯉躍

1 臥冰求鯉 → 얼음 위에 누워 잉어를 구하다
【臥冰(와빙, wò bīng)】: 얼음 위에 눕다.
【求鯉(구리, qiú lǐ)】: 잉어를 구하다.
〖求〗: 찾다. 구하다.
〖鯉〗: 잉어.

2 晉王祥, 母喪, 繼母朱氏不慈, 父前數譖之, 由是失愛於父。→ 진晉나라의 왕상王祥은, 어머니가 돌아가시고, 계모 주씨朱氏가 자애롭지 않아, 아버지 면전에서 여러 차례 그를 헐뜯는 바람에, 이로 말미암아 (왕상은) 아버지로부터 사랑을 잃었다.
【晉(진, jìn)】: 011 자문포혈恣蚊飽血 주2) 참조.
【王祥(왕상, wáng xiáng)】: [인명] 낭야琅邪 임기臨沂(지금의 산동성山東省 임기臨沂) 사람으로 자는 휴징休徵이며, 동한東漢·위魏·서진西晉 삼대에 걸쳤는데, 위魏에서 사공司空·태위太尉를 지내고, 서진西晉에서 태보太保를 지냈다.
【喪(상, sàng)】: 죽다. 돌아가시다.
【慈(자, cí)】: 자애롭다. 인자하다.
【數(삭, shuò)】: 여러 번. 여러 차례. 자주.
【譖(참, zèn)】: 헐뜯다. 비방하다.
【之(지, zhī)】: [대명사] 그. 즉「왕상」.
【由是(유시, yóu shì)】: 이로 말미암아. 이로 인해.
【於(어, yú)】: [개사] …에게서. …으로부터.

出, 持歸供母。[4]

번역

얼음 위에 누워 잉어를 구하다

진晉나라의 왕상王祥은 어머니가 돌아가시고, 계모 주씨朱氏가 자애롭지 않아, 아버지 면전에서 여러 차례 그를 헐뜯는 바람에, 이로 말미암아 (왕상은) 아버지로부터 사랑을 잃었다.

계모가 신선한 물고기를 먹고 싶어 하자, 그때 날씨가 추워 꽁꽁 얼어붙은 상황에서, 왕상은 옷을 벗고 얼음 위에 누워 물고기를 찾고 있었다.

그때 갑자기 얼음이 스스로 녹으면서 잉어 두 마리가 뛰어올라, 왕상은 그것을 가지고 집에 돌아가 계모를 봉양했다.

---

3 母欲食鮮魚, 時天寒冷凍, 祥解衣, 臥冰求之。→ 계모가 신선한 물고기를 먹고 싶어 하자, 그때 날씨가 추워 꽁꽁 얼어붙은 상황에서, 왕상은 옷을 벗고, 얼음 위에 누워 물고기를 찾고 있었다.
【欲(욕, yù)】: …하고자 하다. …하길 바라다. …하고 싶어 하다.
【食(식, shí)】: 먹다.
【鮮魚(선어, xiān yú)】: 신선한 생선.
【冷凍(냉동, lěng dòng)】: 얼다.
【解衣(해의, jiě yī)】: 옷을 벗다.
【之(지, zhī)】: [대명사] 그것. 즉「물고기」.

4 冰忽自解, 雙鯉躍出, 持歸供母。→ 그때 갑자기 얼음이 스스로 녹으면서, 잉어 두 마리가 뛰어올라, 왕상은 그것을 가지고 집에 돌아가 계모를 봉양했다.
【忽(홀, hū)】: 돌연. 갑자기.
【自解(자해, zì jiě)】: 스스로 녹다.
【躍出(약출, yuè chū)】: 뛰어오르다.
【持歸(지귀, chí guī)】: 가지고 돌아오다.
【供(공, gōng)】: 공양하다. 봉양하다.

해설

왕상王祥은 낭야琅琊 임기臨沂(지금의 산동성山東省 임기臨沂) 사람으로 자는 휴징休徵이며, 동한東漢·위魏·서진西晉 삼대에 걸쳐 살았다. 왕상은 어려서 어머니가 세상을 떠났는데, 계모 주씨朱氏는 항상 아버지 면전에서 좋지 않은 말로 왕상을 헐뜯었다. 그리하여 아버지는 화를 내며 왕상에게 험하고 힘든 일을 시켰다. 그러나 왕상은 한 번도 원망하는 일이 없었다.

그러던 어느 날, 계모가 병이 들어 생선을 먹고 싶어 했다. 그러나 날씨가 춥고 땅이 얼어붙어 어디서 생선을 구해야 할지 난감했다. 왕상은 계모를 위해 강가로 달려가 옷을 벗고 자신의 체온으로 얼음을 녹여 물고기 두 마리를 낚았다. 그리하여 그의 효심이 계모를 감동시키고 또 많은 사람들을 감동하게 했다.

후에 왕상은 위魏에서 사공司空·태위太尉를 지내고, 진晉에서 태보太保를 지내며 효행으로 이름이 났다. 이 고사는 진晉 간보干寶의 《수신기搜神記》 권卷 11에도 보인다.

013

위모매아爲母埋兒

원문 및 주석

爲母埋兒[1]

漢郭巨, 家貧, 有子三歲, 母嘗减食與之。[2] 巨謂妻曰:「貧乏不能供母, 子又分母之食, 盍埋此子?」[3] 及掘坑三尺, 得黃金一釜,

---

1 爲母埋兒 → 어머니를 위해 아들을 땅에 묻다
※「매아봉모埋兒奉母」라고도 한다.
【爲(위, wèi)】: …을 위해.
【埋(매, mái)】: (땅에) 묻다.

2 漢郭巨, 家貧, 有子三歲, 母嘗减食與之。→ 한漢나라의 곽거郭巨는, 집이 가난하고, 세 살배기 아들이 있는데, 일찍이 어머니가 자신의 식사를 줄여 아이에게 먹여준 적이 있었다.
【漢(한, hàn)】: [국명] 002 친상탕약親嘗湯藥 주2) 참조.
【郭巨(곽거, guō jù)】: 진晉 융려隆慮(지금의 하남성河南省 임현林縣) 또는 하내河內 온현溫縣(지금의 하남성河南省 온현溫縣 서남쪽) 사람으로, 자는 문거文擧이며, 효자로 이름이 났다.
【貧(빈, pín)】: 가난하다. 빈한하다.
【嘗(상, cháng)】: 일찍이.
【减食(감식, jiǎn shí)】: 식사를 줄이다. 먹는 것을 줄이다.
【與(여, yǔ)】: …에게 주다.
【之(지, zhī)】: [대명사] 그. 즉「아들」.

3 巨謂妻曰:「貧乏不能供母, 子又分母之食, 盍埋此子?」→ 곽거가 아내에게 일러 말하길:「가난하여 어머니를 봉양할 수 없는데, 아들이 또 어머니의 음식을 나누어 먹고 있으니, 어찌 이 아이를 땅에 묻어야 하지 않겠소?」라고 했다.

上云:「官不得取, 民不得奪。」[4]

번역

어머니를 위해 아들을 땅에 묻다

한漢나라의 곽거郭巨는 집이 가난하고 세 살배기 아들이 있는데, 일찍이 어머니가 자신의 식사를 줄여 아이에게 먹여준 적이 있었다.

곽거가 아내에게 일러 말하길:「가난하여 어머니를 봉양할 수 없는데, 아들이 또 어머니의 음식을 나누어 먹고 있으니, 어찌 이 아이를 땅에 묻어야 하지 않겠소?」라고 했다.

그리하여 구덩이를 파 들어가 세 자쯤에 이르자, 갑자기 황금 한 가마를 발견했는데, 황금 위에는:「관리도 취하면 안 되고, 백성들도 빼앗으면 안 된다.」라고 적혀 있었다.

【謂(위, wèi)…曰(왈, yuē)】: …에게 일러 말하다.
【貧乏(빈핍, pín fá)】: 가난하다. 빈궁하다.
【供(공, gōng)】: 공양하다. 봉양하다.
【分(분, fēn)】: 나누다. 즉「나누어 먹다.」의 뜻.
【盍(합, hé)】: 어찌 …하지 않겠는가?

4 及堀坑三尺, 得黃金一釜, 上云:「官不得取, 民不得奪。」→ 그리하여 구덩이를 파 들어가 세 자쯤에 이르자, 갑자기 황금 한 가마를 발견했는데, 황금 위에는:「관리도 취하면 안 되고, 백성들도 빼앗으면 안 된다.」라고 적혀 있었다.
【及(급, jí)】: …에 이르다.
【掘坑(굴갱, jué kēng)】: 구덩이를 파다.
〖掘〗: 파다.
【釜(부, fǔ)】: [용량 단위] 가마. 여섯 말 넉 되.
【不得(부득, bù dé)】: …하면 안 되다. …해서는 안 되다.
【奪(탈, duó)】: 빼앗다. 탈취하다.

해설

곽거郭巨는 진대晉代 융려隆慮(지금의 하남성河南省 임현林縣) 사람으로, 본래 부유한 집안이었다. 곽거는 아버지가 세상을 떠나 모든 재산을 두 아우에게 나누어준 후 자신은 한 푼도 취하지 않고 오히려 어머니를 봉양하는 책임을 떠맡았다. 후에 아내가 아들을 낳으면서 형편은 점점 더 어려워졌다. 곽거는 이 아이가 어머니 봉양에 영향을 줄 것을 걱정한 나머지, 한 가지 방법을 생각하여 아내에게 말했다:「아이는 다시 낳을 수 있지만 어머니는 돌아가시면 다시 살아날 수 없으니, 아이를 땅에 묻고 절약한 양식으로 어머니를 봉양하는 것이 좋을 것 같소.」

옛날 여자들은 지위가 낮아 곽거의 아내는 마음속으로 원하지 않아도 겉으로 말을 하지 못하고 마지못해 남편의 뜻에 따라 함께 구덩이를 파기 시작했다. 그런데 이게 웬일인가? 구덩이를 세 자쯤 파 들어가자, 돌연 한 가마의 황금이 나왔고, 위에는「하늘이 곽거에게 하사한 것이니, 관리도 취하면 안 되고, 백성들도 빼앗으면 안 된다.」라고 적혀 있었다.

014

액호구부搤虎救父

원문 및 주석

搤虎救父[1]

晉楊香, 年十四, 常隨父豐往田間穫粟, 父爲虎曳去。[2] 時楊香

1 搤虎救父 → 호랑이의 목을 졸라 아버지를 구하다
※「액호구부扼虎救父」라고도 한다.
【搤(액, è)】: 목을 조르다. ※판본에 따라서는「搤」을「扼(액)」이라 했다.
【救(구, jiù)】: 구하다. 구출하다.

2 晉楊香, 年十四, 常隨父豐往田間穫粟, 父爲虎曳去。→ 진晉나라의 양향楊香은, 열네 살 때, 일찍이 아버지 풍豐을 따라 밭에 가서 곡식을 거두는데, 아버지가 호랑이에게 물려갔다.
【晉(진, jìn)】: 011 자문포혈恣蚊飽血 주2) 참조.
【楊香(양향, yáng xiāng)】: [인명] 순양順陽(지금의 하남성 석천淅川) 남향현南鄕縣 사람 양풍楊豐의 딸.
【常(상, cháng)】: 嘗(상). 일찍이.
【隨(수, suí)】: 따르다. 좇다.
【豐(풍, fēng)】: [인명] 양향 아버지의 이름.
【穫粟(확속, huò sù)】: 곡식을 수확하다. 곡식을 거두다. ※판본에 따라서는「穫粟」을「獲杰粟(획걸속)」이라 했다.
〖穫〗: 수확하다. 거두다.
〖粟〗: 조. 여기서는「곡식」을 가리킨다.
【爲虎曳去(위호예거, wéi hǔ yè qù)】: 호랑이에게 끌려가다. 즉「호랑이에게 물려가다.」의 뜻.
〖爲〗: [피동형] …에게 …되다.

手無寸鐵, 惟知有父而不知有身。[3] 踴躍向前, 搤持虎頸, 虎亦靡然而逝, 父方得免於害。[4]

번역

호랑이의 목을 졸라 아버지를 구하다

진晉나라의 양향楊香은 열네 살 때, 일찍이 아버지 풍豊을 따라 밭에 가서 곡식을 거두는데, 아버지가 호랑이에게 물려갔다.

그때 양향은 손에 가진 것이 아무것도 없이 오직 아버지를 구할 생각에

---

3 時楊香手無寸鐵, 惟知有父而不知有身。→ 그때 양향은 손에 가진 것이 아무것도 없이, 오직 아버지를 구할 생각에 자신을 돌볼 생각을 하지 않았다.
【時(시, shí)】: 당시. 그때.
【手無寸鐵(수무촌철, shǒu wú cùn tiě)】: 손에 아무것도 지니지 않다. 손에 가진 것이 아무것도 없다.
【惟知有父(유지유부, wéi zhī yǒu fù)】: 오로지 아버지가 있다는 것만 알다. 즉「아버지를 구할 생각만 하다.」의 뜻.
【不知有身(부지유신, bù zhī yǒu shēn)】: 자기 자신이 있다는 것을 모르다. 즉「자신을 돌보지 않다.」의 뜻.

4 踴躍向前, 搤持虎頸, 虎亦靡然而逝, 父方得免於害。→ 그리하여 호랑이 앞으로 뛰어가 호랑이의 목을 힘껏 조르니, 호랑이는 결국 풀이 죽어 달아나고, 아버지는 비로소 화를 면할 수 있었다.
【踴躍向前(용약향전, yǒng yuè xiàng qián)】: 앞으로 뛰어가다.
【搤持(액지, è chí)】: 손으로 잡아 조르다.
【頸(경, jǐng)】: 목.
【亦(역, yì)】: 마침내. 결국.
【靡然(미연, mǐ rán)】: 낙담한 모양. 풀 죽은 모양. 기죽은 모양.
【逝(서, shì)】: 떠나다. 달아나다.
【方(방, fāng)】: 비로소.
【得免於害(득면어해, dé miǎn yú hài)】: 화에서 모면하다. 즉「화를 면하다.」의 뜻.
〖得免〗: 면하다. 모면하다.
〖於〗: [개사] …에서. …으로부터.

자신을 돌볼 생각을 하지 않았다.

그리하여 호랑이 앞으로 뛰어가 호랑이의 목을 힘껏 조르니, 호랑이는 결국 풀이 죽어 달아나고 아버지는 비로소 화를 면할 수 있었다.

해설

《이원異苑》의 기록에 의하면, 양향楊香은 순양順陽 남향현南鄕縣(지금의 하남성 석천淅川) 사람 양풍楊豐의 딸로(順陽南鄕縣楊豐與息女香…), 열네 살 때 아버지를 따라 밭에 일을 하러 나갔는데, 갑자기 큰 호랑이가 나타나 순식간에 아버지를 물고 갔다. 양향은 물려가는 아버지를 보고 매우 다급했지만 손에는 아버지를 구출할 어떠한 도구도 가지고 있지 않았다. 그러나 양향은 그런 것을 생각할 겨를도 없이 무작정 호랑이에게 달려들어 죽을힘을 다해 호랑이의 목을 졸랐다. 호랑이는 어쩔 수 없이 아버지를 내려놓고 숲속으로 달아났다. 양향의 극진한 효심이 양향으로 하여금 괴력을 발휘하게 한 것이다.

015

기관심모棄官尋母

원문 및 주석

棄官尋母[1]

宋朱壽昌, 年七歲, 生母劉氏, 爲嫡母所妒, 復出嫁, 母子不相見者五十年。[2] 神宗朝棄官入秦, 與家人訣, 謂不尋見母, 誓不復還。[3] 後行次同州得之, 時母年已七十有餘矣。[4]

---

1 棄官尋母 → 관직을 버리고 어머니를 찾아 나서다
【棄官(기관, qì guān)】: 관직을 버리다.
【尋(심, xún)】: 찾다.

2 宋朱壽昌, 年七歲, 生母劉氏, 爲嫡母所妒, 復出嫁, 母子不相見者五十年。→ 송宋나라의 주수창朱壽昌은, 일곱 살 때, 생모 유씨劉氏가, 아버지의 본부인에게 질투를 받아, 재가再嫁함으로써, 모자가 서로 오십 년을 만나지 못했다.
【宋(송, sòng)】: [국명] 조광윤趙匡胤이 세운 나라.
【朱壽昌(주수창, zhū shòu chāng)】: [인명] 송宋 양주揚州 천장天長(지금의 안휘성安徽省 천장天長) 사람으로, 자는 강숙康叔이며, 사농소경司農少卿·조의대부朝議大夫·중산대부中散大夫 등을 지냈다. 《宋史》에 관직을 버리고 어머니를 찾아 나섰다는 고사를 기록하고 있다.
【爲(위, wéi)…所(소, suǒ)…】: [피동형] …에게 …을 당하다. …로부터 …을 받다.
【嫡母(적모, dí mǔ)】: 아버지의 정실. 아버지의 본부인.
【妒(투, dù)】: 질투하다. 시기하다.
【復出嫁(부출가, fù chū jià)】: 재가再嫁하다. 다시 시집을 가다.
〖復〗: 다시. 또.
〖出嫁〗: 시집가다. 출가하다.

번역

관직을 버리고 어머니를 찾아 나서다

송宋나라의 주수창朱壽昌은 일곱 살 때 생모 유씨劉氏가 아버지의 본부인에게 질투를 받아 재가再嫁함으로써, 모자가 서로 오십 년을 만나지 못했다.

신종神宗 연간에, 관직을 버리고 진秦에 들어갈 때 집안사람들과 작별하면서, 어머니를 찾지 못하면 맹세코 다시 돌아오지 않겠다고 말했다.

후에 동주同州에 가서 어머니를 찾았는데, 그때 어머니의 나이는 이미 칠십을 넘었다.

---

3 神宗朝棄官入秦, 與家人訣, 謂不尋見母, 誓不復還。→ 신종神宗 연간에 관직을 버리고 진秦에 들어갈 때, 집안사람들과 작별하면서, 어머니를 찾지 못하면, 맹세코 다시 돌아오지 않겠다고 말했다.
【神宗(신종, shén zōng)】: 송宋나라의 6대 황제 조욱趙頊.
【秦(진, qín)】: [지명] 옛 진秦나라 지역. 지금의 섬서성陝西省.
【與(여, yǔ)】: …와(과).
【訣(결, jué)】: 이별하다. 작별하다.
【謂(위, wèi)】: …라고 말하다.
【尋見(심견, xún jiàn)】: 찾아서 만나다.
【誓(서, shì)】: 맹세하다.
【復還(부환, fù huán)】: 다시 돌아오다.

4 後行次同州得之, 時母年已七十有餘矣。→ 후에 동주同州에 가서 어머니를 찾았는데, 그때 어머니의 나이는 이미 칠십을 넘었다.
【行次(행차, xíng cì)】: …에 가다.
【同州(동주, tóng zhōu)】: [지명] 진秦(지금의 섬서성陝西省) 경내에 있는 성읍.
【得(득, dé)】: 찾다. 발견하다.
【之(지, zhī)】: [대명사] 그. 즉「어머니」.
【時(시, shí)】: 당시. 이때.
【已(이, yǐ)】: 이미.
【有餘(유여, yǒu yú)】: …남짓.

해설

주수창朱壽昌은 양주揚州 천장天長(지금의 안휘성安徽省 천장시天長市) 사람으로 자는 강숙康叔이며 송宋나라의 선비이다. 그의 생모인 유씨劉氏는 아버지의 시첩이었는데, 주수창이 일곱 살 때 생모가 아버지의 본처로부터 질투를 받아 부득이 다른 사람에게 개가했다. 이로부터 모자 두 사람은 50년 동안 소식이 두절되었다.

주수창은 신종神宗 임금 때 조정에서 벼슬을 했는데, 항상 어머니를 그리워하여 혈서로《금강경金剛經》을 써서 사방으로 어머니를 수소문하기도 했다. 후에 어렴풋이 단서를 찾게 되자, 그는 관직을 버리고 섬서陝西로 생모를 찾아 나서며 어머니를 찾지 못하면 절대로 돌아오지 않겠다고 맹세했다. 그리하여 부단히 노력한 끝에 마침내 섬서의 동주同州에서 어머니를 찾아 모자가 상봉했는데, 이때 어머니의 나이는 이미 칠순을 넘었다. 신종 황제는 그 이야기를 듣고 매우 감동하여 그에게 원래의 관직을 회복시켜 주었다.《송사宋史·열전列傳 215 효의孝義》에 주수창이 관직을 버리고 어머니를 찾아 나선 이야기를 기록하고 있다.

016

상분우심嘗糞憂心

원문 및 주석

嘗糞憂心[1]

南齊庚黔婁, 爲孱陵令, 到縣未旬日, 忽心驚流汗, 卽棄官歸。[2]

---

1 嘗糞憂心 → 아버지의 대변을 맛보고 걱정하다
【嘗(상, cháng)】: 맛보다.
【糞(분, fèn)】: 분변. 대변. 똥.
【憂心(우심, yōu xīn)】: 걱정하다. 근심하다.

2 南齊庚黔婁, 爲孱陵令, 到縣未旬日, 忽心驚流汗, 卽棄官歸。→ 남제南齊의 경검루庚黔婁는, 잔릉현孱陵縣의 현령이 되었는데, 부임한 지 열흘이 되지 않아, 갑자기 깜짝 놀라고 온몸에 땀이 흘러, 즉시 관직을 버리고 집으로 돌아갔다.
【南齊(남제, nán qí)】: [국명] 위진남북조魏晉南北朝 시대 남조南朝의 하나인 제齊.
【庚黔婁(경검루, gēng qián lóu)】: [인명] 자는 자첨子瞻이며, 남제南齊의 명사名士로 알려져 있다. ※판본에 따라서는「庚」을「庾(유)」라 했다.
【爲(위, wéi)】: 되다.
【孱陵令(잔릉령, chán líng lìng)】: 잔릉현孱陵縣의 현령.
〖孱陵〗: [현 이름] 지금의 호북성湖北省 공안公安 남쪽.
〖令〗: 현령.
【到縣(도현, dào xiàn)】: 현에 도착하다. 즉「부임하다」의 뜻.
【未旬日(미순일, wèi xún rì)】: 아직 열흘이 되지 않다.
〖未〗: 아직 …않다.
〖旬日〗: 열흘. 십일.
【忽(홀, hū)】: 돌연. 갑자기.
【心驚(심경, xīn jīng)】: 깜짝 놀라다.

時父疾始二日, 醫曰:「欲知瘉劇, 但嘗糞苦則佳。」[3] 黔婁嘗之, 甛, 心甚憂之。至夕, 稽顙北辰, 求以身代父死。[4]

【流汗(유한, liú hàn)】: 땀을 흘리다.
【卽(즉, jí)】: 즉시. 바로.
【棄官(기관, qì guān)】: 관직을 버리다.

3 時父疾始二日, 醫曰:「欲知瘉劇, 但嘗糞苦則佳。」→ 이때 아버지의 병환이 막 이틀이 지났는데, 의사가 말하길:「병의 상태를 알려면, 다만 환자의 분변 맛을 보아 맛이 쓰면 괜찮습니다.」라고 했다.
【時(시, shí)】: 이때. 당시.
【始(시, shǐ)】: 막. 바로.
【欲(욕, yù)】: …하고자 하다. …하려 하다. …하길 바라다.
【瘉劇(유극, yù jù)】: 병의 상태. ※병이 나은 것을「瘉」라 하고, 병이 심한 것을「劇」이라 하여「병의 상태」를 가리킨다. ※판본에 따라서는「瘉」를「瘥(채)」라 했다.
〖瘉〗: 낫다. 완쾌하다.
〖劇〗: 심하다. 격렬하다.
【但(단, dàn)】: 다만.
【苦(고, kǔ)】: 쓰다.
【佳(가, jiā)】: 좋다. 괜찮다.

4 黔婁嘗之, 甛, 心甚憂之。至夕, 稽顙北辰, 求以身代父死。→ 검루가 그 맛을 보니, 달콤하여, 몹시 걱정했다. 저녁에 이르러, 검루는 북극성을 향해 몸을 굽혀 절하며, 아버지를 대신하여 자신이 죽게 해달라고 간절히 빌었다.
【嘗之(상지, cháng zhī)】: 그것을 맛보다.
〖之〗: [대명사] 그것. 즉「대변」.
【甛(첨, tián)】: 달다. 달콤하다.
【甚憂之(심우지, shèn yōu zhī)】: 그것을 몹시 걱정하다.
〖甚〗: 몹시. 매우.
〖憂〗: 걱정하다. 우려하다.
〖之〗: [대명사] 그것. 즉「대변 맛이 단 것.」
【至(지, zhì)】: 되다. 이르다.
【稽顙(계상, qǐ sǎng)】: 이마가 땅에 닿도록 몸을 굽혀 절하다.
【北辰(북진, běi chén)】: 북극성.
【求(구, qiú)】: 간청하다. 빌다.
【以身代(이신대, yǐ shēn dài)…】: 자신으로 …을 대신하다.

번역

아버지의 대변을 맛보고 걱정하다

남제南齊의 경검루庚黔婁는 잔릉현孱陵縣의 현령이 되었는데, 부임한 지 열흘이 되지 않아 갑자기 깜짝 놀라고 온몸에 땀이 흘러, 즉시 관직을 버리고 집으로 돌아갔다.

이때 아버지의 병환이 막 이틀이 지났는데, 의사가 말하길: 「병의 상태를 알려면, 다만 환자의 분변 맛을 보아 맛이 쓰면 괜찮습니다.」라고 했다.

검루가 그 맛을 보니 달콤하여 몹시 걱정했다. 저녁에 이르러 검루는 북극성을 향해 몸을 굽혀 절하며, 아버지를 대신하여 자신이 죽게 해달라고 간절히 빌었다.

해설

경검루庚黔婁는 자가 자첨子瞻이며, 남제南齊의 고결한 선비이다. 그는 잔릉현孱陵縣의 현령에 임명되어 부임한 지 채 열흘이 되지 않아 갑자기 마음이 불안하고 땀이 흐르는 것을 느꼈다. 필시 집안에 무슨 일이 일어났다는 예감이 들자, 즉시 관직을 그만두고 고향으로 돌아와 보니, 과연 예상한 대로 부친이 중병에 걸려 이틀 동안 앓고 있었다. 의사가 그에게 말하길: 「병의 상태를 알려면 분변糞便의 맛을 보아야 하는데, 만일 분변의 맛이 쓰면 별문제가 없습니다.」라고 했다. 검루가 부친의 분변 맛을 보니 오히려 단맛이 났다. 마음속으로 몹시 불안함을 느낀 그는 밤이 되자 북두칠성을 향해 부친을 대신하여 자신을 죽게 해달라고 기도를 올렸다. 그러나 하늘은 그의 소원을 들어주지 않아 며칠 후 부친이 돌아가셨다. 검루는 상심한 나머지 부친을 안장한 후 삼년상三年喪을 치르며 부친을 애도했다.

017

희채오친戲彩娛親

원문 및 주석

戲彩娛親[1]

周老萊子, 至孝, 奉養二親, 備極甘脆, 行年七十, 言不稱老。[2] 常着五彩斑斕之衣, 爲嬰兒戲於親側。[3] 又常取水上堂, 詐跌臥

---

1 戲彩娛親 → 색동옷을 입고 재롱을 떨어 부모를 즐겁게 하다

【戲彩(희채, xì cǎi)】: 색동옷을 입고 재롱을 떨다.

【娛(오, yú)】: 즐겁게 하다.

【親(친, qīn)】: 부모.

2 周老萊子, 至孝, 奉養二親, 備極甘脆, 行年七十, 言不稱老。→ 주周나라의 노래자老萊子는, 효성이 지극하여, 양친을 봉양하면서, 온갖 맛있는 음식을 다 해드리고, 나이가 칠십이 넘었어도, (부모 앞에서) 자신이 늙었다는 말을 하지 않았다.

【周(주, zhōu)】: [국명] 003 교지심통嚙指心痛 주2) 참조.

【老萊子(노래자, lǎo lái zǐ)】: [인명] 춘추시대春秋時代 초楚나라 사람으로 성은 래萊, 이름은 실명되어 노래자老萊子라 불렀다. 사마천司馬遷의 《사기史記·노장신한열전老莊申韓列傳》에 「어떤 사람이 말하길: 노래자 역시 초나라 사람으로, 저서 15편이 있고, 도가의 작용作用을 논했으며, 공자孔子와 같은 시대 사람이다.(或曰: 老萊子亦楚人也, 著書十五篇, 言道家之用, 與孔子同時云。)」라고 했다. 그러나 사마천은 노래자를 노자老子로 의심하면서도 또한 긍정은 하지 않았다.

【至孝(지효, zhì xiào)】: 지극히 효순孝順하다. 지극히 효성스럽다. 효심이 지극하다.

【二親(이친, èr qīn)】: 부모. 양친.

【備極(비극, bèi jí)】: 모두 갖추다. 즉「다 해드리다.」의 뜻.

【甘脆(감취, gān cuì)】: 맛있는 음식.

【行年(행년, xíng nián)】: 현재의 나이.

地, 作嬰兒啼以娛親。[4]

번역

색동옷을 입고 재롱을 떨어 부모를 즐겁게 하다

주周나라의 노래자老萊子는 효성이 지극하여, 양친을 봉양하면서 온갖 맛있는 음식을 다 해드리고, 나이가 칠십이 넘었어도 (부모 앞에서) 자신이 늙었다는 말을 하지 않았다.

그는 항상 오색찬란한 색동옷을 입고 어린애 노릇을 하며 부모 곁에서 놀았다.

또 일찍이 물을 가지고 부모의 거실로 가다가 거짓으로 넘어져 바닥에

3 常着五彩斑斕之衣, 爲嬰兒戲於親側。→ 그는 항상 오색찬란한 색동옷을 입고, 어린애 노릇을 하며 부모 곁에서 놀았다.
【常(상, cháng)】: 항상.
【着(착, zhuó)】: 著(착). 입다.
【五彩斑斕(오채반란, wǔ cǎi bān lán)】: 오색찬란하다.
【爲嬰兒(위영아, wéi yīng ér)】: 어린애 노릇을 하다.
〖爲〗: …노릇을 하다.
〖嬰兒〗: 어린애.
【戲(희, xì)】: 놀다. 장난치다.
【於(어, yú)】: [개사] …에서.
【親側(친측, qīn cè)】: 부모 곁.

4 又常取水上堂, 詐跌臥地, 作嬰兒啼以娛親。→ 또 일찍이 물을 가지고 부모의 거실로 가다가, 거짓으로 넘어져 바닥에 드러누운 채, 어린애처럼 울며 부모를 즐겁게 했다.
【常(상, cháng)】: 嘗(상). 일찍이.
【堂(당, táng)】: 부모의 거실.
【詐跌(사질, zhà diē)】: 거짓으로 넘어지다.
【臥地(와지, wò dì)】: 바닥에 눕다.
【作嬰兒(작영아, zuò yīng ér)】: 어린애 짓을 하다. 어린애처럼 하다.
【啼(제, tí)】: 울다.

드러누운 채 어린애처럼 울며 부모를 즐겁게 했다.

해설

노래자老萊子는 춘추시대 초楚나라의 은사隱士로 성은 래萊, 이름은 실명되어 노래자老萊子라 불렀다. 그는 세상의 혼란을 피해 몽산蒙山의 산자락에서 밭을 갈며 생활했는데, 부모에 대한 효심이 지극하여 맛있는 음식으로 부모를 봉양하며, 자신의 나이가 이미 고희古稀를 넘었는데도 항상 색동옷을 입고 부모를 즐겁게 해주었다. 한 번은 부모에게 물을 드리려고 방으로 들어가다가 잘못하여 넘어지자, 부모가 걱정할까봐 마치 어린애처럼 바닥에 누운 채로 울며 응석을 부려 부모를 크게 웃게 했다.

018

습상공모拾桑供母

원문 및 주석

拾桑供母[1]

漢蔡順, 少孤, 事母至孝。遭王莽亂, 歲荒不給, 拾桑, 以異器盛之。[2] 赤眉賊見而問之, 順曰:「黑者奉母, 赤者食。」[3] 賊憫其孝,

1 拾桑供母 → 오디를 주워 어머니를 봉양하다.
※「습심이기拾葚異器」 또는 「습심공친拾葚供親」이라고도 한다.
【拾(습, shí)】: 줍다.
【桑(상, sāng)】: 뽕나무 열매. 오디. ※판본에 따라서는 「桑」을 「葚(심)」이라 했다.
【供(공, gōng)】: 공양하다. 봉양하다.

2 漢蔡順, 少孤, 事母至孝。遭王莽亂, 歲荒不給, 拾桑, 以異器盛之。→ 한漢나라의 채순蔡順은, 어려서 아버지를 잃고, 어머니를 모시며 극진히 효도했다. 마침 왕망王莽의 난을 만난 데다, 흉년으로 식량이 부족하여, 오디를 줍는데, 서로 다른 그릇을 가지고 그것을 주워 담았다.
【漢(한, hàn)】: [국명] 002 친상탕약親嘗湯藥 주2) 참조.
【蔡順(채순, cài shùn)】: [인명] 동한東漢 사람으로, 자는 군중君仲.
【少孤(소고, shào gū)】: 어렸을 때 고아가 되다. 어려서 아버지를 여의다. ※어렸을 때 아버지를 잃은 아이를 「고아孤兒」라 한다.
〖少〗: 어렸을 때.
【事(사, shì)】: 모시다.
【至孝(지효, zhì xiào)】: 지극히 효순孝順하다. 지극히 효성스럽다. 효심이 지극하다.
【遭(조, zāo)】: 만나다.
【王莽(왕망, wáng mǎng)】: [인명] 왕망은 서한西漢 말기인 서기 9년 정변을 일으켜 신新

以白米三斗, 牛蹄一隻與之。[4]

번역

오디를 주워 어머니를 봉양하다

한漢나라의 채순蔡順은 어려서 아버지를 잃고 어머니를 모시며 극진히 효도했다. 마침 왕망王莽의 난을 만난 데다 흉년으로 식량이 부족하여 오

나라를 건립했다.

【歲荒不給(세황불급, suì huāng bù jǐ)】: 흉년으로 식량이 부족하다.

〖歲荒〗: 흉년이 들다.

〖不給〗: 부족하다.

【以(이, yǐ)】: …으로. …를 가지고.

【異器(이기, yì qì)】: 다른 그릇.

【盛(성, chéng)】: 담다.

【之(지, zhī)】: [대명사] 그것. 즉「오디」.

3 赤眉賊見而問之, 順曰:「黑者奉母, 赤者食。」→ 적미군赤眉軍이 그것을 보고 채순에게 물으니, 채순이 대답하길:「(잘 익은) 검은 것은 어머니께 드리고, (덜 익은) 붉은 것은 내가 먹을 것입니다.」라고 했다.

【赤眉賊(적미적, chì méi zéi)】: 적미군赤眉軍을 비하한 말. 적미군은 서한西漢 말기에 번숭樊崇 등이 영도한 농민 봉기군으로, 왕망王莽의 군대와 구별하기 위해 눈썹에 붉은색 칠을 하여 붙여진 이름.

【之(지, zhī)】: [대명사] 그. 즉「채순」.

【奉(봉, fèng)】: 드리다. 바치다.

【食(식, shí)】: 먹다. ※판본에 따라서는「食」을「自食」이라 했다.

4 賊憫其孝, 以白米三斗, 牛蹄一隻與之。→ 적미군은 그의 효심을 가엽게 여겨, 채순에게 백미 서 말과 우족牛足 하나를 주었다.

【憫(민, mǐn)】: 불쌍히 여기다. 가엽게 여기다.

【以(이, yǐ)】: …을(를).

【三斗(삼두, sān dǒu)】: 서 말. ※판본에 따라서는「三斗」를「二斗」라 했다.

【牛蹄(우제, niú tí)】: 우족牛足.

【隻(척, zhī)】: [양사] 개.

【與(여, yǔ)】: 주다.

【之(지, zhī)】: [대명사] 그. 즉「채순」.

디를 줍는데, 서로 다른 그릇을 가지고 그것을 주워 담았다.

적미군赤眉軍이 그것을 보고 채순에게 물으니, 채순이 대답하길:「(잘 익은) 검은 것은 어머니께 드리고, (덜 익은) 붉은 것은 내가 먹을 것입니다.」라고 했다.

적미군은 그의 효심을 가엽게 여겨, 채순에게 백미 서 말과 우족牛足 하나를 주었다.

해설

채순蔡順은 한漢 여남汝南(지금의 하남성河南省) 사람으로, 아버지가 세상을 떠나자 어머니를 모시고 극진히 효도했다. 당시는 마침 왕망王莽의 난으로 인해 나라가 어지러운 데다, 또 기근을 만나 곡식 값이 너무 뛰어 모자母子는 뽕나무 열매인 오디를 따다가 굶주린 허기를 채워야 했다. 하루는 외출했다가 적미군赤眉軍을 만났는데, 한 병사가 성난 목소리로 채순에게 물었다:「왜 붉은 오디와 검은 오디를 따로 나누어 담았느냐?」채순이 대답했다:「검은 오디는 어머니께 드리고, 붉은 오디는 내가 먹을 것입니다.」적미군 병사는 그의 효심에 감동하여 채순에게 쌀 서 말과 우족牛足 하나를 주어 그로 하여금 어머니를 잘 봉양하도록 했다.

019

선침온금扇枕溫衾

원문 및 주석

扇枕溫衾[1]

漢黃香, 年九歲, 失母, 思慕惟切, 鄉人稱其孝。[2] 香躬執勤苦, 一意事父。夏天暑熱, 爲扇涼其枕蓆, 冬天寒冷, 以身暖其被褥。[3]

---

1 扇枕溫衾 → 베개를 부채질하고 이부자리를 따뜻하게 하다
【扇(선, shān)】: [동사] 부채질하다.
【枕(침, zhěn)】: 베개.
【溫(온, wēn)】: 따뜻하게 하다.
【衾(금, qīn)】: 이불. 이부자리.

2 漢黃香, 年九歲, 失母, 思慕惟切, 鄉人稱其孝。→ 한漢나라의 황향黃香은, 아홉 살 때, 어머니를 잃고, 그리워하는 마음이 매우 절실하여, 마을 사람들이 그의 효심을 칭찬했다.
【漢(한, hàn)】: [국명] 002 친상탕약親嘗湯藥 주2) 참조. ※판본에 따라서는 「漢」을 「後漢(후한)」이라 했다.
【黃香(황향, huáng xiāng)】: [인명] 동한東漢 강하江夏(지금의 호북성湖北省) 사람으로, 자는 문강文强.
【思慕惟切(사모유절, sī mù wéi qiè)】: (어머니를) 그리워하는 마음이 매우 절실하다.
〖惟切〗: 간절하다. 절실하다.
【稱(칭, chēng)】: 칭찬하다.

3 香躬執勤苦, 一意事父。夏天暑熱, 爲扇涼其枕蓆, 冬天寒冷, 以身暖其被褥。→ 황향은 몸소 힘든 일을 도맡아 하며, 한마음으로 아버지를 섬겼다. 여름철 더울 때는, 부채질을 하여 아버지의 베게와 자리를 시원하게 식혀놓고, 겨울철 추울 때는, 자기 몸으로 아버지의 이불과 요를 따뜻하게 덥혀놓았다.
【躬執勤苦(궁집근고, gōng zhí qín kǔ)】: 몸소 힘든 일을 도맡아 하다.

太守劉護表而異之。[4]

번역

베개를 부채질하고 이부자리를 따뜻하게 하다

한漢나라의 황향黃香은 아홉 살 때 어머니를 잃고 그리워하는 마음이 매우 절실하여 마을 사람들이 그의 효심을 칭찬했다.

황향은 몸소 힘든 일을 도맡아 하며 한마음으로 아버지를 섬겼다. 여름철 더울 때는 부채질을 하여 아버지의 베게와 자리를 시원하게 식혀놓고, 겨울철 추울 때는 자기 몸으로 아버지의 이불과 요를 따뜻하게 덥혀놓았다.

그리하여 태수 유호劉護는 그를 매우 기특하게 여겼다.

【一意事父(일의사부, yí yì shì fù)】: 한마음으로 부친을 섬기다.
〖事〗: 섬기다.
【夏天(하천, xià tiān)】: 여름.
【暑熱(서열, shǔ rè)】: 덥다.
【凉(량, liáng)】: 시원하게 하다.
【枕蓆(침석, zhěn xí)】: 베개와 자리. ※판본에 따라서는「枕蓆」을「枕簟(침점)」이라 했다.
【冬天(동천, dōng tiān)】: 겨울.
【以(이, yǐ)】: …으로.
【暖(난, nuǎn)】: 따뜻하게 하다.
【被褥(피욕, bèi rù)】: 이불과 요.

4 太守劉護表而異之。→ 그리하여 태수 유호劉護는 그를 매우 기특하게 여겼다.
【太守(태수, tài shǒu)】: [관직] 진秦나라 때는 군수郡守라 하고, 한漢나라 경제景帝 때부터는 태수라 했으며, 송宋 이후에는 지부知府라 했다.
【劉護(유호, liú hù)】: [인명] 태수 이름.
【表(표, biǎo)】: 표창表彰하다.
【異(이, yì)】: 기이하게 여기다. 기특하게 여기다.
【之(지, zhī)】: [대명사] 그. 즉「황향」.

해설

황향黃香은 동한東漢 강하江夏 운몽雲夢(지금의 호북성湖北省 효감시孝感市 운몽현雲夢縣) 사람으로, 상서랑尙書郎·좌승左丞·상서령尙書令을 지낸 후 위군태수魏郡太守에 오른 동한東漢의 저명한 대신이다.

황향은 아홉 살 때 어머니가 세상을 떠나 아버지를 지극정성으로 모시며 효도를 다했다. 여름철에는 날씨가 더워 아버지가 잠을 잘 주무시지 못할까 염려되어 부채질로 잠자리를 식혀두고, 겨울에는 자신이 먼저 아버지의 자리에 누워 이부자리를 덥힌 다음 아버지를 잠자리에 들게 했다. 그리하여 황향의 효심은 이웃을 통해 사방으로 널리 전해지면서 경사京師(도읍, 수도)에서는 그를 모르는 사람이 없었다.

황향은 안제安帝 연간 위군魏郡(지금의 하북성河北省)의 태수를 지낼 때, 위군이 수재水災를 만나자, 자신의 모든 재산을 털어 수재민들을 구제하기도 했다.

020

용천약리湧泉躍鯉

원문 및 주석

湧泉躍鯉[1]

漢姜詩, 事母至孝; 妻龐氏, 奉姑尤謹。[2] 母性好飮江水, 妻出汲而奉母。[3] 又嗜魚膾, 夫婦常作之, 召鄰母共食之。[4] 後舍側忽有湧

---

1 湧泉躍鯉 → 샘물이 솟고 잉어가 뛰어오르다
【湧(용, yǒng)】: 솟다.
【泉(천, quán)】: 샘. 샘물.
【躍(약, yuè)】: 뛰어오르다.
【鯉(리, lǐ)】: 잉어.

2 漢姜詩, 事母至孝; 妻龐氏, 奉姑尤謹。→ 한漢나라의 강시姜詩는, 효도를 다해 어머니를 섬겼고, 아내 방씨龐氏는, 시어머니를 더욱 정중히 모셨다.
【漢(한, hàn)】: [국명] 002 친상탕약親嘗湯藥 주2) 참조.
【姜詩(강시, jiāng shī)】: [인명] 동한東漢 광한군廣漢郡 낙현雒縣(지금의 사천성四川省 광한廣漢 북쪽) 사람.
【事(사, shì)】: 섬기다. 모시다.
【至孝(지효, zhì xiào)】: 지극히 효순孝順하다. 지극히 효성스럽다. 효심이 지극하다.
【奉(봉, fèng)】: 받들다. 봉양하다.
【姑(고, gū)】: 시어머니.
【尤(우, yóu)】: 특히. 더욱.
【謹(근, jǐn)】: 삼가다. 공손하다. 정중하다.

3 母性好飮江水, 妻出汲而奉母。→ 강시 어머니의 성품은 장강長江의 강물을 마시기 좋아하여, 강시의 아내가 항상 강변에 나가 물을 길어다가 어머니를 봉양했다.

泉, 味如江水, 日躍雙鯉, 詩時取以供母。[5]

번역

샘물이 솟고 잉어가 뛰어오르다

한漢나라의 강시姜詩는 효도를 다해 어머니를 섬겼고, 아내 방씨龐氏는 시어머니를 더욱 정중히 모셨다.

강시 어머니의 성품은 장강長江의 강물을 마시기 좋아하여 강시의 아내

【性(성, xìng)】: 성격. 천성.
【好飮(호음, hào yǐn)】: 마시길 좋아하다. 즐겨 마시다.
〖好〗: [동사] 좋아하다.
【江(강, jiāng)】: 강. 여기서는 「장강長江」을 가리킨다.
【汲(급, jí)】: 물을 긷다.

4 又嗜魚膾, 夫婦常作之, 召鄰母共食之。→ 또 어머니가 생선회를 좋아하여, 강시 부부는 항상 그것을 만들어 드리고, 이웃의 노부인까지 초청하여 함께 먹었다.
【嗜(기, shì)】: 즐기다. 좋아하다.
【魚膾(어회, yú kuài)】: 생선회.
【常(상, cháng)】: 항상.
【作之(작지, zuò zhī)】: 그것을 만들다.
【召(소, zhào)】: 부르다. 초청하다.
【鄰母(린모, lín mǔ)】: 이웃의 노부인.
【共食(공식, gòng shí)】: 함께 먹다.

5 後舍側忽有湧泉, 味如江水, 日躍雙鯉, 詩時取以供母。→ 후에 집 곁에서 돌연 샘물이 솟았는데, 맛이 강물과 같았고, 날마다 잉어 두 마리가 뛰어올라, 강시는 때마다 그것을 잡아다가 어머니를 봉양했다.
【舍側(사측, shè cè)】: 집 옆. 집 곁.
【忽(홀, hū)】: 돌연. 갑자기.
【味(미, wèi)】: 맛.
【如(여, rú)】: …와 같다.
【時(시, shí)】: 때마다.
【供(공, gōng)】: 봉양하다. 공양하다.

가 항상 강변에 나가 물을 길어다가 어머니를 봉양했다.

또 어머니가 생선회를 좋아하여 강시 부부는 항상 그것을 만들어 드리고, 이웃의 노부인까지 초청하여 함께 먹었다.

후에 집 곁에서 돌연 샘물이 솟았는데 맛이 강물과 같았고, 날마다 잉어 두 마리가 뛰어올라, 강시는 때마다 그것을 잡아다가 어머니를 봉양했다.

해설

강시姜詩는 광한군廣漢郡 낙현雒縣(지금의 사천성四川省 광한廣漢 북쪽) 사람으로 자는 사유士遊이며, 동한東漢 시기 낭중郎中을 지낸 관리 출신이다.

강시는 젊은 시절 방씨龐氏를 아내로 맞았는데, 부부 모두 효성이 지극했다. 그의 집은 장강長江으로부터 6~7리나 멀리 떨어져 있었는데, 시어머니가 장강의 강물을 마시기 좋아하여, 방씨는 항상 장강까지 가서 물을 길러다가 시어머니에게 드렸고, 또 시어머니가 생선을 좋아하여 자주 생선 요리를 만들어 드렸다.

어느 날 바람이 세게 불어 방씨가 물을 길으러 갔다가 늦게 돌아오자, 강시는 방씨가 일부러 어머니를 푸대접한다고 여겨 홧김에 방씨를 내쫓아 버렸다. 방씨는 이를 원망하지 않고 이웃집에 거처하며 매일 밤낮으로 베를 짜서 얻은 소득을 이웃을 통해 시어머니에게 보냈다. 후에 방씨가 쫓겨난 사실을 알게 된 시어머니는 강시로 하여금 당장 방씨를 데려오도록 했다. 그들의 효심에 하늘이 감동했는지, 방씨가 귀가하던 날 집 옆에서 갑자기 샘물이 분출했는데 물맛이 장강의 물과 같았고, 또 매일 잉어 두 마리가 뛰어올랐다. 이로부터 방씨는 물을 긷기 위해 멀리 장강까지 갈 일이 없어지고, 시어머니를 더욱 편히 모실 수 있게 되었다.

021

문뢰읍묘聞雷泣墓

원문 및 주석

聞雷泣墓[1]

魏王裒, 事親至孝。母存日, 性畏雷, 既卒, 殯葬於山林。[2] 每遇

1 聞雷泣墓 → 천둥소리를 듣고 어머니 묘소에 가서 울다
【聞(문, wén)】: 듣다.
【雷(뢰, léi)】: 우렛소리. 천둥소리.
【泣(읍, qì)】: 울다.
【墓(묘, mù)】: 묘소. 무덤.

2 魏王裒, 事親至孝。母存日, 性畏雷, 既卒, 殯葬於山林。→ 위魏나라의 왕부王裒는, 효도를 다해 어머니를 섬겼다. 어머니는 살아계실 때, 천성이 우레를 두려워했는데, 돌아가신 후, 산림 속에 장사를 지냈다.
【魏(위, wèi)】: [국명] 삼국시대 조비曹丕가 세운 나라로, 지금의 황하黃河 유역과 호북湖北·안휘安徽·강소江蘇 북부와 요녕遼寧 중부 일대에 걸쳐 있던 주대周代의 제후국.
【王裒(왕부, wáng póu)】: [인명] 성양城陽 영릉營陵(지금의 산동성山東省 창락昌樂) 사람으로 자는 위원偉元이며, 서진西晉의 학자이다. 동한東漢의 사마司馬를 지낸 왕의王儀의 아들로, 아버지가 사마소司馬昭에게 살해되자 서진西晉에서 벼슬을 거부하고 은거하며 가르치는 일에 전념했다.
【事親(사친, shì qīn)】: 부모를 모시다.
〖事〗: 모시다. 섬기다.
〖親〗: 부모. 양친.
【至孝(지효, zhì xiào)】: 지극히 효순孝順하다. 지극히 효성스럽다. 효심이 지극하다.
【存日(존일, cún rì)】: 살아계실 때. 생존 시.
【性(성, xìng)】: 천성. 성품.

風雨, 聞阿香響震之聲, 卽奔墓所, 拜跪泣告曰:「裒在此, 母親勿懼。」[3]

번역

천둥소리를 듣고 어머니 묘소에 가서 울다

위魏나라의 왕부王裒는 효도를 다해 어머니를 섬겼다. 어머니는 살아계실 때 천성이 우레를 두려워했는데, 돌아가신 후 산림 속에 장사를 지냈다.

왕부는 매번 바람 불고 비 오는 날씨를 만나 우레가 진동하는 소리를 들으면, 곧장 어머니 묘소로 달려가 무릎을 꿇고 절을 한 후 울면서 말하길:「제가 여기 있으니, 어머니께서는 두려워하지 마십시오.」라고 했다.

【畏(외, wèi)】: 두려워하다.
【旣(기, jì)】: …하고 나서. …한 후.
【卒(졸, zú)】: 죽다.
【殯葬(빈장, bìn zàng)】: 매장하다. 장사지내다.
【於(어, yú)】: [개사] …에.

3 每遇風雨, 聞阿香響震之聲, 卽奔墓所, 拜跪泣告曰:「裒在此, 母親勿懼。」→ 왕부는 매번 바람 불고 비 오는 날씨를 만나, 우레가 진동하는 소리를 들으면, 곧장 어머니 묘소로 달려가, 무릎을 꿇고 절을 한 후 울면서 말하길:「제가 여기 있으니, 어머니께서는 두려워하지 마십시오.」라고 했다.
【遇(우, yù)】: 만나다.
【聞(문, wén)】: 듣다.
【阿香(아향)】: 우레 이름.
【響震之聲(향진지성, xiǎng zhèn zhī shēng)】: 울리는 소리. 진동하는 소리.
【卽(즉, jí)】: 즉시. 곧.
【奔(분, bēn)】: 달려가다.
【拜跪(배궤, bài guì)】: 궤배跪拜. 무릎을 꿇고 절하다.
【勿(물, wù)】: …하지 말라. …해서는 안 된다.
【懼(구, jù)】: 겁내다. 두려워하다.

해설

왕부王裒는 위진魏晉 시기 영릉營陵(지금의 산동성山東省 창락昌樂) 사람으로 자는 위원偉元이며, 동한東漢의 대사농낭중령大司農郎中令 왕수王脩의 손자이자, 사마司馬 왕의王儀의 아들이며 서진西晉의 학자이다. 왕부는 아버지 왕의王儀가 사마소司馬昭에게 살해되자, 은거하며 아이들 가르치는 일을 생업으로 삼고 종신토록 진晉나라의 신하가 되지 않을 것을 맹세했다.

왕부의 어머니는 평소에 우레를 매우 두려워했다. 왕부는 어머니가 돌아가신 후 산림에 안장했는데, 매번 바람이 불고 비가 오는 날 천둥소리를 들으면, 즉시 어머니의 묘소에 달려가 무릎을 꿇고 절을 한 후 「제가 여기 있으니, 어머니께서는 두려워하지 마십시오.」라고 어머니를 위로했다.

그는 아이들을 가르치면서 《시경詩經·소아小雅》의 「육아蓼莪」 시를 읽을 때면 만면에 눈물을 흘리며 부모를 그리워했다.

022

각목사친刻木事親

원문 및 주석

刻木事親[1]

漢丁蘭, 幼喪父母, 未得奉養, 而思念劬勞之恩, 刻木爲像, 事之如生。[2] 其妻久而不敬, 以針戲刺其指, 則血出。[3] 木像見蘭, 又

---

1 刻木事親 → 나무로 부모의 형상을 새겨 모시다
【刻木(각목, kè mù)】: 나무를 새기다. 여기서는 「나무로 부모의 형상을 새기다.」의 뜻.
〖刻〗: 새기다. 조각하다.
【事(사, shì)】: 모시다. 섬기다.
【親(친, qīn)】: 부모. 양친.

2 漢丁蘭, 幼喪父母, 未得奉養, 而思念劬勞之恩, 刻木爲像, 事之如生。→ 한漢나라의 정란丁蘭은, 어려서 부모를 잃어, 봉양을 할 수 없게 되자, 자식을 기르느라 고생한 부모의 은혜를 생각하며, 나무로 부모의 형상을 새겨, 이를 섬기길 마치 살아계실 때처럼 했다.
【漢(한, hàn)】: [국명] 002 친상탕약親嘗湯藥 주2) 참조.
【丁蘭(정란, dīng lán)】: [인명] 동한東漢 시기 하내河內(지금의 하남성河南省 심양沁陽 일대) 사람.
【幼喪父母(유상부모, yòu sàng fù mǔ)】: 어려서 부모를 잃다.
【未得(미득, wèi dé)】: …하지 못하다.
【思念(사념, sī niàn)】: 생각하다.
【劬勞之恩(구로지은, qú láo zhī ēn)】: 자식을 기르느라 고생한 은혜.
【刻木爲像(각목위상, kè mù wéi xiàng)】: 나무를 새겨 형상을 만들다.
〖爲〗: 만들다.
【事之如生(사지여생, shì zhī rú shēng)】: 부모가 살아계실 때처럼 그것을 모시다.

眼中垂淚。蘭問得其情, 將妻出棄之。[4]

번역

나무로 부모의 형상을 새겨 모시다

한漢나라의 정란丁蘭은 어려서 부모를 잃어 봉양을 할 수 없게 되자, 자식을 기르느라 고생한 부모의 은혜를 생각하며 나무로 부모의 형상을 새겨, 이를 섬기길 마치 살아계실 때처럼 했다.

정란의 아내는 시간이 오래 지나자 공경하지 않고, 바늘을 가지고 장난삼아 목상木像의 손가락을 찔렀는데, 곧바로 피가 흘러나왔다.

목상은 정란을 보면서 또 눈에서 눈물을 흘렸다. 정란은 아내에게 물어 그 실정을 알고 아내를 내쫓아버렸다.

〖之〗: [대명사] 그것. 즉, 「목상木像」.
〖如生〗: 생시처럼. 살아 계실 때와 같이.

3 其妻久而不敬, 以針戲刺其指, 則血出。→ 정란의 아내는 시간이 오래 지나자 공경하지 않고, 바늘을 가지고 장난삼아 목상木像의 손가락을 찔렀는데, 곧바로 피가 흘러나왔다.
【久而不敬(구이불경, jiǔ ér bù jìng)】: 시간이 오래 지나면서 존경하지 않다.
【以(이, yǐ)】: …으로. …을 가지고.
【針(침, zhēn)】: 바늘. 침.
【戲刺(희자, xì cì)】: 장난삼아 찌르다.
【指(지, zhǐ)】: 손가락.

4 木像見蘭, 又眼中垂淚。蘭問得其情, 將妻出棄之。→ 목상은 정란을 보면서, 또 눈에서 눈물을 흘렸다. 정란은 아내에게 물어 그 실정을 알고, 아내를 내쫓아버렸다.
【垂淚(수루, chuí lèi)】: 눈물을 흘리다. ※판본에 따라서는 「淚」를 「泪(루)」라 했다.
【問得(문득, wèn dé)】: 물어서 알다.
【情(정, qíng)】: 정황. 실정.
【將(장, jiāng)】: …을.
【出棄(출기, chū qì)】: 내쫓다.

해설

정란丁蘭은 동한東漢 시기 하내河內(지금의 하남성河南省 황하黃河 북쪽) 사람으로, 어렸을 때 부모가 모두 세상을 떠나 부모의 사랑을 누리지 못했다. 그러나 항상 길러주신 부모의 은혜를 잊지 못해 나무로 부모의 형상을 새겨, 이를 마치 부모가 살아계신 것처럼 모시며 모든 일을 목상木像과 함께 상의했다. 그런가 하면, 매일 아침 점심 저녁 삼시 세끼를 양친에게 먼저 올린 후에 비로소 자기가 식사를 했으며, 외출할 때는 미리 말씀드리고 집에 돌아오면 반드시 찾아뵙고 인사를 드리는 등 조금도 소홀하지 않았다. 그런데 그의 아내는 시간이 오래 흐르면서 목상을 존경하는 마음이 점차 식어, 한 번은 호기심에 바늘을 가지고 목상의 손가락을 찔렀다. 그러자 뜻밖에 목상의 손가락에서 피가 흘렀다. 정란이 집에 돌아와 목상의 눈에서 눈물이 흐른 것을 보고, 탐문하여 아내의 소행임을 알고 즉시 아내를 내쳐 버렸다.

023

곡죽생순哭竹生筍

원문 및 주석

哭竹生筍[1]

三國孟宗, 字恭武, 少孤。母老病篤, 冬月思筍煮羹食。[2] 宗無計可得, 乃往竹林中, 抱竹而泣。[3] 孝感天地, 須臾地裂, 出筍數莖,

---

1 哭竹生筍 → 대나무를 붙잡고 통곡하자 죽순이 돋아나다
※「곡죽생순哭竹生笋」이라고도 한다.
【哭(곡, kū)】: 울다. 통곡하다.
【生(생, shēng)】: 돋아나다.
【筍(순, sǔn)】: 笋(순). 죽순.

2 三國孟宗, 字恭武, 少孤。母老病篤, 冬月思筍煮羹食。→ 삼국시대三國時代의 맹종孟宗은, 자가 공무恭武이며, 어려서 아버지를 여의었다. 어머니는 병환이 위중했는데, 동짓달 한겨울에 죽순탕을 먹고 싶어 했다.
【三國(삼국, sān guó)】: 후한後漢 말기 이후 위魏·촉蜀·오吳 삼국이 세력을 다투던 시대.
【孟宗(맹종, mèng zōng)】: [인명] 삼국시대 오吳나라 강하江夏 맹현鄳縣(지금의 호북성湖北省 효창현孝昌縣) 사람.
【少孤(소고, shào gū)】: 어렸을 때 아버지가 돌아가시다.
〖少〗: 어렸을 때. 유년 시절.
〖孤〗: 어렸을 때 아버지가 죽거나, 또는 부모가 모두 죽은 것을 말한다.
【病篤(병독, bìng dǔ)】: 병이 위중하다.
【冬月(동월, dōng yuè)】: 동짓달.
【思(사, sī)】: …하고 싶어 하다.
【筍煮羹(순자갱, sǔn zhǔ gēng)】: 죽순으로 끓인 탕. 죽순탕.

持歸作羹奉母。食畢，病愈。[4]

번역

대나무를 붙잡고 통곡하자 죽순이 돋아나다

삼국시대三國時代의 맹종孟宗은 자가 공무恭武이며, 어려서 아버지를 여의었다. 어머니는 병환이 위중했는데, 동짓달 한겨울에 죽순탕을 먹고 싶어 했다.

맹종은 어찌할 방법이 없어, 곧 대나무 밭으로 가서 대나무를 끌어안고 통곡했다.

효심이 천지를 감동시켜 잠시 후 땅이 갈라지더니 죽순 몇 줄기가 돋아

---

3 宗無計可得，乃往竹林中，抱竹而泣。→ 맹종은 어찌할 방법이 없어, 곧 대나무 밭으로 가서, 대나무를 끌어안고 통곡했다.
【無計可得(무계가득, wú jì kě dé)】: 아무런 대책이 없다. 어찌할 방법이 없다.
【乃(내, nǎi)】: 곧. 바로.
【往(왕, wǎng)】: 가다.
【抱(포, bào)】: 끌어 앉다.
【泣(읍, qì)】: 울다.

4 孝感天地，須臾地裂，出筍數莖，持歸作羹奉母。食畢，病愈。→ 효심이 천지를 감동시켜, 잠시 후 땅이 갈라지더니, 죽순 몇 줄기가 돋아나, 맹종은 그것을 가지고 돌아와 탕국을 끓여 어머니에게 드렸다. 어머니는 탕국을 마시고 나서, 병이 씻은 듯이 다 나았다.
【感(감, gǎn)】: 감동시키다.
【須臾(수유, xū yú)】: 잠시. 순간.
【裂(열, liè)】: 갈라지다.
【莖(경, jīng)】: 줄기.
【持歸(지귀, chí guī)】: 가지고 돌아오다.
【奉(봉, fèng)】: 드리다. 올리다.
【食畢(식필, shí bì)】: 먹는 것을 마치다. 다 먹다.
【愈(유, yù)】: (병이) 낫다. 완쾌하다.

나, 맹종은 그것을 가지고 돌아와 탕국을 끓여 어머니에게 드렸다. 어머니는 탕국을 마시고 나서 병이 씻은 듯이 다 나았다.

해설

맹종孟宗은 삼국시대 강하江夏 맹현鄳縣(지금의 호북성湖北省 효창현孝昌縣) 사람으로, 자는 공무恭武이며, 후에 오吳나라의 마지막 임금인 손호孫皓의 자를 피휘避諱하여 이름을 맹인孟仁으로 개명했다. 오吳나라 후기의 중신으로 고위 관직을 역임한 후 사공司空을 지냈다.

맹종은 어렸을 때 아버지가 돌아가시고 어머니가 중병에 걸렸다. 맹종이 어머니를 위해 의사를 청해오자, 의사의 처방은 신선한 죽순으로 탕을 끓여 마셔야 한다는 것이었다. 그러나 마침 동절기라 어디서 신선한 죽순을 구해야 할지 매우 난감했다. 맹종은 조급한 나머지 일단 대나무 밭으로 달려갔다. 당연히 죽순이 있을 리 없었다. 그리하여 맹종은 대나무를 붙잡고 울고 또 울었다. 순간 땅이 갈라지는 소리가 들려 살펴보니, 여러 개의 신선한 죽순이 올라오고 있었다. 그는 죽순을 잘라다가 탕을 끓여 어머니에게 드렸다. 어머니의 병환은 속히 완쾌했고, 후에 맹종은 사공司空이라는 높은 벼슬을 지냈다.

024

척친요기滌親溺器

원문 및 주석

滌親溺器[1]

宋黃庭堅, 元符中爲太史, 性至孝。身雖貴顯, 奉母盡誠。[2] 每夕, 親自爲母洗滌溺器, 未嘗一刻不供子職。[3]

---

1 滌親溺器 → 몸소 어머니의 요강을 세척하다.
【滌(척, dí)】: 씻다. 세척하다.
【親(친, qīn)】: 부모. 여기서는「어머니. 모친」을 가리킨다.
【溺器(요기, niào qì)】: 요강.

2 宋黃庭堅, 元符中爲太史, 性至孝。身雖貴顯, 奉母盡誠。→ 송宋나라의 황정견黃庭堅은, 철종哲宗 원부元符 연간에 태사太史를 지냈는데, 성품이 지극히 효성스러웠다. 신분은 비록 높은 직위에 있었지만, 어머니를 봉양하는 데는 온 정성을 다 쏟았다.
【宋(송, sòng)】: [국명] 조광윤趙匡胤이 세운 나라.
【黃庭堅(황정견, huáng tíng jiān)】: [인명] 본문 해설 참조.
【元符(원부, yuán fú)】: 철종哲宗의 연호.
【爲(위, wéi)】: …를 지내다. …가 되다.
【太史(태사, tài shǐ)】: [관직] 명청明清 시기에는 역사歷史 편수에 관한 업무를 한림원翰林院이 맡았기 때문에 한림翰林을 태사太史라고도 불렀다.
【性(성, xìng)】: 천성. 성품.
【至孝(지효, zhì xiào)】: 지극히 효순孝順하다. 지극히 효성스럽다. 효심이 지극하다.
【雖(수, suī)】: 비록.
【貴顯(귀현, guì xiǎn)】: 지위가 높다. 지위가 높은 사람.
【奉(봉, fèng)】: 받들다. 봉양하다.
【盡誠(진성, jìn chéng)】: 정성을 다하다.

번역

몸소 어머니의 요강을 세척하다

송宋나라의 황정견黃庭堅은 철종哲宗 원부元符 연간에 태사太史를 지냈는데 성품이 지극히 효성스러웠다. 신분은 비록 높은 직위에 있었지만 어머니를 봉양하는 데는 온 정성을 다 쏟았다.

매일 저녁때면 친히 어머니를 위해 요강을 씻어 드리며, 잠시도 자식의 본분을 다하지 않은 적이 없었다.

해설

황정견黃庭堅은 북송北宋 분녕分寧(지금의 강서성江西省 수수修水) 사람으로 저명한 시인이자 서예가이다. 그는 송宋 철종哲宗 연간에 태사太史의 관직을 지낼 정도로 신분이 높은 자리에 있었지만, 어머니를 섬기는 일에는 온 정성을 다했다. 그는 매일 저녁 어머니를 위해 요강을 씻어 놓는데 하루도 잊은 적이 없을 뿐 아니라 반드시 자기가 몸소 하고 절대로 하인이나 혹은 다른 사람을 불러 대신하도록 하지 않았다. 그것이 바로 자식이 부모를 위해 효도하는 기본 도리이기 때문이다.

---

3 每夕, 親自爲母洗滌溺器, 未嘗一刻不供子職。→ 매일 저녁때면, 친히 어머니를 위해 요강을 씻어드리며, 잠시도 자식의 본분을 다하지 않은 적이 없었다.

【親自(친자, qīn zì)】: 친히. 몸소.

【未嘗(미상, wèi cháng)】: …한 적이 없다.

【一刻(일각, yí kè)】: 잠시. 잠깐.

【供子職(공자직, gōng zǐ zhí)】: 자식의 직책을 제공하다. 즉「자식의 본분을 다하다.」의 뜻.

〖供〗: 제공하다.

〖子職〗: 자식이 부모에게 마땅히 해야 하는 직무와 책임. 즉「자식의 본분. 자식의 역할」.

삼자경 三字經

부록 : 이십사효 二十四孝

초판 인쇄 2024년 5월 20일
초판 발행 2024년 5월 24일

역 주 최봉원
발 행 자 김동구
디 자 인 이명숙 · 양철민
발 행 처 명문당(1923. 10. 1 창립)
주 소 서울시 종로구 윤보선길 61(안국동)
국민은행 006-01-0483-171
전 화 02)733-3039, 734-4798, 733-4748(영)
팩 스 02)734-9209
Homepage www.myungmundang.net
E-mail mmdbook1@hanmail.net

등 록 1977. 11. 19. 제1~148호
ISBN 979-11-985856-7-7 (03150)

20,000원

상대관계(相對關係) 한자(漢字)

建(세울 건 ; 廴 – 총9획)
儉(검소할 검 ; 人 – 총15획)
謙(겸손할 겸 ; 言 – 총17획)
慶(경사 경 ; 心 – 총15획)
曲(굽을 곡 ; 曰 – 총6획)
勤(부지런할 근 ; 力 – 총13획)
起(일어날 기 ; 走 – 총10획)
諾(승낙할, 대답할 낙 ; 言 – 총16획)
濃(짙을 농 ; 水 – 총16획)
貸(빌릴 대 ; 貝 – 총12획)
得(얻을 득 ; 彳 – 총11획)
文(글월, 무늬 문 ; 文 – 총4획)
美(아름다울 미 ; 羊 – 총9획)
逢(만날 봉 ; 辶 – 총11획)
悲(슬플 비 ; 心 – 총12획)
常(항상 상 ; 巾 – 총11획)
善(착할 선 ; 口 – 총12획)
送(보낼 송 ; 辶 – 총10획)
授(줄 수 ; 手 – 총11획)
勝(이길 승 ; 力 – 총12획)
新(새 신 ; 斤 – 총13획)
愛(사랑 애 ; 心 – 총13획)

壞(무너질 괴 ; 土 – 총19획)
奢(사치할 사 ; 大 – 총12획)
慢(거만할, 게으를 만 ; 心 – 총14획)
弔(조상할 조 ; 弓 – 총4획)
直(곧을 직 ; 目 – 총8획)
怠(게으름 태 ; 心 – 총9획)
臥(누울, 엎드릴 와 ; 臣 – 총8획)
拒(무리칠, 막을 거 ; 手 – 총8획)
淡(묽을 담 ; 水 – 총11획)
借(빌 차 ; 人 – 총10획)
失(잃을 실 ; 大 – 총5획)
武(굳셀 무 ; 止 – 총8획)
醜(추할 추 ; 酉 – 총17획)
別(나눌 별 ; 刀 – 총7획)
喜(기쁠 희 ; 口 – 총12획)
特(특별할, 수컷 특 ; 牛 – 총10획)
惡(악할 악 ; 心 – 총12획)
迎(맞이할 영 ; 辶 – 총8획)
受(받을 수 ; 又 – 총8획)
敗(깨뜨릴 패 ; 攴 – 총11획)
舊(예 구 ; 臼 – 총18획)
憎(미워할 증 ; 心 – 총15획)

優(뛰어날, 넉넉할 우 ; 人 – 총17획)
陰(응달 음 ; 阜 – 총11획)
雌(암컷 자 ; 隹 – 총13획)
朝(아침 조 ; 月 – 총12획)
尊(높을 존 ; 寸 – 총12획)
京(서울 경 ; 亠 – 총8획)
高(높을 고 ; 高 – 총10획)
貴(귀할 귀 ; 貝 – 총12획)
禽(날짐승 금 ; 内 – 총13획)
速(빠를 속 ; 辶 – 총11획)
散(흩을 산 ; 攴 – 총12획)
疏(성길, 트일 소 ; 疋 – 총11획)
難(어려울 난 ; 隹 – 총19획)
斷(끊을 단 ; 斤 – 총18획)
冷(찰 냉 ; 冫 – 총7획)
賣(팔 매 ; 貝 – 총15획)
明(밝을 명 ; 日 – 총8획)
浮(뜰 부 ; 水 – 총10획)
貧(가난할 빈 ; 貝 – 총11획)
生(날 생 ; 生 – 총5획)
盛(담을 성 ; 皿 – 총12획)
首(머리 수 ; 首 – 총9획)
昇(오를 승 ; 日 – 총8획)
深(깊을 심 ; 水 – 총11획)
視(볼 시 ; 見 – 총12획)
仰(우러를 앙 ; 人 – 총6획)
哀(슬플 애 ; 口 – 총9획)
逆(거스를 역 ; 辶 – 총10획)

劣(못할 렬 ; 力 – 총6획)
陽(볕 양 ; 阜 – 총12획)
雄(수컷 웅 ; 隹 – 총12획)
夕(저녁 석 ; 夕 – 총3획)
卑(낮을 비 ; 十 – 총8획)
鄕(시골 향 ; 邑 – 총13획)
低(밑 저 ; 人 – 총7획)
賤(천할 천 ; 貝 – 총 15획)
獸(짐승 수 ; 犬 – 총19획)
遲(늦을 지 ; 辶 – 총16획)
集(모일 집 ; 隹 – 총12획)
密(빽빽할 밀 ; 宀 – 총11획)
易(쉬울 이, 바꿀 역 ; 日 – 총8획)
續(이을 속 ; 糸 – 총21획)
炎(불탈 염 ; 火 – 총8획)
買(살 매 ; 貝 – 총12획)
暗(어두울 암 ; 日 – 총13획)
沈(가라앉을 침 ; 水 – 총7획)
富(넉넉할 부 ; 宀 – 총12획)
滅(멸망할 멸 ; 水 – 총13획)
衰(쇠할 쇠 ; 衣 – 총10획)
尾(꼬리 미 ; 尸 – 총7획)
降(내릴 강, 항복할 항 ; 阜 – 총9획)
淺(얕을 천 ; 水 – 총11획)
聽(들을 청 ; 耳 – 총22획)
俯(구부릴 부 ; 人 – 총10획)
歡(기뻐할 환 ; 欠 – 총22획)
順(순할 순 ; 頁 – 총12획)

凹(오목할 요 ; 凵 – 총5획)

因(인할 인 ; 口 – 총6획)

燥(마를 조 ; 火 – 총17획)

縱(늘어질 종 ; 糸 – 총17획)

左(왼 좌 ; 工 – 총5획)

衆(무리 중 ; 血 – 총12획)

眞(참 진 ; 目 – 총10획)

添(더할 첨 ; 水 – 총11획)

淸(맑을 청 ; 水 – 총11획)

取(취할 취 ; 又 – 총8획)

豊(풍성할 풍 ; 豆 – 총13획)

寒(찰 한 ; 宀 – 총12획)

賢(어질 현 ; 貝 – 총15획)

好(좋을 호 ; 女 – 총6획)

黑(검을 흑 ; 黑 – 총12획)

薄(엷을 박 ; 艸 – 총17획)

亡(망할 망 ; 亠 – 총3획)

彼(저 피 ; 彳 – 총8획)

虛(빌 허 ; 虍 – 총12획)

禍(재화 화 ; 示 – 총14획)

凸(볼록할 철 ; 凵 – 총5획)

果(실과 과 ; 木 – 총8획)

濕(축축할 습 ; 水 – 총17획)

橫(가로 횡 ; 木 – 총16획)

右(오른쪽 우 ; 口 – 총5획)

寡(적을 과 ; 宀 – 총14획)

僞(거짓 위 ; 人 – 총14획)

削(깎을 삭 ; 刀 – 총9획)

濁(흐릴 탁 ; 水 – 총16획)

捨(버릴 사 ; 手 – 총11획)

凶(흉할 흉 ; 凵 – 총4획)

暖(따뜻할 난 ; 日 – 총13획)

愚(어리석을 우 ; 心 – 총13획)

惡(미워할 오 ; 心 – 총12획)

白(흰 백 ; 白 – 총5획)

厚(두터울 후 ; 厂 – 총9획)

興(홍할, 일 흥 ; 臼 – 총16획)

此(이 차 ; 止 – 총6획)

實(가득찰, 열매 실 ; 宀 – 총14획)

福(복 복 ; 示 – 총14획)

잘못 알기 쉬운 한자

ㄱ

佳 아름다울 가 [佳人(가인)]
住 살 주 [住宅(주택)]
往 갈 왕 [往來(왕래)]

刻 새길 각 [彫刻(조각)]
核 씨 핵 [核心(핵심)]
該 그 해 [該當(해당)]

閣 누각 각 [樓閣(누각)]
閤 쪽문 합 [守閤(수합)]

殼 껍질 각 [貝殼(패각)]
穀 곡식 곡 [穀食(곡식)]
毅 굳셀 의 [毅然(의연)]

干 방패 간 [干城(간성)]
于 어조사 우 [于先(우선)]

幹 줄기 간 [基幹(기간)]
斡 구를 알 [斡旋(알선)]

喝 꾸짖을 갈 [喝破(갈파)]
渴 목마를 갈 [渴症(갈증)]

感 느낄 감 [有感(유감)]
憾 한할 감 [遺憾(유감)]

堪 견딜 감 [堪耐(감내)]
勘 헤아릴 감 [勘案(감안)]

減 덜 감 [減少(감소)]
滅 멸망할 멸 [滅亡(멸망)]

甲 첫째 천간 갑 [甲乙(갑을)]
申 펼 신 [申告(신고)]
由 말미암을 유 [理由(이유)]
田 밭 전 [田畓(전답)]

簡 편지 간 [竹簡(죽간)]
牘 편지 독 [尺牘(척독)]

彊 굳셀 강 [自彊(자강)]
疆 지경 강 [疆土(강토)]

鋼 굳셀 강 [鋼鐵(강철)]
綱 벼리 강 [綱領(강령)]
網 그물 망 [魚網(어망)]

概 절조 개 [節概(절개)]
慨 분개할 개 [憤慨(분개)]

腔 빈속 강 [腹腔(복강)]
控 당길 공 [控除(공제)]

坑 구덩이 갱 [坑道(갱도)]
抗 겨룰 항 [抵抗(저항)]

儉 검소할 검 [儉素(검소)]
險 험할 험 [險難(험난)]
檢 검사할 검 [點檢(점검)]

件 물건 건 [要件(요건)]
伴 짝 반 [同伴(동반)]

建 세울 건 [建築(건축)]
健 건강할 건 [健康(건강)]

犬 개 견 [猛犬(맹견)]
大 큰 대 [大將(대장)]
丈 어른 장 [方丈(방장)]
太 클 태 [太極(태극)]

堅 굳을 견 [堅實(견실)]
竪 세울 수 [竪立(수립)]

決 결단할 결 [決定(결정)]
快 쾌할 쾌 [豪快(호쾌)]

競 다툴 경 [競爭(경쟁)]
兢 삼갈 긍 [兢戒(긍계)]

境 경계 경 [境界(경계)]
意 뜻 의 [謝意(사의)]

更 고칠 경 [變更(변경)]
吏 벼슬 리 [吏房(이방)]
曳 끌 예 [曳引(예인)]

頃 잠깐 경 [頃刻(경각)]
頂 정수리 정 [頂上(정상)]
項 목덜미 항 [項目(항목)]

計 셈할 계 [計算(계산)]
訃 부음 부 [訃音(부음)]

戒 경계할 계 [警戒(경계)]
誡 경계할 계 [十誡命(십계명)]
戎 병기 융 [戎車(융거)]

季 철 계 [季節(계절)]
李 자두 리 [行李(행리)]
秀 빼어날 수 [優秀(우수)]

階 섬돌 계 [階段(계단)]
陸 뭍 륙 [陸地(육지)]

苦 괴로울 고 [苦難(고난)]
若 만약 약 [萬若(만약)]

孤 외로울 고 [孤獨(고독)]
狐 여우 호 [白狐(백호)]

稿 볏짚 고 [原稿(원고)]
敲 두드릴 고 [推敲(퇴고)]

困 곤할 곤 [疲困(피곤)]
囚 가둘 수 [囚人(수인)]
因 인할 인 [因緣(인연)]

汨 빠질 골 [汨沒(골몰)]
泊 쉴 박 [宿泊(숙박)]

攻 칠 공 [攻擊(공격)]
切 끊을 절 [斷切(단절)]
巧 공교로울 교 [技巧(기교)]

恭 공손 공 [恭遜(공손)]
敬 공경 경 [敬虔(경건)]

寡 적을 과 [多寡(다과)]
裏 속 리 [表裏(표리)]
囊 주머니 낭 [行囊(행랑)]

壞 무너질 괴 [破壞(파괴)]
壤 흙 양 [土壤(토양)]

科 과정 과 [科目(과목)]
料 헤아릴 료 [料量(요량)]

拘 잡을 구 [拘束(구속)]
抱 안을 포 [抱擁(포옹)]

具 갖출 구 [具備(구비)]
俱 함께 구 [俱存(구존)]

鬼 귀신 귀 [鬼神(귀신)]
蒐 모을 수 [蒐集(수집)]

貴 귀할 귀 [富貴(부귀)]
責 꾸짖을 책 [責望(책망)]

斤 근 근 [斤量(근량)]
斥 물리칠 척 [排斥(배척)]

汲 물 길을 급 [汲水(급수)]
吸 마실 흡 [呼吸(호흡)]

己 몸 기 [自己(자기)]
已 이미 이 [已往(이왕)]

瓜 오이 과 [木瓜(모과)]
爪 손톱 조 [爪牙(조아)]

規 법 규 [規格(규격)]
矩 곱자 구 [矩度(구도)]

肯 즐길 긍 [肯定(긍정)]

背 등 배 [背信(배신)]

棄 버릴 기 [棄兒(기아)]
葉 잎 엽 [落葉(낙엽)]

ㄴ

難 어려울 난 [困難(곤란)]
離 떠날 리 [離別(이별)]

納 들일 납 [納入(납입)]
紛 어지러울 분 [紛爭(분쟁)]

濃 짙을 농 [濃淡(농담)]
膿 고름 농 [化膿(화농)]

惱 괴로워할 뇌 [煩惱(번뇌)]
腦 뇌수 뇌 [頭腦(두뇌)]

ㄷ

茶 차 다 [茶房(다방)]
荼 씀바귀 도 [荼菜(도채)]

端 단정할 단 [端正(단정)]
瑞 상서로울 서 [瑞光(서광)]

旦 일찍 단 [元旦(원단)]
且 또 차 [且置(차치)]

代 대신할 대 [代用(대용)]
伐 칠 벌 [討伐(토벌)]

待 기다릴 대 [期待(기대)]
侍 모실 시 [侍女(시녀)]

貸 빌릴 대 [轉貸(전대)]
賃 품삯 임 [賃金(임금)]

戴 일 대 [負戴(부대)]
載 실을 재 [積載(적재)]

徒 걸어다닐 도 [徒步(도보)]
徙 옮길 사 [移徙(이사)]

蹈 밟을 도 [舞蹈(무도)]
踏 밟을 답 [踏襲(답습)]

ㄹ

卵 알 란 [鷄卵(계란)]
卯 토끼 묘 [卯時(묘시)]

剌 고기 뛰는소리 랄 [潑剌(발랄)]
刺 찌를 자 [刺戟(자극)]

憐 가련할 련 [憐憫(연민)]
隣 이웃 린 [隣近(인근)]

領 거느릴 령 [首領(수령)]
頒 나눌 반 [頒布(반포)]
頌 칭송할 송 [頌歌(송가)]

輪 바퀴 륜 [輪廻(윤회)]
輸 실어낼 수 [輸出(수출)]

理 다스릴 리 [倫理(윤리)]
埋 묻을 매 [埋葬(매장)]

栗 밤 률 [栗木(율목)]
粟 조 속 [粟豆(속두)]

ㅁ

漠 사막 막 [沙漠(사막)]
模 법 모 [模範(모범)]

幕 장막 막 [天幕(천막)]
墓 무덤 묘 [墓地(묘지)]
暮 저물 모 [日暮(일모)]
募 모을 모 [募集(모집)]
慕 사모할 모 [思慕(사모)]

末 끝 말 [末路(말로)]
未 아닐 미 [未來(미래)]

昧 어두울 매 [三昧(삼매)]
味 맛 미 [味覺(미각)]

免 면할 면 [免除(면제)]
兎 토끼 토 [兎皮(토피)]

眠 쉴 면 [睡眠(수면)]
眼 눈 안 [眼目(안목)]

綿 솜 면 [綿絲(면사)]
棉 목화 면 [棉花(면화)]

鳴 울 명 [悲鳴(비명)]
嗚 탄식할 오 [嗚咽(오열)]

侮 업신여길 모 [侮辱(모욕)]
悔 뉘우칠 회 [後悔(후회)]

母 어미 모 [母情(모정)]
毋 말 무 [毋論(무론)]
貫 꿸 관 [貫句(관구)]

巫 무당 무 [巫堂(무당)]
覡 박수 격 [巫覡(무격)]

戊 다섯째 천간 무 [戊時(무시)]
戍 수자리 수 [戍樓(수루)]
戌 개 술 [甲戌年(갑술년)]

微 작을 미 [微笑(미소)]
徵 부를 징 [徵集(징집)]

ㅂ

拍 칠 박 [拍手(박수)]
栢 잣나무 백 [冬栢(동백)]

迫 핍박할 박 [逼迫(핍박)]
追 쫓을 추 [追憶(추억)]

薄 엷을 박 [薄明(박명)]
簿 장부 부 [帳簿(장부)]

博 넓을 박 [博士(박사)]
傅 스승 부 [師傅(사부)]
傳 전할 전 [傳受(전수)]

飯 밥 반 [白飯(백반)]
飮 마실 음 [飮料(음료)]

倣 본뜰 방 [模倣(모방)]
做 지을 주 [看做(간주)]

番 차례 번 [番號(번호)]
審 살필 심 [審査(심사)]

罰 벌줄 벌 [罰金(벌금)]
罪 죄 죄 [犯罪(범죄)]

壁 벽 벽 [土壁(토벽)]

璧 구슬 벽 [完璧(완벽)]

辟 임금 벽 [辟王(벽왕)]
僻 후미질 벽 [僻字(벽자)]

變 변할 변 [變化(변화)]
燮 화할 섭 [燮理(섭리)]

辯 말 잘할 변 [辯論(변론)]
辨 분별할 변 [辨明(변명)]
辦 힘쓸 판 [辦公費(관공비)]

普 넓을 보 [普通(보통)]
晋 나라 진 [晋州(진주)]

貧 가난할 빈 [貧弱(빈약)]
貪 탐할 탐 [貪慾(탐욕)]

奉 받들 봉 [奉養(봉양)]
俸 녹 봉 [俸給(봉급)]
奏 아뢸 주 [演奏(연주)]
秦 진나라 진 [秦始皇(진시황)]

付 줄 부 [付託(부탁)]
附 붙을 부 [附錄(부록)]

奮 떨칠 분 [興奮(흥분)]
奪 빼앗을 탈 [奪取(탈취)]

牝 암컷 빈 [牝馬(빈마)]
牡 수컷 모 [牡丹(모란)]

氷 얼음 빙 [解氷(해빙)]
永 길 영 [永久(영구)]

ㅅ

士 선비 사 [紳士(신사)]
土 흙 토 [土地(토지)]

仕 벼슬 사 [奉仕(봉사)]
任 맡길 임 [任務(임무)]

使 부릴 사 [使用(사용)]
便 편할 편 [簡便(간편)]

師 스승 사 [恩師(은사)]
帥 장수 수 [將帥(장수)]

思 생각할 사 [思想(사상)]
惠 은혜 혜 [恩惠(은혜)]

捨 버릴 사 [取捨(취사)]
拾 주을 습 [拾得(습득)]

社 모일 사 [會社(회사)]
祀 제사 사 [祭祀(제사)]

査 조사할 사 [調査(조사)]
杳 아득할 묘 [杳然(묘연)]

雪 눈 설 [殘雪(잔설)]
雲 구름 운 [雲霧(운무)]

涉 건널 섭 [干涉(간섭)]
陟 오를 척 [三陟(삼척)]

俗 속될 속 [俗世(속세)]
裕 넉넉할 유 [餘裕(여유)]

損 덜 손 [缺損(결손)]
捐 기부 연 [義捐金(의연금)]

送 보낼 송 [放送(방송)]
迭 바꿀 질 [更迭(경질)]

牲 희생 생 [犧牲(희생)]
姓 일가 성 [姓氏(성씨)]

恕 용서할 서 [容恕(용서)]
怒 성낼 노 [怒氣(노기)]

棲 살 서 [棲息(서식)]
捷 이길 첩 [大捷(대첩)]

析 쪼갤 석 [分析(분석)]
折 꺾을 절 [折枝(절지)]

晳 밝을 석 [明晳(명석)]
哲 밝을 철 [哲學(철학)]

惜 아낄 석 [惜別(석별)]
借 빌 차 [借用(차용)]

宣 베풀 선 [宣傳(선전)]
宜 마땅할 의 [便宜(편의)]

書 글 서 [書房(서방)]
晝 낮 주 [晝夜(주야)]
畵 그림 화 [畵家(화가)]

蕭 쑥 소 [蕭瑟(소슬)]
簫 퉁소 소 [筒簫(퉁소)]

衰 쇠할 쇠 [衰退(쇠퇴)]
衷 속마음 충 [衷心(충심)]
哀 슬플 애 [哀惜(애석)]
表 드러날 표 [表現(표현)]

旋 돌 선 [旋律(선율)]

施 베풀 시 [實施(실시)]

唆 부추길 사 [示唆(시사)]
悛 고칠 전 [改悛(개전)]

塞 변방 새 [要塞(요새)]
寒 찰 한 [寒食(한식)]

撒 뿌릴 살 [撒布(살포)]
徹 관철할 철 [貫徹(관철)]

象 코끼리 상 [象牙(상아)]
衆 무리 중 [衆生(중생)]

粹 순수할 수 [精粹(정수)]
碎 부술 쇄 [粉碎(분쇄)]

授 줄 수 [授受(수수)]
援 구원할 원 [救援(구원)]

遂 이룩할 수 [完遂(완수)]
逐 쫓을 축 [驅逐(구축)]

帥 장수 수 [將帥(장수)]
師 스승 사 [師傅(사부)]

馴 길들일 순 [馴鹿(순록)]
馳 달릴 치 [馳驅(치구)]

膝 무릎 슬 [膝下(슬하)]
勝 이길 승 [勝利(승리)]
騰 오를 등 [騰落(등락)]

識 알 식 [識見(식견)]
織 짤 직 [織物(직물)]
職 맡을 직 [職位(직위)]

伸 펼 신 [伸張(신장)]

仲 버금 중 [仲秋節(중추절)]

失 잃을 실 [失敗(실패)]
矢 화살 시 [嚆矢(효시)]
夭 일찍 죽을 요 [夭折(요절)]

深 깊을 심 [夜深(야심)]
探 더듬을 탐 [探究(탐구)]

ㅇ

嚴 엄할 엄 [嚴肅(엄숙)]
儼 의젓할 엄 [儼恪(엄각)]

延 끌 연 [延期(연기)]
廷 조정 정 [朝廷(조정)]

沿 좇을 연 [沿革(연혁)]
治 다스릴 치 [政治(정치)]

緣 인연 연 [因緣(인연)]
綠 초록빛 록 [草綠(초록)]

鹽 소금 염 [鹽田(염전)]
監 볼 감 [監督(감독)]

營 경영할 영 [經營(경영)]
螢 반딧불 형 [螢光(형광)]

譽 명예 예 [名譽(명예)]
擧 들 거 [擧事(거사)]

汚 더러울 오 [汚染(오염)]
汗 땀 한 [汗蒸(한증)]

雅 우아할 아 [優雅(우아)]
稚 어릴 치 [幼稚(유치)]

謁 아뢸 알 [謁見(알현)]
揭 들 게 [揭示(게시)]

仰 우러를 앙 [信仰(신앙)]
抑 누를 억 [抑制(억제)]

厄 재앙 액 [厄運(액운)]
危 위태할 위 [危險(위험)]

冶 쇠불릴 야 [陶冶(도야)]
治 다스릴 치 [政治(정치)]

與 줄 여 [授與(수여)]
興 일어날 흥 [興亡(흥망)]

瓦 기와 와 [瓦解(와해)]
互 서로 호 [相互(상호)]

浴 목욕할 욕 [浴室(욕실)]
沿 좇을 연 [沿革(연혁)]

熊 곰 웅 [熊膽(웅담)]
態 태도 태 [世態(세태)]

園 동산 원 [庭園(정원)]
圍 주위 위 [周圍(주위)]

威 위엄 위 [威力(위력)]
咸 다 함 [咸集(함집)]

惟 생각할 유 [思惟(사유)]
推 밀 추 [推進(추진)]

遺 남길 유 [遺物(유물)]
遣 보낼 견 [派遣(파견)]

幼 어릴 유 [幼年(유년)]
幻 허깨비 환 [幻想(환상)]

玉 구슬 옥 [珠玉(주옥)]
王 임금 왕 [帝王(제왕)]
壬 북방 임 [壬辰(임진)]

凝 엉길 응 [凝結(응결)]
疑 의심할 의 [疑心(의심)]

剩 남을 잉 [剩餘(잉여)]
乘 탈 승 [乘車(승차)]

ㅈ

子 아들 자 [子孫(자손)]
孑 외로울 혈 [孑孑(혈혈)]

姿 모양 자 [姿態(자태)]
恣 방자할 자 [放恣(방자)]

暫 잠시 잠 [暫時(잠시)]
漸 점점 점 [漸次(점차)]
慚 부끄러울 참 [無慚(무참)]

栽 심을 재 [盆栽(분재)]
裁 마를 재 [裁判(재판)]

折 꺾을 절 [折衷(절충)]
析 쪼갤 석 [解析(해석)]

亭 정자 정 [亭子(정자)]
享 누릴 향 [享樂(향락)]
亨 형통할 형 [亨通(형통)]

杖 지팡이 장 [短杖(단장)]
枚 낱 매 [枚擧(매거)]

齋 방 재 [書齋(서재)]

齊 같을 제 [一齊(일제)]

籍 서적 적 [戶籍(호적)]
藉 빙자할 자 [憑藉(빙자)]

睛 눈동자 정 [眼睛(안정)]
晴 갤 청 [晴天(청천)]

帝 임금 제 [帝王(제왕)]
常 항상 상 [常識(상식)]

兆 조짐 조 [前兆(전조)]
北 북녘 북 [北極(북극)]

早 일찍 조 [早起(조기)]
旱 가물 한 [旱害(한해)]

照 비출 조 [照明(조명)]
熙 빛날 희 [熙笑(희소)]

潮 조수 조 [潮流(조류)]
湖 호수 호 [湖畔(호반)]

措 둘 조 [措處(조처)]
借 빌 차 [借款(차관)]

兆 조짐 조 [兆朕(조짐)]
佻 경박할 조 [輕佻(경조)]

尊 높을 존 [尊敬(존경)]
奠 드릴 전 [釋奠(석전)]

坐 앉을 좌 [坐視(좌시)]
座 자리 좌 [座談(좌담)]

汁 진액 즙 [果實汁(과실즙)]
什 열 사람 십 [什長(십장)]

指 손가락 지 [指導(지도)]
脂 기름 지 [脂肪(지방)]

ㅊ

捉 잡을 착 [捕捉(포착)]
促 재촉할 촉 [督促(독촉)]

責 꾸짖을 책 [責望(책망)]
靑 푸를 청 [靑史(청사)]

怱 바쁠 총 [怱怱(총총)]
忽 소홀히 할 홀 [疏忽(소홀)]

追 따를 추 [追究(추구)]
退 물러갈 퇴 [退進(퇴진)]

蓄 쌓을 축 [貯蓄(저축)]
畜 기를 축 [家畜(가축)]

充 가득할 충 [充滿(충만)]
允 허락할 윤 [允許(윤허)]

衝 부딪칠 충 [衝突(충돌)]
衡 저울 형 [均衡(균형)]

萃 모을 췌 [拔萃(발췌)]
卒 군사 졸 [卒兵(졸병)]

側 곁 측 [側近(측근)]
測 헤아릴 측 [測量(측량)]
惻 슬퍼할 측 [惻隱(측은)]

飭 삼갈 칙 [勤飭(근칙)]
飾 꾸밀 식 [裝飾(장식)]

推 밀 추 [推薦(추천)]

堆 쌓을 퇴 [堆肥(퇴비)]
椎 쇠몽둥이 추 [椎骨(추골)]

針 바늘 침 [細針(세침)]
鍼 침 침 [鍼術(침술)]

浸 적실 침 [浸透(침투)]
沈 빠질 침 [沈默(침묵)]
沒 빠질 몰 [沒入(몰입)]

ㅌ

拓 박을 탁 [拓本(탁본)]
搨 베낄 탑 [搨本(탑본)]

坦 평평할 탄 [平坦(평탄)]
但 다만 단 [但只(단지)]

湯 끓일 탕 [湯藥(탕약)]
渴 목마를 갈 [渴症(갈증)]

ㅍ

弊 폐단 폐 [弊端(폐단)]
幣 비단 폐 [幣帛(폐백)]
蔽 가릴 폐 [隱蔽(은폐)]

爆 터질 폭 [爆發(폭발)]
瀑 폭포 폭 [瀑布(폭포)]

ㅎ

恨 한탄할 한 [怨恨(원한)]
限 한정할 한 [限界(한계)]

肛 똥구멍 항 [肛門(항문)]
肝 간 간 [肝腸(간장)]

幸 다행할 행 [幸福(행복)]
辛 매울 신 [辛辣(신랄)]

狹 좁을 협 [狹小(협소)]
挾 낄 협 [挾攻(협공)]

護 보호할 호 [保護(보호)]
穫 거둘 확 [收穫(수확)]
獲 얻을 획 [獲得(획득)]

會 모을 회 [會談(회담)]
曾 일찍 증 [曾祖(증조)]

悔 뉘우칠 회 [悔改(회개)]
梅 매화나무 매 [梅花(매화)]

洽 화합할 흡 [洽足(흡족)]
恰 마치 흡 [恰似(흡사)]

吸 마실 흡 [呼吸(호흡)]
吹 불 취 [鼓吹(고취)]
次 버금 차 [次席(차석)]

잘못 쓰기 쉬운 한자

渴 목마를 갈 [渴筆(갈필)] 뜻 〈물이 마름〉

健 굳셀 건 [健忘症(건망증)] 뜻 〈매우, 몹시, 잘〉

見 볼 견 [見謁(현알)] 뜻 〈웃어른을 뵙다, 나타나다〉

京 서울 경 [兆京(조경)] 뜻 〈숫자에서 兆의 일만 배〉

告 고할 고 [告存(곡존)] 뜻 〈뵙고 청하다, 안부를 묻다〉

瓜 오이 과 [瓜年(과년)] 뜻 〈월경이 시작하는 나이〉
[瓜限(과한)] 뜻 〈벼슬의 임기가 끝나는 시기〉

敎 가르칠 교 [敎唆(교사)] 뜻 〈~로 하여금 ~하게 하다〉

龜 거북 귀 [龜鑑(귀감)] 뜻 〈거북점〉

唐 당나라 당 [唐慌(당황)] 뜻 〈당황, 황당, 갑자기〉

頓 조아릴 돈 [頓悟(돈오)] 뜻 〈문득, 갑자기, 문득 깨달음〉

豆 콩 두 [豆肉(두육)] 뜻 〈굽이 높은 제기(祭器)〉

廉 청렴할 렴 [廉探(염탐)] 뜻 〈몰래, 값싸다〉

零 떨어질 령 [零時(영시)] 뜻 〈제로〉

陵 큰 언덕 릉 [王陵(왕릉)] 뜻 〈임금의 무덤〉

摩 갈 마 [摩天樓(마천루)] 뜻 〈가까이 다가가다〉

莫 없을 막 [莫春(모춘)] 뜻 〈해가 저물다〉 = 暮春

白 흰 백 [主人白(주인백)] 뜻 〈사뢰다, 말하다〉

腐 썩을 부 [豆腐(두부)] 뜻 〈두부〉

非 아닐 비 [非難(비난)] 뜻 〈책하다, 원망하다〉

斯 이 사 [斯文(사문)] 뜻 〈유교(儒敎)〉

史 역사 사[女史(여사)] 뜻 〈문장가 등 저명인사 존칭〉

殺 죽일 살[殺到(쇄도)] 뜻 〈매우, 몹시〉
[相殺(상쇄)] 뜻 〈덜다〉

霜 서리 상[霜劍(상검)] 뜻 〈날카롭다〉

象 코끼리 상[象形(상형)] 뜻 〈모양〉
[象徵(상징)] 뜻 〈본뜨다〉

色 빛 색[好色(호색)] 뜻 〈색정(色情)〉

石 돌 석[石女(석녀)] 뜻 〈쓸모가 없음〉

蕭 쑥 소[蕭散(소산)] 뜻 〈쓸쓸하다〉

讐 원수 수[讐正(수정)] 뜻 〈교정(校正)하다〉

息 숨쉴 식[令息(영식)] 뜻 〈아이〉 '令愛' 남의 딸 존칭

識 알 식[標識(표지)] 뜻 〈기록하다, 표지〉

阿 언덕 아[阿附(아부)] 뜻 〈아첨하다〉

逆 거스릴 역[逆旅(역려)] 뜻 〈맞이하다, 만나다〉

鳶 솔개 연[龍鳶(용연)] 뜻 〈날리는 연〉

演 흐를 연[演技(연기)] 뜻 〈연기하다, 익히다〉

浣 씻을 완[上浣(상완)] 뜻 〈열흘〉

月 달 월[月經(월경)] 뜻 〈월경〉

潤 젖을 윤[潤文(윤문)] 뜻 〈꾸미다, 수식하다〉

膺 가슴 응[膺懲(응징)] 뜻 〈치다, 정벌하다, 응징하다〉

義 옳을 의[義足(의족)] 뜻 〈실물의 대용품〉
[義兄(의형)] 뜻 〈혈연관계가 없는 사람이 친척관계를 맺는 일〉

仁 어질 인[杏仁(행인)] 뜻 〈과일의 씨〉

齋 재계할 재[齋室(재실)] 뜻 〈집, 방〉

除 덜 제[除授(제수)] 뜻 〈벼슬을 주다〉

弟 아우 제[師弟(사제)] 뜻 〈제자〉

卒 군사 졸 [卒倒(졸도)] 뜻 〈갑자기〉

注 물댈 주 [注釋(주석)] 뜻 〈주를 내다, 풀이하다〉

陣 진칠 진 [陣痛(진통)] 뜻 〈해산하다〉

震 벼락 진 [震壇(진단), 震域(진역)] 뜻 〈우리나라〉 = 震檀(진단)

諦 살필 체 [眞諦(진제)] 뜻 〈진리(眞理)〉 음이 '제'

草 풀 초 [草稿(초고)] 뜻 〈처음, 시작하다〉

漆 옻 칠 [漆夜(칠야)] 뜻 〈검다〉

太 클 태 [豆太(두태)] 뜻 〈대두(大豆)의 속칭〉

澤 못 택 [惠澤(혜택)] 뜻 〈윤나다, 혜택〉

便 편할 편 [便所(변소)] 뜻 〈똥오줌〉

暴 사나울 폭 [暴(曝)曬(포쇄)] 뜻 〈쬐다〉

夏 여름 하 [夏海(하해)] 뜻 〈크다〉

荷 연 하 [荷物(하물)] 뜻 〈메다, 짐〉

漢 한수 한 [無賴漢(무뢰한)] 뜻 〈사나이의 비칭(卑稱)〉

項 목 항 [項目(항목)] 뜻 〈사항, 조목〉

諧 화할 해 [諧謔(해학)] 뜻 〈익살〉

行 다닐 행 [行伍(항오)] 뜻 〈줄, 항렬〉
[銀行(은행)] 뜻 〈집〉

軒 집 헌 [軒軒丈夫(헌헌장부)] 뜻 〈의기가 양양하다〉

渾 흐릴 혼 [渾身(혼신)] 뜻 〈모두, 온〉

花 꽃 화 [花子(화자), 花費(화비)] 뜻 〈소비하다〉

灰 재 회 [石灰(석회)] 뜻 〈석회〉

懷 품을 회 [懷妊(회임)] 뜻 〈아이를 배다〉

※ 명문당 진태하 《상용한자 자원 풀이》 참조

한자성어(漢字成語)

>>> 首부수

首丘初心(수구초심) : 여우는 죽을 때 본래 살던 언덕 쪽으로 머리를 둠. '고향을 그리워하는 마음' 또는 '근본을 잊지 않음' 을 비유.

首尾相接(수미상접) : 처음과 끝이 서로 이어져 끊이지 않음.

大道無門(대도무문) : 사람으로서 마땅히 지켜야 할 도리나 바른길에는 거칠 것이 없다는 뜻으로, 누구나 그 길을 걸으면 승리자가 될 수 있다는 말.

征明假道(정명가도) : 명나라를 치러가는 길을 빌림. 선조 때 일본의 도요토미 히데요시가 중국 명나라를 치는 데 필요한 길을 빌려달라고 조선에 요구한 것.

導迎和氣(도영화기) : 온화한 기색으로 남의 환심을 사는 일.

>>> 頁부수

百八煩惱(백팔번뇌) : 불교에서 말하는 108가지의 번뇌.

萬頃蒼波(만경창파) : 끝없이 이는 큰 바다의 물결이란 뜻으로, 넓은 바다의 푸른 물결을 말함.

傾國之色(경국지색) : 나라를 기울게 할 만큼 매우 뛰어나게 아름다운 여자.

猫項懸鈴(묘항현령) : 고양이 목에 방울 달기로, 실행할 수 없는 헛된 논의.

伯樂一顧(백락일고) : 백락〔名馬를 알아볼 줄 아는 사람〕이 한번 돌아봄. 명마가 백락을 만나 세상에 알려짐, 즉 자기의 재능을 남이 알아주어 잘 대우함. 전문가가 인정해 주면 값어치가 올라감.

四顧無親(사고무친) : 사방을 돌아봐도 친척(親戚)이 없음. 믿고 의지할 만한 데가 전혀 없음.

三顧草廬(삼고초려) : 유비가 남양 땅에 살고 있는 제갈량의 초가집을 세 번이나 찾아가서 그를 군사로 삼았다는 고사에서, 임금의 두터운 사랑을 입음. 또는 인재를 얻기 위해 참을성 있게 노력함.

强顔女子(강안여자) : 제나라 추녀의 뻔뻔스러운 행동에서 나온 말로, 얼굴이 뻔뻔한 여자. 수치심을 모르는 여자.

厚顔無恥(후안무치) : 얼굴이 두꺼워 부끄러움이 없다는 뜻으로, 뻔뻔스럽고 염치가 없음을 이름.

類萬不同(유만부동) : 비슷한 것이 많아도 실상 같지 아니함. 분수에 맞지 않음.

類類相從(유유상종) : 무리끼리 서로 따른다는 뜻으로, 같은 동아리끼리 서로 오가며 사귐.

亂者須斬(난자수참) : 어지러운 것은 베어버려야 한다는 뜻으로, 어지럽게 뒤얽힌 일이나 정황(情況)을 재빠르고 명쾌하게 처리하는 것.

男兒須讀五車書(남아수독오거서) : 남아는 모름지기 다섯 수레에 실을 만한 많은 책을 읽어야 함. 多讀(다독).

迦陵頻迦(가릉빈가) : 원래 우는 소리가 아름다운 참새의 일종이라고도 하나, 불교에서는 극락정토에 살며 묘성으로 설법을 한다는 상상의 새. 정토변상도(淨土變相圖)나 화만(華鬘) 등에 인두조신(人頭鳥身)으로 표현되어 악기를 연주하는 경우도 있으며, 그 표현은 인도의 킨나라나 중국의 봉황과 유사함.

龍頭蛇尾(용두사미) : 용의 머리에 뱀의 꼬리. 처음은 야단스럽게 시작했지만 끝이 흐지부지되어 버림.

黑頭宰相(흑두재상) : 나이 젊은 재상이란 뜻.

>>> 耳부수

口耳之學(구이지학) : 귀로 들은 것을 그대로 남에게 이야기할 뿐 조금도 제 것으로 만들지 못한 학문.

馬耳東風(마이동풍) : 말귀에 봄바람이란 뜻으로, 남의 말을 귀담아듣지 않음.

耳懸鈴鼻懸鈴(이현령비현령) : 귀에 걸면 귀걸이, 코에 걸면 코걸이.

異口同聲(이구동성) : 입은 다르나 소리는 같다는 뜻으로, 여러 사람이 다 같이 하는 말. 如出一口(여출일구).

呱呱之聲(고고지성) : 어린아이가 처음 나올 때 우는 소리.

聖人君子(성인군자) : 지식과 인격이 함께 뛰어난 훌륭한 사람. 덕망이 있어 세상에 모범으로 우러름을 받는 인물.

太平聖代(태평성대) : 어질고 착한 임금이 다스리는 태평한 세상.

鵬程萬里(붕정만리) : 붕새를 타고 만리(萬里)를 난다는 뜻으로, 머나먼 앞길. 앞날이 창창함.

前程萬里(전정만리) : 나이가 젊어서 뜻을 이룰 시간적 여유가 많음. 前途洋洋(전도양양), 靑雲萬里(청운만리), 坦坦大路(탄탄대로).

封庫罷職(봉고파직) : 암행어사나 감사가 부정을 저지른 고을 원 등을 파면시키고 관가의 곳간을 봉하여 잠그던 일.

織女渡河(직녀도하) : 직녀성이 음력 7월 7일 밤에 은하수를 건너 견우성과 서로 만나는 일.

目不識丁(목불식정) : 눈으로 '丁(정)' 자도 알지 못함. 아주 무식함. ㊉ 낫 놓고 기역자도 모른다. 一字無識(일자무식), 魚魯不辨(어로불변), 菽麥(숙맥).

博學多識(박학다식) : 널리 배워 많이 앎.

一字無識(일자무식) : 한 글자도 알지 못함.

聰明叡智(총명예지) : 총명하고 지혜가 뛰어나다는 뜻으로, 주로 임금의 슬기로움을 칭송하여 이르는 말.

聰明之寄(총명지기) : 임금의 이목(耳目)이 될 중요한 직무를 맡는 일.

總角之好(총각지호) : 어릴 때부터의 친구. 총죽지교(葱竹之交).

>>> 目부수

刮目相看(괄목상간) : 눈을 비비고 상대편을 보다. 새로운 안목으로 대함.

貴耳賤目(귀이천목) : 귀로 들은 것은 존중하나 눈앞에 있는 것은 비천하게 여긴다는 뜻. 곧 옛일을 높이 평가하고 현대를 경시함. 먼 데 것을 좋다고 하고, 가까운데 것을 나쁘다고 함. 사람의 생각이 얕음을 이르는 말.

飛耳長目(비이장목) : '먼 곳에서 일어난 일을 빨리 듣고 보는 귀와 눈' 이란 뜻. 곧 사물을 관찰함에 예민함의 비유. 널리 정보를 수집함의 비유. 정보를 모은 책.

西施矉目(서시빈목) : 서시가 눈살을 찌푸린다는 말로, 무조건 남을 모방하는 어리석은 행동. 남의 단점을 장점인 줄 알고 모방하는 것.

式目都監(식목도감) : 법제 및 격식에 관한 조목을 의논하고 관장하는 기관. 국가의 대내적인 법제 및 격식 제정에 관한 문제를 의논하는 회의 기관.

一目瞭然(일목요연) : 한눈에 알아볼 수 있게 밝고 뚜렷함.

人事不省(인사불성) : 자신에게 일어난 일을 알 수 없을 만큼 정신을 잃은 모습.

矮者看戲(왜자간희) : 키 큰 사람에 가려 연극무대를 볼 수 없는 난쟁이가 그저 앞사람의 이야기만 듣고서 맞장구를 친다는 뜻. 곧 사물을 판단할 식견이 없는 자가 부화뇌동함.

上下和睦(상하화목) : 윗사람과 아랫사람이 서로 화목하게 지냄.

單刀直入(단도직입) : 혼자서 칼을 휘두르며 곧바로 적진으로 들어간다는 뜻으로, 말이나 글을 요점만 바로 언급하여 말함.

董狐直筆(동호직필) : 사실을 숨기지 아니하고 있는 그대로 쓰는 것을 말함. 춘추시대 진(晉) 태사(太史) 동호(董狐)의 고사.

以實直告(이실직고) : 사실 그대로 고함.

直木先伐(직목선벌) : 곧은 나무 먼저 꺾임.

下方置換(하방치환) : 화학실험 때 발생하는 무겁고 물에 잘 녹는 기체를 관으로 용기 바닥에 끌어들이고 공기를 내보내는 일.

孤根弱植(고근약식) : 일가친척이나 뒤에서 지원해 주는 사람이 없는 외로운 사람을 비유해 이르는 말.

置之度外(치지도외) : 내버려 두고 상대하지 않음.

置錐之地(치추지지) : 송곳을 세울만한 아주 좁은 땅.

刮目相對(괄목상대) : 눈을 비비고 볼 정도로 실력이 놀라보게 발전함. 刮目相待(괄목상대), 刮目相看(괄목상간).

一心思想(일심사상) : 모든 만물의 진리는 하나의 마음, 즉 하나의 진리라는 불교의 사상.

天眞爛漫(천진난만) : 천진함이 넘친다는 뜻으로, 조금도 꾸밈없이 아주 순진하고 참됨.

鎭魂歸神(진혼귀신) : 정신을 가라앉혀, 무념무상의 경지에 이르러 일체를 바쳐 신명에 귀의함.

愼終追遠(신종추원) : 부모의 상사에는 슬픔을 다하고, 먼 조상의 제사에 공경을 다함.

眉目秀麗(미목수려) : "눈썹과 눈이 수려하다." 는 뜻으로, 얼굴이 빼어나게 아름다움을 이르는 말.

自己矛盾(자기모순) : 자기 스스로에 대한 모순.

矛盾撞着(모순당착) : 같은 사람의 문장이나 언행이 앞뒤가 서로 어그러져서 모순됨.

前後矛盾(전후모순) : 앞서 한 말과 뒤에 한 말이나 행동이 서로 일치하지 아니함.

循環無端(순환무단) : 끊임없이 되풀이하여 주기적으로 돎이 끝이 없음.

>>> 見부수

見物生心(견물생심) : 물건을 보면 갖고 싶은 욕심이 생김.

讀書百遍義自見(독서백편의자현) : 글을 백번 두루 읽으면 뜻이 저절로 나타난다는 뜻으로, 열심히 학문을 연마하다 보면 뜻하는 바가 저절로 이루어짐의 비유.

百聞不如一見(백문불여일견) : 백 번 듣는 것보다 한 번 보는 것이 낫다는 말로, 직접적인 경험의 중요성을 강조하는 말.

究竟現觀(구경현관) : 육현관(六現觀)의 하나. 모든 번뇌를 끊어 더 닦을 것이 없는 경지의 청정한 지혜.

紙筆硯墨(지필연묵) : 종이 · 붓 · 벼루 · 먹.

筆耕硯田(필경연전) : "벼루를 밭으로 삼고, 붓으로 간다."는 뜻으로, 문필로써 생활함을 비유해 이르는 말.

親戚故舊(친척고구) : 친(親)은 동성지친이고, 척(戚)은 이성지친이요, 고구는 오랜 친구를 말함.

覺跌千里(각질천리) : "여기서 반걸음이라도 잘못 내딛는 날엔 천 리 먼 길이 어그러짐을 알겠구나."에서 온 말. 큰일을 그르치는 자를 깨우치게 하는 뜻.

大悟覺醒(대오각성) : 크게 깨달아서 번뇌, 의혹이 다 없어짐.

過失相規(과실상규) : 잘못을 서로 고쳐 줌.

蕭規曹隨(소규조수) : 소하가 제정한 법규를 조참이 따른다는 뜻으로, 예전부터 사람들이 쓰던 제도를 그대로 따르거나 이어 나가는 것을 이르는 말.

一視同仁(일시동인) : 모든 사람을 평등하게 보아 똑같이 사랑한다는 뜻.

虎視眈眈(호시탐탐) : 호랑이가 눈을 부릅뜨고 먹이를 노려봄. 공격이나 침략의 기회를 노리고 있는 모양.

敎觀兼修(교관겸수) : 석가모니의 가르침〔이론〕과 참선과 수양을 모두 닦음. 의천의 주장으로 불교의 교리 체계인 교(敎)와 실천수행법인 지관(止觀)을 함께 닦아야 한다는 사상.

明若觀火(명약관화) : "밝기가 불보는 것 같다."는 뜻으로, 어떤 일의 명백함이 매우 분명함을 이름.

袖手傍觀(수수방관) : 팔짱을 끼고 곁에서 지켜봄. 응당 해야 할 일에 아무런 간여도 하지 않고 그대로 버려 둠.

坐井觀天(좌정관천) : "우물 속에 앉아 하늘을 쳐다본다."는 뜻으로, 견문이 매우 좁음을 말함. 세상 물정을 너무 모름.

權不十年(권불십년) : 권력은 10년을 못 간다는 말.

權在足下(권재족하) : 권력은 오로지 당신에게 있다는 뜻으로, 남에게 도움을 청할 때 쓰는 말.

歡呼雀躍(환호작약) : 기뻐서 소리치며 날뜀.

勸上搖木(권상요목) : "나무에 오르게 해 놓고 흔들어 떨어뜨린다."는 뜻으로, 남을 선동해 놓고 낭패를 보도록 함의 비유.

勸善懲惡(권선징악) : 선행을 권장하고 악행을 징계함.

德業相勸(덕업상권) : 향약의 네 강목 중의 하나. 좋은 행실은 서로 권장할 것.

>>> 艮부수

白眼視(백안시) : 흰 눈동자로 흘겨봄. 남을 업신여기거나 홀대함.

眼下無人(안하무인) : 눈 아래 사람이 없다는 뜻으로, 사람됨이 교만하여 남을 업신여김.

徹天之恨(철천지한) : 하늘을 뚫을 만큼 맺힌 한.

根問葉問(근문엽문) : 근본으로부터 지엽에 이르기까지의 물음. 하나 남기지 않고 전부 물음.

事實無根(사실무근) : 사실에 근거가 없다는 뜻으로, 근거가 없거나 사실과 전혀 다름.

銀河鵲橋(은하작교) : 견우직녀의 전설에 있는 칠월 칠석에 은하수에 놓는다는 까막까치의 다리.

山情無限(산정무한) : 산의 정경이 한없음.

限死決斷(한사결단) : 죽기로써 결단함.

良藥苦口(양약고구) : 병에 잘 듣는 약은 입에 씀.

美風良俗(미풍양속) : 아름답고 좋은 풍속.

娘子軍(낭자군) : 여자로 조직한 군대, 부인 또는 소녀의 단체.

浪得虛名(낭득허명) : 평판은 좋으나 아무런 실속이 없는 일.

虛無孟浪(허무맹랑) : 말하기 어려울 만큼 비고 거짓되어 실상이 없음. 터무니없이 허황되고 실상이 없음.

內潤外朗(내윤외랑) : 옥의 광택이 안에 함축된 것과 밖으로 나타난 것이라는 뜻으로, 인물의 재덕을 형용해 이르는 말.

>>> 臣부수

股肱之臣(고굉지신) : 다리와 팔과 같은 신하라는 뜻으로, 임금이 가장 믿고 중하게 여기는 신하라는 말. ※ 비슷한 말 = 주석지신(柱石之臣 : 나라를 떠 바치는 중심이 되는 신하), 사직지신(社稷之臣 : 나라의 안위를 맡은 중신).

君臣有義(군신유의) : 임금과 신하 사이에 의리가 있어야 함.

君爲臣綱(군위신강) : 임금은 그 신하의 벼리가 되어야 함.

亂臣賊子(난신적자) : 나라를 어지럽게 하는 신하와 어버이를 해치는 자식.

社稷之臣(사직지신) : 나라의 안위를 맡은 중신.

背山臨水(배산임수) : 산을 등지고 강을 내려다보는 지세.

臨戰無退(임전무퇴) : 삼국 통일의 원동력이 된 화랑의 세속오계의 하나. 싸움에 임하여 물러섬이 없음.

東山高臥(동산고와) : 동산의 높은 곳에 누워 있다는 말로, 자유로운 생활을 비유.

臥薪嘗膽(와신상담) : 섶 위에서 자고 쓸개를 핥는다는 뜻으로, 목적을 달성하기 위해 온갖 고난을 참고 견딤의 비유.

>>> 凵부수

如出一口(여출일구) : 여러 사람의 말이 한 입에서 나오는 것처럼 한결같음을 이르는 말.

大巧若拙(대교약졸) : 훌륭한 기교는 도리어 졸렬한 듯함. 아주 교묘한 재주를 가진 사람은 그 재주를 자랑하지 아니하므로 언뜻 보기엔 서투른 것 같다는 뜻.

弄巧成拙(농교성졸) : 지나치게 솜씨를 부리다가 도리어 서툴게 됨을 이르는 말.

屈臣制天下(굴신제천하) : 신하에게 굽혀 천하를 다스린다는 말로, 자신보다 못한 아랫사람에게 생각을 굽혀 큰일을 성취함.

不撓不屈(불요불굴) : 마음이 굳세어 흔들이지 않고 굽히지도 아니함.

吉凶禍福(길흉화복) : '길흉과 화복' 이라는 뜻으로, 즉 사람의 운수를 이름.

凶惡無道(흉악무도) : 성질이 거칠고 사나우며 도의심이 없음.

>>> 口부수

口是心非(구시심비) : 말로는 옳다고 하고 마음속으로는 그르게 여김.

口中雌黃(구중자황) : 입안에 자황이 있다는 말로, 함부로 비평하는 말을 이름.

口血未乾(구혈미건) : 맹세할 때 입에 바른 피가 채 마르지 않았다는 뜻으로, 맹세한 지가 아직 오래되지 않음의 비유.

萬口成碑(만구성비) : 만인이 칭찬하면 명성이 길이 남게 됨.

生口不網(생구불망) : 산 입에 거미줄 치랴? 산 사람의 목구멍에 거미줄 치지 않는다는 뜻으로, 아무리 곤궁하여도 그럭저럭 먹고 살 수 있음.

有名無實(유명무실) : 이름만 있고 실상이 없음. 평판과 실제가 같지 않음.

名門巨族(명문거족) : 이름이 난 큰 가문.

名不虛傳(명불허전) : 전해지는 명성이 빈말이 아님. 명성이 전해오는 데는 그만한 까닭이 있음.

名實相符(명실상부) : 이름과 실상이 서로 꼭 들어맞음. 즉, 알려진 것과 실제의 상황이나 능력에 차이가 없음.

刻骨銘心(각골명심) : 마음속 깊이 새겨 둠.

銘心不忘(명심불망) : 마음에 새기어 오래오래 잊지 아니함.

右往左往(우왕좌왕) : 오른쪽으로 갔다 왼쪽으로 갔다 하며 종잡지 못함. 사방으로 왔다 갔다 함.

左顧右眄(좌고우면) : 왼쪽을 바라보고 오른쪽을 곁눈질함. 결정을 내리지 못하고 이것저것 눈치만 살피는 모습.

吉祥善事(길상선사) : 더할 나위 없이 기쁘고 좋은 일.

吉人天相(길인천상) : 착한 사람은 하늘이 도움.

立春大吉(입춘대길) : 입춘을 맞이하여 길운을 기원하는 글.

結者解之(결자해지) : 맺은 사람이 풀어야 한다는 뜻으로, 일을 저지른 사람이 해결해야 한다는 말.

結草報恩(결초보은) : 춘추시대 진(晉)나라의 위무자와 그 서모, 아들 위과와 관련된 고사로 "풀을 묶어 은혜를 갚는다."는 뜻. 즉 죽은 후라도 은혜를 잊지 않고 갚음.

大同團結(대동단결) : 여러 단체나 정당 · 당파가 서로 대립하는 작은 문제를 무시하고, 큰 목적을 위해서 일치단결함을 이르는 말.

哀乞伏乞(애걸복걸) : 애처롭게 사정하여 굽실거리며 빌고 또 빎.

樂極哀生(낙극애생) : 즐거움도 극에 달하면 슬픔이 생김.

黨同伐異(당동벌이) : 일의 옳고 그름을 가리지 않고 동아리끼리 뭉쳐 다른 동아리를 공격함.

同價紅裳(동가홍상) : 같은 값이면 붉은 치마. 같은 조건이면 좋은 물건을 가짐. ㊕ 기왕이면 다홍치마.

表裏不同(표리부동) : 겉과 속이 다름.

和而不同(화이부동) : 조화롭게 행동하고 부화뇌동하지 않음. 남과 사이좋게 지내되 의를 굽혀 좇지는 아니한다는 뜻으로, 곧 남과 화목하게 지내지만 자기의 중심과 원칙을 잃지 않음.

洞房華燭(동방화촉) : "부인의 방에 촟불이 아름답게 비친다."는 뜻으로, 신랑이 신부의 방에서 첫날밤을 지내는 일. 결혼식 날 밤 또는 혼례를 이르는 말.

乾坤洞然(건곤통연) : 천지가 탁 트여 아무런 장해도 될 것이 없음.

銅頭鐵身(동두철신) : 성질이 모질고 질기며 거만한 사람을 비유하는 말.

碧梧桐(벽오동) : 벽오동과에 딸린 갈잎큰키나무. 나무껍질이 초록빛이고 잎이 크고 손바닥 꼴, 여름에 가지 끝에 긴 이삭 모양의 잔가지가 나와 황록색의 작은 다섯잎꽃이 핌. 정원수나 가로수로 심으며, 재목은 가구재 따위로 쓰고 열매는 먹음.

梧桐斷角(오동단각) : 무른 오동나무가 견고한 뿔을 자른다는 뜻으로, 부드러운 것이 능히 강한 것을 이김을 비유해 이르는 말.

多多益善(다다익선) : 많으면 많을수록 더욱 좋음.

積善之家 必有餘慶(적선지가 필유여경) : 선행을 쌓은 집에는 반드시 남은 기쁜 일이 있음.

東西古今(동서고금) : 동양과 서양, 그리고 옛날과 오늘. 곧 어디서나, 언제나의 뜻.

萬古不變(만고불변) : 오랜 옛날부터 변하지 않음.

萬古風霜(만고풍상) : 일생 동안 겪은 갖가지 고생과 고초.

法古創新(법고창신) : 옛 법을 새로운 것으로 거듭나게 함. 옛것에 토대를 두되 그것을 변화시킬 줄 알고 새것을 만들어 가되 근본을 잃지 않아야 한다는 뜻.

苦肉之策(고육지책) : 제 몸을 괴롭히면서 쓰는 계책이라는 뜻으로, 적을 속이거나 어려운 사태를 벗어나기 위해 부득이하게 쓰는 계책.

苦盡甘來(고진감래) : 괴로움이 다하면 즐거움이 옴. 고생 끝에 낙이 옴.

樂生於苦(낙생어고) : 쾌락은 항상 고생하는 데서 나온다는 말.

樂是苦因(낙시고인) : 지나친 안락은 고난의 씨앗이 된다는 뜻.

塗炭之苦(도탄지고) : 진흙이나 숯불에 떨어진 것과 같은 고통. 가혹한 정치로 백성들이 고통을 겪는 것.

同苦同樂(동고동락) : 고생도 함께 하고 기쁨도 함께 함.

千辛萬苦(천신만고) : 한없이 맵고 씀. 대단히 힘든 상황을 나타내는 말.

麻姑搔痒(마고소양) : 마고라는 손톱 긴 선녀가 가려운 데를 긁어준다는 말로, 일이 뜻대로 됨을 비유. 麻姑爬痒(마고파양).

藐姑射山(막고야산) : 불로불사(不老不死)의 신선이 산다고 전해지는 산.

因循姑息(인순고식) : 낡은 습관과 폐단을 버리지 못하고 눈앞의 안일만 취함. 因循苟且(인순구차).

枯木生花(고목생화) : 마른 나무에 꽃이 핀다는 뜻으로, 곤궁한 사람이 크게 행운을 얻는다는 말. 枯木發榮(고목발영).

四君子(사군자) : 품격이 뛰어난 네 가지 식물을 가리켜 부르는 말. 매화, 난초, 국화, 대나무를 가리킴.

君子不器(군자불기) : 군자는 그릇처럼 유한적 존재가 아님. 즉 한 가지 재능에만 뛰어난 것이 아니라 매사에 균형 잡혀서 원만함을 이름.

君子三樂(군자삼락) : 양친이 다 살아 계시고 형제가 무고한 것, 우러러 하늘에 부끄럽지 않고 굽어보아도 사람들에게 부끄럽지 않은 것, 천하의 영재를 얻어서 교육하는 것. 『맹자』.

君子三畏(군자삼외) : 군자가 두려워해야 할 세 가지. 천명을 두려워하고, 대인을 두려워하고, 성인의 가르침을 거울삼아 스스로 부족함을 깨닫고도 이를 고치려 하지 않음을 두려워해야 함.

欺君罔上(기군망상) : 임금을 속이고 윗사람을 농락함. 指鹿爲馬(지록위마).

檀君王儉(단군왕검) : 제사장이면서〔檀君〕 군장인〔王儉〕 사람. 하늘에 제사를 지내는 제사장을 뜻하는 '단군' 과 정치적 지배자를 뜻하는 '왕검' 을 합친 말. 즉 단군왕검은 제사장이자 지배자였음.

梁上君子(양상군자) : 들보 위의 군자라는 뜻으로, 도둑을 점잖게 이른 말.

君子大路行(군자대로행) : 군자는 큰 길을 택해서 간다는 뜻으로, 밝고 바르게 행동함으로써 남의 본보기가 된다는 말.

屢典郡邑(누전군읍) : 여러 고을의 원〔수령〕을 지냄.

嚴冬雪寒(엄동설한) : 눈 내리는 깊은 겨울의 심한 추위.

巖牆之下(암장지하) : '돌담의 밑' 이라는 뜻으로, 몹시 위험한 곳을 말함.

狗逐鷄屋只睇(구축계옥지제) : 닭 쫓던 개 지붕 쳐다보듯, 애를 써서 구하던 일이 실패로 돌아가서 어찌할 수 없게 됨을 이르는 말.

經史百子(경사백자) : '경서와 사서, 제자백가의 책' 이라는 뜻으로, 많은 책을 이르는 말.

史有三長(사유삼장) : 역사를 기록하는 사람은 재(才), 학(學), 식(識)의 세 가지 장점을 갖추고 있어야 함.

刻木爲吏(각목위리) : "나무를 깎아 관리의 형상을 만든다."는 뜻으로, 옥리를 심히 미워해 이르는 말.

使人大慚(사인대참) : 하는 짓이 옆에서 보는 사람으로 하여금 부끄럽게 여길 만함.

賀冬至使(하동지사) : 조선 시대에 해마다 동짓달에 명나라 또는 청나라에 보내던 사신.

離合集散(이합집산) : 헤어졌다 모이고 모였다가 흩어진다는 것으로, 무질서한 모습.

合縱連橫(합종연횡) : 공수(攻守) 동맹의 뜻. ※ 소진(蘇秦)의 합종(合縱)과 장의(張儀)의 연횡(連衡) 외교책을 일컫는 말.

家給人足(가급인족) : 집집마다 넉넉하고 사람마다 풍족함.

自給自足(자급자족) : 자기에게 필요한 것을 스스로 공급하여 충당함.

東問西答(동문서답) : 동쪽을 묻는데 서쪽을 대답한다는 뜻으로, 묻는 말에 대하여 전혀 엉뚱한 대답을 함.

愚問賢答(우문현답) : 어리석은 질문에 현명한 대답.

自問自答(자문자답) : 스스로 묻고 스스로 대답함.

以實直告(이실직고) : 사실 그대로 말함.

出告反面(출곡반면) : 부모님께 나갈 때는 갈 곳을 아뢰고, 들어와서는 얼굴을 보여드리며 인사함.
再造之恩(재조지은) : 거의 멸망하게 된 것을 구원하여 도와준 은혜.
浩然之氣(호연지기) : 하늘과 땅을 꽉 메우는 넓고 큰 기운. 조금도 부끄러울 바 없는 도덕적 용기. 또는 자유롭고 느긋한 마음.
各其所長(각기소장) : 각기 저마다의 장기(長技)나 장점.
各自圖生(각자도생) : 제각기 살길을 도모함.
各自爲政(각자위정) : 여러 사람이 각자 제멋대로 행동해 전체적인 조화를 생각하지 않는다는 말.
洛陽紙貴(낙양지귀) : "낙양의 종이가 귀해졌다."는 뜻으로, 문장이나 저서가 호평을 받아 잘 팔림을 이르는 말. 쓴 글의 평판이 널리 알려짐. 혹은 저서가 많이 팔리는 것을 말할 때 쓰임.
破落戶(파락호) : 놀고먹는 건달이나 불량배.
平沙落雁(평사낙안) : 모래펄에 와서 앉은 기러기. 글씨나 문장이 대단히 잘 써어진 모습.
格物致知(격물치지) : 사물의 이치를 연구하여 후천적 지식을 명확히 함〔朱熹(주희)〕. 낱낱의 사물에 존재하는 마음을 바로잡고 선천적 양지(良知)를 갈고 닦음〔王陽明(왕양명)〕.
中傷謀略(중상모략) : 터무니없는 말로 헐뜯거나 남을 해치려고 속임수를 써서 일을 꾸밈.
人馬絡繹(인마낙역) : 말과 사람의 왕래가 빈번하여 잇닿았다는 뜻으로, 번화한 도시를 이르는 말.
沙上樓閣(사상누각) : 모래 위에 지은 집. 헛된 것.
喜喜樂樂(희희낙락) : 매우 기뻐하고 즐거워함.
懿公喜鶴(의공희학) : 의공이 학을 좋아한다는 말로, 동물 등을 지나치게 애호하여 재앙이 됨을 이름.
吐哺握髮(토포악발) : 현자를 우대함. 또는 군주가 어진 인재에게 예의를 갖추어 맞이함. 주공(周公)이 손님이 오면 밥 먹다가 밥을 뱉고, 머리 감을 때는 머리를 움켜쥐고 나가서 극진히 그를 맞아들였다는 고사에서 유래.
可信之人(가신지인) : 믿을 만한 사람. 믿음직한 사람.
百年河淸(백년하청) : 백 년을 기다린다 해도 황하(黃河)의 흐린 물은 맑아지지 않는다는 뜻으로, 아무리 기다려도 바라는 것이 이루어질 수 없음. 아무리 세월이 가도 일을 해결할 희망이 없음.
暴虎馮河(포호빙하) : 맨손으로 범에게 덤비고 걸어서 황하를 건넌다는 뜻. 곧 무모한 행동. 죽음을 두려워하지 않는 무모한 용기의 비유.
河圖洛書(하도낙서) : 하도와 낙서를 아울러 가리키는 표현으로, 고대 중국에서 예언이나 수리의 기본이 된 책.
懸河之辯(현하지변) : 물 흐르듯 거침없이 하는 말. 말 잘함.
國破山河在(국파산하재) : 전쟁 등으로 국토가 망가졌지만 산천은 그대로 있다는 말로, 전란으로 피폐해진 모습을 나타냄.
曲學阿世(곡학아세) : 왜곡된 학문으로 세상 사람에게 아첨한다는 뜻으로, 자신의 소신이나 철학을 굽혀 권세나 시세에 아첨함.
所向無敵(소향무적) : 나아가는 곳마다 적이 없음.
向陽花木(향양화목) : '볕을 받은 꽃나무'라는 뜻으로, '높게 잘 될 사람'을 비유하는 말.

大器晩成(대기만성) : 큰 솥이나 큰 종을 만드는 데는 오랜 시간이 걸리듯, 큰 그릇의 인물은 보통 사람보다 늦게 대성한다는 말.

和氏之璧(화씨지벽) : 화씨의 구슬이라는 말로, 천하의 명옥(名玉)을 이름.

壎篪相和(훈지상화) : 형은 훈을 부르고, 동생은 지를 불어 서로 조화된 음률을 이룬다는 뜻에서, 형제가 화합함을 비유하여 이름. 훈(壎)은 흙을 구워서 만든 취주 악기의 하나로, 여섯 개나 여덟 개의 구멍이 뚫려 있는 난형(卵形) 악기. 지(篪)는 가로로 부는 관악기의 한 가지.

爛商討論(난상토론) : 낱낱이 들어 잘 토의함.

無本大商(무본대상) : 밑천 없이 하는 큰 장사란 뜻으로, 도둑을 비꼬아 이르는 말.

咸與維新(함여유신) : 모든 것이 개혁되어 새롭게 됨. 묵은 제도를 아주 새롭게 고침.

感之德之(감지덕지) : 몹시 고맙게 여김.

今昔之感(금석지감) : 지금과 옛날을 비교할 때 떠오르는 감회.

北山之感(북산지감) : 북산의 감개라는 말로, 나랏일로 인해 부모님을 제대로 봉양하지 못함을 비유.

減死島配(감사도배) : 죽일 죄인을 죽이지 않고 섬으로 귀양 보냄.

十年減壽(십년감수) : 수명이 십 년이나 줄었다는 뜻으로, 몹시 놀랐거나 매우 위험한 고비를 겪었을 때 이르는 말.

三省吾身(삼성오신) : “날마다 세 번씩 내 몸을 살핀다.”라는 뜻으로, 하루에 세 번씩 자신의 행동을 반성함.

語不成說(어불성설) : 말이 조금도 사리에 맞지 않음.

大悟覺醒(대오각성) : 크게 깨달아서 번뇌, 의혹이 다 없어짐.

梧桐一葉(오동일엽) : ‘오동나무 한 잎’이라는 뜻으로, 오동잎 하나가 떨어지는 것을 보고 가을이 왔음을 안다는 말. 한 가지 구실을 보면 일의 전말을 알 수 있다는 말.

蒼梧之望(창오지망) : 옛날에 순제가 창오에서 죽은 옛일에서 ‘임금의 죽음〔붕어(崩御)〕’을 이르는 말.

天下一品(천하일품) : 비교할 수 없을 정도로 뛰어남.

品行方正(품행방정) : 품성과 행실이 바르고 단정함.

栢舟之操(백주지조) : 백주라는 시를 지어 맹세하고 절개를 지킨다는 뜻으로, 남편이 일찍 죽은 아내가 절개를 지키는 것을 의미.

無味乾燥(무미건조) : 아무 재미도 없이 메마른 모습.

句句節節(구구절절) : 한 구절 한 구절마다.

桀狗吠堯(걸구폐요) : 걸왕의 개가 요임금을 보고 짖음에서, 아랫사람은 자기 주인만을 알아본다는 말.

狗猛酒酸(구맹주산) : 사나운 개 때문에 술을 사러 오는 사람이 없어 술맛이 초맛이 되었다는 뜻으로, 간신이 있으면 어진 신하가 모이지 않아 나라가 쇠퇴함을 비유.

堂狗風月(당구풍월) : “서당개 삼 년이면 풍월을 읊는다.”는 뜻으로, 부족함이 많은 사람일지라도 한 가지 일을 오래도록 계속하면 실력자가 될 수 있다는 말.

喪家之狗(상가지구) : 상가의 개와 같이 초라한 몰골로, 여기저기 떠돌아 다니며 생활하는 사람을 비유한 말.

羊頭狗肉(양두구육) : 양(羊) 머리를 걸어 놓고 개고기를 팖. 겉으로는 그럴듯하게 내세우나 속은 변변치 않음.

跖狗吠堯(척구폐요) : 척(跖)이라는 도적이 기르는 개가 요임금 같은 성인을 보고 짖는다는 뜻. 곧 사람은 각기 그 상전을 위해 선악을 가리지 않고 충성함의 비유. 악한 자와 한패가 되어 어진 이를 미워함의 비유.

畫虎類狗(화호유구) : 범을 그리려다 잘못 그리어 개와 같이 되었다는 뜻으로, 호걸의 풍을 배우려다 이루지 못하면 경박한 자가 됨을 비유한 말. 남을 본받아 배워서 보람이 없음을 비유한 말.

方底圓蓋(방저원개) : 바닥이 네모난 그릇에 둥근 뚜껑이라는 뜻으로, 일이 어긋나고 맞지 않음을 비유해 이르는 말.

天圓地方(천원지방) : 하늘은 둥글고 땅은 네모짐.

損者三友(손자삼우) : '사귀면 손해가 되는 세 가지 친구' 라는 뜻으로, 무슨 일에나 안이한 길만을 취하는 사람, 남에게 아첨하는 사람, 입에 발린 말 뿐이고 성의가 없는 사람.

孑孑單身(혈혈단신) : 아무에게도 의지할 곳이 없이 혼자된 홑몸.

對牛彈琴(대우탄금) : 소를 마주 대하고 거문고를 탐. 전혀 알아듣지 못하는 자를 상대로 깊은 이치를 설교함.

鯨戰蝦死(경전하사) : 고래 싸움에 새우등 터짐. 강자끼리 싸우는 틈에 끼여 약자가 아무런 상관없이 화를 입는다는 말.

骨肉相戰(골육상전) : 뼈와 살이 서로 다툼의 뜻으로, 형제나 같은 민족끼리 서로 다툼을 뜻함.

山戰水戰(산전수전) : 산에서의 싸움, 물에서의 싸움이란 말로 세상일의 온갖 고난을 겪은 경험을 비유.

速戰速決(속전속결) : 싸움을 오래 끌지 않고 빨리 끝장을 냄.

戰戰兢兢(전전긍긍) : 매우 두려워 조심함.

禪讓放伐(선양방벌) : 물려줌과 내침이라는 뜻으로, 고대 중국에서 임금의 자리를 세습하지 않고, 덕이 있는 이에게 물려주는 일과 악정을 행하는 제왕을 몰아내어 토벌한 일.

周公三笞(주공삼태) : 주공이 세 차례 매질을 했다는 뜻으로, 자식을 엄하게 교육시킴을 이름.

雨順風調(우순풍조) : 바람 불고 비 오는 것이 때와 분량이 알맞음.

徑先啓下(경선계하) : 정해진 절차를 밟지 않고 먼저 임금에게 아뢰어 재가를 받음. 원칙적으로 금지되어 있음.

窮途之哭(궁도지곡) : 가난으로 겪는 슬픔을 이르는 말.

喪家之狗(상가지구) : 상가의 개와 같이 초라한 몰골로, 여기저기 떠돌아다니며 생활하는 사람을 비유한 말.

閒司漫職(한사만직) : 중요하지 않고 일이 많지 않아 한가로운 벼슬자리.

金縢之詞(금등지사) : '쇠줄로 단단히 봉하여 비서를 넣어두는 상자' 라는 뜻으로, 억울하거나 비밀스런 일을 글로 남겨 후세에 그 진실을 전하고자 할 때 사용되는 말.

遠禍召福(원화소복) : 재앙을 멀리하고 복을 불러옴.

招搖過市(초요과시) : 남의 이목을 끌도록 요란스럽게 하며 저잣거리를 지나간다는 뜻으로, 허풍을 떨며 요란하게 사람의 이목을 끄는 것을 비유하는 말.

駭躍超驤(해약초양) : 뛰고 달리며 노는 가축의 모습을 말함.

荒唐無稽(황당무계) : 터무니가 없고 근거가 없음. = 황탄무계(荒誕無稽).

葡萄糖(포도당) : 단당류의 하나. 백색 결정이며, 단맛은 설탕의 절반 정도임.

>>> 曰부수

孔子曰孟子曰(공자왈맹자왈) : '공자왈 맹자왈' 한다는 뜻으로, 글방 선비들이 다만 공맹의 전적을 읽으며, 그에 실천은 하지 않으면서 공리공론만 일삼음을 일컫는 말.

曰可曰否(왈가왈부) : 혹은 옳다고 하고, 혹은 그르다고 함. 좋으니 나쁘니 하고 떠들어댐.

曰梨曰柿(왈리왈시) : 배 놔라 감 놔라 함. 남의 일에 쓸데없이 간섭하는 모습.

讀書三昧(독서삼매) : 오직 책 읽기에만 골몰하고 있음. 오직 한 가지 일에만 마음을 집중시키는 경지.

讀書三餘(독서삼여) : 독서를 하기에 적당한 세 가지 여가. 겨울, 밤 그리고 비 오는 날을 말함.

焚書坑儒(분서갱유) : 책을 불태우고 선비를 생매장하여 죽인다는 뜻으로, 가혹한 정치를 이르는 말.

身言書判(신언서판) : 사람됨을 판단(判斷)하는 네 가지 기준. 중국 당(唐) 나라 때 관리를 등용하는 네 가지 방법.

五車之書(오거지서) : 다섯 수레를 실을 만한 책이라는 뜻으로, 많은 장서(藏書)를 이름.

能書不擇筆(능서불택필) : 글씨를 잘 쓰는 사람은 붓을 가리지 않는다는 말로, 어떤 한 방면에서 최고의 경지에 이른 사람은 도구에 구애 받지 않고 자신의 실력을 한껏 발휘함.

曲肱之樂(곡굉지락) : 팔을 베개 삼아 잠을 자는 속에 있는 즐거움이라는 뜻으로, 가난하지만 정도(正道)를 실천하며 사는 즐거움.

曲突徙薪(곡돌사신) : 굴뚝은 꼬불꼬불하게 만들고 아궁이 근처의 나무는 다른 곳으로 옮기라는 말로, 화근을 미리 방지하는 것을 비유.

九曲肝腸(구곡간장) : 굽이굽이 깊이 서린 마음속. 깊은 마음속.

同工異曲(동공이곡) : 같은 악공(樂工)끼리라도 곡조(曲調)를 달리한다는 뜻으로, 동등한 재주의 작가라도 문체에 따라 특이한 광채를 냄을 이르는 말.

坊坊曲曲(방방곡곡) : 한 군데도 빼놓지 않은 모든 곳.

不問曲直(불문곡직) : 옳고 그름을 묻지 않음.

迂餘曲折(우여곡절) : 끈이 길게 남아돌아 구불구불 굽었음. 사정이 뒤얽혀 몇 번이고 변화함. 몹시 뒤얽힌 복잡한 사정.

必有曲折(필유곡절) : 반드시 무슨 까닭이 있음.

鳩首會議(구수회의) : 비둘기들이 모여 머리를 맞대듯이 여럿이 한자리에 모여앉아 머리를 맞대고 의논함. 또는 그런 회의.

宰樞會議(재추회의) : 재신(宰臣)과 추신(樞臣)이 함께 모여 의논함. 고려시대 용어로, 재신은 고려의 중서문하성이고, 추신은 중추원의 추신의 첫 자를 딴 회의.

諸加會議(제가회의) : 모든 가(加)들이 참가하는 회의. 고구려 때 여러 부족의 장〔長, 大加, 小加〕들이 모여 중대사를 결정했던 회의.

會者定離(회자정리) : 만나는 사람은 반드시 헤어지게 됨. 인간의 무상함을 인간의 힘으로 어찌할 수 없는 이별의 아쉬움을 일컫는 말.

爲善最樂(위선최락) : 선을 행함이 가장 큰 즐거움이라는 말.

最後一刻(최후일각) : 마지막 순간.

未曾有(미증유) : 일찍이 없었음.

曾子殺人(증자살인) : 동네에 동명(同名)의 증자가 살인을 했는데, 어떤 사람이 공자의 제자인 "증자가 사람을 죽였다." 고 그 어머니에게 자주 말하여 진실로 믿었다는 고사에서, 거짓된 말도 여러 번 듣게 되면 진실로 믿게 됨을 이름.

落髮爲僧(낙발위승) : 머리를 깎고서 승려가 됨.

半僧半俗(반승반속) : 반은 승려가고, 반은 속인이라는 뜻으로, 어중간하여 무엇이라고 분명하게 명목을 붙이기 어려움을 이르는 말.

歲加月增(세가월증) : 해마다 달마다 늘어남.

日加月增(일가월증) : 날 달로 늘고 불어감.

盜憎主人(도증주인) : 도둑은 주인이 자기를 제지하여 재물을 얻지 못하게 하므로 이를 미워한다는 뜻으로, 사람은 다만 자기 형편에 맞지 않으면 이를 싫어한다는 말.

面目可憎(면목가증) : 얼굴 생김새가 밉살스러움.

層層侍下(층층시하) : 부모, 조부모 등의 어른들을 모시고 사는 처지.

勺藥之贈(작약지증) : '함박꽃 선물' 이라는 뜻으로, 남녀 간에 향기로운 함박꽃을 보내어 정을 더욱 두텁게 함을 이르는 말.

更無道理(갱무도리) : 다시는 어찌할 도리 없음.

自力更生(자력갱생) : 남의 힘에 의지하지 않고 자기의 힘으로 어려움을 타파하여 더 나은 환경을 만드는 일.

肝硬變症(간경변증) : 간이 굳어지면서 오그라드는 병. 증세가 진행하면 복수 · 빈혈 · 전신쇠약 따위를 일으킴.

>>> 舌부수

視吾舌(시오설) : 위(魏)나라의 장의(張儀)가 그 아내에게 "내 혀를 보라" 고 한 말로, 곧 혀만 있으면 천하도 움직일 수 있다는 말.

齒亡舌存(치망설존) : 이는 빠져 없어져도 혀는 오래 남는다는 뜻으로, 모진 사람은 망하기 쉽고 순한 사람이 길이 남음의 비유.

閑談屑話(한담설화) : '한가한 말과 자질구레한 이야기' 라는 뜻으로, 심심풀이로 하는 실없는 말을 이르는 말.

死中求活(사중구활) : 죽을 고비에서 살길을 찾는다는 뜻으로, 난국을 타개하기 위해 감히 위험한 상태에 뛰어듦을 이르는 말.

>>> 言부수

有口無言(유구무언) : 입은 있으나 할 말이 없음. 잘못이 분명해 변명하거나 해명할 길이 없음.

流言蜚語(유언비어) : 아무 근거 없이 널리 퍼진 소문. 뜬소문. 부언낭설. 浮言遺說(부언유설).

一口二言(일구이언) : 한 입으로 두 말을 함. 말에 일관성이 없음.

忠言逆耳(충언역이) : 충직한 말은 귀에 거슬림. 忠言逆於耳(충언역어이).

緘口無言(함구무언) : 입을 다물고 말이 없음.

夢中說夢(몽중설몽) : 꿈속에서 꿈 이야기를 한다는 뜻으로, 무엇을 말하는지 요령을 종잡을 수 없게 이야기함을 이르는 말.

痴人說夢(치인설몽) : 어리석은 사람이 꿈 이야기를 한다는 뜻으로, 종잡을 수 없이 아무렇게나 지껄임. 또는 바보에게 꿈 이야기를 해준다는 말로, 어리석기 짝이 없는 것의 비유.

松茂栢悅(송무백열) : 소나무가 무성하면 잣나무가 기뻐함. 벗이 잘되는 일을 기뻐함.

稅熟貢新(세숙공신) : 곡식이 익으면 부세하여 국용을 준비하고, 신곡으로 종묘에 제사를 올림.

足脫不及(족탈불급) : 발을 벗고 뛰어도 미치지 못함의 뜻으로, 능력이나 재질 등의 차이가 두드러짐을 이르는 말.

少壯氣銳(소장기예) : 나이 젊고 건강한 사람은 날카롭다는 뜻으로, 소장(少壯)은 흔히 20~30세의 왕성한 지식욕과 행동력을 갖춘 사람을 두고 이르는 말.

自誇自尊(자과자존) : 제 스스로를 자랑하고 높임.

謁聖及第(알성급제) : 알성과에 합격함. 알성과에 합격한 사람.

荒誕無稽(황탄무계) : '허황되고 근거가 없다.' 라는 뜻으로, 말이나 행동이 터무니없고 근거가 없음.

雲蒸龍變(운증용변) : 물이 증발하여 구름이 되고 뱀이 용으로 변하여 하늘로 오른다는 뜻으로, 영웅호걸이 때를 만나 활약함을 이르는 말.

有爲變轉(유위변전) : 세상은 항상 변화무쌍하여 잠시도 머물러 있는 법이 없다는 뜻.

臨機應變(임기응변) : 그때그때의 형편에 따라 알맞게 일을 처리함.

朝變夕改(조변석개) : 아침저녁으로 뜯어고친다는 뜻으로, 계획이나 결정 따위를 자주 고침. 조령모개(朝令暮改).

戀戀不忘(연연불망) : 그리워서 잊지 못함.

籠鳥戀雲(농조연운) : 새장에 갇힌 새가 구름을 그리워한다는 뜻으로, 몸이 속박당한 사람이 자유를 얻기를 바람을 비유해 이르는 말.

戀君之情(연군지정) : 임금에 대한 그리움과 변함없는 사랑.

蠻觸之爭(만촉지쟁) : 만씨와 촉씨의 다툼이라는 뜻으로, 시시한 일로 다툼.

南蠻北狄(남만북적) : 중국의 남쪽과 북쪽에 사는 오랑캐를 각각 이르는 말.

>>> 音부수

亡國之音(망국지음) : 망한 나라의 음악, 또는 나라를 망칠 음악이라는 뜻으로, 저속하고 잡스러운 음악을 일컫는 말.

暗中摸索(암중모색) : 어둠 속에서 더듬어 찾음. 어림으로 무엇을 알아내거나 찾아 내려함.

風流韻事(풍류운사) : 자연과 친하여 시가 따위를 지어서 즐김, 또는 그 일.

四方響應(사방향응) : 어떤 주창에 응하여 모든 사람이 함께 행동함.

言中有響(언중유향) : 말속에 울림이 있다는 뜻으로, 말에 나타난 내용 이상의 깊은 뜻이 있음.

>>> 甘부수

甘棠愛(감당애) : 연나라 소공이 감당나무 아래서 백성들의 송사를 잘하였는데, 소공이 죽자 백성들이 감당나무를 사랑했다는 뜻으로, 정치를 잘하는 자를 사모하는 마음을 뜻함.

甘言利說(감언이설) : 남의 비위를 맞추는 달콤한 말과 이로운 조건만을 들어 그럴듯하게 꾸미는 말.

甘呑苦吐(감탄고토) : 달면 삼키고 쓰면 뱉음. 즉, 사리의 옳고 그름에 관계없이 제 비위에 맞으면 좋아하고 맞지 않으면 싫어하는 이기적인 태도.

苦盡甘來(고진감래) : 괴로움이 다하면 즐거움이 옴. 고생 끝에 낙이 옴.

飢者甘食(기자감식) : 굶주린 사람은 아무 음식이나 달게 먹음.

藥房甘草(약방감초) : 한약의 첩약에 대부분 들어가는 감초처럼 무슨 일이나 참견하고 꼭 쓰임을 이르는 말.

紅不甘醬(홍불감장) : 간장의 빛깔은 붉으나 맛이 달지 않다는 뜻으로, 겉으로는 좋아 보여도 속은 신통치 않음의 비유.

去去益甚(거거익심) : 갈수록 더 심함.

恩甚怨生(은심원생) : 사람에게 은혜를 베푸는 것이 도에 지나치면 도리어 원망을 사게 됨.

狼狽不堪(낭패불감) : 난감한 처지에 있음.

可堪之人(가감지인) : (어떤 일을) 감당할(해낼)만한 사람.

>>> 欠부수

四面楚歌(사면초가) : 사방에서 들려오는 초나라의 노래라는 뜻으로, 적에게 포위당하여 고립되어 있거나 곤경에 처한 상태. 또는 주위 사람들이 모두 자기의 의견에 반대하여 고립된 상태.

輓歌(만가) : 수레를 끌며 부르는 노래라는 말로, 죽은 사람을 애도하는 진혼곡.

風樹之歎(풍수지탄) : 바람에 흔들이는 나무를 잡고 내뱉는 탄식이라는 뜻으로, 부모가 돌아가신 후에 생전의 불효를 탄식함.

亡羊之歎(망양지탄) : 달아난 양을 잃어버리고 하는 탄식이라는 뜻으로, 학문의 길이 여러 방면이어서 진리를 깨치기 어려움을 이름.

破廉恥漢(파렴치한) : 염치를 모르는 뻔뻔스러운 사람. 철면피(鐵面皮). 불한당(不汗黨) = 한당(汗黨), 화적(火賊), 명화적(明火賊).

漢江投石(한강투석) : 한강에 돌 던지기라는 뜻으로, 아무리 해도 헛된 일을 하는 어리석은 행동.

欲速不達(욕속부달) : 빨리하려고 욕심을 내면 오히려 미치지 못함.

騎馬欲率奴(기마욕솔노) : "말을 타면 노비를 거느리고 싶다."라는 뜻으로, "말 타면 경마 잡히고 싶다."라는 속담과 같은 말로, 곧 사람의 욕심은 끝이 없다는 말.

克伐怨慾(극벌원욕) : 네 가지 악덕, 남을 이기기를 즐기는 일, 자기의 재능을 자랑하는 일, 원한을 품는 일, 욕심을 내고 탐내는 일.

造次不離(조차불이) : 잠깐도 떠나지 않음.

負薪之資(부신지자) : 아주 천하고 보잘것없는 출신. 자기의 타고난 자질을 겸손하게 이르는 말.

師資相承(사자상승) : 스승에게서 제자에게로 법이 이어져 전해 감.

蒲柳之姿(포류지자) : 강버들의 맵시라는 말로, 몸이 허약한 것을 이름.

放恣無忌(방자무기) : 건방지고 꺼림이 없음.

可欺以方(가기이방) : 그럴듯한 말로써 남을 속일 수 있음.

自欺欺人(자기기인) : 자신을 속이고 남을 속인다는 뜻으로, 자신도 믿지 않는 말이나 행동으로 남까지 속이는 사람을 풍자함.

南郭濫吹(남곽남취) : 남곽은 본래 생우(笙竽)를 불 줄 몰랐는데, 제(齊)나라 선왕(宣王)을 섬길 때에 다른 사람이 부는 생우 소리를 따라 함부로 불었다고 함. "남곽이 함부로 분다."는 뜻으로, 학예에 전문지식도 없이 함부로 날뜀을 두고 이르는 말.

>>> 牙부수

象牙婚式(상아혼식) : 결혼 14주년.

伯牙絕絃(백아절현) : 백아가 거문고 줄을 끊었다는 고사에서 유래된 것으로, 서로 마음속 깊이 이해하고 있는 참다운 벗의 죽음을 슬퍼함. 知音(지음).

竹筍黃犢角蕨芽小兒拳(죽순황독각궐아소아권) : 죽순은 누런 송아지의 뿔과 같고, 고사리의 싹은 작은아이의 주먹과 같음.

闢邪進慶(벽사진경) : 사악함을 물리쳐 경사스러움에 나감.

邪不犯正(사불범정) : 바르지 못한 것이 바른 것을 범하지 못함.

>>> 齒부수

亡子計齒(망자계치) : 죽은 아들 나이 세기, 아쉬워해도 소용없는 일.

脣亡齒寒(순망치한) : 입술이 없으면 이가 시림. 이해관계가 서로 밀접하여 한쪽이 망하면 다른 한쪽도 보전하기 어려움.

>>> 自부수

茫然自失(망연자실) : 정신을 잃고 멍하여 우두커니 있음.

毛遂自薦(모수자천) : 조(趙)나라 모수가 스스로 자기를 추천하였다는 고사에서 나온 것으로, 자기가 자기를 추천함을 이름.

自繩自縛(자승자박) : 자기의 줄로 자기를 묶는다는 뜻으로, 자기가 한 말이나 행동 때문에 자기 자신이 구속되어 괴로움을 당하게 됨을 이름.

自由自在(자유자재) : 자기(自己) 마음대로 할 수 있음.

自初至終(자초지종) : 처음부터 끝까지의 과정.

黃口乳臭(황구유취) : 새끼 새의 부리가 노란 것처럼 아직 어린 입에서 젖비린내가 난다는 말로, 행동이 채 성숙되지 않아 유치함. 口尙乳臭(구상유취).

遺臭萬年(유취만년) : 더러운 이름을 만대까지 남김.

>>> 鼻부수

宿虎衝鼻(숙호충비) : "자는 호랑이의 코를 찌른다."는 뜻으로, 스스로 화를 불러들임.

阿鼻叫喚(아비규환) : 아비지옥(阿鼻地獄)과 규환지옥(叫喚地獄). 뜻밖의 변으로 여러 사람이 몹시 비참(悲慘)한 지경에 빠졌을 때 그 고통(苦痛)에서 헤어나려고 악을 쓰며 소리를 지르는 모양.

耳懸鈴鼻懸鈴(이현령비현령) : 귀에 걸면 귀걸이, 코에 걸면 코걸이.

>>> 面부수

鐵面皮(철면피) : 무쇠처럼 두꺼운 낯가죽이라는 뜻으로, 뻔뻔스럽고 염치없는 사람을 이름.

鬼面佛心(귀면불심) : 얼굴은 귀신의 형상이지만 마음은 부처와 같음.

得意滿面(득의만면) : 뜻한 바를 이루어서 기쁜 표정이 얼굴에 가득 참.

面壁九年(면벽구년) : 9년 동안 오직 벽을 마주하고 도를 닦음.

面張牛皮(면장우피) : 얼굴에 쇠가죽을 발랐다는 뜻으로, 뻔뻔한 사람.

>>> 人부수

傍若無人(방약무인) : 곁에 사람이 없는 것처럼 거리낌 없이 함부로 행동함.

先則制人(선즉제인) : 남보다 먼저 하면 남을 제압할 수 있음.

推己及人(추기급인) : 자신의 처지를 미루어 다른 사람의 형편을 헤아린다는 뜻.

仁者無敵(인자무적) : 어진 사람은 적이 없음.

信賞必罰(신상필벌) : 공이 있는 사람에게 진실로 상을 주고, 죄가 있는 사람에게 반드시 벌을 줌.

韓信出袴下(한신출과하) : 한신이 기어서 남의 가랑이 밑으로 빠져나갔다는 뜻으로, 굴욕을 참는 일. 큰 뜻을 품은 사람은 쓸데없는 일로 승강이하지 않음을 비유.

仙風道骨(선풍도골) : 신선(神仙)의 풍채와 도인(道人)의 골격. 남달리 훌륭한 풍채.

玉骨仙風(옥골선풍) : 옥 같은 골격에 신선 같은 풍채.

萬事休矣(만사휴의) : 모든 일이 끝났다라는 뜻으로, 어떻게 해볼 방법이 없음을 의미.

興盡悲來(흥진비래) : 즐거운 일이 다하면 슬픈 일이 온다는 뜻으로, 세상일이란 돌고 돎.

說往說來(설왕설래) : 말이 오고 감. 시비의 분별을 위해 옥신각신함.

眉去眼來(미거안래) : 눈썹이 가고 눈이 온다는 뜻으로, 서로 미소를 보냄을 이르는 말.

今時初聞(금시초문) : 이제야 비로소 처음으로 들음.

吟風弄月(음풍농월) : 맑은 바람을 쐬며 시를 읊고 달을 바라보며 글을 지어 즐겁게 놂.

含哺鼓腹(함포고복) : 잔뜩 먹고 배를 두드리며 즐김으로, 태평성대를 이름.

無念無想(무념무상) : 아무 생각을 하지 않음. 아무런 생각을 하지 않은 상태.

小貪大失(소탐대실) : 작은 것을 탐내다가 큰 것을 잃음.

代代孫孫(대대손손) : 대대로 이어오는 자손.

前代未聞(전대미문) : 지난 시대에는 듣지 못하였다는 뜻으로, 지금까지 들어본 적이 없음.

斷不容貸(단불용대) : 단연코 용서하지 아니함. 조금도 용서할 수 없음.

十伐之木(십벌지목) : 열 번 찍어 아니 넘어가는 나무 없음. 十伐之木罔不顚覆(십벌지목망부전복).

作心三日(작심삼일) : 마음먹은 일이 삼일만 간다는 뜻으로, 인내력이 부족함을 말함.

今是昨非(금시작비) : "오늘은 옳고 어제는 그르다."는 뜻으로, 과거의 잘못을 지금에 와서야 비로소 깨달음을 이르는 말.

兵不厭詐(병불염사) : "용병에 있어서는 적을 속이는 것도 싫어하지 않는다."는 뜻으로, 전쟁에서는 속임수도 꺼리지 않는다는 뜻.

傲霜孤節(오상고절) : 서릿발에도 굽히지 않고 굳게 지키는 절개. 국화.

事事件件(사사건건) : 일마다 조건마다. 모든 일마다.

牧民之官(목민지관) : 백성을 기르는 벼슬아치라는 뜻으로, 원이나 수령 등 외직 문관을 통칭하는 말.

不知何歲月(부지하세월) : 일이 언제 이루어질지 그 시기를 알지 못함.

賊反荷杖(적반하장) : 도둑이 도리어 매를 듦. 잘못한 사람이 도리어 잘못 없는 사람을 나무람.

以熱治熱(이열치열) : 열로써 열을 다스린다는 뜻으로, 힘에는 힘으로 강한 것에는 강한 것으로 상대함.

非夢似夢(비몽사몽) : 꿈이 아닌 것 같기도 하고 꿈인 것 같기도 함. 어렴풋한 상태.

巧言令色(교언영색) : 번지르르하게 발라 맞추는 말과 알랑거리는 낯빛.

要領不得(요령부득) : "사물의 주요한 부분을 잡을 수 없다."는 뜻으로, 말이나 글의 요령을 잡을 수 없음을 이르는 말.

項領之功(항령지공) : 제일 큰 공을 이르는 말.

美人薄命(미인박명) : 아름다운 여인의 운명은 기박함.

分水嶺(분수령) : 분수계가 되는 산마루나 산맥. 분수산맥. 어떤 사물이 발전하는 데 있어서의 전환점을 비유하여 일컫는 말.

高峰峻嶺(고봉준령) : 높이 솟은 산봉우리와 험한 산마루.

殘杯冷炙(잔배냉적) : 마시다 남은 술과 다 식은 구운 고기라는 뜻으로, 약소하고 보잘것없는 주안상으로 푸대접받는 것을 말함.

孤苦零丁(고고영정) : 가난하게 되어 남의 도움 없이 고생함.

伏地不動(복지부동) : 땅에 엎드리고 움직이지 않는다는 말로, 공직자들의 보신주의를 비유한 말.

便同一室(변동일실) : 남과 썩 가깝게 친하여 한 집안이나 마찬가지임.

冷語侵人(냉어침인) : 비꼬는 말로 남을 풍자함. 매정한 말로 남의 마음을 찌름.

浸潤之譖(침윤지참) : 물이 차츰 스며듦과 같이 깊이 믿도록 서서히 하는 참소의 말이라는 뜻으로, 아주 교묘한 중상모략을 말함.

寢牛起馬(침우기마) : 소는 눕는 것을 좋아하고, 말은 서 있는 것을 좋아한다는 뜻으로, 사람은 제각기 취미가 다름을 이르는 말.

隋侯之珠(수후지주) : 옛날 수나라 임금이 뱀을 도와준 공으로 얻었다는 보배로운 구슬.

患候平復(환후평복) : 병이 나아 평상시와 같이 회복됨.

侍奉體候(시봉체후) : 어버이를 모시는 몸. 편지에 부모를 모시고 있는 사람에게 쓰는 말.

喉舌之臣(후설지신) : 임금의 명령을 비롯한 나라의 중대한 언론을 맡았다는 뜻에서, '승지' 를 일컫던 말.

仰天大笑(앙천대소) : 하늘을 쳐다보고 크게 웃음. 어이가 없어 크게 웃는 모습.

仰天而唾(앙천이타) : '하늘 보고 침 뱉기' 란 뜻으로, 남을 헤치려다가 되려 자기가 당함의 비유.

阿附迎合(아부영합) : 자기의 주견이 없이 남의 말에 아부하며 동조함.

抑何心思(억하심사) : 대체 무슨 생각으로 그런 짓을 하는지 마음을 알 수 없다는 뜻.

抑弱扶强(억약부강) : 약한 자를 억누르고 강한 자를 도와줌.

季札掛劍(계찰괘검) : 신의를 소중히 여김. 오(吳)나라의 계찰이 서(徐)나라 임금의 무덤 옆 나무에 자기의 보검(寶劍)을 걸었다는 고사에서 유래.

口蜜腹劍(구밀복검) : 입에는 꿀, 배에는 칼. 즉 겉으로는 달콤한 태도로 상대를 유혹하면서 속으로는 상대를 해칠 생각을 가짐. 笑中有劍(소중유검), 表裏不同(표리부동), 面從腹背(면종복배).

舌芒於劍(설망어검) : 혀는 칼보다 날카로움.

笑中有劍(소중유검) : "웃음 속에 칼이 들어 있다."는 뜻으로, 겉으로는 친절하지만 내심으로는 헤치려 함을 이르는 말

一介之士(일개지사) : 보잘것없는 선비. 식견이 얕은 완고한 사람.

一介書生(일개서생) : 아무 쓸모도 없는 독서인.

蓮花世界(연화세계) : 아미타불의 극락정토가 있는 세계. 지극히 안락하고 아무 걱정이 없다고 하는 곳.

袖手傍觀(수수방관) : 팔짱을 끼고 곁에서 지켜봄. 응당 해야 할 일에 아무런 간여도 하지 않고 그대로 버려둠.

作舍道傍(작사도방) : 의견이 서로 달라서 일을 결정하지 못함을 일컫는 말.

傷哉之歎(상재지탄) : 살림이 군색하고 가난함에 대한 한탄.

無價之寶(무가지보) : 값을 매길 수 없을 만큼 아주 귀중한 보배.

洛陽紙價貴(낙약지가귀) : 저서가 많이 팔리는 것을 이르는 말.

老士宿儒(노사숙유) : 나이가 많고 학식이 풍부한 선비

崇儒抑佛(숭유억불) : 조선 왕조(1392~1897)가 500년 내내 불교를 탄압한 정책.

申申當付(신신당부) : 거듭하여 간곡히 하는 부탁.

附和雷同(부화뇌동) : 줏대 없이 남의 의견에 따라 움직임.

名實相符(명실상부) : 이름과 실상이 서로 꼭 들어맞음. 즉, 알려진 것과 실제의 상황이나 능력에 차이가 없음.

徐那伐(서라벌) : 서라벌. 신라의 옛 이름.
徐波睡眠(서파수면) : 뇌파가 완만하여 거의 꿈을 꾸지 않는 숙면 상태.
餘桃之罪(여도지죄) : '먹다 남은 복숭아를 준 죄' 라는 말로, 애정과 증오가 심함을 뜻함. 같은 행동이라도 사랑을 받을 때와 미움을 받을 때가 각기 다르게 받아들여질 수 있다는 것을 비유.
永不敍用(영불서용) : 죄를 지어 파면된 관원을 다시는 임용하지 아니하던 일.
剪草除根(전초제근) : 풀을 베고 뿌리를 캐낸다는 뜻으로, 즉 미리 폐단의 근본을 없애 버림.
除暴救民(제폭구민) : 포악한 것을 물리치고 백성을 구원함.
斜風細雨(사풍세우) : 엇비슷하게 비껴 부는 바람. 엇비슷하게 스쳐 가는 바람.
肝腦塗地(간뇌도지) : 간과 뇌장을 땅에 쏟아낸다는 뜻으로, 나라를 위하여 목숨을 돌보지 않고 힘을 다함.
倉卒之間(창졸지간) : 미처 어찌할 수 없는 순식간. ※ 창졸(倉卒)은 미처 어찌할 사이 없이 급작스러움.
創氏庫氏(창씨고씨) : "어떤 사물이나 사람이 오래도록 변하지 않고 처음 그대로를 유지함"을 비유함.
法古創新(법고창신) : 옛 법을 새로운 것으로 거듭나게 함. 옛것에 토대를 두되 그것을 변화시킬 줄 알고 새것을 만들어 가되 근본을 잃지 않아야 한다는 뜻.
鬱鬱蒼蒼(울울창창) : 큰 나무들이 빽빽이 들어서 우거진 모습.
滄桑之變(창상지변) : 푸른 바다가 뽕밭이 되듯이 시절의 변화가 무상함을 이르는 말.
俊乂密勿(준예밀물) : 준걸과 재사가 조정에 모여 빽빽함.
淫者好酸(음자호산) : 색을 좋아하는 사람은 신맛을 좋아한다는 것을 뜻함.
明哲保身(명철보신) : 세태와 사리에 밝아서 자신을 잘 보호함.
民保於信(민보어신) : 백성은 신의가 있을 때에 안정된다는 뜻으로, 백성은 신의에 의해서만 잘 다스려진다는 말.
年矢每催(연시매최) : 화살같이 매양 재촉함.

>>> 儿부수

克世拓道(극세척도) : 어려움을 극복하고 새 길을 개척함.
光風霽月(광풍제월) : 맑은 날의 바람과 개인 날의 달이라는 말로, 사람의 심성이 맑고 깨끗하거나 그러한 사람을 비유함.
九十春光(구십춘광) : 봄의 석 달 동안. 석 달 동안의 화창한 봄 날씨. 노인의 마음이 청년처럼 젊음을 이르는 말.
眼光紙背徹(안광지배철) : 정신을 집중하여 정독함을 이르는 말.
一寸光陰(일촌광음) : 짧은 시간. ※ 일촌광음불가경(一寸光陰不可輕) : 아주 짧은 시간이라도 헛되이 보내지 말라.
電光石火(전광석화) : 번갯불이나 부싯돌의 번쩍거리는 불이라는 뜻으로, 매우 짧은 시간이나 매우 빠른 동작을 이름.
和光同塵(화광동진) : 빛을 감추고 티끌 속에 섞여 지냄. 화광은 빛을 늦추는 일이고, 동진은 속세의 티끌에 같이 한다는 뜻으로, 자기의 지혜를 자랑함 없이 오히려 그 지혜를 부드럽게 하여 속세의 티끌에 동화함을 말함.

乞兒得錦(걸아득금) : "거지 애가 비단을 얻었다."는 뜻으로, 제 분수에 넘치는 일을 지나치게 자랑함을 비유함.

難兄難弟(난형난제) : 누구를 형이라 아우라 하기 어렵다는 뜻으로, 누가 더 낫다고 할 수 없을 정도(程度)로 서로 비슷함. 사물의 우열이 없다는 말로, 곧 서로 비슷함. 유사 성어로는 막상막하(莫上莫下), 백중지세(伯仲之勢)가 있음.

四海兄弟(사해형제) : 온 천하 사람들이 모두 형제와 같음.

呼父呼兄(호부호형) : 아버지라 부르고 형이라 부름.

呼兄呼弟(호형호제) : 형이라 부르고 아우라 부른다는 뜻으로, 친형제처럼 가깝게 지냄.

無祝單獻(무축단헌) : 제사 지낼 때에 축문이 없이 술을 한 잔만 올림.

先始於隗(선시어외) : 먼저 외(隗)부터 시작하라는 말로, 가까이 있는 사람이나 말을 꺼낸 자부터 시작하라는 뜻이며, 스스로를 추천할 때 사용.

刮腸洗胃(괄장세위) : "칼로 창자를 도려내고 잿물로 위를 씻어 낸다."는 뜻으로, 마음을 고쳐먹고 스스로 새 사람이 됨을 이르는 말.

赤貧如洗(적빈여세) : 가난하기가 마치 물로 씻은듯하여 아무것도 가진 것이 없음.

鼻元料簡(비원요간) : 당장만을 생각하는 얕은 생각. 그 자리에서 떠오른 생각. 임기응변.

濫竽充數(남우충수) : 무능한 사람이 재능이 체하는 것이나 또는 외람되이 높은 벼슬을 차지하는 것을 말함.

割股充腹(할고충복) : "공복을 채우기 위해 허벅살을 베어 먹는다."는 뜻으로, 한때를 모면하기 위한 어리석은 잔꾀를 비유함.

創業垂統(창업수통) : 나라나 사업을 먼저 일으켜 자손이 이어받을 수 있도록 그 통서를 전해 줌.

盲管銃創(맹관총창) : 총알이나 파편이 관통하지 못하고 몸 안에 남아 있는 상처.

狡兎三窟(교토삼굴) : 교활한 토끼는 세 개의 굴을 팜. 자신을 지키는데 빈틈이 없음.

守株待兎(수주대토) : 그루터기를 지켜 토끼를 기다린다는 뜻으로, 주변이 없어 변통할 줄 모르는 어리석은 행동.

烏飛兎走(오비토주) : 오는 해이고, 토는 달을 뜻함. 세월이 빨리 흘러감을 뜻하는 말.

脫兎之勢(탈토지세) : 토끼가 우리를 빠져나가듯이, 재빠른 동작을 비유함.

兎角龜毛(토각귀모) : 토끼에 뿔이 나고, 거북이에 털이 나듯이 이 세상에 있을 수 없는 일을 이름.

兎死狗烹(토사구팽) : 사냥에서 토끼를 모두 잡아먹게 되면, 토끼를 사냥하던 개는 쓸모가 없게 되어 삶아 먹힘을 당함에서, 필요할 때 요긴하게 써먹고, 쓸모가 없어지면 가혹하게 버림을 당한다는 뜻. 일이 있을 때는 실컷 부려먹다가 일이 끝나면 돌보지 않고 헌신짝처럼 버리는 세정을 비유해 이르는 말.

兎死狐悲(토사호비) : "토끼의 죽음을 여우가 슬퍼한다."는 말로, 같은 무리의 불행을 슬퍼한다는 말.

狡兎死走狗烹(교토사주구팽) : 교활한 토끼가 죽으면 사냥개는 삶아 먹힘.

論點逸脫(논점일탈) : 논설의 요점을 벗어남.

性靜情逸(성정정일) : 성품이 고요하면 뜻이 편안하니 고요함은 천성이요, 동작함은 인정임.

不免鼎俎(불면정조) : 솥에 삶아지고 도마에 오른 것을 면치 못함.

倖而得免(행이득면) : 요행이 벗어남.

刻苦勉勵(각고면려) : 고생을 무릅쓰고 힘써 노력함.

晩時之歎(만시지탄) : 때늦음의 탄식이라는 뜻으로, 시기가 뒤늦었음을 원통해 하는 탄식.

晩秋佳景(만추가경) : 늦가을의 아름다운 경치.

億兆蒼生(억조창생) : 수많은 백성. 수많은 사람.

五日京兆(오일경조) : '닷새 동안의 경조윤' 이라는 뜻으로, 오래 계속되지 못한 관직, 또는 그런 일.

以琴心挑(이금심도) : 그리워하는 마음을 거문고 소리에 나타내어 여자의 마음을 움직임.

投桃報李(투도보리) : "봉숭아에 대한 보답으로 오얏을 보낸다."는 뜻으로, 내가 은덕을 베풀면 남도 이를 본받음을 비유해 이르는 말.

棒高跳(봉고도) : 장대높이뛰기.

肉跳風月(육도풍월) : 글자의 뜻을 잘못 써서 보기 어렵고 가치가 없는 한시를 가리킴.

千里一跳(천리일도) : 큰 새가 단번에 천 리를 난다는 뜻으로, 먼 길을 짧은 시간에 가거나 갑자기 성공함을 이르는 말.

桃源境(도원경) : 선경(仙境). 이상향이란 말로 근심 걱정 없는 낙원을 말함.

武陵桃源(무릉도원) : 중국 무릉 땅에 있는 복숭아 정원. 즉, 신선이 살았다는 전설적인 중국의 명승지를 일컫는 말로, 곧 속세를 떠난 별천지 또는 이상향.

夜半逃走(야반도주) : 한밤중에 몰래 도망함.

>>> 大부수

針小棒大(침소봉대) : 바늘을 큰 몽둥이라 하듯, 작은 일을 크게 불리어 말함.

天下太平(천하태평) : 온 세상이 태평함. 근심 걱정이 없거나 성질이 느긋하여 세상 근심을 모르고 편안함, 또는 그런 사람.

旱時太出(한시태출) : "가뭄에 콩 나듯 한다."라는 뜻으로, 일이나 물건이 드문드문 나타난다는 말.

知天命(지천명) : 나이 50세를 말함. 50세에 드디어 천명을 알게 된다는 나이.

不俱戴天(불구대천) : 함께 하늘을 이고 살 수 없다는 뜻으로, 원한이 깊이 사무침. 不共戴天(불공대천). 殺父之讐(살부지수), 貿首之讐(무수지수).

天道是非(천도시비) : 천도는 옳은가 그른가라는 뜻으로, 얄궂은 운명에 대한 한탄.

天壤之差(천양지차) : 하늘과 땅의 차이라는 뜻으로, 변화가 무궁함을 이름.

削奪官職(삭탈관직) : 죄지은 자의 벼슬과 품계를 빼앗고 벼슬아치 명부에서 지워버림.

夫唱婦隨(부창부수) : 남편이 부르고 아내가 이에 따름. 남편이 주장하고 아내가 잘 따르는 것이 부부의 도리(道理)라는 말. 또는 부부의 화합이 매우 좋음을 이름.

匹夫匹婦(필부필부) : 한 사람의 남자와 한 사람의 여자란 뜻으로, 평범한 남녀.

軒軒丈夫(헌헌장부) : 외모가 출중하고 당당한 사나이.

相扶相助(상부상조) : 서로서로 도움.

扶老携幼(부로휴유) : 노인은 부축하고 어린아이는 이끌고 감.

馬好替乘(마호체승) : "말도 갈아타는 것이 좋다."는 뜻으로, 예전 것도 좋기는 하지만 새것으로 바꾸어 보는 것도 즐겁다는 말.

利害得失(이해득실) : 이로움과 해로움. 얻음과 잃음.

滅私奉公(멸사봉공) : 사를 버리고 공을 위하여 힘써 일함.

陽奉陰違(양봉음위) : 보는 앞에서는 순종하는 체하고, 속으로는 딴마음을 먹음.

鴛鴦契(원앙계) : 금실이 좋은 부부 사이를 뜻함.

金石之契(금석지계) : 금이나 돌과 같이 굳은 사귐을 이르는 말.

隨意契約(수의계약) : 경쟁 또는 입찰의 방법에 의지 않고, 상대방을 수의로 선택하여 이를 체결하는 계약.

冰淸玉潔(빙청옥결) : 얼음같이 맑고 옥같이 깨끗하다는 뜻으로, "청렴결백한 절조나 덕행"을 나타내는 말.

純潔無垢(순결무구) : 몸가짐이 깨끗하여 조금도 더러운 티가 없음.

奇想天外(기상천외) : 보통 사람이 쉽게 생각할 수 없는 엉뚱한 생각.

奇貨可居(기화가거) : 진기한 물건이나 사람은 당장 쓸 곳이 없다 하여도 훗날을 위하여 잘 간직하는 것이 좋다는 말.

寄與補裨(기여보비) : 이바지하여 돕고 부족함을 보태어 줌.

生寄死歸(생기사귀) : 삶은 잠깐 머무르는 것이고, 죽음은 돌아간다는 뜻으로, 사람이 이 세상에 사는 것은 잠깐 동안 머물러 있음에 지나지 않는 것이고, 죽는 것은 본래의 곳으로 되돌아가는 것이라는 말.

騎馬戰(기마전) : 말을 타고 하는 싸움. 두세 사람으로 짝을 지어 앞사람의 어깨에 팔을 걸어 만든 말을 타고, 서로 쓰러뜨리게 하거나 모자 빼앗기를 하는 경기.

一騎當千(일기당천) : 한 사람의 기병이 천 사람의 적을 감당함.

匹馬單騎(필마단기) : 한 필의 말에 홀로 타고 적진을 향해 가는 모습.

中央政府(중앙정부) : 지방 자치제가 확립된 행정 제도에서 전국의 행정을 통할하는 최고기관.

孫康映雪(손강영설) : 고생 속에서 열심히 공부함을 이르는 말.

反受其殃(반수기앙) : 남에게 재앙이 가게 하려다가 도리어 재앙을 받음.

殃及子孫(앙급자손) : 죄악의 갚음이 자손에게 미침. 조상이 죄악을 저지르게 되면 그 앙갚음이 자손에게 미침.

池魚之殃(지어지앙) : 연못 속 물고기의 재앙이라는 말로, 아무런 상관도 없는데 재앙을 입었다는 뜻.

先拿後奏(선나후주) : 죄지은 사람을 우선 잡아놓고 나서 임금에게 아뢰던 일.

欣奏累遣(흔주누견) : 기쁨은 아뢰고 더러움은 보냄.

東奔西走(동분서주) : 동서로 여기저기 바쁘게 돌아다님.

以夷制夷(이이제이) : 오랑캐로 오랑캐를 제어한다는 뜻. 곧 외국을 이용하여 외국을 제어하고 자국의 이익과 안전을 꾀하는 외교 정책. ※ '이이제이'는 중국의 전통적인 외교정책.

尊王攘夷(존왕양이) : 임금을 숭상하고 오랑캐를 물리침. 중국에서는 한족(漢族), 즉 중국 원주민을 제외하고 모두 오랑캐라고 불렀다. 때문에 뭇 제후들은 왕을 숭상하고 외부의 오랑캐를 배척하는 것을 가장 중요한 대의명분으로 삼음.

奚琴散調(해금산조) : 민속 악곡의 하나. 해금으로 독주하는 남도 지방의 악곡으로, 처음은 진양조로 느리게 시작하여 차음 급(急)한 중몰이, 잦은몰이, 휘몰이로 바꾸어 연주함.

盤溪曲徑(반계곡경) : '서려 있는 계곡과 구불구불한 길' 이라는 뜻으로, 일을 바른길을 좇아서 순탄하게 하지 않고 정당한 방법이 아닌 그릇되고 억지스럽게 함을 이르는 말.

家鷄野雉(가계야치) : 집의 닭을 싫어하고 들의 꿩을 좋아한다는 뜻. 집안에 좋은 것을 버리고 밖에 있는 나쁜 것을 탐냄. 좋은 필적을 버리고 나쁜 필적을 좋아함. 정처(正妻)를 버리고 첩(妾)을 사랑함을 비유.

鷄口牛後(계구우후) : 닭의 부리가 될지언정 쇠꼬리는 되지 말라. 큰 집의 말석보다는 작은 집단의 우두머리가 낫다.

鷄鳴狗盜(계명구도) : 닭 울음소리를 잘 내는 사람과 개의 흉내를 잘 내는 좀도둑이라는 뜻으로, 천한 재주를 가진 사람도 때로는 요긴하게 쓸모가 있음을 비유하여 이르는 말. 야비하게 남을 속이는 꾀를 비유한 말. 잔재주를 자랑함.

群鷄一鶴(군계일학) : 여러 마리 닭 중에 한 마리 학. 무리 중에서 뛰어남.

牝鷄之晨(빈계지신) : 암탉이 새벽을 알리느라 운다는 뜻으로, 여자가 남편을 제쳐두고 자기 마음대로 처리함을 비유하여 말함. 집안에서 여자가 세력을 부리면 망한다는 말.

割鷄焉用牛刀(할계언용우도) : 닭 잡는데 어찌 소 잡는 칼을 쓰겠는가라는 말로, 작은 일에 너무 거창하게 대처함을 뜻함.

>>> 立부수

孤立無援(고립무원) : 고립되어 도움을 받을 데가 없음.

立錐地(입추지지) : 송곳 하나 꽂을 만한 땅이란 뜻으로, 매우 좁아 조금도 여유가 없음의 비유.

尸位素餐(시위소찬) : 공로도 없이 직책을 다하지 못하면서 관직만 차지하고 녹을 받아먹는 일.

泣斬馬謖(읍참마속) : 울면서 마속을 참수함. 공정함을 지키기 위해 사사로운 정을 버림. 큰 목적을 이루기 위해 사랑하는 사람도 버림.

有志竟成(유지경성) : "뜻이 있어 마침내 이루다." 라는 뜻으로, 이루고자 하는 뜻이 있는 사람은 반드시 성공한다는 것을 비유하는 말.

無我之境(무아지경) : 마음이 온통 한 곳에 쏠려 자기를 잊고 있는 경지.

鏡中美人(경중미인) : 거울 속의 미인. 실속이 없는 일. 실속보다는 겉치레뿐인 사람.

破鏡不照(파경부조) : 깨진 거울은 비출 수 없듯이, 부부 사이의 재결합은 어렵다는 뜻.

樵童汲婦(초동급부) : 땔나무를 하는 아동과 물을 긷는 아낙네라는 뜻으로, 평범한 사람을 이르는 말.

聞鐘爲日(문종위일) : 종소리를 듣고 그것을 해(태양)라고 여긴다는 뜻으로, 가르침의 의미를 잘못 깨달음의 비유. ※ 한 소경이 해의 모양을 묻자, 어떤 사람이 '양푼같이 둥글다' 고 가르쳐 주었다. 그래서 그 소경은 양푼을 두드려 그 소리를 익히고 해라고 여겼다는 데에서 나온 말.

斷章取義(단장취의) : 남의 시문 중에서 전체의 뜻과는 관계없이 자기가 필요한 부분만을 따서 마음대로 해석하여 씀. 또는 그러한 일을 통해 자신의 주장을 합리화하는 일.

一葉障目(일엽장목) : 나뭇잎 하나가 눈을 가린다는 뜻으로, 단편적이고 일시적인 현상에 미혹되어 전반적이고 근본적인 문제를 깨닫지 못함.

竝州故鄕(병주고향) : 오래 살던 타향을 고향에 견주어 이르는 말. 제2의 고향.

南風不競(남풍불경) : 남풍은 굳세지 않다는 말로, 어떤 나라에서 불러지는 노래나 풍속을 보면 대체로 기세나 힘이 있고 없음을 알 수 있음.

寸陰是競(촌음시경) : 한 자 되는 구슬보다도 잠깐의 시간이 더욱 귀중하니 시간을 아껴야 함.

複雜多端(복잡다단) : 일이 얽히고설키다 갈피를 잡기 어려움.

首鼠兩端(수서양단) : "구멍 속에서 목을 내민 쥐가 나갈까 말까 망설인다."는 뜻으로, 거취를 결정하지 못하고 망설이는 모양. 어느 쪽으로도 붙지 않고 양다리를 걸치는 것을 이르는 말.

>>> 身부수

滿身瘡痍(만신창이) : 온몸이 성한 데 없는 상처투성이라는 말로, 아주 형편없이 엉망임을 형용함.

四大六身(사대육신) : 두 팔, 두 다리, 머리, 몸통이라는 뜻으로, 온몸을 이르는 말.

以身役物(이신역물) : 자기의 몸이 물욕(物慾)에 사역(使役)됨을 이름. 곧 물욕에 마음이 움직여 그 욕망을 충족시키기 위해 몸을 일하게 한다는 말.

立身揚名(입신양명) : 출세하여 세상에 이름을 날림.

射石爲虎(사석위호) : 성심을 다하면 아니 될 일도 이룰 수 있다는 것. 돌을 범인 줄 알고 쏘았더니 화살이 꽂혔다는 말.

射魚指天(사어지천) : 고기를 잡으려고 하늘을 향해 쏜다는 뜻으로, 고기는 물에서 구해야 하는데 하늘에서 구함. 곧 불가능한 일을 하려 함을 이르는 말.

新陳代謝(신진대사) : 묵은 것이 없어지고 새것이 대신 생기거나 들어서는 일.

>>> 尤부수

怨天尤人(원천우인) : 하늘을 원망하고 사람을 탓함.

>>> 走부수

走馬燈(주마등) : 돌아가는 대로 그림이 따라 돌아 보이는 등. 사물이 덧없이 빨리 변함의 비유.

走爲上策(주위상책) : 해를 피하려면 달아나는 것이 상책이라는 말.

無爲徒食(무위도식) : 하는 일 없이 먹고 놀기만 함.

赴湯蹈火(부탕도화) : 끓는 물이나 뜨거운 불도 헤아리지 않고 뛰어든다 함이니, 목숨을 걸고 하는 아주 어렵고 힘든 고욕이나 수난을 이르는 말.

肝膽楚越(간담초월) : 보는 관점에 따라 비슷해 보이는 것이라도 전혀 다르고, 가까운 것이라도 멀리 보인다는 말임.

吳越同舟(오월동주) : 서로 사이가 나쁜 오와 월나라 사람이 같이 배를 탄다는 뜻으로, 원수끼리 같은 처지에 있게 됨을 이름. 또는 서로 이해관계를 달리하는 사람도 같은 처지에 놓이면 서로 도움.

>>> 勹부수

勿失好機(물실호기) : 좋은 기회를 놓치지 않음.

物外閒人(물외한인) : 현실에서 벗어나 한가롭게 지내는 사람.

八包大商(팔포대상) : 생활에 걱정이 없는 사람을 가리키는 말. 중국으로 보내던 사대사행에 수행하여 홍삼을 파는 허가를 맡았던 의주 상인.

包藏禍心(포장화심) : 남을 해칠 마음을 품음.

白衣同胞(백의동포) : 한국 민족을 일컬음.

四海同胞(사해동포) : 천하의 모든 사람들이 모두 형제.

暖衣飽食(난의포식) : 따뜻한 옷을 입고 배불리 먹는 편안한 삶.

抱腹絶倒(포복절도) : 배를 안고 넘어진다는 뜻으로, 몹시 웃음을 이름.

抱薪救火(포신구화) : "땔나무를 안고 불을 끄러 간다."는 뜻으로, 재해를 방지하려다가 자기도 말려들어가 자멸하거나 도리어 크게 손해를 입음을 이르는 말.

砲煙彈雨(포연탄우) : 자욱한 총포의 연기와 빗발치는 탄환이라는 뜻으로, 격렬한 전투를 이름.

>>> 比부수

連理比翼(연리비익) : '비익조와 연리지'의 뜻으로, '부부의 사이가 썩 화목함'의 비유.

批判的觀念論(비판적관념론) : 이성 능력의 비판에서 비로소 인식이 가능함을 주장하는 관념론이라는 뜻으로, 칸트의 '선험적 관념론'을 일컫는 말.

>>> 鬥부수

惡戰苦鬪(악전고투) : 어려운 싸움과 괴로운 다툼이라는 뜻으로, 강력한 적을 만나 괴로운 싸움을 함, 또는 곤란한 상태에서 괴로워하면서도 노력을 계속함을 이르는 말. 죽을힘을 다하여 고되게 싸움.

鬪而鑄兵(투이주병) : 전쟁이 일어난 뒤에야 병기를 주조(鑄造)함. 때를 잃음.

>>> 卩부수

手不釋卷(수불석권) : 손에서 책을 놓지 않음. 항상 책을 읽음. 열심히 공부함.

心心相印(심심상인) : 마음에서 마음으로 전한다는 뜻으로, 묵묵한 가운데 서로 마음이 통함.

印上加書(인상가서) : 인발 위에 글자를 겹쳐 써서 표적으로 삼음.

色卽是空(색즉시공) : 불교의 반야심경에 나오는 것으로, 색(色)은 곧 공이다는 말임. 이 세상에 존재하는 모든 형체는 공(空)이며, 눈으로 보이는 외형은 일시적일 뿐 실체(實體)는 없다는 것.

鷄卵有骨(계란유골) : 계란에도 뼈가 있음. 재수가 없는 사람은 모처럼 좋은 기회를 만나도 일이 잘 안됨.

危如累卵(위여누란) : "알을 쌓아 놓은 것 같이 위태롭다."는 뜻으로, 몹시 위태로움을 이르는 말.

卿士大夫(경사대부) : 영의정, 좌의정, 우의정 이외의 모든 벼슬아치.

名公巨卿(명공거경) : 정승, 판서 따위 이름난 높은 벼슬아치들.

濟危寶(제위보) : 위태로움을 구제하기 위해 만든 재단. 고려 광종 때 설치한 빈민의 구호 및 질병 치료를 맡은 기관.

天下有三危(천하유삼위) : 이 세상의 위험한 일 세 가지. 곧 덕이 없는 이가 총애를 받고, 재능이 없는 이가 높은 지위를 얻으며, 큰 공로가 없는 이가 녹(祿)을 많이 받는 일.

却之不恭(각지불공) : 주는 것을 물리치는 것은 공손하지 못하다는 말.

二人三脚(이인삼각) : 두 사람이 나란히 서서 서로 맞닿은 쪽의 발목을 묶어 세 발처럼하여 함께 뛰는 경기.

脚下照顧(각하조고) : "자기의 발밑을 잘 비추어 돌이켜 본다."는 뜻으로, 가깝고 친할수록 더욱 조심해야 함을 이르는 말.

寅葬卯發(인장묘발) : 장사 지낸 뒤에 곧 복을 받음.

柳綠花紅(유록화홍) : 푸른 버들은 푸르고, 꽃은 붉다는 뜻으로, 자연의 모습 그대로 사람의 손을 더하지 않는 것. 봄철의 경치를 말할 때 흔히 쓰임.

未妥未妥(미타미타) : 아무래도 미타한 모양.

陳根委翳(진근위예) : 가을이 오면 오동뿐 아니라 고목의 뿌리는 시들어 마름.

守錢奴(수전노) : 돈을 모을 줄만 알고 쓸 줄 모르는 사람.

耕當問奴(경당문노) : "농사일은 머슴에게 물어야 한다."는 뜻으로, 일은 항상 그 부문의 전문가와 상의하여 행해야 한다는 말.

奮鬪努力(분투노력) : 힘을 다하여 노력함.

怒甲移乙(노갑이을) : 한강에서 뺨 맞고 종로에서 화풀이함.

怒蠅拔劍(노승발검) : 파리를 보고 화를 내어 칼을 빼들고 쫓는다는 뜻으로, 사소한 일에 화를 잘 냄. 보잘것없는 작은 일에 지나치게 큰 대책을 세움.

>>> 女부수

窈窕淑女(요조숙녀) : 얌전하고 착한 여자.

吾心卽汝心(오심즉여심) : '내 마음이 곧 네 마음' 이라는 뜻으로, 천도교의 교조 최제우가 한울님과의 대화에서 인간은 근본에서 같다고 하는 말.

壞汝萬里長城(괴여만리장성) : "스스로 만리장성을 허물어 버린다."는 뜻으로, 어리석은 생각에서 일을 그르치게 한다는 뜻.

近親相姦(근친상간) : 촌수가 가까운 일가끼리 간음하는 일.

大姦似忠(대간사충) : 크게 간사한 사람은 그 아첨하는 수단이 매우 교묘하므로 흡사 크게 충성된 사람과 같이 보임.

如坐針席(여좌침석) : 바늘방석에 앉은 것처럼 몹시 불안함.

危如朝露(위여조로) : 아침 햇살을 맞아 금세 말라버리고 말 이슬처럼 매우 위태로움.

應對如流(응대여류) : 물 흐르듯 대답한다는 뜻으로, 언변의 뛰어남.

情恕理遣(정서이견) : 잘못이 있으면 온정으로 참고 이치에 비추어 용서함.

妾御績紡(첩어적방) : 남자는 밖에서 일하고, 여자는 안에서 길쌈을 함.

花房作妾(화방작첩) : 기생을 첩으로 삼음.

破器相接(파기상접) : "깨어진 그릇 조각을 서로 맞춘다."는 뜻으로, 이미 잘못된 일을 바로잡으려고 쓸데없이 애씀을 이르는 말.

皮骨相接(피골상접) : 살가죽과 뼈가 맞붙을 정도로 몹시 마름.

始終一貫(시종일관) : 처음부터 끝까지 똑같은 방침이나 태도로 나감.

治山治水(치산치수) : 산과 물을 다스려 재해를 막는 일.

始勤終怠(시근종태) : 처음에는 부지런히 하나 나중에는 게으름을 이르는 말.

百戰不殆(백전불태) : "지피지기(知彼知己)면 백전불태(百戰不殆)", 즉 "적을 알고 나를 알면 백 번 싸워도 위험하지 않다"의 뜻.

結髮夫妻(결발부처) : '귀밑머리를 풀어 쪽을 찌고 상투를 튼 부부'라는 뜻으로, 정식으로 결혼한 부부를 이르는 말.

梅妻鶴子(매처학자) : 매화 아내에 학 아들이라는 말로, 속세를 떠나 유유자적하게 생활함의 비유.

無骨好人(무골호인) : 아주 순하고 착해서 누구에게든 잘하는 사람.

好事多魔(호사다마) : 좋은 일에는 흔히 방해되는 일이 많음.

好衣好食(호의호식) : 좋은 옷을 입고, 좋은 음식을 먹음. 잘 입고 잘 먹음.

綵衣以娛親(채의이오친) : "색동옷을 입고 어버이를 즐겁게 한다."는 뜻으로, 부모에게 효도하는 것을 이르는 말.

毋望之福(무망지복) : 바라지도 않은 복이 뜻밖에 찾아옴.

賢母良妻(현모양처) : 자식에게는 어진 어머니, 남편에게는 착한 아내.

以毒制毒(이독제독) : "독을 없애는 데 다른 독을 쓴다."는 뜻으로, 악인을 물리치는 데 다른 악인으로써 함.

>>> 毋부수

每事不成(매사불성) : 하는 일마다 실패함.

駿馬每馱痴漢走(준마매타치한주) : "준마는 항상 어리석은 자를 태우고 다닌다."라는 뜻으로, 세상일의 불공평함을 비유하는 말.

海翁好鷗(해옹호구) : 바다 노인이 갈매기를 좋아한다는 말로, 사람이 사심이 있으면 그것을 알고 가까이하지 않는다는 말.

梅林止渴(매림지갈) : 매화나무 숲에서 갈증을 그쳤다는 말로, 대용품이라도 일시적으로 소용이 있음. 거짓 사실로 실제 욕망을 충족시킴의 비유.

訥言敏行(눌언민행) : 말은 어눌하게 하고 행동은 민첩하게 함.
葦巢悔(위소회) : 갈대 이삭에 지은 집의 근심이라는 말로, 주거가 불안정함을 걱정하는 말.
繁文縟禮(번문욕례) : 문도 번거롭고 예도 번거롭다는 뜻으로, 규칙, 예절, 절차 따위가 번거롭고 까다로움.

>>> 幺부수

蒙幼未知(몽유미지) : 철이 없는 어린아이는 알지 못한다는 말.
深山幽谷(심산유곡) : 깊숙하고 고요한 산과 골짜기.
斷末魔(단말마) : 숨이 끊어질 때의 고통.
斷機之戒(단기지계) : 맹자의 어머니가 베틀의 날실을 자르면서 훈계했다는 내용으로, 학문은 중도에 그만둠이 없이 꾸준히 계속해야 함을 경계한 말.
孟母斷機(맹모단기) : 맹자 어머니가 베틀의 베를 끊었다는 말로, 학업을 중도에 그만두려는 것을 경계한 말.
言語道斷(언어도단) : 말문이 막힌다는 뜻으로, 하도 어이가 없어 이루 말로 나타낼 수 없음.
優柔不斷(우유부단) : 줏대 없이 어물거리기만 하고 딱 잘라 결단을 내리지 못함.
一刀兩斷(일도양단) : 칼을 한 번 휘둘러 단번에 둘로 나눈다는 뜻으로, 머뭇거리지 않고 일이나 행동을 선뜻 결정함의 비유.
夜以繼晝(야이계주) : "밤에 시작하여 낮까지 계속함" 의 뜻으로, "어떤 일을 밤낮으로 쉬지 않고 함" 의 형용.
引受引繼(인수인계) : 업무 따위를 넘겨받고 물려줌.
景幾體歌(경기체가) : 고려 시대 장가의란 형식으로서 속요에 대하여 학자들 사이에 불리어진 노래로서, 필요 이상의 한문이 많이 쓰인 것이 특징이며, 매 장마다 "긔 엇더하니잇고"라는 글귀가 있음.
幾死之境(기사지경) : 거의 다 죽게 된 지경.
庶幾之望(서기지망) : 거의 될 듯한 희망.
鷗鷺忘機(구로망기) : 바닷가에서 갈매기와 해오라기 노는 것을 보며 세상일을 잊는다는 뜻으로, 숨어 살면서 속세의 일을 잊음을 이르는 말.
孟母斷機(맹모단기) : 맹자 어머니가 베틀의 베를 끊었다는 말로, 학업을 중도에 그만두려는 것을 경계한 말.
心機一轉(심기일전) : 어떤 계기로 그전까지의 생각을 뒤집듯이 바꿈.

>>> 子부수

孔子穿珠(공자천주) : 공자가 시골 아낙에게 구슬 꿰는 것을 물었다는 뜻으로, 진리를 탐구하는 사람은 자기보다 못한 사람에게 묻는 것을 수치로 여기지 않음의 비유.
孔席不暇暖(공석불가난) : 공자의 자리는 따스할 겨를이 없다는 뜻으로, 한군데 오래 머무르지 않고 왔다 갔다 함을 이르는 말.
獅子吼(사자후) : 사자의 으르렁거림. 울부짖으며 열변을 토하는 연설. 불교에서는 부처님의 위엄 있는 설법에 모든 악마들이 굴복하여 귀의함을 비유.

晏子御(안자어) : 안자의 마부라는 말로, 실력도 갖추지 않은 사람이 배경에 기대어 오만함을 이름.
梅妻鶴子(매처학자) : 매화 아내에 학 아들이라는 말로, 속세를 떠나 유유자적하게 생활함의 비유.
墨子悲染(묵자비염) : 묵자가 실을 보고 울었다는 뜻으로, 사람은 습관이나 환경에 따라 그 성품이 착해지기도 악해지기도 함을 이르는 말.
墨子泣絲(묵자읍사) : 인간은 환경이나 습관에 따라 성질이 착하게도 악하게도 됨의 비유. 인간 주체성의 약함을 탄식함의 비유. 墨子悲染(묵자비염).
半子之情(반자지정) : 반 아들 같은 정리라는 뜻으로, 사위를 가리킴.
父爲子綱(부위자강) : 아버지는 자식의 벼리가 됨.
父子有親(부자유친) : 오륜의 하나. 아버지와 아들 사이의 도는 친애에 있음.
父傳子傳(부전자전) : 대대로 아버지가 아들에게 전함.
易子敎之(역자교지) : 자식을 서로 바꾸어서 가르침.
慈母敗子(자모패자) : 지나치게 자애로운 어머니는 결국 자식을 망치게 함.
子子孫孫(자자손손) : 자손의 여러 대. 자손의 끝까지. 대대손손.
才子佳人(재자가인) : 재능이 뛰어난 남자와 아름다운 여인.
季布一諾(계포일낙) : '계포가 한 번 한 약속' 이라는 뜻으로, 초나라의 계포는 한 번 승낙한 일이면 꼭 실행하는 약속을 잘 지키는 사람이었음에서 비롯하여 틀림없이 승낙함을 뜻함.
季札掛劍(계찰괘검) : 신의를 소중히 여김. 오(吳)나라의 계찰이 서(徐)나라 임금의 무덤 옆 나무에 자기의 보검(寶劍)을 걸었다는 고사에서 유래.
伯仲叔季(백중숙계) : 형제의 차례를 나타내는 말. 백은 맏이, 중은 둘째, 숙은 셋째, 계는 막내.
車螢孫雪(차형손설) : 차윤의 반딧불과 손강의 눈이라는 뜻으로, 어려운 처지에서의 면학을 비유해 이르는 말.
敎學相長(교학상장) : 남을 가르치거나 스승에게 배우는 일 모두 서로에게 도움을 줌. 서로 어울려 자신의 학업을 향상시킴.
口耳之學(구이지학) : 귀로 들은 것을 그대로 남에게 이야기할 뿐 조금도 제 것으로 만들지 못한 학문.
記問之學(기문지학) : 단지 글을 외기만 하여 남의 질문에 응답하는 학문.
同門受學(동문수학) : 같은 스승 밑에서 함께 배움.
博學多識(박학다식) : 널리 배워 많이 앎.
形而上學(형이상학) : 사물의 본질이나 존재의 근본 원리를 사유나 직관에 의하여 탐구하는 학문.
少年易老學難成(소년이로학난성) : 소년은 늙기 쉽고 학문은 이루기 어렵다는 뜻.
孤注一擲(고주일척) : 노름꾼이 도박에서 계속하여 잃을 때 최후의 나머지 돈을 다 걸고 모험하는 일로, 온 힘을 다해 어떤 일을 모험하는 것을 비유함.
德不孤必有隣(덕불고필유린) : 덕이 있는 사람은 외롭지 않고 반드시 이웃이 있음.
識字憂患(식자우환) : 학식이 있는 것이 도리어 근심을 사게 됨. 즉, 글자를 안다는 것이 도리어 화의 근원이 됨.
一字無識(이자무식) : 한 글자도 알지 못함.
事親以孝(사친이효) : 삼국 통일의 원동력이 된 화랑의 세속오계의 하나. 어버이를 섬김에 효도로써 함.

孟母斷機(맹모단기) : 맹자 어머니가 베틀의 베를 끊었다는 말로, 학업을 중도에 그만두려는 것을 경계한 말.
孟母三遷之敎(맹모삼천지교) : 맹자의 어머니가 맹자의 교육을 위해 세 번이나 이사를 한 가르침이라는 뜻으로, 교육에는 주위환경이 중요하다는 가르침을 이르는 말.
苛政猛於虎(가정맹어호) : "가혹한 정치는 호랑이보다 더 사납다."는 뜻으로, 가혹한 정치의 폐해를 비유하는 말.
存亡之秋(존망지추) : 존속하느냐, 멸망하느냐의 절박한 때.
芒刺在背(망자재배) : 가시가 등에서 찌른다는 말로, 등 뒤에 자기가 꺼리고 두려워하는 사람이 있어 마음이 편안하지 않음을 이름.
命在頃刻(명재경각) : 목숨이 경각에 있음. 즉, 금방 숨이 끊어질 지경. 釜中之魚(부중지어). 屠所之羊(도소지양).
富貴在天(부귀재천) : 부귀는 하늘에 달려있다는 뜻으로, 부귀를 누리는 것은 하늘의 뜻이며 사람의 힘으로는 어찌할 수 없음을 이름.
謀事在人 成事在天(모사재인 성사재천) : 일을 꾸미는 것은 사람이나 그것을 이루어지느냐는 하늘에 달려 있음.
誰怨孰尤(숙원숙우) : 누구를 원망하고 탓할 수가 없다는 뜻.
輕車熟路(경거숙로) : "경쾌한 수레를 타고 익숙한 길을 간다."는 뜻으로, 일에 숙달되어 조금도 막힘이 없는 모양을 이름.

>>> 疒부수

同病相憐(동병상련) : 같은 병을 앓는 사람끼리 서로 가엾게 여김. 즉, 고난을 같이 겪은 사람은 자기가 처한 사정을 이해해줌.
無病自灸(무병자구) : 질병이 없는데 스스로 뜸질을 한다는 말로, 불필요한 노력을 하여 정력을 낭비함을 뜻함.
病入膏肓(병입고황) : 질병이 심장과 횡격막 사이 부분으로 들어간다는 말로, 병이 위중하여 치료할 수 없음을 이르는 말.
煙霞痼疾(연하고질) : 자연을 사랑하는 고질병.

>>> 尸부수

結局原因(결국원인) : 일의 결말을 짓는 데 가장 가까운 원인.
生生發展(생생발전) : 끊임없이 힘차게 발전함.
三間草屋(삼간초옥) : 썩 작은 초가.
愛及屋烏(애급옥오) : "사랑이 지붕 위의 까마귀에까지 미친다."는 뜻으로, 사람을 사랑하면 그 집 지붕 위에 앉은 까마귀까지도 사랑스럽다는 말.
尺貫法(척관법) : 길이의 단위를 척, 양의 단위를 승, 무게의 단위를 관으로 하는 도량형법.
三尺童子(삼척동자) : 키가 삼척에 불과한 조그마한 아이.
吾鼻三尺(오비삼척) : 내 코가 석자라는 뜻으로, 내 사정이 급하여 남을 돌볼 겨를이 없음을 이름.
首尾一貫(수미일관) : 머리에서 끝까지 한 번에 꿰뚫음. 始終一貫(시종일관), 首尾相接(수미상접).

魚頭肉尾(어두육미) : 물고기는 머리, 짐승의 고기는 꼬리 쪽이 맛있음.

居安思危(거안사위) : 편안하게 살 때 앞으로 닥쳐올 위태로움을 생각함.

足反居上(족반거상) : 발이 도리어 위에 있다는 뜻으로, 사물이 거꾸로 됨.

耳屬于垣(이속우원) : "담에도 귀가 달렸다."는 뜻으로, 남이 듣지 않는 곳에서도 말을 삼가라는 뜻.

金日月屛(금일월병) : 이금으로 해와 달을 그린 병풍. 임금님이 앉는 자리에 쳤음.

>>> 又부수

又日新(우일신) : "오늘도 새롭고 또 내일도 새롭다."에서 나온 말로, 나날이 새롭게 함을 이름.

三年不飛又不鳴(삼년불비우불명) : "삼 년간이나 한 번도 날지 않고 울지도 않는다."는 뜻으로, 뒷날에 웅비할 기회를 기다림을 이르는 말.

交友以信(교우이신) : 벗을 사귐에 신의로써 사귐.

莫逆之友(막역지우) : 거역할 수 없는 벗이란 뜻으로, 서로 뜻이 맞는 절친한 친구.

文房四友(문방사우) : 종이 · 붓 · 먹 · 벼루의 네 가지를 말함.

取捨選擇(취사선택) : 취할 것은 취하고, 버릴 것은 버려서 골라잡음.

取民有度(취민유도) : 고려 태조 때 민심 안정과 수취 체제 개선을 위해 취한 조세정책. 백성으로부터 조세를 거둘 때에는 일정한 법도가 있어야 한다는 뜻.

異國情趣(이국정취) : 자기 나라와는 다른 정서나 멋.

自作自受(자작자수) : 자기가 저지른 일의 과보를 자기가 받음.

口傳心授(구전심수) : 말과 마음으로 전하여 가르침.

反哺之孝(반포지효) : 자식이 커서 어버이의 은혜에 보답하는 효성(孝誠). 까마귀는 자란 뒤에 어미에게 먹을 것을 물어다 준다 함.

二律背反(이율배반) : (논리학) 서로 모순되는 두 개의 명제가 동등한 권리로서 주장되는 일. 두 모순되는 명제인 정립(定立)과 그 반정립(反定立)이 합리적 근거를 가지고 맞서는 일.

賊反荷杖(적반하장) : 도둑이 도리어 매를 듦. 잘못한 사람이 도리어 잘못 없는 사람을 나무람.

輾轉反側(전전반측) : 누워서 몸을 이리저리 뒤척이며 잠을 이루지 못함. 전전불매(輾轉不寐).

去者必返(거자필반) : 간 사람은 반드시 돌아오기 마련임.

回光返照(회광반조) : 해가 지기 직전에 잠깐 하늘이 밝아진다는 뜻으로, 머지않아 멸망하지만 한때나마 그 기세가 왕성함. 죽기 직전에 잠깐 기운을 돌이킴을 비유해 이르는 말.

十匙一飯(십시일반) : 열 술이면 한 그릇. 여럿이 힘을 합하면 한 사람을 돕기 쉽다는 의미.

如印一板(여인일판) : 한 판에 찍어 낸 듯이 조금도 서로 다름이 없음.

販路開拓(판로개척) : 판매할 수 있는 길을 확장함.

學如不及(학여불급) : 학문은 쉬지 않고 노력해도 따라갈 수 없다는 뜻. 곧 학문은 잠시라도 게을리해서는 안 된다는 말.

一資半級(일자반급) : 대수롭지 않은 낮은 벼슬자리.

轍鮒之急(철부지급) : 수레 바퀴자국 속에 있는 붕어의 위급함이라는 뜻으로, 매우 곤궁한 처지나 다급한 위기의 비유.

焦眉之急(초미지급) : 눈썹이 타는 듯한 위급한 상황, 매우 위급함.

伯夷叔齊(백이숙제) : 백이와 숙제를 아울러 이르는 말.

奇男淑女(기남숙녀) : 재주와 슬기가 남달리 뛰어난 남자와 교양과 품격을 갖춘 여자.

>>> 爪부수

蚌鷸之爭(방휼지쟁) : 소대가 조나라 혜왕에게 말한 조개와 황새의 싸움에 대한 고사로, 두 사람의 이해관계 싸움으로 인해 제 삼자가 이익을 보는 것을 비유하는 말. 漁父之利(어부지리).

蝸角之爭(와각지쟁) : 달팽이 촉각 위에서의 싸움이라는 말로, 사소한 일로 다투는 일. 작은 나라끼리의 싸움.

四海波靜(사해파정) : 천하의 풍파가 진정되어 태평함을 이르는 말.

西方淨土(서방정토) : 사바세계〔인간세계〕에서 서쪽으로 십만 억의 불토를 사이에 두고 저편에 있다는 안락의 세계, 곧 아미타불의 정토, 서방극락.

夫爲婦綱(부위부강) : 남편은 아내의 벼리가 됨.

爲鬼所笑(위귀소소) : 귀신의 비웃음을 당하다의 뜻으로, 운명을 모르는 사람을 비웃는 말. 가난을 헤어날 길이 없음의 비유.

爲礪磨刀(위려마도) : 숫돌을 위해 칼을 간다는 뜻으로, 주객이 전도됨의 비유.

爲人設官(위인설관) : 사람을 위해 벼슬자리를 만듦. 어떤 사람을 위해 벼슬자리를 새로이 마련함. 남을 위해 정성껏 꾀함.

虛無無爲(허무무위) : 허무와 무위는 '천지의 근본이고 도와 덕의 본질적 형태' 로 성인은 이 경지에 살며 휴식을 취함.

從便僞之(종편위지) : (어떤 일을 처리함에 있어서) 편할 대로 쉬울 대로 좇아 함.

好爵自縻(호작자미) : 스스로 벼슬을 얻게 되니, 찬작(鑽灼)을 극진히 하면 인작(人爵)이 스스로 이르게 됨. "좋은 벼슬에 저절로 묶인다." 의 의미.

頓首再拜(돈수재배) : 머리가 땅에 닿도록 두 번 절을 함. 또는, 그렇게 하는 절.

秋無擔石(추무담석) : 중국 주나라 때 담은 2석, 석은 1석으로, 곧 적은 수량이란 말로, 집이 가난하여 가을에도 아무 수확이 없음을 이르는 말.

捨短取長(사단취장) : 장단을 가려서 격식에 맞춘다는 뜻으로, 나쁜 것은 버리고 좋은 점은 취한다는 말.

捨生取義(사생취의) : 삶을 버리고 의(義)를 취함.

無援孤立(무원고립) : 아무도 도와줄 사람이 없는 외로운 처지.

暖衣飽食(난의포식) : 따뜻한 옷을 입고 배불리 먹는 편안한 삶.

微吟緩步(미음완보) : 작은 소리로 읊조리며 천천히 거님.

>>> 手부수 — 扌, 才

自手成家(자수성가) : 물려받은 재산이 없이 스스로의 힘으로 재산을 모아 일가를 이룸.

淺學菲才(천학비재) : 얕은 학문과 보잘것없는 재주라는 뜻으로, 자기의 학식과 재능을 낮추어 일컫는 말.

間世之材(간세지재) : 오랜 세월에 걸쳐 보기 드문 썩 뛰어난 인물.

棟梁之材(동량지재) : 마룻대나 대들보와 같은 인재라는 뜻으로, 한 나라를 맡아 다스릴만한 인재.

適材適所(적재적소) : 적당한 인재를 적당한 자리에 기용함.

德本財末(덕본재말) : 사람이 살아가는 데 덕이 뿌리가 되고 재물은 사소한 부분임.

以財發身(이재발신) : 어진 사람은 재산을 선용(善用)하여 자기 몸을 완성함. 재물을 베풀어 성공함.

換骨奪胎(환골탈태) : 뼈를 바꾸고 태를 빼앗는다는 뜻으로, 선인의 시나 문장을 살리되, 자기 나름의 새로움을 보태어 자기 작품으로 삼는 일. 얼굴이 전보다 아름답게 변함.

指鹿爲馬(지록위마) : 사슴을 가리켜 말이라 하다의 뜻으로, 윗사람을 농락하여 권세를 휘두르는 것을 가리킴.

指呼之間(지호지간) : 손가락으로 부를 수 있는 가까운 거리.

見蚊拔劍(견문발검) : 모기를 보고 칼을 뺌. 하찮은 일에 너무 거창하게 덤빔.

聲東擊西(성동격서) : 동쪽을 칠 듯이 말하고 실제로는 서쪽을 침. 상대방을 기만하여 기묘하게 공략함을 비유.

牛角掛書(우각괘서) : 소의 뿔에 책을 걸어 놓는다는 뜻으로, 소를 타고 독서함을 이르는 말. 즉, 시간을 아껴 오로지 공부하는 데 힘쓰는 태도를 비유함.

起承轉結(기승전결) : 시문을 짓는 형식의 한 가지. 글의 첫머리를 기, 그 뜻을 이어받아 쓰는 것을 승, 뜻을 한 번 부연시키는 것을 전, 전체를 맺는 것을 결이라 함.

父傳子承(부전자승) : 대대로 아버지가 아들에게 전함.

探囊取物(탐낭취물) : 주머니 속에 든 물건을 꺼낸다는 뜻으로, 아주 쉬운 일 또는 매우 쉽게 얻음을 이르는 말.

探花好色(탐화호색) : 여색을 지나치게 좋아하고 밝힘.

日久月深(이구월심) : 날이 가고 달이 깊어도 오직 간절히 바람. 무언가 바라는 마음이 세월이 갈수록 더해짐을 이르는 말.

萬折必東(만절필동) : 황하(黃河)는 아무리 곡절이 많아도 반드시 동쪽으로 흘러간다는 뜻으로, 충신의 절개는 꺾을 수 없다는 말.

方長不折(방장부절) : 한창 자라는 초목은 꺾지 아니함. 앞길이 창창한 사람을 박해하지 말라. 혹은 잘 되어 가는 일을 방해하지 말라는 의미.

百折不屈(백절불굴) : 백 번 꺾여도 굴하지 않는다는 뜻으로, 어떤 어려움에도 굽히지 않음을 이름.

樽俎折衝(준조절충) : 술자리에서 유연한 담소로 적의 창끝을 꺾어 막는다는 말로, 외교를 비롯하여 그 밖의 교섭에서 유리하게 담판하거나 흥정함.

明哲保身(명철보신) : 세태와 사리에 밝아서 자신을 잘 보호함.

騅不逝(추불서) : 애마 추(騅)도 앞으로 나아가지 않는다는 뜻으로, 항우가 패공에게 포위되어 어떻게 해야 할지 계략이 없어졌음을 이르는 말.

搖之不動(요지부동) : 흔들어도 전혀 움직이지 않음. 결코 자신의 뜻을 굽히지 않는 고집 센 모습을 가리킴.

搖尾乞憐(요미걸련) : 개가 꼬리치는 것처럼 남의 동정을 받으려 애걸하는 가련한 모습을 이르는 말.

>>> 父부수

殺父之讐(살부지수) : 아버지를 죽인 원수.

>>> 寸부수

寸鐵殺人(촌철살인) : 한 치의 쇠로 사람을 죽인다는 뜻으로, 간단한 말이나 문장으로 사물의 가장 요긴한 데를 찔러 듣는 사람으로 하여금 감동하게 함. 言中有骨(언중유골).

窮村僻地(궁촌벽지) : 가난한 마을과 궁벽한 땅.

面面村村(면면촌촌) : 한 군데도 빼놓지 아니한 모든 곳.

自成一村(자성일촌) : 한 집안끼리 또는 뜻이 같이하는 사람끼리 하나의 마을을 이룸.

齊聲討罪(제성토죄) : 여러 사람이 한 사람의 죄를 일제히 꾸짖음.

角立對坐(각립대좌) : 서로 대립하여 겨루고 대항함.

枉尺直尋(왕척직심) : 짧은 것은 굽히고 긴 것을 편다는 뜻으로, 소를 희생시켜 대를 살림.

故尋事端(고심사단) : 일부러 말썽이 될 일을 일으킴.

塔寺堅固(탑사견고) : 오오백년(五五百年)의 네 번째 오백 년.

老親侍下(노친시하) : 늙은 어버이를 모시고 있는 처지.

刻燭爲詩(각촉위시) : 촛불이 한 치 타는 동안에 시를 지음.

晩時之歎(만시지탄) : 때늦음의 탄식이라는 뜻으로, 시기가 뒤늦었음을 원통해 하는 탄식.

四時春風(사시춘풍) : 누구에게나 늘 좋은 낯으로 대하며 무사태평한 사람을 일컫는 말.

時機尙早(시기상조) : 시기가 미처 무르익지 않았음.

時宜適切(시의적절) : 시기가 매우 적절함.

臨時方便(임시방편) : 필요에 따라 그때그때 정해 일을 쉽고 편리하게 치를 수 있는 수단.

啐啄同時(줄탁동시) : 암탉이 알을 품은 지 3주 후에 어미 닭은 밖에서 안으로, 병아리는 안에서 밖으로 재잘거리며 껍질을 쪼면서 새로운 생명이 탄생한다는 뜻.

鶴首苦待(학수고대) : 학처럼 목을 길게 빼고 몹시 기다림.

等覺一轉(등각일전) : 깊은 경지에 이르러 그 길의 한 파를 새로 엶. 등각에서 일전하여 묘각의 자리에 이른다고 한 마사지관에서 유래.

曠日持久(광일지구) : 세월을 헛되이 오랫동안 보낸다는 뜻으로, 긴 세월을 보내고 나니 헛되이 세월만 지났다는 말. 그냥 긴 시간을 보냈다는 의미로도 쓰임.

大書特筆(대서특필) : 특히 드러나도록 큰 글자로 나타냄.

封庫罷職(봉고파직) : 암행어사나 감사가 부정을 저지른 고을 원 등을 파면시키고 관가의 곳간을 봉하여 잠그던 일.

蟻封穴雨(의봉혈우) : 개미는 능히 비가 올 것을 예측하므로 개미가 구멍을 막을 때는 비가 올 징조임.

出將入相(출장입상) : 전쟁터에 나가면 장수, 조정에 들어오면 재상. 유능하여 문무(文武)를 갖춤.

天上天下唯我獨尊(천상천하유아독존) : 이 세상에 나보다 존귀한 사람은 없다는 말. 또는, 자기만 잘 났다고 자부하는 독선적인 태도의 비유.

因舊遵行(인구준행) : 전례대로 좇아 행함.

何遵約法(하준약법) : 소하는 한고조와 더불어 약법삼장을 정(定)하여 준행함.

專對之才(전대지재) : 남의 물음에 지혜롭게 혼자 대답할 수 있어 외국의 사신으로 보낼 만한 인재.

教外別傳(교외별전) : 경전 등의 문자나 말에 의하지 않고 부처님의 가르침을 마음에서 마음으로 전함.

輾轉不寐(전전불매) : 누워서 이리저리 뒤척이며 잠을 이루지 못한다는 말.

一致團結(일치단결) : 여럿이 한 덩어리로 굳게 뭉침.

靑衿團領(청금단령) : 유생들이 입던 푸른 깃의 도포.

>>> 攴부수 — 攵

溫故知新(온고지신) : 옛것을 익혀 새로운 것을 앎.

教外別傳(교외별전) : 경전 등의 문자나 말에 의하지 않고 부처님의 가르침을 마음에서 마음으로 전함.

教子采薪(교자채신) : 자식에게 땔나무 캐오는 법을 가르치라는 말로, 무슨 일이든 장기적인 안목을 갖고 근본적인 처방에 힘쓰라는 말.

反面教師(반면교사) : 극히 나쁜 면만을 가르쳐 주는 선생이란 뜻으로, 다른 사람·사물의 부정적 측면에서 가르침을 얻는다는 뜻.

風飛雹散(풍비박산) : 바람 같이 날리고 우박처럼 흩어진다는 뜻으로, 사방으로 날아 흩어짐.

敬而遠之(경이원지) : 겉으로 존경하되 가까이하지는 아니함.

圓木警枕(원목경침) : 통나무로 베개 삼아 경각한다는 뜻으로, 밤잠을 자지 않고 학문에 힘씀을 이르는 말.

以一警百(이일경백) : "하나로써 백을 경계하게 한다."는 뜻으로, 한 명을 벌하여 백 명을 경계하게 함.

一鳴驚人(일명경인) : "한 번 울면 사람을 놀래 킨다."는 뜻으로, 한 번 시작하면 사람을 놀라게 할 정도의 대사업을 이룩함을 이르는 말.

焉敢生心(언감생심) : 감히 그런 마음을 품을 수도 없음. 감히 엄두도 못 냄을 이름.

苟充其數(구충기수) : 질은 생각지 않고 다만 수량만 채움.

權謀術數(권모술수) : 목적 달성을 위해 수단 방법을 가리지 않고 때와 형평에 따라 둘러맞추는 모략이나 술책.

空中樓閣(공중누각) : 공중에 누각을 짓는 것처럼 근거나 현실적 토대가 없는 사물을 이르는 말.

屢見不鮮(누견불선) : 자주 대하니 신선함이 없다는 뜻으로, 너무 자주 보아 전혀 새롭지 않음.

凍足放尿(동족방뇨) : 언 발에 오줌 누기. 임시변통으로 한 일이 나쁜 결과를 가져옴.

餘皆倣此(여개방차) : 이미 있는 사실로 미루어 보아 다른 나머지도 다 이와 같음.

>>> 支부수

支離滅裂(지리멸렬) : 찢기어 흩어지고 갈피를 잡을 수 없이 됨.

金枝玉葉(금지옥엽) : 금으로 된 나뭇가지에 옥 잎사귀란 뜻으로, 귀여운 자손을 이름.

屠龍之技(도룡지기) : 용을 잡는 기술이 있다는 뜻으로, 쓸데없는 재주를 이름.

>>> 殳부수

殺身成仁(살신성인) : 몸을 죽여 인(仁)을 이룬다는 뜻으로, 옳은 일을 위하여 자기 몸을 희생함.

不敢毁傷(불감훼상) : 부모에서 받은 몸을 깨끗하고 온전하게 하는 것.

分段同居(분단동거) : 부처와 보살이 중생을 교화하기 위해 분단생사의 세계에서 범부와 함께 사는 일.

金殿玉樓(금전옥루) : 휘황찬란한 궁전을 이르는 말.

醴酒不設(예주불설) : 익은 술을 베풀지 않는다는 뜻으로, 손님을 대우하는 예가 차츰 없어짐을 이르는 말.

犬馬之役(견마지역) : '개나 말의 하찮은 힘' 이라는 뜻으로, 임금이나 나라에 충성을 다하는 노력. 윗사람에게 바치는 자기의 노력을 낮추어 말할 때 쓰는 말.

以蚓投魚(이인투어) : 미물 지렁이라도 물고기가 좋아하듯 보잘것없는 것이라도 다 쓸모가 있다는 말.

投鼠忌器(투서기기) : 쥐를 잡으려다 그 옆에 있는 그릇을 깨뜨릴까 염려된다는 뜻으로, 간신을 제거하려다가 임금에게 누를 끼칠까 두려워함의 비유.

>>> 廾부수

弄假成眞(농가성진) : 장난삼아 거짓으로 한 것이 참으로 한 것이 됨.

弊帚千金(폐추천금) : "몽당비를 천금인 양 생각한다."는 뜻으로, 제 분수를 모르는 과실이나 제가 가진 것은 다 좋다고 생각함을 이르는 말.

干雲蔽日(간운폐일) : "구름을 침범하고 해를 덮는다."는 뜻으로, 큰 나무가 하늘을 찌를 듯이 높이 솟은 것을 비유하는 말.

一言以蔽之(일언이폐지) : 한 마디의 말로써 능히 그 뜻을 다함.

>>> 止부수

明鏡止水(명경지수) : 맑은 거울과 잔잔하게 고여 있는 물. 즉, 잡념과 허욕이 없는 아주 맑고 깨끗한 심경. 맑고 고요한 심경.

企業合竝(기업합병) : 시장을 독점하려고 같은 종류의 기업들이 각각 독립성을 버리고 결합하는 일.

不肯底意(불긍저의) : 마음에 내키지 아니함.

七步之才(칠보지재) : 일곱 걸음을 옮기는 사이에 시를 지을 수 있는 재주라는 뜻으로, 아주 뛰어난 글재주를 이르는 말.

邯鄲之步(한단지보) : 연나라 소년이 조나라의 서울 한단에 가서 한단 사람들의 걸음걸이를 배우다가 채 익히기도 전에 고향으로 돌아오니, 한단의 걸음걸이도 되지 않고 원래 자신의 걸음걸이도 잊었다는 이야기로, 자기가 지켜야 할 본분을 모르고, 마구 남의 흉내를 내면 두 가지 다 잃는다는 말. 效顰(효빈).

五十步百步(오십보백보) : 오십 보 도망한 자가 백 보 도망한 자를 비웃는다는 뜻으로, 조금 낫고 못한 차이는 있지만 본질적으로 차이가 없음.

無不干涉(무불간섭) : 자기와 상관이 없는 일에 공연히 간섭하고 참견함.

歲寒孤節(세한고절) : 추운 계절에도 혼자 푸르른 대나무. 겨울.

衛正斥邪(위정척사) : 바른 것을 지키고 옳지 못한 것을 물리친다는 유교 정치사상.

正正堂堂(정정당당) : 바르고 떳떳함.

破邪顯正(파사현정) : 사악한 것을 깨뜨리고 바른 도를 드러냄.

垂簾聽政(수렴청정) : 나이 어린 임금이 보좌에 있을 때 왕대비 또는 대왕대비가 어린 임금 대신 정사를 돌보는 것.

東征西伐(동정서벌) : 동서로 정벌한다는 뜻으로, 이리저리 여러 나라를 정벌함을 이르는 말.

李下不整冠(이하부정관) : "오얏(자두)나무 밑에서 갓을 고쳐 쓰면 오얏(자두) 도둑으로 오해받기 쉬우므로 그런 곳에서는 갓을 고쳐 쓰지 말라."는 뜻으로, 남에게 의심받을 만한 일은 아예 하지 말라는 말.

對症下藥(대증하약) : 증세에 맞게 약을 써야 한다는 뜻으로, 문제의 핵심을 바로 보고 대처해야 함.

彼日此日(피일차일) : 이날 저 날 하고 자꾸 기한을 미루는 모양.

山紫水明(산자수명) : 산수의 경치가 썩 아름다움.

孤雌寡鶴(고자과학) : 짝을 잃은 새라는 뜻으로, 곧 남편이나 아내를 잃은 사람의 비유.

文武兼全(문무겸전) : 문식과 무략을 다 갖추고 있음.

登高能賦(등고능부) : 군자는 높은 산에 오르면 반드시 시를 지어 회포를 품.

山中歷日(산중역일) : 산속에서 한가로이 지내며 자연을 즐기느라고 세월이 가는 줄 모름.

夏扇冬曆(하선동력) : 여름철의 부채와 겨울철의 책력, 곧 선사품이 철에 맞음.

事必歸正(사필귀정) : 일은 반드시 올바른 곳으로 돌아간다. 만사는 반드시 정리(正理)로 돌아감.

愚夫愚婦(우부우부) : 어리석은 남자와 어리석은 여자.

掃地無餘(소지무여) : 싹 쓸어낸 듯이 아무것도 없다는 뜻으로, 물건이 전혀 없음을 이르는 말.

>>> 疋부수

疑心暗鬼(의심암귀) : 의심하는 마음이 있으면 없는 귀신이 나오는 듯이 느껴진다는 말. 마음속에 의심이 생기면 여러 무서운 망상이 잇달아 일어나 불안해짐. 선입관은 판단을 빗나가게 함.

鳩首凝議(구수응의) : 사람이 모여서 이마를 맞대고 의논하는 모양.

>>> 足부수

手足之愛(수족지애) : 형제 사이의 우애를 이르는 말.

鼎足之勢(정족지세) : 솥의 발처럼 세력이 균형을 이루고 있는 모습.

不足置齒牙間(부족치치아간) : 치아 사이에 두기에는 충분하지 못하다는 말로, 입에 올릴 만한 가치가 없는 것을 이름.

竪者不足與謀(수자부족여모) : 아이와 함께 일을 도모할 수 없다는 말로, 풋내기와는 큰일을 꾀할 수 없음을 비유.

星火督促(상화독촉) : (별똥이 떨어지듯이) 몹시 심하고 급하게 재촉함.

吐哺捉髮(토포착발) : "입속에 있는 밥을 뱉고 머리카락을 움켜쥔다."는 뜻으로, 식사 때나 머리를 감을 때에 손님이 오면 황급히 나가서 맞이함을 일컬음. 즉 손님에 대한 극진한 대우, 또는 군주가 어진 인재의 예의를 갖추어서 맞이하는 것을 말함.

前人未踏(전인미답) : 이전까지 아무도 밟지 않음.

坦坦大路(탄탄대로) : 높낮이가 없이 평탄하고 넓은 길이라는 뜻으로, 앞이 환히 트여 순탄하게 앞으로 나아갈 수 있는 상태를 이르는 말.

人生朝露(인생조로) : 인생은 아침이슬과 같다는 말로, 덧없는 세상살이를 비유.

實踐躬行(실천궁행) : 실제로 몸소 이행함.

貴鵠賤鷄(귀곡천계) : 고니를 귀하게 여기고 닭을 천하게 여긴다는 뜻으로, 먼데 것을 귀하게 여기고 가까운 데 것을 천하게 여기는 풍조.

淺見博識(천견박식) : 대수롭지 않은 견문과 지식.

殘虐無道(잔학무도) : 잔인하고 사나워 사람의 도리가 전혀 없음. 奸惡無道(간악무도), 極惡無道(극악무도).

守錢奴(수전노) : 돈을 모을 줄만 알고 쓸 줄 모르는 사람.

多錢善賈(다전선고) : 돈이 많으면 장사를 잘할 수 있다는 뜻으로 "자본이 많으면 일하기 쉽다."는 의미.

>>> 夂부수

道有升降(도유승강) : 길에는 오르고 내림이 있다는 뜻으로, 천도에는 크게 융성함과 쇠망함의 두 가지가 있다는 말.

>>> 夊부수

夏爐冬扇(하로동선) : 여름의 화로, 겨울의 부채. 때에 맞지 않아 쓸모없게 됨.

>>> 彳부수

前倨後恭(전거후공) : 이전에는 거만하다가 나중에는 공손하다는 뜻으로, 상대편의 입지에 따라 태도가 상반됨을 비유.

前無後無(전무후무) : 이전에도 없고 이후에도 없음.

後生可畏(후생가외) : 매우 열심히 정진하는 후배나 후학들의 학문이 두렵게 여길 만함.

後悔莫及(후회막급) : 아무리 후회하여도 다시 어찌할 수가 없음. 일이 잘못된 뒤라 아무리 뉘우쳐도 어찌할 수 없음

螳螂在後(당랑재후) : 사마귀가 뒤에 있다는 말로, 이익을 탐하여 자신의 처지를 돌아보지 않음을 말함.

蛟龍得水(교룡득수) : 교룡이 물을 얻었다는 말로, 좋은 기회를 얻음을 비유.

萬不得已(만부득이) : '부득이' 를 강조한 말. '부득이' 는 마지못하여. 하는 수 없이. 어쩔 수 없이.

舐痔得車(지치득거) : "똥구멍을 핥아 수레를 얻는다." 는 뜻으로, 미천한 일을 하여 큰 이익을 얻음. 자신의 목적을 위해 수단 방법을 가리지 않음.

楚王失弓楚人得之(초왕실궁초인득지) : 초왕이 잃은 활을 초인이 줍는다는 뜻으로, 도량이 좁음을 비유함. ※ 초나라 공왕(共王)이 사냥터에 두고 온 활을 신하가 찾으러 가려 하자, "놔둬라, 초왕이 잃은 화살은 초인이 주울 텐데. 뭘 찾으려 하느냐?" 며 말렸다. 훗날 사람들이 너그러운 임금이라고 칭송했는데, 공자가 이 말을 듣고, "도량이 좁구나! 초나라에 한정하지 말고, 사람이 잃은 것을 사람이 주울 것이라 하지 않고 …" 라 했다는 고사.

不入虎穴不得虎子(불입호혈부득호자) : 호랑이 굴에 들어가지 않으면 호랑이 새끼를 얻을 수 없다. 모험을 하지 않고는 큰일을 할 수 없다는 말.

拈華微笑(염화미소) : 석가모니께서 연꽃을 들어 대중에게 보였을 때 가섭이라는 제자가 그 뜻을 깨달아 미소를 지었다고 함. 마음에서 마음으로 전함. 以心傳心(이심전심).

怒者逆德(노자역덕) : 사람이 성을 내면 싸우게 되므로, 노하는 것은 곧 역덕이 된다는 말.

背恩忘德(배은망덕) : 입은 은혜를 저버리고 배반함.

報怨以德(보원이덕) : 원수를 덕으로 갚으라는 말.

才勝德薄(재승덕박) : 재주는 뛰어나고 많으나, 덕이 부족한 사람을 이름.

在德不在險(재덕부재험) : 나라의 안전은 험준한 지리적 환경에 있는 것이 아니라 덕치(德治)에 있음.

道聽道說(도청도설) : 길에서 듣고 길에서 말한다는 말로, 설들은 말을 곧바로 다른 사람에게 옮김. 길거리에 떠돌아다니는 뜬 소문.

借廳借閨(차청차규) : 대청 빌렸다가 안방까지 들어온다는 뜻으로, 남의 권리를 차츰 침범함. 만족할 줄 모름.

三復白圭(삼복백규) : 남용이 백규 시를 하루에 세 번 반복한다는 말로, 삼사이행(三思而行)처럼 말을 신중하려 노력함.

如履薄氷(여리박빙) : 엷은 얼음을 밟는 것과 같은 아슬아슬하고 위험한 일을 비유적으로 이르는 말.

白衣從軍(백의종군) : 베옷을 입고 군대(전쟁)에 따라 나간다는 뜻으로, 벼슬 없이 군대를 따라 싸움터로 나감을 이름.

三從之道(삼종지도) : 여성이 따라야 할 세 가지 길. 어릴 때는 부모를, 시집가서는 남편을, 남편이 세상을 떠나면 아들을 따른다는 말.

御使出頭(어사출두) : 조선 시대 암행어사가 지방에 나타나서 사무를 처리하기 위하여 자기 신분을 밝히던 일. 어사출도(出道) 또는 어사출또라고도 함.

御人如馬(어인여마) : 사람을 부리는 것이 말을 부리듯 노련함.

徹頭徹尾(철두철미) : 처음부터 끝까지 철저하게 함.

知彼知己(지피지기) : 적의 형편이나 나의 형편을 자세히 앎.

破瓜(파과) : '瓜' 자를 둘로 나누면 '八' 자가 둘이 되므로, 이를 합하면 '十六' 이므로 열여섯 살 처녀를 뜻함. 여자가 처녀를 깬다. 여자의 생리가 시작됨.

破釜沈船(파부침선) : 가마솥을 깨뜨리고 배를 가라앉힌 후 전투에 임함. 싸움터로 나가면서 살아 돌아오기를 바라지 않고 결전을 각오함을 이르는 말.

破顔大笑(파안대소) : 얼굴이 찢어지도록 크게 웃는다는 뜻으로, 즐거운 표정으로 한바탕 크게 웃음을 이르는 말.

敝袍破笠(폐포파립) : 해진 옷과 부서진 삿갓이란 뜻으로, 너절하고 구차한 차림새를 말함. 敝衣破笠(폐의파립).

樂此不疲(요차불피) : 좋아서 하는 일은 아무리 해도 지치지 않음을 이르는 말.

夜行被繡(야행피수) : 수놓은 옷을 입고 밤길을 걷는다는 뜻으로, 공명이 세상에 알려지지 않음을 이르는 말.

被褐懷玉(피갈회옥) : 겉에는 거친 옷을 입고 있으나, 속에는 옥을 지녔다는 뜻으로, 어질고 덕 있는 사람이 세상에 알려지지 않으려 함을 이르는 말.

阿諛偏頗(아유편파) : 아첨하여 한쪽으로 치우침.

>>> 廴부수

苟延歲月(구연세월) : 구차하게 세월을 보냄.

延頸鶴望(연경학망) : 학처럼 목을 길게 빼고 간절히 기다림.

建陽多慶(건양다경) : 입춘을 맞이하여 길운을 기원하는 글.

建德名立(건덕명립) : 항상(恒常) 덕을 가지고 세상일을 행하면 자연스럽게 이름도 서게 됨. 덕이란 알맹이를 말하고, 명이란 그 알맹이를 나타내는 이름이니, 속이 알차면 이름은 저절로 드러나게 마련이라는 뜻임.

實質剛健(실질강건) : 꾸밈이 없이 성실하고, 굳세고 씩씩함.

春寒老健(춘한노건) : 봄추위와 노인의 건강이라는 뜻으로, 모든 사물이 오래가지 않음을 이르는 말.

面引廷爭(면인정쟁) : 임금의 앞에서 그 허물을 직간함.

滿廷諸臣(만정제신) : 조정의 모든 벼슬아치.

門庭若市(문정약시) : 대문 안 뜰이 저자와 같다는 뜻으로, 집안에 모여드는 사람이 많음을 비유해 이르는 말.

>>> 辵부수 ㅡ 辶

一脈相通(일맥상통) : 한 줄기로 서로 통한다는 뜻으로, 처지나 생각 등이 한 가지로 서로 통함.

叩盆之痛(고분지통) : 동이를 두드리는 고통이란 뜻으로, 아내의 죽음을 슬퍼함.

崩城之痛(붕성지통) : "성이 무너질 만큼 큰 슬픔" 이라는 뜻으로, 남편이 죽은 슬픔을 이르는 말.

記誦之學(기송지학) : 외고 읽을 뿐으로, 이해하려고 힘쓰지 않고 또 실천하지 못하는 학문.

兼人之勇(겸인지용) : 능히 몇 사람을 당해 낼만한 용기.

勇猛精進(용맹정진) : 용맹하고 굳세게 목표를 향해 나아감.

匹夫之勇(필부지용) : 대수롭지 않은 그저 평범한 사람의 용기라는 뜻으로, 혈기만 믿고 함부로 덤비는 소인의 용기.

敗軍將不可以言勇(패군장불가이언용) : 패배한 군대의 장수는 무용에 대해서는 말할 수 없음.

廣大無邊(광대무변) : 너르고 커서 끝이 없음.

與進與退(여진여퇴) : 일정한 주견이나 절조 없이 여럿이 어울려 진퇴를 같이함.

日進月步(일진월보) : 날로 달로 끊임없이 진보, 발전함.

虛送歲月(허송세월) : 아무 일도 하지 않고 세월을 그냥 흘러 보냄.

下學上達(하학상달) : 아래를 배워 위에 달한다는 뜻으로, 낮고 쉬운 것을 배워 깊고 어려운 것을 깨달음.

悠然自適(유연자적) : 속세에 속박됨이 없이 자기가 하고 싶은 데로 마음 편히 지냄을 이르는 말.

輕敵必敗(경적필패) : 적을 얕보면 반드시 패함.

衆寡不敵(중과부적) : 적은 수효로는 많은 수효에 맞서지 못함.

大海一滴(대해일적) : 넓고 큰 바다에 물방울 하나라는 뜻으로, 많은 것 가운데 아주 작은 것이라는 뜻.

水滴穿石(수적천석) : 물방울이 바위를 뚫는다는 뜻으로, 작은 노력이라도 끈기 있게 계속하면 큰일을 이룰 수 있음.

尋章摘句(심장적구) : 옛사람의 글귀를 여기저기서 뽑아서 시문을 짓는 일.

發奸摘伏(발간적복) : 정당하지 못한 일이나 숨기고 있는 일을 들추어 냄.

述而不作(술이부작) : 서술해서 전할 뿐 스스로 짓지는 않음.

壟斷之術(농단지술) : 농단하는 재주.

借鷄騎還(차계기환) : 닭을 빌려 타고 돌아간다는 뜻으로, 손님을 박대하는 것을 빗대어 이르는 말.

結草啣環(결초함환) : 은혜를 잊지 않고 기필코 보답함.

轍環天下(철환천하) : 수레를 타고 천하를 돌아다닌다는 뜻으로, 여러 나라를 두루 여행함.

遇事生風(우사생풍) : 일을 만나고 바람을 만난다는 뜻으로, 본래는 젊은이의 예기(銳氣)를 말한 것이었으나 시비를 일으키기 좋아하는 사람을 빗대는 말.

沙中偶語(사중우어) : 신하가 남몰래 모반할 꾀를 속삭임.

愚問愚答(우문우답) : 어리석은 질문에 어리석은 대답. 우문은 자기의 질문을 겸손하게 이르는 말로도 씀.

消遣歲月(소견세월) : 하는 일없이 세월을 보냄. 어떤 것에 마음을 붙이고 세월을 보냄.

進退維谷(진퇴유곡) : 앞으로도 뒤로도 나아가거나 물러서지 못한다는 뜻으로, 궁지에 빠진 상태.

窮寇莫追(궁구막추) : 피할 곳 없는 도적을 쫓지 말라는 뜻으로, 궁지에 몰린 적을 모질게 다루면 해를 입기 쉬우니 지나치게 다그치지 말라는 말.

雷逢電別(뇌봉전별) : 우레처럼 만났다가 번개처럼 헤어진다는 뜻으로, 잠깐 만났다가 곧 이별함을 이르는 말.

賣鹽逢雨(매염봉우) : 소금을 팔다가 비를 만남. 뜻밖에 만나는 불운.

遲遲不進(지지부진) : 매우 더디어 일 따위가 진척되지 않음.

改過遷善(개과천선) : 허물을 고쳐 선(善)으로 옮겨감.

選民思想(선민사상) : 특정 민족이 신(神)이나 신적 존재에 의해 선택되고 구원된다는 사상. 넓은 의미로는 다른 집단이나 민족에 비해 자신의 우월성을 주장하는 세속적인 사상이나 신념도 포함하면서 집단이나 민족의 자기 정체성을 형성하고 보존한다는 면에서 보편적 사상이다. 그렇지만 선민사상의 강약이나 타자(他者)의 인정 유무(有無)에 따라 그 차이가 적지 않다.

魚遊釜中(어유부중) : 고기가 솥 속에서 논다는 뜻으로, 목숨이 붙어 있다 할지라도 오래 가지 못할 것을 비유하는 말.

遠交近攻(원교근공) : 먼 나라와 사귀고 가까운 곳을 공격함.

桃園結義(도원결의) : 복사꽃으로 둘러싸인 동산에서 의형제를 맹세함으로, 의형제를 맺음. 서로 다른 사람들이 사욕을 버리고 목적을 향해 합심할 것을 결의함.

>>> 行부수

三思而行(삼사이행) : 세 번 생각한 다음에 행동함. 여러 번 생각하고 행동한다는 뜻으로, 모든 일에 조심하여 탈이 없도록 함.

陸地行船(육지행선) : 육지에서 배를 가게 함의 뜻으로, 불가능한 일을 함.

征東行省(정동행성) : 우리나라의 동쪽에 있는 일본을 정복하기 위해 설치한 관청.

諸行無常(제행무상) : 세상 모든 행위는 늘 변하여 한 가지 모습으로 정해져 있지 않음.

至楚北行(지초북행) : 초나라에 가려고 북쪽으로 간다는 말로, 말과 생각이 서로 상반되는 것 혹은 방향이 틀린 것을 뜻함.

行雲流水(행운유수) : 떠나가는 구름과 흐르는 물이란 뜻. 곧 일정한 형체 없이 늘 변하는 것의 비유. 어떤 것에도 구애됨이 없이 늘 변하는 것의 비유, 마음씨가 시원하고 씩씩함의 비유.

禍不單行(화불단행) : 재앙은 혼자 오지 않음.

千里之行始於一步(천리지행시어일보) : 천 리 길도 첫걸음부터 시작한다는 뜻. 큰 사업도 처음에는 손쉬운 것부터 시작됨의 비유.

合從連衡(합종연횡) : 공수(攻守) 동맹의 뜻. ※ 소진(蘇秦)의 합종(合縱)과 장의(張儀)의 연횡(連衡) 외교책을 일컫는 말. 합종연횡(合縱連橫).

街談巷說(가담항설) : 거리에 떠도는 이야기나 뜬소문.

>>> 癶부수

登龍門(등용문) : 용문에 오른다는 뜻으로, 입신출세의 어려운 관문을 통과하여 크게 출세함.

登高自卑(등고자비) : 낮은 곳에서 높은 곳으로 오름. 모든 일은 차례를 밟아야 함. 지위가 높아질수록 스스로를 낮춤.

登樓去梯(등루거제) : 다락에 오르도록 권한 뒤 사다리를 치워 버림. 상대를 어려움에 처하도록 꾀어내는 모습.

燈下不明(등하불명) : 등잔 밑이 어둡다는 뜻으로, 가까이 있는 것을 오히려 잘 모름.

燈火可親(등화가친) : 가을밤은 등불을 가까이하여 독서하기에 아주 좋다는 뜻.

單文孤證(단문고증) : 한 쪽의 문서, 한 개의 증거라는 뜻으로, 불충분한 증거를 말함.

直躬證父(직궁증부) : 지나친 정직은 도리어 정직이 아님의 비유. ※ 초나라에 궁(躬)이 어느 날 남의 양을 훔친 아버지를 관가에 알리고, 자기가 증인이 되었다는 고사.

癸丑日記(계축일기) : 조선 광해군 4년에 광해군이 어린 아우 영창 대군을 죽일 때 대군의 어머니 인목 대비의 원통한 정경을 어떤 궁녀가 기록한 글. 인목대비 폐비 사건(1613년).

枯木發榮(고목발영) : 고목에서 꽃이 핌. 죽은 사람이 다시 살아남의 비유.

怒發大發(노발대발) : 성이 나서 화를 크게 내는 모습.

發憤忘食(발분망식) : 발분하여 끼니까지 잊고 노력함.

百發百中(백발백중) : 총이나 활 등을 쏠 때마다 겨눈 곳에 꼭꼭 들어맞음. 하는 일마다 실패 없이 잘 됨.

已發之矢(이발지시) : 이미 시위를 떠난 화살이란 뜻으로, 이왕에 시작한 일을 중지하기 어렵다는 말.

半途而廢(반도이폐) : 일을 하다가 중도에서 그만둠.

>>> 舛부수

長袖善舞(장수선무) : 옷소매가 길면 춤추기도 좋다는 뜻으로, 돈이 많으면 장사하기도 쉽다는 비유.

商羊鼓舞(상양고무) : 상양이라는 새가 날아다니면 큰 비가 온다는 전설에서, 홍수·수해가 있을 것을 미리 알린다는 뜻.

綠林豪傑(녹림호걸) : 푸른 숲속에 사는 호걸이라는 뜻으로, 불한당이나 화적 따위를 달리 이르는 말.

暗中瞬目(암중순목) : 아무런 소용도 없는 짓의 비유.

一瞬千里(일순천리) : 한 번 바라보면 천 리가 눈앞에 드러나는 광활한 경치.

>>> 韋부수

韋弦之佩(위현지패) : 부드러운 가죽과 팽팽한 활시위를 차고 다닌다는 뜻으로, 자기의 성질을 고치는 경계의 표지로 삼음을 이르는 말.

容貌魁偉(용모괴위) : 얼굴과 몸매가 뛰어나게 크고 씩씩하고 훌륭함.

鄭衛之音(정위지음) : 춘추전국시대 정나라와 위나라에서 유행하던 음악을 난세의 음이라고 한 데서, 음란한 노래와 망국적인 음악을 이르는 말.

圍魏救趙(위위구조) : 위나라를 포위하여 조나라를 구함. 상대방에게 포위를 풀게 함과 동시에 상대방을 격퇴하는 일석이조의 계책.

天經地緯(천경지위) : 하늘이 정하고 땅이 받드는 길이라는 뜻으로, 영원히 변하지 않을 떳떳한 이치.

大違所料(대위소료) : 생각하는 바와 크게 다름.

韓信匍匐(한신포복) : "한신이 엎드려 기다."의 뜻으로, 큰 뜻을 가진 자는 눈앞의 부끄러움을 참고 이겨냄을 이르는 말.

三韓甲族(삼한갑족) : 우리나라에서 대대로 문벌이 높은 집안.

>>> 毛부수

以毛相馬(이모상마) : 털만 보고 말의 좋고 나쁨을 가린다는 뜻으로, 겉만 보고 사물을 평가함을 비유.

秋毫之末(추호지말) : '가을철에 털갈이하여 가늘어진 짐승의 털끝' 이라는 뜻으로, 매우 가는 것을 이르는 말.

>>> 彡부수

形影相弔(형영상조) : 자기의 몸과 그림자가 서로 불쌍히 여긴다는 뜻으로, 몹시 외로워 의지할 곳이 없음을 이른 말.

砲烙之刑(포락지형) : 기름을 칠한 구리 기둥을 숯불 위에 놓고 죄인을 미끄러져 떨어뜨려 숯불에 타 죽게 하는 형벌.

畵彩仙靈(화채선령) : 신선과 신령의 그림도 화려하게 채색되어 있음. 용, 호랑이, 기린, 봉황과 신선들을 다섯 가지 채색으로 수놓았다. 새와 금수는 임금과 국가의 성운을 빌었고, 늙어도 죽지 않는 신선은 사람들의 장수를 기원하였음.

採薪之憂(채신지우) : 병이 들어 나무를 할 수 없다는 뜻으로, 자기의 병을 겸손하게 이르는 말.

薄酒山菜(박주산채) : 변변치 못한 술과 산나물. 소박한 음식을 가리킴.

>>> 而부수

渴而穿井(갈이천정) : 목이 마를 때 비로소 우물을 판다는 뜻으로, 일을 당해서 시작하면 이미 때가 늦음의 비유.

耐怨害忍(내원해인) : 삼인의 하나. 남의 해침을 받고도 앙갚음할 마음을 내지 않는 일.

>>> 髟부수

危機一髮(위기일발) : 눈앞에 닥친 위기의 순간이 머리카락 하나의 간격만큼 절박함을 이름.

>>> 長부수

長蛇陣(장사진) : 긴 뱀처럼 길게 늘어서 있는 군진(軍陣)이란 뜻으로, 많은 사람이 줄지어 길게 늘어선 모양.

落落長松(낙락장송) : 긴 가지가 축축 늘어진, 키가 큰 소나무.

飛耳長目(비이장목) : '먼 곳에서 일어난 일을 빨리 듣고 보는 귀와 눈' 이란 뜻. 곧 사물을 관찰함에 예민함의 비유. 널리 정보를 수집함의 비유. 정보를 모은 책.

乘勝長驅(승승장구) : 싸움에 이긴 여세를 타고 계속 몰아 부침.

長夜之飮(장야지음) : 날이 새도 창을 가리고 불을 켜놓은 채 며칠이고 계속하는 술자리로 온밤을 새워 술을 마심이란 뜻.

長幼有序(장유유서) : 오륜의 하나. 어른과 어린이 사이에는 순서와 질서가 있음.

晝夜長川(주야장천) : 밤낮으로 쉬지 않고 흐르는 물처럼 끊이지 않고 계속됨.

>>> 老부수

百年偕老(백년해로) : 백 년간 함께 늙음. 즉, 부부가 화목하게 일생을 지냄.

老馬之智(노마지지) : 늙은 말의 지혜. 아무리 하찮은 것일지라도 저마다 장기나 장점, 경험과 지혜를 지고 있음.

老生常譚(노생상담) : 늙은 서생이 항상 하는 이야기라는 뜻으로, 새롭고 특이한 의견을 제시하는 것이 아니라 흔히 들어서 알고 있는 상투적인 말을 비유함.

老少同樂(노소동락) : 노인과 어린이가 함께 즐김.

偕老同穴(해로동혈) : 함께 늙어 같은 구멍에 들어감. 생사를 같이 하는 부부의 맹세를 일컬음.

攫金者不見人(확금자불견인) : 돈을 움켜쥐려는 자에게는 돈 외에는 아무것도 보이지 않는다는 말로, 물욕에 눈이 멀면 의리나 염치를 모른 것을 말함.

駙馬都尉(부마도위) : 임금의 사위에게 주던 칭호.

情絲怨緖(정사원서) : 애정과 원한이 실같이 얼크러짐.

千緖萬端(천서만단) : 일일이 가려낼 수 없을 만큼 많은 일의 갈피.

病風傷暑(병풍상서) : '바람에 병들고 더위에 상함' 이라는 뜻으로, '고생스러운 세상살이에 쪼들림' 이라는 말.

反求諸己(반구저기) : '잘못을 자신에게서 찾는다.' 라는 뜻으로, 어떤 일이 잘못되었을 때 남의 탓을 하지 않고 그 일이 잘못된 원인을 자기 자신에게서 찾아 고쳐 나간다는 의미.

玼吝考妣(자린고비) : 죽은 아버지, 어머니에까지 인색한 흉이란 말로, 매우 인색한 사람을 일컫는 말.

>>> 己부수

知己之友(지기지우) : 자기를 가장 잘 알아주는 친한 친구. 서로 뜻이 통하는 친한 벗.

博覧强記(박람강기) : 여러 책을 널리 읽고 기억을 잘함.

改過不吝(개과불린) : 허물을 고침에 인색(吝嗇)하지 않음을 이르는 말.

改頭換面(개두환면) : 일의 근본은 고치지 않고 사람만 바꿔서 그대로 시킴.

立石紀功(입석기공) : 돌을 세워 공로를 기록함.

風紀紊亂(풍기문란) : 풍속이나 기율이 제대로 서지 못하고 대단히 어지러움.

東山再起(동산재기) : "동산에서 다시 일어난다."는 뜻으로, 은퇴한 사람이나 실패한 사람이 재기하여 다시 세상에 나옴을 뜻함.

楚妃守符(초왕수부) : 초나라 왕비가 부(符)를 지킨다는 뜻으로, 명분(名分)에 사로잡혀 실(實)을 잃음을 이르는 말.

入山忌虎(입산기호) : "산에 들어가 놓고 범 잡기를 꺼린다."는 뜻으로, 막상 일을 당하면 처음과 달리 뒤로 꽁무니를 뺌을 이르는 말.

迫不得已(박부득이) : 일이 매우 급박하여 어떻게 할 수가 없음.

乙巳條約(을사조약) : 1905년(광무 9) 일본이 한국의 외교권을 박탈하기 위해 한국 정부를 강압하여 체결한 조약. 고종 황제가 재가하지 않았기 때문에 원인 무효의 조약.

乙巳勒約(을사늑약) : 한일협상조약.

祭祀烝嘗(제사증상) : 제사(祭祀)하되 겨울 제사는 증(烝)이라 하고 가을 제사는 상(嘗)이라 함.

>>> 力부수

專心專力(전심전력) : 온 마음과 힘을 오로지 한 곳에 기울임. ※ 全心全力(전심전력) : 온 마음과 온 힘.

同心同力(동심동력) : 마음과 힘을 같이 함.

威之脅之(위지협지) : 여러 방법으로 위협함.

雪上加霜(설상가상) : 눈 위에 서리를 더한다는 뜻으로, 어려운 일이 연이어 일어남을 말함.

架空妄想(가공망상) : 터무니없는 망령된 생각.

屋上架屋(옥상가옥) : 지붕 위에 또 지붕을 올림. 일이 쓸데없이 중복됨.

恭賀新年(공하신년) : 삼가 새해를 축하함.

犬馬之勞(견마지로) : 개나 말의 수고란 뜻으로, 자기의 노력을 겸손하게 이르는 말. 임금이나 나라에 충성을 다하는 노력.

勞心焦思(노심초사) : 마음으로 애를 쓰며 속을 태움.

驚天動地(경천동지) : 하늘을 놀라게 하고 땅을 움직이게 한다는 뜻으로, 세상을 크게 놀라게 함.

勤勤孜孜(근근자자) : 매우 부지런하고 정성스러움.

勞謙謹勅(노겸근칙) : 근로하고 겸손하며 삼가고 신칙하면 중용의 도에 이름.

幾死僅生(기사근생) : 거의 죽을 뻔하다가 겨우 살아남.

僅僅扶持(근근부지) : 겨우겨우 배겨 나가거나 겨우겨우 견뎌 나감.

竿頭之勢(간두지세) : 긴 막대기 끝에 서있는 듯한 위태로운 형세. 百尺竿頭(백척간두), 風前燈火(풍전등화).

累卵之勢(누란지세) : 알을 쌓아 놓은 형세, 즉 매우 위험한 상태.

破竹之勢(파죽지세) : 대나무를 쪼개는 형세. 즉 세력이 강하여 거침없이 밀고 쳐들어가는 형세.

以熱治熱(이열치열) : 열로써 열을 다스린다는 뜻으로, 힘에는 힘으로 강한 것에는 강한 것으로 상대함.

貪賂無藝(탐뢰무예) : 뇌물을 탐함에 그 끝이 없음.

>>> 歹부수

起死回生(기사회생) : 죽을 목숨을 다시 살려낸다는 뜻으로, 위기에 처한 상황에서 구원하여 사태를 호전시킴.

死灰復燃(사회부연) : 죽은 불씨가 되살아남.

生不如死(생불여사) : 사는 것이 죽는 것만 못함.

朝聞夕死(조문석사) : 아침에 도를 깨우치면 저녁에 죽어도 한이 없음.

死後藥方文(사후약방문) : 죽은 뒤에 처방을 내림. 때를 놓치고 난 뒤에 기울이는 헛된 노력.

死孔明能 走生仲達(사공명능 주생중달) : 죽은 공명이 산 중달을 달아나게 만듦.

必死則生必生則死(필사즉생필생즉사) : 죽기로 싸우면 반드시 살고, 살려고 비겁하면 반드시 죽는다는 뜻. 위기에 처한 나라를 구하는 충신의 각오를 토로한 말.

蘭亭殉葬(난정순장) : 난정첩을 순장한다는 뜻으로, 서화나 도자기 등의 물건을 사랑하는 마음이 두터움을 이르는 말.

>>> 骨부수

買死馬骨(매사마골) : 죽은 말의 뼈를 산다는 뜻으로, 귀중한 것을 손에 넣기 위해 먼저 공을 들이는 것을 이름. 우자(愚者)라도 우대하여 주면 현자(賢者)도 자연히 모여듦.

粉骨碎身(분골쇄신) : 뼈를 가루로 만들고 몸을 부순다는 뜻으로, 있는 힘을 다하여 노력함을 이름. 목숨을 아끼지 않고 있는 힘을 다함.

言中有骨(언중유골) : 말속에 뼈가 있음. 예사로운 말속에 단단한 뼈와 같은 속뜻이 있음.

>>> 心부수 — 忄, 㣺

小心翼翼(소심익익) : 조심성이 있어 잘고 차분한 일까지 주의함. 도량이 좁고 겁이 많음. 공경하는 마음으로 삼가는 모양.

野心滿滿(야심만만) : 상대방을 해치거나 자신의 욕심을 추구하려는 마음이 가득 참.

以心傳心(이심전심) : 말이나 글로 전하지 않고 마음에서 마음으로 전함.

一心同體(일심동체) : 마음을 하나로 합쳐서 한마음, 한 몸이 됨을 이르는 말.

自激之心(자격지심) : 자기가 한 일에 대해 스스로 미흡하게 여기는 마음.

深思熟考(심사숙고) : 깊이 생각하고 익숙히 사고함. 深謀遠慮(심모원려).

和諍思想(화쟁사상) : 다툼을 화해시키려는 사상. 여러 대립적인 이론들을 조화시키려는 불교사상으로 원효가 주장함.

千慮一失(천려일실) : 현명한 사람도 많은 생각 중에 한 가지쯤은 잘못된 것이 있음.

屋烏之愛(옥오지애) : 사랑하는 사람의 집 위에 까마귀까지도 귀여워한다는 뜻으로, 지극한 애정을 이름.

自强不息(자강불식) : 스스로 힘써 쉬지 않음.

無子息上八字(무자식상팔자) : 자식 없는 것이 걱정이 적어서 도리어 편하다는 말.

駭怪罔測(해괴망측) : 하도 놀랍고 기이하여 그 정도를 헤아릴 수 없음.

用意周到(용의주도) : 어떤 일을 할 마음이 두루 미친다는 뜻으로, 마음의 준비가 두루 미쳐 빈틈이 없음. 무슨 일에든지 주의와 준비가 완벽하여 실수가 없음. 周到綿密(주도면밀).

牛鼎之意(우정지의) : 우선 남의 의견에 맞는 설(說)을 펴고 나중에 이것을 바른길로 이끈다는 뜻. ※ 이윤(伊尹)은 솥〔鼎〕을 지고(취사인이 됨) 은나라 탕왕(湯王)을 따라다니며 격려한 끝에 그를 왕위에 오르게 하였고, 백리해(百里奚)는 소달구지 아래에서 소〔牛〕를 기르다가 진(秦)나라 목공(穆公)에게 기용되어 그의 패업(霸業)을 이루게 했다는 고사.

自意半他意半(자의반타의반) : 자신의 뜻이기도 하고 상대방의 뜻이기도 함.

憶吹簫樂(억취소악) : 제가 보아서 아는 대로 제 생각만으로 추측. 어림치고 하는 생각. 억지 추측.

顏淵 死 子曰噫 天喪予(안연 사 자왈희 천상여) : 안연이 죽자 공자 말씀하시길, "아! 하늘이 나를 버리셨구나." 이라 함.

凌雲之志(능운지지) : 높은 구름을 훨씬 넘는 뜻이라는 말로, 속세에 초연한 태도. 속세를 떠나서 초탈하려는 마음.

弄瓦之慶(농와지경) : 딸을 낳은 경사(慶事).

弄璋之慶(농장지경) : 아들을 낳은 경사. ※ 옛날에 아들을 낳으면 장난감으로 구슬을 주고, 딸을 낳으면 실패를 주었다 함.

惟利是視(유리시시) : 의리의 유무는 따지지 않고 이해관계에만 관심을 가짐.

生者必滅(생자필멸) : 생명이 있는 것은 반드시 죽을 때가 있음.

密雲不雨(밀운불우) : 구름만 자욱이 끼고 비는 오지 않음.

靑囊秘決(청낭비결) : 화타(華陀)의 의서(醫書). 세상(世上)에 전(傳)하지 아니함.

諱之秘之(휘지비지) : 남을 꺼리어서 우물쭈물 얼버무려 넘김.

甛言蜜語(첨언밀어) : 듣기 좋은 말. 남을 꾀기 위한 달콤한 말.

不恥下問(불치하문) : 아랫사람에게 묻는 것을 부끄러워하지 않음. 모르는 것은 누구에게든지 물어봐야 함.

忽顯忽沒(홀현홀몰) : 문득 나타났다가 문득 없어짐.

思慕不忘(사모불망) : 사모해 잊지 않음.

病上添病(병상첨병) : 앓는 중에 딴 병이 또 겹쳐 남.

憤氣冲天(분기충천) : 분한 기운이 하늘로 솟아오를 만큼 대단함.

旣集墳典(기집분전) : 이미 분과 전을 모았으니, 삼황의 글은 삼분이요, 오제의 글은 오전임.

誰怨誰咎(수원수구) : 누구를 원망(怨望)하고 누구를 탓하랴? 남을 원망하거나 탓할 것이 없음. 즉, 모든 책임은 나한테 있다는 말.

怨入骨髓(원입골수) : 원한이 뼈 속으로 들어간다는 말로, 원한이 뼈에 깊숙이 사무칠 정도로 깊음.

勤勤懇懇(근근간간) : 매우 부지런하고 정성스러운 모양.

堅忍不拔(견인불발) : 굳게 참고 견디어 마음이 흔들리지 아니함.

目不忍見(목불인견) : 처지가 딱하거나 참혹하여 차마 눈뜨고 볼 수 없음.

隱忍自重(은인자중) : 마음속으로 참으며, 몸가짐을 신중히 함.

自他共認(자타공인) : 자기나 남들이 다 같이 인정함.

傲慢不遜(오만불순) : 잘난 체하고 방자하여 제멋대로 굴거나 남 앞에 겸손하지 않음.

爛漫同歸(난만동귀) : 옳지 않은 일에 부화뇌동함을 이르는 말.

悠悠自適(유유자적) : 속세를 떠나 아무 속박 없이 즐기며 편안하게 삶.

面壁修道(면벽수도) : 얼굴을 벽에 대고 도를 닦는 것.

修身齊家(수신제가) : 자기의 몸을 닦고 집안일을 잘 다스림.
戒世懲人(계세징인) : 세상을 경계하고 사람들을 징계함. 세상 사람들이 악(惡)에 빠지지 않도록 깨우쳐 줌.
懲羹吹虀(징갱취제) : 뜨거운 국에 입을 데어 놀란 나머지 차가운 나물에 냉채까지 불어먹는다는 말로, 한 번 실패로 모든 일에 지나치게 조심하는 것의 비유.
樂以忘憂(낙이망우) : 즐거움에 도취하여 근심을 잊음.
內憂外患(내우외환) : 안과 밖에 근심거리가 있음.
同憂相救(동우상구) : 같은 걱정이 있는 사람끼리 서로 동정하고 돕는다는 뜻.
先憂後樂(선우후락) : 남보다 먼저 걱정하고 남보다 나중에 즐김. 선비의 마음가짐.
識字憂患(식자우환) : 학식(學識)이 있는 것이 도리어 근심을 사게 됨. 즉, 글자를 안다는 것이 도리어 화의 근원이 됨.
優遊自適(우유자적) : 편안하고 한가롭게 마음대로 즐김.
可恐可笑(가공가소) : 두렵기도 하고 우스꽝스럽기도 함.
多男多懼(다남다구) : 아들을 많이 두면 여러 가지로 두려움과 근심 걱정이 많음.
恒茶飯事(항다반사) : 항다반으로 있는 일. 곧 예사로운 일.
不費之惠(불비지혜) : 자기에게는 해가 될 것이 없어도, 남에게는 이익이 될 만한 은혜.

>>> 厶부수

公私多忙(공사다망) : 공적인 업무와 사적인 일로 매우 바쁨.
先公後私(선공후사) : 사사로운 일이나 이익보다 공사(公事)나 공익(公益)을 앞세움.
去頭截尾(거두절미) : 머리와 꼬리를 자름. 앞뒤의 잔사설은 빼고 요점만 말함.
去者日疎(거자일소) : 죽은 사람을 애석하게 여기는 마음은 날이 갈수록 점점 사라진다는 뜻으로, 서로 멀리 떨어져 있으면 점점 사이가 멀어짐.
去者必反(거자필반) : 떠난 사람은 반드시 되돌아 옴.
法三章(법삼장) : 세 가지 법. 간략하고 단순하여 누구든 지키기 쉬운 법. 중국 한(漢)나라 고조(高祖)가 진(秦)나라의 가혹한 법을 없애고, 단 세 가지 죄만을 정한 법.
法語之言(법어지언) : 바른 말. 정면의 충고. 올바른 말로 사람들을 가르치는 것.
野壇法席(야단법석) : 불교에서, 야외에서 베푼 강좌.
春秋筆法(춘추필법) : 경서(經書) 춘추(春秋)와 같이 대의명분을 내세워 역사를 비판한 사필(史筆)의 논법.
蓋棺事定(개관사정) : "관 뚜껑을 덮고 일을 정한다."는 뜻으로, 사람은 죽고 난 뒤에라야 올바르고 정당한 평가를 할 수 있다는 말.

>>> 文부수

不立文字(불립문자) : 도(道)는 글이나 말로 전하는 것이 아니라 마음으로 전하는 것이라는 뜻.

斯文亂賊(사문난적) : 교리에 어긋나는 언동으로 유교(儒敎)를 어지럽히는 사람.

沙鉢通文(사발통문) : 주동자가 누군지 드러나지 않게 관계자의 이름을 빙 둘러 적은 통물.

紋繡之服(문수지복) : 무늬가 돋치고 아름다운 수를 놓은 비단으로 지은 옷.

>>> 鼓부수

鼓盆之痛(고분지통) : 동이를 두드리는 고통이란 뜻으로, 아내의 죽음을 슬퍼함.

堯鼓舜木(요고순목) : 요임금의 북〔간고(諫鼓) : 백성들의 간언을 듣기 위해 거리에 설치한 북〕과 순임금의 나무〔잠목(箴木) : 나무를 세워 간언을 쓰게 함〕의 뜻으로, 남의 옳은 말을 받아들임. 간언을 받아들여 정치를 함.

>>> 一부수

蜉蝣一生(부유일생) : 하루살이와 같은 인생이란 뜻으로, 사람의 생애가 짧고 덧없음을 이름.

十瞽一相(십고일상) : 장님 열에 인도하는 이는 하나라는 뜻으로, 매우 중요함을 이름.

一言之下(일언지하) : 한 마디의 말로 끊음. 한 마디로 딱 잘라 말함.

一進一退(일진일퇴) : 한 번 나아가고 한 번 물러남. 전쟁이나 상황이 좋아졌다 나빠졌다 함.

一敗塗地(일패도지) : 여지없이 패하여 다시 일어날 수 없게 됨.

一簞食一瓢飮(일단사일표음) : 한 그릇의 밥과 한 표주박의 마실 것이라는 말로 청빈한 생활을 비유함.

一擧手一投足(일거수일투족) : 손 한 번 들고, 발 한 번 옮겨 놓는다는 뜻으로, 사소한 하나하나의 동작까지를 이르는 말.

遐邇壹體(하이일체) : 멀고 가까운 나라가 전부 그 덕망에 귀순케 하며 일체가 될 수 있음.

桃三李四(도삼이사) : 복숭아나무는 3년, 자두나무는 4년이 걸려야 열매를 맺음.

孟母三遷(맹모삼천) : 맹자 어머니가 아들 교육을 위해 집을 세 번이나 옮겼다는 뜻으로, 환경의 중요성을 강조함.

三綱五倫(삼강오륜) : 삼강은 군위신강(君爲臣綱), 부위부강(夫爲婦綱), 부위자강(父爲子綱), 오륜은 군신유의(君臣有義), 부자유친(父子有親), 부부유별(夫婦有別), 장유유서(長幼有序), 붕우유신(朋友有信).

三顧草廬(삼고초려) : 유비가 남양 땅에 살고 있는 제갈량의 초가집을 세 번이나 찾아가서 그를 군사로 삼았다는 고사에서, 임금의 두터운 사랑을 입음. 또는 인재를 얻기 위해 참을성 있게 힘씀.

三生有幸(삼생유행) : 삼생의 행운이 있다는 말로, 매우 얻기 어려운 기회.

情狀參酌(정상참작) : 재판관이 범죄의 사정을 헤아려서 형벌을 가볍게 하는 일.

曾參殺人(증삼살인) : 공자의 제자 증삼이 사람을 죽였다는 뜻으로, 거짓말이라도 여러 사람이 하면 믿지 않을 수 없음.

滿目愁慘(만목수참) : 눈에 뜨이는 것이 모두 시름겹고 참혹함.

隔世之感(격세지감) : 많은 진보, 변화를 겪어서 딴 세상처럼 느껴짐. 今昔之感(금석지감).

經國濟世(경국제세) : 나라를 다스리고 백성을 구제함. 경세제민(經世濟民), 經國濟民(경국제민).

炎涼世態(염량세태) : 권세가 있을 때는 아첨하여 따르고 권세가 없어지면 푸대접하는 세속의 인심.

流芳百世(유방백세) : 꽃다운 이름이 후세에 길이 전함. ↔ 遺臭萬年(유취만년).

惑世誣民(혹세무민) : 세상을 어지럽히고 백성을 미혹하게 하여 속임.

力拔山氣蓋世(역발산기개세) : 힘은 산을 뽑을 만하고 기운은 세상을 덮을 만함.

丙坐壬向(병좌임향) : 묏자리나 집터 따위가 병방을 등지고 임방을 향한 좌향.

丙子胡亂(병자호란) : 조선 인조 14(1636)년 병자년에 청나라가 우리나라를 침노한 난리.

卵上加卵(난상가란) : '알 위에다 알을 포갠다.' 는 뜻으로, 정성이 지극하면 감천(感天)함의 비유.

大上立德(대상입덕) : 사람의 가장 큰 훌륭한 행실은 덕을 닦아 세상을 다스리어 사람을 구제하는 데 있음.

莫上莫下(막상막하) : 어느 것이 위고 아래인지 분간할 수 없음.

沙上樓閣(사상누각) : 모래 위에 지은 집이란 뜻으로, 기초가 튼튼하지 못하여 오래 견디지 못할 일이나 물건.

至上命令(지상명령) : 가장 높은 곳에 놓인 명령. 누구도 거역할 수 없는 명령. 절대로 복종해야 할 명령.

下石上臺(하석상대) : 아랫돌 빼서 윗돌 괴기. 임시방편으로 이리저리 둘러맞춤.

上濁下不淨(상탁하부정) : 윗물이 흐리면 아랫물이 맑을 수 없음.

上下寺不及(상하사불급) : 위에 미치기에는 짧고, 아래에 대기는 길다는 뜻으로, 두 가지 일이 모두 실패하게 됨을 비유한 말.

上下撑石(상하탱석) : 아랫돌 빼어 윗돌 괴고 윗돌 빼어 아랫돌 괸다는 뜻으로, 몹시 꼬이고 다급한 일을 임시 변통으로 이리저리 견디어 나감을 이른 말.

可高可下(가고가하) : "높아도 가하고 낮아도 가하다." 는 뜻으로, 인자는 벼슬이 높아도 거만하지 않고 낮아도 두려워하지 않음으로써 직위의 고하를 가리지 않음.

麥丘邑人(맥구읍인) : 맥구읍의 사람이라는 말로, 노인을 뜻함.

狐丘之戒(호구지계) : 초나라 호구에 사는 노인이 손숙오에게 한 말로, 다른 사람으로부터 원망을 사는 일이 없도록 하라는 경계.

七縱七擒(칠종칠금) : 제갈공명의 전술로 일곱 번 놓아주고 일곱 번 잡는다는 말로, 자유자재로운 전술. 상대를 마음대로 함. 무슨 일을 제 마음대로 함.

切齒腐心(절치부심) : 몹시 분하여 이를 갈고 속을 썩임.

白髮三千丈(백발삼천장) : 머리가 몹시 세었다는 것을 과장(誇張)한 말로, 즉 늙은 몸의 서글픔을 표현한 것. 근심이나 비탄이 쌓여 가는 모양을 비유.

死且不朽(사차불후) : 죽더라도 썩지 않는다는 뜻으로, 몸은 죽어 썩어 없어져도 그 명성은 길이 후세에까지 남음.

我歌查唱(아가사창) : 내가 부를 노래를 사돈이 부른다는 속담의 한역으로, 책망을 들을 사람이 도리어 큰소리침을 이르는 말.

鷄鳴之助(계명지조) : 닭 울음의 도움이란 뜻으로, 어진 아내의 내조를 이르는 말.

繫頸以組(계경이조) : 갓이나 머리에 매는 끈을 목에 맴. 목을 매어 죽여 달라는 말로 항복한다는 뜻.

租借地(조차지) : 한 나라가 다른 나라로부터 조차한 토지.

租鑛權(조광권) : 남의 광구에서 광물을 채굴 · 취득하는 권리.

鷄鳴丑時(계명축시) : "새벽닭이 축시, 곧 새벽 한 시에서 세 시 사이에 운다."는 뜻에서, '축시'를 일컫는 말.

目不識丁(목불식정) : 눈으로 '丁(정)' 자도 알지 못함. 아주 무식함. ㊖ 낫 놓고 기역자도 모른다. 一字無識(이자무식), 魚魯不辨(어로불변), 菽麥(숙맥).

頂門一鍼(정문일침) : 따끔한 충고를 이르는 말.

訂正場稅(정정장세) : 증권 시장에서, 시황이 급변하여 주가가 실세 이상으로 오르내릴 때, 그 과열 현상을 수정하는 일.

打鴨驚鴛鴦(타압경원앙) : 오리를 매질하여 원앙을 놀라게 함이란 뜻으로, 한 사람을 벌줌으로써 다른 많은 사람들을 놀라게 함을 뜻함.

金屋貯嬌(금옥저교) : 집을 화려하게 꾸며 놓고 총애하는 미인을 살게 함을 이르는 말.

多士寔寧(다사식녕) : 준걸과 재사(才士)가 조정(朝廷)에 많으니 국가(國家)가 태평(太平)함.

不踰矩(불유구) : 공자의 성숙과정을 말한 것으로 "마음대로 행동해도 법도를 넘지 않는다."는 뜻. 나이 70을 말함.

不汗黨(불한당) : 무리를 지어 돌아다니던 가도의 무리. 강도떼. 명화도국. 파렴치(破廉恥)하게 남의 제물(祭物)을 마구 빼앗으며 행패(行悖)를 부리는 무리.

搖之不動(요지부동) : 흔들어도 전혀 움직이지 않음. 결코 자신의 뜻을 굽히지 않는 고집 센 모습을 가리킴.

聞則病不聞藥(문즉병불문약) : 들으면 병이요, 못 들으면 약이라. 곧 마음에 걸리는 말은 처음부터 듣지 않는 편이 낫다는 말.

否極反泰(비극반태) : 비운이 극한에 다다르면 행운이 돌아옴.

殘杯冷炙(잔배냉적) : 마시다 남은 술과 다 식은 구운 고기라는 뜻으로, 약소하고 보잘것없는 주안상으로 푸대접받는 것을 말함.

>>> 二부수

二姓之樂(이성지락) : 부부 사이의 정.

二姓之合(이성지합) : 성이 다른 남자와 여자가 혼인을 하는 일

任賢勿貳(임현물이) : 현자에게 일을 맡김에 두 마음을 갖지 말라는 뜻으로, 한 번 맡긴 이상 끝까지 밀어주라는 말.

世俗五戒(세속오계) : 원광법사가 정한 화랑의 계명. 사군이충(事君以忠), 사친이효(事親以孝), 교우이신(交友以信), 임전무퇴(臨戰無退), 살생유택(殺生有擇).

亞兩箭(아량전) : 호죽 · 쇠심줄 · 새의 깃 · 복숭아 껍질 · 아교 따위의 일곱 가지 재료로 만든 화살. 무게가 약 150g.

亞細亞(아세아) : 아시아의 음역.

奸惡無道(간악무도) : 간사하고 악독하며 도리에 어긋남.

惡木不蔭(악목불음) : 나쁜 나무는 그늘도 없음을 말하는 뜻으로, 좋지 못한 사람에게는 바랄 것이 없다는 말.

七去之惡(칠거지악) : 아내를 내쫓을 수 있는 권리가 부여되는 일곱 가지 나쁜 행동.

於于野談(어우야담) : 조선 광해군 13년(1621)에 어우당 유몽인이 지은 야담집으로 풍자와 기지에 찬 이야기들을 많이 수록했음. 원본은 알 수 없고, 한문본 전질 12책 또는 67책의 2종이 있고, 국문본 전질 2책이 있으나 역자와 연대는 알 수 없음.

學于古訓(학어고훈) : 옛 성왕들의 가르침을 공부함.

上棟下宇(상동하우) : "대들보는 위에 꼿꼿이 가로 놓였고, 서까래는 그 양편에서 밑으로 내려뜨렸다"는 뜻으로, 집을 짓는 것을 이르는 말.

臨渴掘井(임갈굴정) : 목이 말라야 우물을 판다는 뜻으로, 미리 준비해 두지 않고 일을 당하고야 허둥지둥함을 이름. 제가 급해야 서둘러 일을 시작함.

坐井觀天(좌정관천) : "우물 속에 앉아 하늘을 쳐다본다."는 뜻으로, 견문이 매우 좁음. 세상 물정을 너무 모름.

不知所云(부지소운) : 무어라고 말해야 좋을지 모름.

魂飛魄散(혼비백산) : 몹시 놀라 혼이 나고 넋이 흩어짐.

互角之勢(호각지세) : 양쪽이 우열을 가리기 힘든 상태로 겨루는 모습. 서로 조금도 낫고 못함이 없는 자세. ※ 互角은 '쇠뿔의 크기가 같다'는 데서, 서로 못하고 나음이 없음을 뜻함.

>>> 八부수

百八煩惱(백팔번뇌) : 불교에서 말하는 108가지의 번뇌.

四通八達(사통팔달) : 사방팔방으로 통한다는 뜻으로, 길이 여러 군데로 막힘없이 통함.

七顚八起(칠전팔기) : 일곱 번 넘어지고 여덟 번 일어난다는 뜻으로, 여러 번 실패에도 굽히지 않고 분투함. 백절불굴.

八方美人(팔방미인) : 어느 모로 보나 아름다운 미인. 누구에게나 곱게 보이도록 처세함. 여러 방면에 능통한 사람.

大公無私(대공무사) : 매우 공평하여 사사로움이 없음.

松南雜識(송남잡지) : 조선 후기의 학자 조재삼이 자녀를 교육하기 위해 자연과 생활에 관한 지식을 기록한 백과사전적 성격의 책.

自責內訟(자책내송) : 스스로 제 언행을 꾸짖음.

萬口稱頌(만구칭송) : 여러 사람이 모두 한결같이 칭송함.

塞翁之馬(새옹지마) : 변방 늙은이의 말이라는 뜻으로, 인생에 있어서 길흉화복은 항상 바뀌어 미리 헤아릴 수가 없다는 뜻.

華燭之典(화촉지전) : '화촉을 밝히는 의식'이란 뜻으로, 혼인식을 달리 일컫는 말.

六何原則(육하원칙) : 언론계에서, 뉴스 보도에 반드시 담겨져야 할 여섯 가지 기본 요소, 곧 '누가, 언제, 어디서, 무엇을, 왜, 어떻게'를 일컫는 말.

八面六臂(팔면육비) : '여덟 개의 얼굴과 여섯 개의 팔'이라는 뜻으로, 뛰어난 능력으로 다방면에 걸쳐 눈부

신 수완을 발휘하는 사람을 이르는 말.

寂兮寥兮(적혜요혜) : '형체도 소리도 다 없다.' 는 뜻으로, 무위자연을 주장한 노자의 중심 사상을 이르는 말.

具色親舊(구색친구) : 각 방면의 사람과 널리 사귀는 친구.

父母俱存(부모구존) : 아버지와 어머니가 다 살아 계심.

不共戴天(불공대천) : 한 하늘 아래서는 같이 살 수가 없는 원수라는 뜻으로, 원한이 깊이 사무친 원수를 이르는 말.

善供無德(선공무덕) : 부처에게 아무리 공양을 잘 하여도 아무 공덕이 없다는 뜻으로, 남을 위하여 힘써 일을 하였으나 그것에 대한 소득이 없음을 일컫는 말.

簞瓢陋巷(단표누항) : 소박한 밥상과 누추한 거리라는 뜻으로, 소박한 시골생활을 일컬음.

宇宙洪荒(우주홍황) : 하늘과 땅 사이는 넓고 커서 끝이 없음.

兄友弟恭(형우제공) : 형제간에 서로 우애를 다함.

港務官(항무관) : 해군통제부의 한 직명. 군함 관리와 검역에 관한 사항을 맡아봄. 대한제국 때 세관에 딸렸던 주임 벼슬.

去其枝葉(거기지엽) : '가지와 잎을 제거한다.' 는 뜻으로, 사물의 원인이 되는 것을 없앤다는 말.

上下其數(상하기수) : 상황에 따라 시비가 서로 뒤바뀌게 하는 것을 이르는 말.

明正基罪(명정기죄) : 명백하게 죄목을 지적하여 바로잡음.

不期而會(불기이회) : 뜻하지 아니한 때에 우연히 서로 만남.

兼事兼事(겸사겸사) : 이 일도 하고 저 일도 함이란 뜻으로, 한 번에 이 일 저 일을 겸하여 하는 모양.

謙讓之德(겸양지덕) : 겸손하게 사양하는 미덕.

>>> 十부수

十日之菊(십일지국) : 국화는 9월 9일이 절정기이니 십일 날의 국화라는 뜻으로, 무엇이나 한창때가 지나 때늦은 것을 비유함.

道不拾遺(도불습유) : 길에 물건이 떨어져 있어도 줍지 않을 정도로 나라가 잘 다스려짐.

姑息之計(고식지계) : 임시변통이나 한때의 미봉으로 일시적 안정을 얻기 위한 계책으로 당장 편한 것만 취하는 것을 말함. 臨時方便(임시방편).

計無所出(계무소출) : 계책이 나올 곳이 없음. 아무런 계책도 통하지 않는 답답한 상황.

百年大計(백년대계) : 먼 앞날까지 내다보고 먼 뒷날까지 걸쳐 세우는 큰 계획.

迂直之計(우직지계) : 돌아가는 것이 지름길. 비실제적으로 보이는 것이 실은 실제적이라는 뜻.

長久之計(장구지계) : 영원히 지속될 수 있도록 미래를 보고 세운 계책. 萬年之計(만년지계), 百年大計(백년대계).

三十六計走爲上計(삼십육계주위상계) : 서른여섯 가지 계책 중 달아나는 것이 가장 좋은 계책이라는 말로, 형세가 불리할 때는 피하는 것이 상책이라는 뜻.

南柯一夢(남가일몽) : 당나라 순우분이라는 사람이 나무 밑에서 잠이 들어 꿈속에 남가(南柯) 군수가 되어 이십 년 동안 다스렸으나 깨어나니 꿈이었다는 내용으로, 인생의 덧없는 꿈이나 부귀영화를 말함. 一場春

夢(일장춘몽), 邯鄲之夢(한단지몽), 浮生若夢(부생약몽).

南橘北枳(남귤북지) : 남쪽 땅의 귤나무를 북쪽에 옮겨 심으면 탱자나무로 변한다는 뜻으로, 사람도 그 처해 있는 곳에 따라 선하게도 되고 악하게도 됨을 이르는 말.

南轅北轍(남원북철) : 수레의 끌채는 남을 향하고 바퀴는 북으로 간다는 뜻으로, 마음과 행위가 모순되고 있음을 비유한 말.

南風不競(남풍불경) : 남풍은 굳세지 않다는 말로, 어떤 나라에서 불러지는 노래나 풍속을 보면 대체로 기세나 힘이 있고 없음을 알 수 있음.

南大門入納(남대문입납) : 남대문 집에 편지를 보냄. 즉 허황된 방식으로 목적을 이루려는 모습.

越鳥巢南枝(월조소남지) : 남쪽 월나라에서 온 새는 조금이라도 고향에 가까운 남쪽 나뭇가지에 집을 짓는다는 뜻으로, 고향을 잊지 못함의 비유.

午後閑良(오후한량) : 배가 출출한 판에 함부로 먹어대는 짓.

許由掛瓢(허유괘표) : 허유가 나뭇가지에 표주박을 걸었다가 시끄러워서 떼어버렸다는 뜻으로, 속세를 떠나 청렴하게 살아가는 모습을 이름.

半面之分(반면지분) : 일면지분도 못 되는 교분으로 얼굴만 겨우 알 뿐이고 교제는 얕은 사이.

理判事判(이판사판) : '이판과 사판이 붙어서 된 말' 로, 막다른 데 이르러 어찌할 수 없게 된 지경을 뜻함.

叛服無常(반복무상) : 언행이 배반했다 복종했다 하며 일정하지 않거나 그 태도가 한결같지 아니함.

街童走卒(가동주졸) : 길거리에서 노는 철없는 아이. 일정한 주견이 없는 길거리를 떠돌아다니는 무식한 사람들.

金迷紙醉(금미지취) : "금종이에 정신이 미혹되고 취한다." 는 뜻으로, 사치스런 생활을 비유하는 말.

眼高手卑(안고수비) : 마음은 크고 눈은 높으나 재주가 없어 따르지 못한다는 뜻. 이상만 높고 실천이 따르지 않음.

萬口成碑(만구성비) : 만인이 칭찬하면 명성이 길이 남게 됨.

奴顏婢膝(노안비슬) : '사내종의 얼굴과 계집종의 무릎' 이란 뜻으로, 사내종이 고개를 숙이고, 계집종이 무릎을 꿇듯이 남과 교제할 때 지나치게 굽실굽실하며 비굴한 태도로 일관함을 이르는 말.

顏苦孔卓(안고공탁) : 안회는 공자의 탁월함에 미치지 못함을 괴로워함.

升斗之利(승두지리) : 한 되와 한 말의 이익이라는 뜻으로, 대수롭지 않은 이익을 이름.

旭日昇天(욱일승천) : 아침 해가 떠오르듯이 하늘로 솟아오르는 모습.

千慮一得(천려일득) : 천 번 생각하면 한 번 얻는 것이 있다는 뜻으로, 많이 생각하다 보면 가끔 쓸만한 것도 있다는 의미.

博而不精(박이부정) : 많은 것을 알고 있으나 정밀하지는 않음.

美人薄命(미인박명) : 미인은 흔히 불행하거나 병약하여 요절하는 일이 많다는 말.

簿外資產(부외자산) : 정상적인 회계 장부상에 나타내지 아니한 자산.

>>> 숫자 관련 부수

四顧無親(사고무친) : 사방을 돌아봐도 친척(親戚)이 없음. 믿고 의지할 만한 데가 전혀 없음.

四面春風(사면춘풍) : 항상 좋은 얼굴로 남을 대하여 누구에게나 호감을 삼.
四分五裂(사분오열) : 넷으로 나뉘고 다섯으로 찢긴다는 뜻으로, 여러 갈래로 분열되어 질서가 없어짐을 이름.
滿朝百官(만조백관) : 조정의 모든 벼슬아치.
百家爭鳴(백가쟁명) : 여러 사람이 서로 자기주장을 내세우는 일. 많은 학자들의 활발한 논쟁.
百藥無效(백약무효) : 백 가지 약을 써도 아무런 효험이 없음.
百里負米(백리부미) : 백 리나 되는 먼 곳으로 쌀을 진다는 말로, 비록 가난하게 살지만 부모를 잘 봉양한다는 뜻.
百尺竿頭(백척간두) : 백 자되는 장대 끝이라는 뜻으로, 매우 위태롭고 어려운 지경을 이름.
百害無益(백해무익) : 오직 해로울 뿐 이로움은 전혀 없음.
九重宮闕(구중궁궐) : 아홉 번 거듭 쌓은 담 안에 자리한 대궐.
九重深處(구중심처) : 아홉 겹으로 둘러싸인 깊은 곳.
九回之腸(구회지장) : 매우 근심하고 괴로워하는 모양.
三旬九食(삼순구식) : 한 달에 아홉 끼를 먹을 정도로 매우 가난함.
十中八九(십중팔구) : 열 중에 여덟이나 아홉. 거의 틀림없음.
洪範九疇(홍범구주) : 《서경》의 홍범에 기록되어 있는 하나라 우임금이 정한 정치 도덕의 아홉 가지 원칙.
究厥心腸(구궐심장) : 남의 마음을 속속들이 헤아림.
阪上走丸(판상주환) : "언덕 위에서 공을 굴린다."는 뜻으로, 어떤 세력에 힘입어 일을 꾀하면 쉽게 이루어지거나, 또는 그 일이 잘 진전됨의 비유.
染指之物(염지지물) : '집게손가락에 붙은 것' 이라는 뜻으로, '분에 넘치게 가지는 남의 물건'의 비유.
萬頃蒼波(만경창파) : 끝없이 이는 큰 바다의 물결이란 뜻으로, 넓은 바다의 푸른 물결을 말함.
萬年之計(만년지계) : 아주 먼 훗날까지를 미리 내다본 계획.
千差萬別(천차만별) : 차이와 구별이 아주 많음.
千態萬象(천태만상) : 천만 가지의 모양이라는 뜻으로, 모든 사물이 제각기 다른 모양을 하고 있음.
波瀾萬丈(파란만장) : 물결의 기복이 심하듯 일의 진행이나 살아가는데 기복・변화가 매우 심함.
家和萬事成(가화만사성) : 집안이 화목하면 모든 일이 잘 이루어진다.
刻苦勉勵(각고면려) : 고생을 무릅쓰고 힘써 노력함.
億萬之心(억만지심) : 억만 가지 마음이라는 뜻으로, 온 백성이 각각 마음이 달라 한 사람도 나라를 위하는 마음이 없음을 이르는 말.

>>> 小부수

積小成大(적소성대) : 작은 것도 쌓이면 크거나 많아짐.
羅浮少女(나부소녀) : 미인을 이르는 말.
白沙青松(백사청송) : 흰 모래와 푸른 소나무라는 뜻으로, 흰 모래톱의 사이사이에 푸른 소나무가 드문드문 섞여 있는 바닷가의 아름다운 경치를 이르는 말.
奇奇妙妙(기기묘묘) : 기기하고도 묘함. 놀랄 만큼 너무나 기묘한 모습.

優劣難分(우열난분) : 뛰어나고 열등함을 분간할 수 없음.

課農小抄(과농소초) : 조선 정조 22(1798)년에 박지원이 농업 기술과 정책에 관하여 쓴 책. 15권 6책.

石蹲壯士拳峰尖文章筆(석준장사권봉첨문장필) : 돌이 박혀 있는 것은 장사의 주먹이요, 봉오리의 뾰족함은 문장의(글 쓰는) 붓임.

讀書尙友(독서상우) : 독서를 함으로써 옛 현인(賢人)들과 벗이 될 수 있음.

人生無常(인생무상) : 사람의 삶이란 참으로 덧없음. 특히, 아무런 꿈도 꾸지 않는 사람이 인생을 마칠 무렵 남은 것이 아무것도 없음을 뼈저리게 느끼는 말.

人之常情(인지상정) : 사람이면 누구나 가지는 보통 사람의 정서나 감정.

窮當益堅(궁당익견) : 곤궁해질수록 그 지조는 더욱 굳어짐을 이르는 말. 나이가 들었어도 결코 젊은이다운 패기가 변하지 않고 오히려 굳건함.

孤掌難鳴(고장난명) : 한쪽 손뼉으로는 소리 내기 어렵다는 뜻으로, 상대가 없이는 무슨 일이든 이루기 어려움.

拍掌大笑(박장대소) : 손뼉을 치며 크게 웃음.

綠衣紅裳(녹의홍상) : 연두저고리와 다홍치마라는 뜻으로, 젊은 여자의 고운 옷치장.

不偏不黨(불편부당) : 어느 한쪽으로 기울거나 치우치지 않고 아주 공평함.

未嘗不(미상불) : 아닌게 아니라. 아마도, 과연.

嘗糞之徒(상분지도) : 똥도 핥을 놈이라는 뜻으로, 남에게 아첨하여 부끄러운 짓도 꺼려 하지 않는 사람을 이르는 말.

>>> 卜부수

弱馬卜重(약마복중) : "약한 말에 무거운 짐을 싣는다."는 뜻으로, 재주와 힘이 넉넉하지 못한 사람이 크나큰 일을 맡음을 비유하는 말.

木壚酒店(목로주점) : 술청에 목로를 베풀고 술을 파는 집.

紅一點(홍일점) : 붉은 한 점이란 뜻으로, 여럿 가운데 오직 하나 이채를 띠는 것. 많은 남자들 틈에 낀 오직 하나뿐인 여자.

紅爐點雪(홍로점설) : 뜨거운 화로에 눈을 뿌림. 큰 힘 앞에 맥을 못 추는 작은 힘. 풀리지 않던 이치가 눈 녹듯이 문득 깨쳐짐. 사욕(私慾)이 일시에 없어지고 마음이 탁 트여 맑은 상태. 큰일에 작은 힘은 아무 보람이 없음.

畵龍點睛(화룡점정) : "용을 그린 다음 마지막으로 눈동자를 그린다."는 뜻으로 가장 요긴한 부분을 마치어 일을 끝냄. 또는 사물의 가장 중요한 곳을 이르는 말.

>>> 示부수

開示悟入(개시오입) : 법문을 개시하여 불교의 깊은 이치를 깨닫게 함.

莫無可奈(막무가내) :도무지 어찌할 수 없음.

鷄豚同社(계돈동사) : “닭과 돼지가 한데 어울린다.”는 뜻으로, 같은 고향 사람끼리 서로 친목을 도모함을 이르는 말.

冠婚喪祭(관혼상제) : 관례 · 혼례 · 상례 · 제례의 네 가지 예를 두고 말함.

一望無際(일망무제) : 아득히 멀어서 끝이 없음.

入境問禁(입경문금) : 국경에 들어서면 그 나라에서 금하는 것을 물어 보라는 말.

票券貨幣(표권화폐) : 액면 가격이 소재 가치보다 높은 통화. 본위 화폐 이외의 통화.

吾門標秀(오문표수) : 내 집의 걸출한 자식을 이르는 말.

流離漂迫(유리표박) : 일정한 거처가 없이 이곳저곳 떠돌아다님. 流離彷徨(유리방황).

口是禍門(구시화문) : 입은 곧 재앙의 문이란 뜻으로, 말을 조심하지 않으면 화를 당한다는 말.

過失相規(교실상규) : 과실이 있으면 서로 규제하여 막음.

補過拾遺(보과습유) : 임금의 잘못을 바로잡아 고치게 함. 천자의 부덕(不德)한 점을 보좌함.

如鳥過目(여조과목) : 새가 눈앞을 스쳐 날아가는 것처럼, 빨리 지나감의 비유.

如風過耳(여풍과이) : 바람이 귀를 스쳐감과 같다는 뜻으로, 남의 말을 조금도 귀담아듣지 않는다는 말.

克己復禮(극기복례) : 사욕을 누르고 예(禮)로 돌아감.

吉祥善事(길상선사) : 더할 나위 없이 기쁘고 좋은 일.

>>> 鬼부수

神出鬼沒(신출귀몰) : 자유자재로 출몰하여 그 변화가 무궁무진함.

自愧之心(자괴지심) : 스스로 부끄러이 여기는 마음.

地醜德齊(지추덕제) : 토지(土地)의 크기나 덕(德)이 서로 비슷하다는 뜻으로, 서로 조건(條件)이 비슷함을 이르는 말.

>>> 色부수

傾國之色(경국지색) : 나라를 기울게 할 만큼 매우 뛰어나게 아름다운 여자.

古色蒼然(고색창연) : 오래되어 예스런 정취가 나는 모습.

萬古絕色(만고절색) : 만 년에도 없는 뛰어난 미인.

啞然失色(아연실색) : 뜻밖의 일에 놀라서 말을 잃고 얼굴빛이 변함.

草綠同色(초록동색) : 풀빛과 녹색은 같은 색이라는 뜻으로, 같은 처지나 부류의 사람들끼리 함께 함. ㊋ 가재는 게 편이다.

松都三絕(송도삼절) : 송도의 세 가지 빼어난 존재. 기생 황진이, 유학자 서경덕, 박연폭포를 가리킴. ※ 박연폭포 : 우리나라에서 아름답기로 이름난 금강산의 구룡폭포, 설악산의 대승폭포와 더불어 3대 명폭의 하나이며, 천연기념물 제388호로 지정되어 있다.

絕長補短(절장보단) : 장점으로 단점을 보충함.

>>> 白부수

玉皇上帝(옥황상제) : 도가에서 '하느님' 을 일컫는 말.

弓的相適(궁적상적) : "활과 과녁이 서로 맞는다."는 뜻으로, 하려는 일과 기회가 꼭 들어맞는다는 뜻.

自酌自飮(자작자음) : 술을 손수 따라 마심.

白玉樓(백옥루) : 문인이나 묵객(墨客)이 죽은 후에 올라간다고 하는 천상의 높은 누각. 문인과 묵객(墨客)의 죽음을 이름.

白日夢(백일몽) : 대낮에 꿈을 꾼다는 뜻으로, 허황된 공상을 하고 있음을 비유한 말.

堅白同異(견백동이) : 시(是)를 비(非)라 하고 '비' 를 '시' 라 하며, 동(同)을 이(異)라 하는 것과 같은 억지 논리. 궤변.

明明白白(명명백백) : 아주 분명하고 명백함.

白骨難忘(백골난망) : 죽어 백골이 된다 해도 그 은혜를 잊을 수 없음.

白駒過隙(백구과극) : 흰 말이 벽 틈으로 자나간다는 말로, 인생이 빨리 지나가는 것을 비유.

伯仲之勢(백중지세) : 서로 우열을 가리기 힘든 형세. 伯仲勢(백중세). 莫上莫下(막상막하), 難兄難弟(난형난제), 龍虎相搏(용호상박).

迫於不得(박어부득) : 일이 몹시 급하게 닥쳐와서 어쩔 수 없음.

優遊不迫(우유불박) : 느긋하고 침착하여 서둘지 않음.

拍案大叫(박안대규) : 책상을 치며 큰 소리를 지름.

草木皆兵(초목개병) : 심히 적(敵)을 두려워하여 온 산의 초목도 다 적병(敵兵)처럼 보임.

階卑職高(계비직고) : 품계는 낮고 벼슬은 높음.

>>> 靑부수

綠水靑山(녹수청산) : 초록빛 물과 푸른 산.

盲玩丹靑(맹완단청) : 맹인이 단청 구경하기. 사물을 감정할 능력도 없이 보는 것을 의미함.

靑山流水(청산유수) : 거침없이 말을 잘하는 모습.

靑雲萬里(청운만리) : 입신출세를 위한 원대한 포부를 비유적으로 이르는 말.

靑天霹靂(청천벽력) : 맑게 갠 하늘의 벼락(날벼락)이란 뜻. 약동하는 필세의 형용. 갑자기 일어난 큰 사건이나 이변의 비유.

死後淸心丸(사후청심환) : '죽은 뒤의 약' 이라는 뜻으로, 시기를 놓친 것을 의미함.

戀慕之情(연모지정) : 이성을 사모하고 그리워하는 정.

舐犢之情(지독지정) : 어버이가 자식을 생각하는 사랑이 어미 소가 송아지를 핥아주는 사랑과 같다고 비유한 말.

抑何心情(억하심정) : 대체 무슨 생각으로 그리하는지 그 마음을 헤아릴 수 없음.

轉之轉請(전지전청) : (직접 청하지 않고) 여러 사람을 거쳐서 간접으로 청함.

晴耕雨讀(청경우독) : 갠 날에는 논밭을 갈고 비 오는 날에는 책을 읽는다는 뜻으로, 부지런히 일하며 공부함을 이르는 말.

>>> 赤부수

赤手成家(적수성가) : 맨손으로 시작하여 한 집안을 이루었다는 뜻으로, 가진 것 없이 시작하여 한 살림을 이룸.

>>> 黃부수

黃口乳臭(황구유취) : 새끼 새의 부리가 노란 것처럼 아직 어린 입에서 젖비린내가 난다는 말로, 행동이 채 성숙되지 않아 유치함. 口尙乳臭(구상유취).

橫說竪說(횡설수설) : 조리가 없는 말로 함부로 지껄임.

>>> 玄부수

率先垂範(솔선수범) : 앞장서서 하여 모범을 보이는 것.

率獸食人(솔수식인) : 폭정으로 백성들에게 고통을 줌.

天地玄黃(천지현황) : 하늘은 위에 있어 그 빛이 검고, 땅은 아래 있어서 그 빛이 누렇다는 뜻.

絃歌酒讌(현가주연) : 거문고를 타며 술과 노래로 잔치함.

解弦更張(해현경장) : '거문고의 줄을 바꾸어 맨다.' 라는 뜻으로, 느슨해진 것을 긴장하도록 다시 고치거나 사회적, 정치적으로 제도를 개혁하는 것을 말함.

豕交獸畜(시교수축) : 돼지처럼 대하고 짐승처럼 기른다는 뜻으로, 사람을 예로써 대우하지 않고 짐승같이 대한다는 말.

含憤蓄怨(함분축원) : 분함을 품고 원한을 쌓음.

念念在玆(염념재자) : 자꾸 생각이 나서 잊지 못함.

大慈大悲(대자대비) : 그지없이 넓고 큰 자비로움. 넓고 커서 가없는 자비. 특히 관음보살이 중생을 사랑하고 불쌍히 여기는 마음.

>>> 黑부수

黑牛生白犢(흑우생백독) : 검은 소가 송아지를 낳았다는 말로, 재앙이 복이 되기도 하고 복이 재앙이 되기도 한다는 뜻.

墨翟之守(묵적지수) : 초나라의 군사 공수반이 운제(雲梯)를 만들어 송나라를 공격할 때 묵적이 송나라의 성(城)을 고수(固守)하여 초나라 군사를 격퇴시킴에 나온 고사로, 자기의 의견이나 주장을 굳게 지킴. 전통이나 관습을 굳게 지킴. 墨守(묵수). 固守(고수). 死守(사수).

默默不答(묵묵부답) : 아무 대답도 하지 않으면서 침묵을 지킴.

>>> 牛부수

碧昌牛(벽창우) : 평안도 벽동(碧潼)과 창성(昌城) 땅의 큰 소로, 이곳의 소는 고집이 세고 우직했음. 고집 있고 무뚝뚝한 사람을 이른 말. ‘벽창호’의 본딧말.

九牛一毛(구우일모) : 아홉 마리의 소 중에서 털 하나. 썩 많은 것 중의 극히 적은 부분. 滄海一粟(창해일속).

童牛角馬(동우각마) : 뿔이 없는 소와 뿔이 있는 말이란 뜻으로, 도리에 어긋남을 비유.

亡牛補牢(망우보뢰) : 소 잃고 외양간 고치기. 즉, 일이 이미 다 틀어진 뒤에 때늦게 손을 써 봐야 소용이 없음. 망양보뢰(亡羊補牢).

牛溲馬勃(우수마발) : 우수는 질경이란 뜻이고, 마발은 약재로 쓰는 먼지버섯으로, 비천하지만 유용한 재료, 흔하지만 유용한 약재.

汗牛充棟(한우충동) : 책을 수레에 실으면 소가 땀을 흘리고 쌓아 올리면 대들보까지 찬다는 뜻으로, 책이 매우 많음을 뜻함.

虎視牛行(호시우행) : 호랑이가 보는 눈과 소가 가는 걸음걸이라는 말로, 눈은 늘 천 리를 바라보는 예리함을 유지하면서도 행동은 소처럼 우직하게 뚜벅뚜벅 하나씩 실천해 나가야 함.

風馬牛不相及(풍마우불상급) : 암내 내는 말과 소는 서로 미치지 못한다는 말로, 서로 멀리 떨어져 있어 관계 없음을 이름.

牽强附會(견강부회) : 가당치도 않은 말을 억지로 끌어 붙여 조건이나 이치에 맞도록 함.

>>> 犬부수

衆怒難犯(중노난범) : 뭇사람의 분노를 함부로 건드려서는 안 된다는 말.

過猶不及(과유불급) : 지나침은 미치지 못함과 같음.

可考文獻(가고문헌) : 참고하거나 생각해 볼 책이나 글.

人面獸心(인면수심) : 사람의 낯에, 짐승의 마음. 마음이나 행동이 몹시 흉악함, 또는 그런 사람.

犬馬之年(견마지년) : 자기의 나이를 겸손하게 이르는 말.

犬馬之心(견마지심) : 임금이나 부모를 위해 바치는 충성 · 효성.

犬馬之養(견마지양) : 단지 어버이를 부양할 뿐 공경하는 마음이 없음.

犬猿之間(견원지간) : 개와 원숭이의 사이라는 뜻으로, 대단히 사이가 나쁨.

犬兎之爭(견토지쟁) : 개와 토끼의 다툼이란 뜻으로, 두 사람의 싸움에서 제삼자가 이익을 봄.

越犬吠雪(월견폐설) : 눈이 내리지 않던 월나라에 기상이변 등으로 눈이 내리니, 모든 개가 눈을 보고 짖었다는 뜻으로, 식견이 매우 좁음을 뜻함.

阿鼻地獄(아비지옥) : 불교에서 말하는 8대 지옥 중의 여덟째로, 고통이 가장 심하다는 지옥.

猶獲石田(유획석전) : 물건을 얻었으나 쓸모가 없음의 비유.

一樹百穫(일수백확) : 한 나무에서 백 배를 수확한다는 뜻으로, 인물을 양성하는 보람을 이르는 말, 곧 인재 한 사람을 길러냄이 사회에는 막대한 이익을 줌을 이르는 말.

護黨之風(호당지풍) : 당파들끼리 서로 감싸고도는 기품.

>>> 羊부수

亡羊補牢(망양보뢰) : "양을 잃고서 그 우리를 고친다."는 뜻으로, 실패한 후에 일을 대비함. 이미 어떤 일을 실패한 뒤에 뉘우쳐도 소용이 없음.

九折羊腸(구절양장) : 꼬불꼬불하게 꼬인 양의 창자란 뜻으로, 산길 따위가 꼬불꼬불하고 험함.

多岐亡羊(다기망양) : 길이 여러 갈래여서 양을 잃었다는 뜻으로, 학문의 방향이 여러 갈래여서 진리를 얻기가 어려움. 亡羊之歎(망양지탄).

讀書亡羊(독서망양) : 하는 일에는 뜻이 없고 딴 생각만 하다가 낭패를 본다는 뜻.

屠所之羊(도소지양) : 도살장에 끌려가는 양이란 뜻으로, 죽음을 목전에 둔 사람. 또는 무상한 인생을 비유해 이르는 말.

美辭麗句(미사여구) : 아름다운 말로 꾸민 고운 문장.

有終之美(유종지미) : 시작한 일의 끝맺음이 좋음.

來語不美 去語何美(내어불미 거어하미) : "오는 말이 곱지 않은데 가는 말이 어찌 고우랴?"라는 뜻으로, 남에게 한 만큼 같은 대접을 받게 된다는 말.

望洋之歎(망양지탄) : 달아난 양을 잃어버리고 하는 탄식이라는 뜻으로, 학문의 길이 여러 방면이어서 진리를 깨치기 어려움을 이름.

顧答審詳(고답심상) : 편지의 회답도 자세히 살펴 써야 함.

群雄割據(군웅할거) : 많은 영웅들이 각지에 자리 잡고 세력을 떨치며 서로 맞서는 일.

群盲撫象(군맹무상) : 여러 맹인이 코끼리를 더듬는다는 뜻으로, 즉 자기의 좁은 소견과 주관으로 사물을 그릇 판단함.

斷章取義(단장취의) : 남의 시문 중에서 전체의 뜻과는 관계없이 자기가 필요한 부분만을 따서 마음대로 해석하여 씀. 또는 그러한 일을 통해 자신의 주장을 합리화하는 일.

大義滅親(대의멸친) : 큰 의리를 위해 친족(親族)의 정(情)을 잊음. 국가나 사회의 대의(大義)를 위해 부모 형제의 정(情)도 돌보지 않는다는 말.

不可思議(불가사의) : 사람이 미루어 헤아리기 힘들 만큼 이상야릇함.

和白會議(화백회의) : 여러 사람들이 모여 전부 말하는 회의. 국가의 중대한 일이 있을 때 귀족들이 모여서 만장일치를 원칙으로 열었던 신라의 회의제도.

禮儀之邦(예의지방) : 예의를 숭상하며 잘 지키는 나라.

耳入着心(이입착심) : 들은 것에 마음을 붙임, 또는 그 마음의 의미. 귀로 들은 사물에 집착하는 마음, 사랑하는 것, 갖고 싶은 것, 하고 싶은 것, 좋아하는 것 등에 집착하는 마음.

>>> 虎부수

騎虎之勢(기호지세) : 호랑이를 타고 가는 형세. 내리면 잡아먹힐 판이라 그대로 타고 갈 수밖에 없다는 뜻으로, 한 번 시작한 일은 중도에 그만둘 수 없는 경우의 비유.

三人成虎(삼인성호) : 여러 사람이 주장하면 없던 호랑이도 있는 것처럼 되듯이, 근거 없는 말도 몇 사람이 말하면 믿게 됨.

虎狼之心(호랑지심) : 호랑이와 이리처럼 사납고 잔인한 마음.

前門拒虎 後門進狼(전문거호 후문진랑) : 앞문의 호랑이를 해결하자 뒷문에서 이리가 들어옴. 한 가지 어려움을 해결하자 다른 어려움이 발생하는 모습.

虎死留皮人死留名(호사유피인사유명) : 범은 죽어서 가죽을 남김. 사람은 죽은 뒤에는 이름을 남긴다는 뜻으로, 사람은 죽어서 명예를 남겨야 함을 이르는 말.

號令如汗(호령여한) : 한 번 내린 명령은 다시 취소하기 어려움.

凌遲處斬(능지처참) : 머리, 팔, 다리, 몸통을 토막 쳐 죽이던 극형.

虛送歲月(허송세월) : 아무 일도 하지 않고 세월을 그냥 흘려보냄.

虛心坦懷(허심탄회) : 품은 생각을 다 털어놓고 마음을 비움.

虛虛實實(허허실실) : 허를 찌르고 실(實)을 피하는 계책으로 싸우는 모양을 이르는 말로써, 계략이나 수단을 써서 서로 상대방의 약점을 비난하여 싸움. 허실을 살펴서 상대방의 동정(動靜)을 알아냄을 이르는 말.

>>> 豕부수

魯魚亥豕(노어해시) : 노와 어, 해와 시는 글자 모양이 비슷해 잘못 쓰는 오류를 범하기 쉬움을 이르는 말.

群盲評象(군맹평상) : 장님 코끼리 만지기. 좁은 소견으로 사물을 속단하여 잘못 판단함의 뜻. 群盲撫象(군맹무상). 群盲摸象(군맹모상).

同質異像(동질이상) : 동일한 화학 성분을 가진 물질로서 서로 다른 결정체를 이루고 있는 일. 탄산칼슘은 방해석으로서 육방정계로, 산석으로서는 사방정계로 각각 결정함.

豐亨豫大(풍형예대) : '豐亨'은 모두 육십사괘의 하나. 풍은 성대한 모양, 예는 화락(和樂)한 모양. 곧 천하가 태평하여 백성들의 향락이 극도에 이름을 뜻함. 출전 송사(宋史).

豚蹄一酒(돈제일주) : 돼지발과 술 한 잔이라는 말로, 작은 물건으로 많은 물건을 구하려 함을 비유.

中原逐鹿(중원축록) : 중원〔天下〕에서 사슴〔帝位〕을 쫓는다는 말로, 즉 제위의 다툼. 정권을 다툼. 어떤 지위를 얻기 위해 서로 경쟁함의 뜻.

文過遂非(문과수비) : 허물을 어물어물 숨기며 조금도 뉘우치지 않음.

切磋琢磨(절차탁마) : 자르고 갈고 쪼고 닦다의 뜻으로, 학문 · 기예 등을 열심히 갈고 닦음.

英雄豪傑(영웅호걸) : 재주가 비범하고 용맹이 탁월하며 대업을 성취한 사람과 지용(智勇)과 기개와 풍모가 있는 사람.

>>> 馬부수

下馬評(하마평) : 관직의 이동이나 승진 등이 행해지는 경우 그 후보자에 대해 세상에 떠도는 소문.

狗馬之心(구마지심) : 개나 말의 마음이란 뜻으로, 타인에 대해 자신의 마음과 정성을 낮추어 부르는 말.

駑馬十駕(노마십가) : 둔한 말도 열흘이면 천자의 수레가 하루 가는 만큼 갈 수 있음. 부족한 사람이라도 열심히 노력하면 뛰어난 사람을 잡을 수 있음.

馬脚露出(마각노출) : 말의 다리가 드러남. 즉 숨기던 일이나 정체가 드러남.

馬耳東風(마이동풍) : 말귀에 봄바람이란 뜻으로, 남의 말을 귀담아듣지 않음.

走馬加鞭(주마가편) : 달리는 말에 채찍을 가한다는 뜻으로, 하고 있는 일에 더욱 더 열심히 하도록 격려하는 말.

匹馬單騎(필마단기) : 한 필의 말에 홀로 타고 적진을 향해 가는 모습.

驛馬直星(역마직성) : 늘 부산하게 멀리 다니는 사람.

殺生有擇(살생유택) : 삼국 통일의 원동력이 된 화랑의 세속오계의 하나. 산 것을 죽일 때는 가려서 죽일 것.

竭澤而漁(갈택이어) : 연못을 말려 고기를 얻는다는 말로, 눈앞의 이익만 추구하여 먼 장래를 생각하지 않음.

渙然冰釋(환연빙석) : 얼음이 녹듯이 마음에 한 점의 의심도 남기지 않고 의혹이나 미혹이 풀림.

怒氣騰騰(노기등등) : 몹시 성이 나서 노한 기색이 얼굴에 가득함.

陳勝吳廣(진승오광) : 어떤 일에 앞장서는 자나 맨 먼저 주창하는 자를 이르는 말.

騷人墨客(소인묵객) : 시문 · 서화를 일삼는 사람이란 뜻으로, 문사, 시인과 서예가, 화가 등 풍류를 아는 사람.

>>> 鹿부수

逐鹿者不見山(축록자불견산) : 사슴을 쫓는 사람은 산을 보지 못한다는 말로, 즉 명예와 이욕에 미혹된 인간의 도리를 저버림. 이욕에 눈이 먼 사람은 눈앞의 위험도 돌보지 않음. 한 가지 일에 마음을 빼앗긴 사람은 다른 일을 생각하지 않음을 뜻함.

高麗公事三日(고려공사삼일) : "고려의 정책이나 법령은 사흘 만에 바뀐다."는 뜻으로, 한 번 시작한 일이 오래 계속되어 가지 못함을 비유하는 말.

>>> 豸부수

貌合心離(모합심리) : 교제하는 데 겉으로만 친한 척할 뿐이고, 마음은 딴 데 있음.

>>> 角부수

角者無齒(각자무치) : 뿔이 있으면 이가 없다는 뜻으로, 한 사람에게 모든 재주나 복을 다 주지 않음.

庖丁解牛(포정해우) : 솜씨가 뛰어난 포정이 소의 뼈와 살을 발라낸다는 뜻으로, 기술이 매우 뛰어남을 비유하는 말.

一觸卽發(일촉즉발) : 한 번 닿으면 폭발한다는 뜻으로, 금방이라도 일이 크게 터질듯한 아슬아슬한 긴장 상태.

獨眼龍(독안룡) : 애꾸눈의 용이란 뜻으로, 당나라 장수 이극용이 애꾸눈으로 큰 용맹을 떨쳤으므로, 애꾸눈의 영웅을 일컬음.

無男獨女(무남독녀) : 아들은 없고 오직 딸만 하나 있음. 아주 귀한 자손을 가리키는 말.
唯我獨尊(유아독존) : 天上天下唯我獨尊(천상천하유아독존)에서 나오는 말로, 우주 간에 나보다 더 높은 존재는 없음.
洞房華燭(동방화촉) : 혼례를 치르고 나서 첫날밤에 신랑이 신부 방에서 자는 의식.
扣槃捫燭(구반문촉) : "구리 쟁반을 두드리고 초를 만진다."는 말로, "실제 경험이 없는 단편적인 지식으로는 진실에 도달할 수 없음"의 비유. 어떤 사실을 정확히 파악하지 못하고 오해함.
激濁揚淸(격탁양청) : "탁류를 몰아내고 청파를 끌어들인다."는 뜻으로, 악을 제거하고 선을 떨침을 비유해 이르는 말.

>>> 釆부수

番上正兵(번상정병) : 조선 전기에, 지방에서 올라와 중앙의 오위에 근무하던 정병.
萬口傳播(만구전파) : 여러 사람의 입을 통하여 온 세상에 널리 퍼짐.
覆雨飜雲(복우번운) : 소인배의 우정의 변덕스러움을 이르는 말.

>>> 内부수

禽困覆車(금곤복거) : "잡힌 짐승도 괴로우면 수레를 뒤엎는다."는 뜻으로, 약자도 살기 위하여 기를 쓰면 큰 힘을 낼 수 있다는 말.

>>> 乙부수

甲男乙女(갑남을녀) : 갑이라는 남자와 을이라는 여자. 보통 사람들. 張三李四(장삼이사), 匹夫匹婦(필부필부), 善男善女(선남선녀), 樵童汲婦(초동급부).
乾坤一擲(건곤일척) : 운명과 흥망을 걸고 단판걸이로 마지막 승부나 성패를 겨룸.
幹國之器(간국지기) : 국가를 다스릴 기량이 있음.
獨也靑靑(독야청청) : 홀로 푸르게 서 있는 모습. 홀로 높은 절개를 지켜 늘 변함이 없음을 이르는 말.
他山之石(타산지석) : 다른 산에서 나는 거칠고 나쁜 돌이라도 숫돌로 쓰면 자기(自己)의 옥을 갈 수가 있으므로, 다른 사람의 하찮은 언행(言行)이라도 자기(自己)의 지덕(智德)을 닦는 데 도움이 됨을 비유. 남의 나쁜 행동을 보고 자신을 바로 세움.
叫喚地獄(규환지옥) : 팔열 지옥의 하나.
跼天蹐地(국천척지) : 머리가 하늘에 받힐까 두려워 허리를 굽힌 채 걷고 땅이 꺼지지 않을까 걱정하여 살금살금 걷는다는 뜻으로, 몹시 두려워하며 몸 둘 바를 모르는 모양. 삼가 두려워하는 모양.
一牛鳴地(일우명지) : 소의 울음소리가 들릴 정도의 거리라는 뜻으로, 매우 가까운 거리를 이름.
天干地支(천간지지) : 육십갑자의 위 단위와 아래 단위를 이루는 요소를 합한 것.

天方地軸(천방지축) : 하늘 방향이 어디이고 땅의 축이 어디인지 모른다는 뜻으로, 너무 바빠서 두서를 잡지 못하고 허둥대는 모습. 어리석은 사람이 갈 바를 몰라 두리번거리는 모습.

池魚之殃(지어지앙) : 연못 속 물고기의 재앙이라는 말로, 아무런 상관도 없는데 재앙을 입었다는 뜻.

蓬頭亂髮(봉두난발) : 아무렇게나 자란 쑥처럼, 쑥처럼 더부룩하고 헝클어진 머리. 겉모양이 몹시 나쁘거나 무관심함.

自中之亂(자중지란) : 자기들의 무리 속에서 일어난 싸움.

斗酒不辭(두주불사) : 말술도 사양하지 않는다는 말로, 주량이 센 것을 과장하는 말. 1두(斗)는 10승(升), 즉 10 되에 해당되는 용량.

口尙乳臭(구상유취) : 입에서 젖내가 난다는 뜻으로, 말과 행동이 유치함.

乞骸骨(걸해골) : 해골을 빈다는 말로, 늙은 재상이 나이가 많아 조정에 나오지 못하게 될 때 임금에게 그만두기를 주청(奏請)함을 뜻함.

乞人憐天(걸인연천) : 거지가 하늘을 불쌍히 여긴다는 뜻으로, 격에 맞지 않는 걱정을 함.

門前乞食(문전걸식) : 문 앞에서 음식을 구별함.

哀乞伏乞(애걸복걸) : 애처롭게 사정하여 굽실거리며 빌고 또 빎.

>>> 隹부수

解衣推食(해의추식) : 옷을 벗어주고 음식(飮食)을 밀어준다라는 뜻으로, 남에게 은혜(恩惠)를 베푸는 것.

與世推移(여세추이) : 세상의 변화에 따라 함께 변화함.

景行維賢(경행유현) : 행실을 훌륭하게 하고 당당하게 행하면 어진 사람이 된다는 것을 말함.

唯一無二(유일무이) : 오직 하나뿐이고, 둘은 없음.

集腋成裘(집액성구) : 여우의 겨드랑이 밑에 난 흰털을 모아 갖옷을 만든다는 뜻으로, 여러 사람의 힘을 모아 한 가지 일을 성취함을 비유해 이르는 말.

雅致高絕(아치고절) : 아름다운 자태와 고상한 절개.

鹿死誰手(녹사수수) : "사슴이 누구의 손에 죽는가"라는 뜻으로, 승패를 결정하지 못하는 것을 이르는 말.

國士無雙(국사무쌍) : 나라 안에 견줄만한 자가 없는 훌륭한 인재라는 말로, 국내에서 가장 뛰어난 인물을 뜻함.

一箭雙鵰(일전쌍조) : 한 대의 화살로 두 마리의 새를 맞춘다는 말로, 단 번의 조치로 두 개의 수확을 거두는 것을 말함.

骨肉雖分本出一氣(골육수분본출일기) : 뼈와 살은 비록 나누어졌으나 본래 한 기운으로 태어났음.

命世之雄(명세지웅) : 한 시대를 바로잡아 구할 만한 뛰어난 인재.

艱難辛苦(간난신고) : 어려움을 겪으며 고생함.

其勢兩難(기세양난) : 기세가 이럴 수도 없고 저럴 수도 없음.

難中之難(난중지난) : 어려운 가운데에서도 가장 어려움을 이르는 말.

難兄難弟(난형난제) : 누구를 형이라 하고, 누구를 아우라 해야 할지 분간하기 어렵다는 뜻으로, 두 가지 것 사이의 우열이나 정도의 차이를 판단하기 어려움의 비유. 莫上莫下(막상막하 : 더 낫고 더 못함의 차이가 없음). 伯仲之間(백중지간), 伯仲之勢(백중지세 : 서로 우열을 가리기 힘든 형세).

覆水難收(복수난수) : 엎드린 물은 다시 담기 어려움. 覆水不返盆(복수불반분)

人心難測(인심난측) : 사람의 마음은 헤아리기 어려움.

進退兩難(진퇴양난) : 앞으로 나갈 수도 뒤로 물러설 수도 없음.

患難相恤(환난상휼) : 재앙을 당하면 서로 도와줌. 향약의 자치기구의 하나. 過失相規(교실상규 : 과실이 있으면 서로 규제하여 막음), 禮俗相交(예속상교 : 서로 사귐에 있어서 예의를 갖춤), 德業相勸(덕업상권: 덕이 있는 행실은 서로 권함).

創業易守成難(창업이수성난) : 일을 이루기는 쉬어도 지키기는 어려움.

黍離之歎(서리지탄) : 나라가 멸망하여 궁궐터에 기장만이 자라 황폐해진 것을 보고 하는 탄식이라는 뜻으로, 세상의 성함과 쇠함이 서로 바뀌어 무상함을 탄식하는 것을 이르는 말. 부귀영화의 무상함에 대한 탄식.

雜施方藥(잡시방약) : 병을 고치려고 갖가지 약을 시험으로 써 봄.

沈魚落雁(침어낙안) : 미인을 형용하여 이르는 말. ※ 진(晉)나라 헌공(獻公)의 애인 여희(麗姬)는 너무나 예뻐서, 그녀를 보면 “물고기는 물속으로 숨어 버리고, 기러기는 넋을 잃고 바라보다 대열에서 떨어졌다.” 또, “환한 달은 구름 뒤로 모습을 감추고 꽃은 부끄러워 시들었다.” 고 여희의 미모를 극찬한 말. 이 말은 장자에 실려 있음.

應接不暇(응접불가) : 워낙 바빠 상대할 겨를이 없음.

>>> 鳥부수

花鳥風月(화조풍월) : 꽃과 새와 바람과 달이라는 뜻으로, 자연의 아름다운 경치를 이르는 말.

烏合之卒(오합지졸) : 까마귀 떼처럼 아무 규율도 통일도 없이 몰려 있는 무리. 또는 그러한 군사들. 烏合之衆(오합지중).

嗚呼痛哉(오호통재) : 아아, 슬프고 원통함.

不蜚不鳴(불비불명) : 날지도 울지도 않는다는 말로, 큰일을 하기 위해 오랫동안 조용히 기다린다는 말.

一牛鳴地(일우명지) : 소의 울음소리가 들릴 정도의 거리라는 뜻으로, 매우 가까운 거리를 이름.

雪泥鴻爪(설니홍조) : 기러기가 눈이 녹은 진창 위에 남긴 발톱 자국이라는 뜻으로, 얼마 안 가서 그 자국이 지워지고, 또 기러기가 날아간 방향을 알 수 없다는 데서 흔적이 남지 않거나 간 곳을 모른다는 말. 특히 인생의 덧없음이나 희미한 옛 추억 등을 이르는 말.

臥龍鳳雛(와룡봉추) : 누운 용과 봉황의 새끼라는 뜻으로, 누운 용은 풍운을 만나 하늘로 올라가는 힘을 가지고 있고, 봉황의 새끼는 장차 자라서 반드시 봉황이 되므로, 때를 기다리는 호걸을 비유해 이르는 말.

風聲鶴唳(풍성학려) : 바람 소리와 학의 소리라는 말로, 겁을 먹은 사람이 하찮은 일이나 작은 소리에도 몹시 놀람.

確固不拔(확고불발) : 확고하여 흔들리거나 움직이지 아니함.

>>> 羽부수

羽化登仙(우화등선) : 날개가 생겨 신선에 오름.

父風母習(부풍모습) : 아버지와 어머니를 골고루 닮음.

連理比翼(연리비익) : '비익조와 연리지' 의 뜻으로, '부부의 사이가 썩 화목함' 의 비유.

>>> 非부수

非池中物(비지중물) : 물속의 물고기가 아니라 때가 오면 하늘로 오를 용이란 뜻으로, 장차 큰일을 할 인물을 가리키는 말.

是是非非(시시비비) : 옳은 것을 옳다고 하고, 그른 것을 그르다 함.

大慈大悲(대자대비) : 그지없이 넓고 큰 자비로움. 넓고 커서 가없는 자비. 특히 관음보살이 중생을 사랑하고 불쌍히 여기는 마음.

悲憤慷慨(비분강개) : 슬프고 분하여 마음이 몹시 복받침.

排山壓卵(배산압란) : 산을 떠밀어 달걀을 눌러 깨뜨린다는 뜻으로, 일이 아주 쉬움을 이르는 말.

當今無輩(당금무배) : 이 세상에서는 어깨를 겨눌 사람이 없음.

>>> 飛부수

飛龍乘雲(비룡승운) : 영웅이 때를 만나 득세함의 비유.

烏飛梨落(오비이락) : "까마귀 날자 배 떨어진다." 의 뜻으로, 공교롭게도 어떤 일이 우연히 발생하여 남의 의심을 받게 됨.

龍蛇飛騰(용사비등) : 용과 뱀이 날아오른다는 뜻으로, 초서(草書)로 쓴 큰 글자의 필세(筆勢)가 활기참을 이름.

>>> 至부수

無所不至(무소부지) : 이르지 못하는 바가 없음.

至誠感天(지성감천) : 정성이 지극하면 하늘도 감동함.

虛室生白(허실생백) : 방을 비우면 빛이 그 틈새로 들어와 환하다는 뜻으로, 무념무상의 경지에 이르면 저절로 진리에 도달할 수 있음을 비유해 이르는 말.

讀書三到(독서삼도) : 독서를 하는 데 지켜야 할 세 가지 길. 口到(구도), 眼到(안도), 心到(심도).

格物致知(격물치지) : 사물의 이치를 연구하여 후천적 지식을 명확히 함.〔朱熹(주희)〕. 낱낱의 사물에 존재하는 마음을 바로잡고 선천적 양지(良知)를 갈고 닦음.〔王陽明(왕양명)〕.

見危致命(견위치명) : 나라의 위태로움을 당하여 자기 목숨을 바침.

滿場一致(만장일치) : 한 회의 장소에 모인 모든 사람들이 같은 의견에 도달함. 一致團結(일치단결), 大同團結(대동단결), 一心同體(일심동체), 渾然一體(혼연일체).

祭政一致(제정일치) : 종교와 정치가 하나를 이룸. 일로 단군왕검이 여기에 해당됨.

傾筐倒篋(경광도협) : 광주리를 기울이고 상자를 엎는다는 말로, 자신이 갖고 있는 모든 것을 동원하여 다른 사람을 환대함을 비유.

本末顚倒(본말전도) : 일의 순서가 잘못 바뀌거나 중요한 것과 사소한 것이 구별되지 못하는 상태.

燈臺不自照(등대부자조) : 등대의 불은 먼 곳을 밝게 비추나 등대 자신은 비추지 못한다는 뜻으로, 다른 사람의 일은 잘 살펴보면서 자기 자신의 일에는 어두움을 비유해 이르는 말.

>>> 貝부수

敗家亡身(패가망신) : 집안의 재산을 다 써 없애고 몸도 망침.

買死馬骨(매사마골) : 죽은 말의 뼈를 산다는 뜻으로, 귀중한 것을 손에 넣기 위해 먼저 공을 들이는 것을 이름. 우자(愚者)라도 우대하여 주면 현자(賢者)도 자연히 모여듦.

鄭人買履(정인매리) : 정나라 사람이 신발을 산다는 말로, 실제 상황은 고려하지 않고 틀에 박힌 조항에만 얽매여 변통을 모르는 사람이나 그런 사고방식을 말함.

賣官賣職(매관매직) : 벼슬을 돈을 받고 파는 행위.

讀書三昧(독서삼매) : 오직 책 읽기에만 골몰하고 있음. 오직 한 가지 일에만 마음을 집중시키는 경지.

讀書三餘(독서삼여) : 독서를 하기에 적당한 세 가지 여가. 겨울, 밤, 그리고 비 오는 날을 말함.

狗尾續貂(구미속초) : "담비 꼬리가 모자라 개 꼬리로 잇는다."는 뜻으로, 좋은 것 다음에 나쁜 것으로 이어지는 것. 쓸만한 인격자가 없어 자질이 부족한 사람을 고관에 등용함을 이름.

質實剛健(질실강건) : 꾸밈없이 착실하고 심신이 건강함.

勸賞黜陟(권상출척) : 농민의 의기를 앙양키 위하여 열심인 자는 상 주고, 게을리한 자는 출척함.

減價償却(감가상각) : 손익 계산 또는 자산 평가를 정확히 하기 위하여 토지를 제외한 고정자산의 소모 손상에 의한 가치의 감소를 각 연도에 할당해서 계산하여 그 자산 가격을 감소하여 가는 일.

江山萬古主人物百年賓(강산만고주인물백년빈) : 강과 산은 만고의 주인이요, 사람은 백 년(잠시 왔다가는)의 손님임.

賴及萬方(뇌급만방) : 만방이 극히 넓으나 어진 덕이 고루 미치게 됨.

貿首之讐(무수지수) : 서로 상대의 목을 베고자 하는 깊은 원수, 특히 아버지를 죽인 원수.

貴耳賤目(귀이천목) : 귀로 들은 것은 존중하나 눈앞에 있는 것은 비천하게 여긴다는 뜻. 곧 옛일을 높이 평가하고 현대를 경시함. 먼 데 것을 좋다고 하고 가까운데 것을 나쁘다고 함. 사람의 생각이 얕음을 이르는 말.

浮言遺說(부언유설) : 아무 근거 없이 널리 퍼진 소문. 터무니없이 떠도는 말.

補過拾遺(보과습유) : 임금의 잘못을 바로잡아 고치게 함.

朋友責善(붕우책선) : 친구는 서로 착한 일을 권한다는 뜻으로, 참다운 친구라면 서로 나쁜 짓을 못 하도록 권하고 좋은 길로 이끌어야 함.

擧放錢債(거방전채) : 조선 시대에, 벼슬아치가 그의 관내 주민에게 이자를 받고 돈을 꿔주던 일.

積塵成山(적진성산) : 티끌 모아 태산.

措火積薪(조화적신) : 불을 장작더미 밑에 두었다는 뜻으로, 매우 큰 위험(危險)이나 재난(災難)이 숨어있음.

考績幽明(고적유명) : 관리의 성적을 상고하여 열등한 자는 물리치고, 우수한 자는 올리어 쓰는 일.

名勝古蹟(명승고적) : 명승과 고적. 즉 훌륭한 경치와 역사적인 유적.

一以貫之(일이관지) : 하나의 이치로써 모든 것을 꿰뚫음.

習慣成自然(습관성자연) : 습관이 끝내 타고난 천성과 같이 됨을 이름.

實事求是(실사구시) : 사실(事實)에 의거하여 진리를 탐구함. 학문이나 어떤 일을 함에 있어서 헛된 공상이나 연한 가능성에 의지하지 않고, 직접 확인하고 경험하면서 사실(事實)을 이끌어내는 태도를 말함.

貞觀政要(정관정요) : 당나라의 태종이 근신들과, 정관 시대에 행한 정치상의 득실에 관하여 문답한 말을 모아 놓은 책. 치도의 요체를 말한 것임. 당나라의 오긍이 지었음.

自畵自讚(자화자찬) : 자기가 그린 그림을 자기가 칭찬한다는 뜻.

負薪入火(부신입화) : 섶을 지고 불에 뛰어듦, 곧 자기가 짐짓 그릇된 짓을 하여 화를 더 얻음을 뜻함.

使蚊負山(사문부산) : 모기에게 산을 옮기라고 함. 불가능함을 이름.

>>> 魚부수

魚東肉西(어동육서) : 제사상을 차릴 때 물고기는 동쪽에, 짐승 고기는 서쪽에 놓은 일.

牛蹄之魚(우제지어) : 소 발자국에 괸 물에 있는 물고기란 뜻으로, 매우 위급한 처지에 놓였거나 몹시 고단하고 옹색한 사람의 비유.

一魚濁水(일어탁수) : 물고기 한 마리가 온 냇물을 흐린다는 뜻으로, 한 사람의 잘못으로 여러 사람이 그 해를 입게 됨의 비유.

水淸無大魚(수청무대어) : "물이 너무 맑으면 큰 물고기가 없다.(몸을 숨기 못해 살 수가 없다.)"는 뜻으로, 사람이 너무 결백하면 남이 가까이하지 않음.

漁人得利(어인득리) : 고기 잡는 사람이 이익을 얻음을 뜻하는 말로, 쌍방이 다투는 틈을 타서 제3자가 애쓰지 않고 이득을 보는 경우를 가리키는 말.

若烹小鮮(약팽소선) : 큰 나라를 다스리는 것은 작은 생선을 삶는 것과 같다는 뜻으로, 무엇이든 가만히 두면서 지켜보는 것이 가장 좋은 정치란 뜻.

>>> 辰부수

辰宿列張(진수열장) : 성좌(星座)가 해, 달과 같이 하늘에 넓게 벌려져 있음을 말함.

金鼓振天(금고진천) : "진중의 종소리와 북소리가 하늘을 뒤흔든다."는 뜻으로, 격전을 형용해 이르는 말.

晨入夜出(신입야출) : 아침 일찍이 관청에 들어가고 밤늦게 퇴근함. 소임에 최선을 다함.

丹脣皓齒(단순호치) : 붉은 입술과 흰 치아란 뜻으로, 아름다운 여자를 비유하는 말.

脣亡齒寒(순망치한) : 입술이 없으면 이가 시림. 이해관계가 서로 밀접하여 한쪽이 망하면 다른 한쪽도 보전하기 어려움.

知足不辱(지족불욕) : 모든 일에 분수를 알고 만족하게 생각하면 모욕을 받지 않음.
農不失時(농불실시) : 농사짓는 일은 제때를 놓치지 말아야 한다는 뜻.
淡粧濃抹(담장농말) : 엷은 화장과 짙은 화장이라는 뜻으로, 갠 날과 비 오는 날에 따라 변화하는 경치를 이르는 말.

>>> 虫부수

冬蟲夏草(동충하초) : 겨울에는 벌레이던 것이 여름에는 풀이된다는 뜻으로, 동충하초과의 버섯을 통틀어 이르는 말. 거미 · 매미 따위의 곤충의 시체에 기생하여 자실체를 냄.
秒蠶食之(초잠식지) : 누에가 뽕잎을 먹는 것처럼 조금씩 남의 것을 차츰차츰 먹어 들어가거나 침략하는 것. 남의 땅을 점점 쳐들어감.
鱗潛羽翔(인잠우상) : 비늘 있는 고기는 물속에 잠기고, 날개 있는 새는 공중에 낢.
螢窓雪案(형창설안) : 반딧불이 비치는 창과 눈에 비치는 책상이라는 뜻으로, 어려운 가운데서도 학문에 힘씀을 비유한 말.
營營區區(영영구구) : 이권에 아득바득하여 떳떳하지 못함.
榮枯一炊(영고일취) : 인생이 꽃피고 시드는 것은 한번 밥 짓는 순간같이 덧없고 부질없음을 이르는 말.
一龍一蛇(일룡일사) : 어떤 때는 용이 되고, 어떤 때는 뱀이 된다는 뜻으로, 자기의 재능을 그 시대에 맞게 잘 순응하여 활용함을 이름.
鳥逐花間蝶鷄爭草中蟲(조축화간접계쟁초중충) : 새는 꽃 사이의 나비를 좇고, 닭은 풀 가운데의 벌레와 다툼.
一葉片舟(일엽편주) : 한 조각의 작은 배.
一葉落知天下秋(일엽낙지천하추) : 낙엽 하나에 가을이 왔음을 안다는 말로, 작은 것으로 큰일을 짐작할 수 있음을 뜻함. 一葉知秋(일엽지추).

>>> 龍부수

魚變成龍(어변성룡) : 물고기가 변하여 용이 된다는 말로, 곤궁하던 사람이 부귀하여짐의 비유.
龍門點額(용문점액) : 물고기가 황하의 용문〔등용문(登龍門)〕에 오르려다 바위에 부딪쳐 이마를 다쳤다는 뜻으로, 과거(科擧)에 떨어진 사람을 비유함.
龍虎相搏(용호상박) : 용과 호랑이가 서로 싸움. 두 강자끼리 서로 싸움.
卜不襲吉(복불습길) : 한 번 길조를 얻으면 다시 더 점을 칠 필요가 없다는 말.

>>> 龜부수

龜背刮毛(귀배괄모) : "없는 거북 등의 털을 벗겨 뜯는다."는 뜻으로, 없는 것을 애써 구하려고 하는 것을 비유함.

>>> 木부수

盲龜浮木(맹귀부목) : 눈먼 거북이 우연히 물 위에 뜬 나무를 만났다는 뜻. 곧 좀처럼 만나기 어려운 기회. 어려운 판에 우연히 좋은 일을 당하게 됨의 비유.

良禽擇木(양금택목) : 현명한 새는 좋은 나무를 가려서 둥지를 친다는 뜻으로, 현명한 사람은 자기 재능을 키워 줄 훌륭한 사람을 가려서 섬김의 비유.

緣木求魚(연목구어) : 나무에 올라 고기를 얻으려고 한다는 뜻으로, 목적과 수단이 맞지 않아 불가능한 일을 굳이 하려 함을 비유하는 말.

櫛風沐雨(즐풍목우) : 바람을 빗 삼아 머리를 빗고, 비로 머리를 감는다는 뜻으로, 큰일을 이루기 위해 객지에서 갖은 고생을 함.

同床異夢(동상이몽) : 같은 침상(寢牀)에서 다른 꿈을 꾼다는 뜻으로, 겉으로는 같이 행동하면서도 속으로는 딴 생각을 함.

安閑自適(안한자적) : 평화롭고 한가하여 마음 내키는 대로 즐김.

肉山脯林(육산포림) : "고기가 산을 이루고 말린 고기가 수풀을 이룬다."는 뜻으로, 극히 호사스럽고 방탕한 술잔치를 이르는 말.

森羅萬象(삼라만상) : 우거진 숲처럼 늘어선 온갖 사물이라는 뜻으로, 우주 속에 존재하는 온갖 사물과 모든 현상.

拔本塞源(발본색원) : 폐단의 근원을 아주 뽑아서 없애 버림.

東郭履(동곽리) : 동곽의 신발이라는 말로, 매우 가난함과 청렴결백함의 비유.

東北工程(동북공정) : 중국의 동북쪽 역사에 대한 연구 과제. 동북변강역사여현상계열연구공정(東北邊疆歷史與現狀系列硏究工程)의 준말로, 중국의 국경 안에서 전개되는 모든 역사를 중국의 역사로 편입하려는 연구 프로젝트.

遼東之豕(요동지시) : 요동의 돼지라는 말로, 견문이 좁고 오만한 탓에 하찮은 공을 득의양양하여 자랑함.

凍冰可折(동빙가절) : 흐르는 물도 겨울철에 얼음이 되면 쉽게 부러진다는 뜻으로, 사람의 강유의 성질도 때에 따라서 달라짐을 이르는 말.

陳蔡之厄(진채지액) : 공자가 진나라와 채나라 사이에서 당한 봉변.

果敢之氣(과감지기) : 날카롭고 강한 기질.

嚴立科條(엄립과조) : 썩 엄하게 규정을 세움.

張三李四(장삼이사) : 장씨 세 사람, 이씨네 사람이란 뜻으로, 이름이나 신분이 특별하지 못한 보통 사람들.

過河坼橋(과하탁교) : 다리를 건너고 나서 그 다리를 부수어 목재를 훔쳐간다는 뜻으로, 극도의 이기심이나 배은망덕함을 비유해 이르는 말.

矯角殺牛(교각살우) : 뿔을 바로잡으려다 소를 죽임. 결점을 고치려다 수단이 지나쳐 일을 그르침.

肯構肯堂(긍구긍당) : 아버지가 업을 시작하고 자식이 이것을 이음.

口講指畫(구강지화) : 입으로 말하고 손으로 그린다는 뜻으로, 열과 정성을 다하여 교육한다는 말.

棗栗梨柿(조율이시) : 제사의 제물을 진설할 때, 동편에서부터 대추, 밤, 배, 감 순으로 놓으며 그 외의 과일은 순서가 없음.

伯樂子(백락자) : 백락의 아들이라는 말로, 어리석은 자식을 뜻함.

樂不思蜀(낙불사촉) : 즐거운 나머지 촉나라를 생각하지 않는다는 말로, 나그네가 산수를 유람하면서 고향이나 집을 생각하지 않음.

怏怏不樂(앙앙불락) : 마음에 차지 않아 불쾌해함.

藥籠中物(약롱중물) : 약은 농속의 물건이라는 말로, 항상 곁에 없어서는 안 될 긴요한 인물을 뜻함.

物有本末(물유본말) : 사물에는 근본과 끝이 있다는 뜻으로, 사물의 질서를 일컫는 말.

華菅茅束(화관모속) : 솔새를 물에 적셔 거적을 짤 때는 띠로 묶어야 한다는 뜻으로, 부부는 서로 떨어져서는 안 됨을 비유해 이르는 말.

欲速不達(욕속부달) : 빨리하고자 하면 이룰 수 없음. 마음이 급하면 일이 잘 되지 않음.

自業自得(자업자득) : 자기가 저지른 일의 과보(果報)를 자신이 받음.

未然防(미연방) : 불이 나기 전에 막는다는 말. 曲突徙薪(곡돌사신).

前代未聞(전대미문) : 지난 시대에는 듣지 못하였다는 뜻으로, 지금까지 들어본 적이 없음.

前人未踏(전인미답) : 이전까지 아무도 밟지 않음.

膏粱珍味(고량진미) : 기름진 고기와 맛있는 좋은 곡식으로 만든 음식.

無妹獨子(무매독자) : 딸이 없는 집안의 외아들.

朱顔玉齒(주안옥치) : 불그스레한 얼굴빛과 옥 같은 이란 뜻으로, 미인을 이름.

削株堀根(삭주굴근) : "줄기를 자르고 뿌리를 파낸다."는 뜻으로, 즉 미리 화근을 뽑아 버림.

同歸殊塗(동귀수도) : 귀착점은 같으나 경로가 다름.

棟梁之材(동량지재) : 마룻대나 대들보와 같은 인재라는 뜻으로, 한 나라를 맡아 다스릴만한 인재.

高枕而臥(고침이와) : 베개를 높이 하고 누웠다는 뜻으로, 마음을 편안히 하고 잠잘 수 있음을 이르는 말.

漱石枕流(수석침류) : 돌로 양치질하고 흐르는 물을 베개로 삼는다는 말로, 즉 실패를 인정하려 들지 않고 억지를 씀. 남에게 지기 싫어서 좀처럼 체념을 안 하고 억지를 강하게 부림.

小隙沈舟(소극침주) : "조그마한 틈으로 물이 새어들어 배가 가라앉는다."는 뜻으로, 작은 일을 게을리하면 큰 재앙(災殃)이 닥치게 됨을 비유하는 말.

破釜沈舟(파부침주) : "솥을 깨뜨리고 배를 가라앉힌다."는 뜻으로, 싸움터로 나가면서 살아 돌아오기를 바라지 않고 결전을 각오함을 이르는 말.

某也誰也(모야수야) : 누구들이라고 드러내지 않고 가리키는 말.

朝不謀夕(조불모석) : 형세가 절박하여 아침에 저녁 일을 헤아리지 못함. 곧 당장을 걱정할 뿐이고, 앞일을 돌아볼 겨를이 없음.

親不因媒(친불인매) : 부부의 의가 좋은 것은 중매에 의함이 아님.

風樹之嘆(풍수지탄) : 바람에 흔들이는 나무를 잡고 내뱉는 탄식이라는 뜻으로 부모가 돌아가신 후에 생전의 불효를 탄식함. 樹欲靜而風不止(수욕정이풍부지), 子欲養而親不待(자욕양이친부대).

道見桑婦(도견상부) : 길에서 뽕나무를 보고 여자와 말을 한다는 뜻으로, 하고 싶은 대로 일시적인 이익을 구하려다가 결국에는 기존에 갖고 있는 것까지 모두 잃게 됨을 비유.

極惡無道(극악무도) : 더없이 악하고 도의심이 없음.

利析秋毫(이석추호) : 이해에 관하여 지극히 작은 것이라도 따진다는 뜻으로, 인색함을 가리키는 말.

柔能制剛(유능제강) : 부드러운 것이 강한 것을 이김.

>>> 竹부수

松竹之節(송죽지절) : 소나무와 대나무 같이 변하지 않는 절개.

垂名竹帛(수명죽백) : 입신양명하여 후세에 길이 전하는 것.

竹馬故友(죽마고우) : 대말을 타고 함께 놀던 친구라는 뜻으로, 어릴 때부터 같이 자란 오랜 벗을 이름.

竹杖芒鞋(죽장망혜) : 대지팡이와 짚신. 먼 길을 떠날 때의 아주 간단한 차림.

箕山之節(기산지절) : 기산의 절개라는 말로, 굳은 절개나 신념에 충실한 것을 비유함.

霜風高節(상풍고절) : 어떤 난관이나 곤경에 처해도 결코 굽히지 않는 높은 절개.

築室道謀(축실도모) : "집을 지으면서 지나가는 행인과 상의한다."라는 뜻으로, 어떤 일을 하는 데 있어서 주관이나 계획이 없는 경우를 비유하는 말.

篤初誠美(독초성미) : 무엇이든지 처음에 성실하고 신중히 하여야 함.

可考文籍(가고문적) : 참고가 될 만한 문서.

謀算之輩(모산지배) : 꾀를 내어 이해타산을 일삼는 무리.

彌縫策(미봉책) : 임시로 눈가림하는 일시적인 대책.

束手無策(속수무책) : 손이 묶이어 대책이 없음. 어찌할 도리가 없음.

糊口之策(호구지책) : 겨우 먹고 살아갈 수 있는 방책.

一筆揮之(일필휘지) : 글씨를 단숨에 힘차고 시원하게 쭉 써 내림.

不撤晝夜(불철주야) : 밤낮을 가리지 않고 맡은 바 일에 열중함. 즉 조금도 쉴 사이 없이 일에 힘씀.

千篇一律(천편일률) : 천 편의 시문이 하나의 격조로 되어 있다는 뜻으로, 사물이 모두 판에 박은 듯함.

畵蛇添足(화사첨족) : 뱀을 그리는데 발까지 덧붙인다는 뜻으로, 안 해도 될 쓸데없는 일을 하다가 도리어 일을 그르침.

畵中之餠(화중지병) : 그림의 떡. 즉, 아무리 탐이 나도 차지하거나 이용할 수 없음.

毁瓦畫墁(훼와획만) : 기와를 헐고 흙손질한 벽에 금을 긋는다는 뜻으로, "남의 집에 해를 끼침"을 이르는 말.

呵呵大笑(가가대소) : 껄껄 크게 웃는 웃음.

五十笑百(오십소백) : 전쟁에 패하여 달아나되 오십 보를 도망간 사람이 백 보 도망간 사람을 비웃음의 뜻으로, 좀 낫고 못한 정도의 차이는 있으나 크게 보아서는 본질상 차이가 없음을 말함. 五十步笑百步(오십보소백보).

顔筋柳骨(안근유골) : 당나라의 안진경과 유공권의 필법의 진수를 터득했다는 뜻으로, 글씨가 매우 뛰어남을 이르는 말.

連篇累牘(연편누독) : 쓸데없이 길게 늘어 쓴 문장.

編年體(편년체) : 연대의 순서를 따라서 편찬한 역사 편찬의 한 형식.
讀書百遍義自見(독서백편의자현) : 글을 백 번 두루 읽으면 뜻이 저절로 나타난다는 뜻으로, 열심히 학문을 연마하다 보면 뜻하는 바가 저절로 이루어짐의 비유.

>>> 瓜부수

瓜葛之親(과갈지친) : 혼인 관계로 맺어진 인척 관계.

>>> 禾부수

禾利賣買(화리매매) : 지주로부터 얻은 경작권을 사고파는 일.
一葉知秋(일엽지추) : 나뭇잎 하나가 떨어짐을 보고 가을이 옴을 안다는 뜻으로, 한 가지 일을 보고 장차 오게 될 일을 미리 짐작함.
存亡之秋(존망지추) : 존속하느냐, 멸망하느냐의 절박한 때.
一刻如三秋(일각여삼추) : 일각이 3년처럼 길게 느껴짐이라는 뜻으로, 몹시 기다려지거나 몹시 지루한 느낌을 이르는 말.
滿目愁慘(만목수참) : 눈에 뜨이는 것이 모두 시름겹고 참혹함.
稱體裁衣(칭체재의) : 몸에 맞추어 옷을 마른다는 뜻으로, 일의 처한 형편에 따라 적합하게 일을 처리하여야 함을 이르는 말.
麥秀黍油(맥수서유) : 보리의 이삭과 기장의 윤기라는 뜻으로, 고국의 멸망을 탄식함.
眼透紙背(안투지배) : "눈빛이 종이를 뒷면까지 꿰뚫는다."는 뜻으로, "책을 정독하여 그 내용의 참뜻을 깨달음"을 이르는 말.
誘人子弟(유인자제) : 남의 자제를 그른 길로 꾀어 냄.
立稻先賣(입도선매) : 벼가 서는 순간 먼저 파는 행위. 벼를 논에 세워 둔 채로 미리 돈을 받고 팖.
穀頭生角(곡두생각) : 가을장마로 이삭에 싹이 돋아남.

>>> 麥부수

菽麥不辨(숙맥불변) : 콩과 보리를 구별 못함. 어리석고 못난 사람을 비유하는 말.

>>> 齊부수

間於齊楚(간어제초) : 약자가 강자의 틈에 끼어 괴로움을 당함. 중국 춘추시대 등(縢)나라는 강대국인 제나라와 초나라의 사이에 끼어 괴로움을 받았던 데서 유래. 鯨戰蝦死(경전하사).
經世濟民(경세제민) : 세상을 잘 다스려 도탄에 빠진 백성을 구함. 경국제세라고도 함. 준 경제.

>>> 麻부수

麻中之蓬(마중지봉) : 삼밭에 난 쑥이란 뜻으로, 좋은 환경에 자란 사람은 그 환경의 영향을 받아 선량한 사람이 됨을 이름.

磨斧作針(마부작침) : "도끼를 갈아서 바늘을 만들다."의 뜻으로, 아무리 어려운 일이라도 끈기 있게 노력하면 이룰 수 있음을 비유하는 말.

>>> 艸부수 — 艹, 䒑

噬臍莫及(서제막급) : 배꼽을 물려고 해도 미치지 못한다는 말로, 일을 그르치고 나서는 후회해도 소용이 없음을 이름. 後悔莫及(후회막급).

幕天席地(막천석지) : 하늘을 장막으로 삼고, 땅을 자리로 삼는다는 뜻으로, 천지를 자기의 거처로 할 정도로 지기가 웅대함을 이르는 말.

宣威沙漠(선위사막) : 장수로서 그 위엄은 멀리 사막에까지 퍼짐.

暮夜無知(모야무지) : 어두운 밤중에 하는 일이어서 아무도 모름.

日暮途遠(일모도원) : 해는 지고 갈 길은 멀다는 뜻으로, 할 일은 많은데 시간이 없음을 뜻함.

朝令暮改(조령모개) : 아침에 내린 명령을 저녁에 바꾼다는 뜻으로, 법령이 빈번하게 바뀜을 일컫는 말.

曖昧模糊(애매모호) : 희미하여 분명치 못함.

丘墓之鄕(구묘지향) : 조상의 묘가 있는 고향.

破天荒(파천황) : 중국 당나라 형주(荊州)는 진사 합격자가 없어 천황(天荒)의 땅이라 불림. 천황(天荒)이란 천지가 아직 열리기 전의 미개한 혼돈 상태를 뜻함. 그런데 '유세(劉蛻)'라는 사람이 처음으로 합격하여 '천황'을 깨뜨렸다는 데서, 이전에 아무도 하지 못한 일을 처음으로 함. 전대미문(前代未聞)의 일을 함. 파벽(破僻 : 썩 드문 성씨의 가문이나 양반 없는 시골)에서 인재가 나서 원래의 미진한 상태를 벗어남.

華胥之夢(화서지몽) : 화서의 꿈이란 말로, 좋은 꿈이나 낮잠을 이름.

華而不實(화이불실) : 꽃은 예쁘나 열매를 맺지 못함.

入耳著心(입이저심) : "귀로 들어온 것을 마음속에 붙인다."라는 뜻으로, 들은 것을 마음속에 간직하여 잊지 않음.

春蘭秋菊(춘란추국) : 봄의 난초와 가을의 국화는 각각 특색이 있어 어느 것이 더 낫다고 할 수 없음.

無知蒙昧(무지몽매) : 아는 것이 전혀 없을 뿐 아니라 사리에 어두움.

談笑自若(담소자약) : 정신적 충격이나 신체적 고통을 받아도 평소와 같이 태연함.

明若觀火(명약관화) : 밝기가 불보는 것 같다는 뜻으로, 어떤 일의 명백함이 매우 분명함을 이름.

傍若無人(방약무인) : 곁에 사람이 없는 것처럼 거리낌 없이 함부로 행동함.

一諾千金(일락천금) : 신의는 천금보다 귀함.

英雄忌人(영웅기인) : 영웅은 자기보다 잘난 사람을 꺼림.

英雄欺人(영웅기인) : 영웅은 뛰어난 계교로 보통 사람이 상상할 수 없는 일을 함. 재주가 뛰어난 인물은 남의 의표를 찌름.

細菌力適(세균역적) : 세력이 서로 엇비슷하며 힘이 서로 비슷함.

毛遂自薦(모수자천) : 조(趙)나라 모수가 스스로 자기를 추천하였다는 고사에서 나온 것으로, 자기가 자기를 추천함을 이름.

揠苗助長(알묘조장) : 곡식이 빨리 자라도록 하려고 이삭을 뽑아 올렸기 때문에 모두 죽어 손해를 보게 된다는 뜻으로, 성급하게 이익을 보려다가 도리어 해를 보게 되는 일을 두고 하는 말.

藏頭露尾(장두노미) : 머리는 감추었는데 꼬리는 드러나 있다는 뜻으로, 진실을 숨겨두려고 하지만 거짓의 실마리는 이미 드러나 있다는 의미. 속으로 감추면서 들통날까 봐 전전긍긍하는 태도를 빗대기도 함.

五臟六腑(오장육부) : 내장의 총칭. 오장과 육부를 분노 따위의 심리 상태가 일어나는 몸 안의 곳으로서 이르는 말.

草根木皮(초근목피) : 풀뿌리와 나무껍질, 즉 매우 열악한 좋지 않은 음식을 가리킴.

草露人生(초로인생) : 풀잎에 맺힌 이슬처럼 덧없는 인생.

打草驚蛇(타초경사) : 일을 함에 치밀하지 못하여 상대방에게 미리 방비할 기회를 준다는 말. 당나라 왕로(王魯)의 고사.

韓海蘇潮(한해소조) : 한유의 문장은 왕양하여 바다와 같고, 소식의 문장은 파란이 있어 조수와 같다는 뜻으로, 한유와 소식의 문장을 비교해 이르는 말.

家常茶飯(가상다반) : '집에서 먹는 평소의 식사' 라는 뜻으로, 일상사나 당연지사를 이르는 말.

雲蒸龍變(운증용변) : 물이 증발하여 구름이 되고 뱀이 용으로 변하여 하늘로 오른다는 뜻으로, 영웅호걸이 때를 만나 활약함을 이르는 말.

泥中之蓮(이중지련) : 진흙 속의 연꽃이라는 뜻으로, 나쁜 환경에 있어도 그것에 물들지 않는 훌륭한 삶을 이르는 말.

芝蘭之交(지란지교) : 지초와 난초 같은 향기로운 사귐이라는 뜻으로, 벗 사이의 고상한 교제를 이르는 말.

爛商討論(난상토론) : 낱낱이 들어 잘 토의함.

>>> 生부수

白面書生(백면서생) : 얼굴이 하얀 선비라는 뜻으로, 집안에서 글만 읽어 세상일에 경험이 없는 사람.

生面不知(생면부지) : 한 번도 본 적이 없어 도저히 모르는 사람.

死孔明能 走生仲達(사공명능 주생중달) : 죽은 공명이 산 중달을 달아나게 만듦.

同性異俗(동성이속) : 사람의 성격이나 타고난 본성은 본래 같으나 처한 환경과 생활 습관에 따라 변한다는 말.

雲心月性(운심월성) : '구름 같은 마음과 달 같은 성품' 이라는 뜻으로, 맑고 깨끗하여 욕심이 없음을 이르는 말.

易姓革命(역성혁명) : 성씨를 바꿔 천명을 혁신한다는 뜻으로, 덕 있는 사람은 천명에 의해 왕위에 오르고, 하늘의 뜻에 반하는 사람은 왕위를 잃는다는 고대 중국의 정치사상.

蕩盡家産(탕진가산) : 집안의 재산을 모두 써서 없애 버림.

>>> 无부수

旣往不咎(기왕불구) : 이미 지나간 일은 어찌할 도리가 없고, 오직 장래의 일만 잘 삼가야 한다는 말.

山川景槪(산천경개) : 자연의 경치.

感慨無量(감개무량) : 사물에 대한 회포의 느낌이 한이 없음.

>>> 入부수

揭斧入淵(게부입연) : "도끼를 들고 못에 들어간다."는 뜻으로, 물건을 사용하는데 있어서 전연 쓸데없고 상관없는 것을 가지고 옴을 이르는 말.

首鼠兩端(수서양단) : 쥐가 구멍에서 머리만 내밀고 요리조리 엿봄. 주저(躊躇)하면서 결단(決斷)을 내리지 못함.
※ 首鼠는 구멍에서 나온 쥐가 겁에 질려 두리번거리는 것, 또는 '주저(躊躇)'의 변음(變音)이라고도 함.

全心全力(전심전력) : 온 마음과 힘을 오로지 한 곳에 기울임. ※ 全心全力(전심전력) : 온 마음과 온 힘.

外柔內剛(외유내강) : 겉으로는 부드럽고 순하나 속은 곧고 꿋꿋함.

開門納賊(개문납적) : 문을 열고 도적을 불러들인다는 뜻으로, 스스로 재난을 이끌어 들임.

>>> 日부수

一日如三秋(일일여삼추) : 하루가 삼 년 같다는 뜻으로, 매우 지루하거나 몹시 애태우며 기다림.

一日不讀書 口中生荊棘(일일부독서 구중생형극) : 하루라도 독서를 하지 않으면 입안에서 가시가 돋아남.

明火盜賊(명화도적) : 남의 재물을 마구 빼앗으며 행패를 부리고 돌아다니는 무리.

明眸皓齒(명모호치) : 맑은 눈동자와 흰 이를 뜻하며, 미인을 말함.

先見之明(선견지명) : 일을 미리 짐작하는 밝은 지혜.

盟山誓海(맹산서해) : 영구히 존재하는 산이나 바다처럼 변치 않을 것을 굳게 맹세한다는 뜻으로, 아주 굳은 맹세를 이름.

奔走不暇(분주불가) : 부산하게 바빠서 겨를이 없음.

假弄成眞(가롱성진) : 농담으로 한 것이 진실이 됨.

狐假虎威(호가호위) : 여우가 호랑이의 위세를 빌어 다른 짐승 앞에서 호랑이 행세를 함. 남의 권세를 빌려 위세를 부림.

陽春佳節(양춘가절) : 따뜻하고 좋은 봄철.

春雉自鳴(춘치자명) : 봄 꿩이 스스로 울어 '제 울음에 죽는다.'는 뜻. 곧 공연히 제 허물을 스스로 드러내어 화를 자초함의 비유.

春來不似春(춘래불사춘) : 봄은 왔지만 봄 같지가 않다라는 뜻으로, 자신의 처지를 비관함.

口是心非(구시심비) : 말로는 옳다고 하고, 마음속으로는 그르게 여김.

樂是苦因(낙시고인) : 지나친 안락은 고난의 씨앗이 된다는 뜻.

堤潰蟻穴(제궤의혈) : 개미구멍이 점점 커져 마침내 큰 둑이 무너짐.

孩提之童(해제지동) : 어린아이.

首題之件(수제지건) : 공문을 작성할 때 '수제(首題)에 관하여' 란 뜻으로, 본문의 첫머리에 쓰던 낡은 투.

昭昭明明(소소명명) : 일이 아주 환하고 명백함.

破鏡不照(파경부조) : 깨진 거울은 비출 수 없듯이, 부부 사이의 재결합은 어렵다는 뜻.

綺羅星(기라성) : 밤하늘에 빛나는 별이 비단 그물처럼 빽빽이 들어선 모습. 신분이 높거나 권력, 명예 따위를 가진 사람들이 많이 모여 있는 것을 이름.

物換星移(물환성이) : 사물이 바뀌고 세월이 흐름.

時機尙早(시기상조) : 시기가 미처 무르익지 않았음.

普天之下(보천지하) : 온 하늘의 아래라는 뜻으로, '온 세상' 을 일컫는 말.

勝戰譜(승전보) : 승전의 결과를 적은 기록.

家喩戶曉(가유호효) : "집집마다 알려주어 알아듣게 한다." 는 뜻으로, 누구나 다 아는 것을 이르는 말.

燒眉之急(소미지급) : '눈썹이 타는 위급함' 이라는 뜻으로, 잠시도 늦출 수 없는 다급한 일.

暫不離側(잠불이측) : 잠시도 곁에서 떠나지 아니함.

破戒無慙(파계무참) : 계율을 어기면서 부끄러워함이 없음. 또는 그 모양.

漸入佳境(점입가경) : 가면 갈수록 경치(景致)가 더해진다는 뜻으로, 일이 점점 더 재미있는 지경(地境)으로 돌아가는 것을 비유.

以暴易暴(이포역포) : 폭력으로 폭력을 바꾼다는 말로, 정치를 함에 있어 덕으로 하지 않고 힘으로 다스림.

爆彈宣言(폭탄선언) : 어떤 국면이나 상태에 폭발적인 작용과 전기. 반향을 일으키는 결정적인 선언.

易地思之(역지사지) : 입장을 바꿔 생각함.

願賜骸骨(원사해골) : 늙은 재상이 연로하여 조정에 나오지 못하게 될 때에 왕에게 사직을 주청함을 이르는 말.

枕戈待旦(침과대단) : "창을 베고 자면서 아침을 기다린다." 라는 뜻으로, 항상 전투태세를 갖추고 있는 군인의 자세를 비유하는 말.

今昔之感(금석지감) : 지금과 옛날을 비교할 때 떠오르는 감회.

買占賣惜(매점매석) : 물건값이 오를 것을 예상하고 물건을 많이 사두었다가 값이 오른 뒤 아껴서 팖.

盤根錯節(반근착절) : 서린 뿌리와 얼크러진 마디라는 뜻으로, 일이 서로 얼크러져 해결하기 매우 어려운 사건의 비유.

借刀殺人(차도살인) : 칼을 빌려 사람을 죽임. 즉 남을 이용하여 타인에게 피해를 주는 것.

借廳借閨(차청차규) : 대청 빌렸다가 안방까지 들어온다는 뜻으로, 남의 권리를 차츰 침범함. 만족할 줄 모름.

恃德者昌(시덕자창) : 덕에 의지하는 사람은 번창함.

夫唱婦隨(부창부수) : 남편이 부르고 아내가 이에 따름. 남편이 주장하고 아내가 잘 따르는 것이 부부의 도리(道理)라는 말. 또는 부부의 화합이 매우 좋음을 이름.

三旬九食(삼순구식) : 한 달에 아홉 끼를 먹을 정도로 매우 가난함.

晩秋佳景(만추가경) : 늦가을의 아름다운 경치.

足不履影(족불이영) : 스승 옆을 지날 때에 발로 그림자를 밟지 않음.

鳶飛魚躍(연비어약) : 하늘에 솔개가 날고 물속에 고기가 뛰어노는 것이 자연스럽고 조화로운데, 이는 솔개와 물고기가 저마다 나름대로의 타고난 길을 가기 때문이다라는 뜻으로, 만물이 저마다의 법칙에 따라 자연스럽게 살아가면, 전체적으로 천지의 조화를 이루게 되는 것이 자연의 오묘한 도임을 말함.

濯錦以魚(탁금이어) : 물고기로 비단을 씻는다는 뜻으로, 천한 것으로 귀한 것을 다스림을 이르는 말.

>>> 月부수

月旦評(월단평) : 매달 첫날의 평이라는 말로, 인물에 대한 품평을 뜻함.

猿猴取月(원후취월) : 원숭이가 물에 비친 달을 잡으려다 빠져 죽는다는 뜻으로, 사람이 제 분수를 모르고 욕심을 부리면 화를 입게 됨의 비유.

月滿則虧(월만즉휴) : 달이 차서 만월이 되면 반드시 이지러진다는 뜻으로, 무슨 일이든 성하면 반드시 쇠퇴함을 이르는 말.

月下冰人(월하빙인) : 월하노(月下老)와 빙상인(氷上人)이 합쳐진 것으로, 결혼 중매인을 일컫는 말.

一竿明月(일간명월) : 밝은 달 아래 낚싯대를 드리우고 있음. 아름다운 밤경치와 그와 하나 되는 자연 속 삶을 가리킴.

風月主人(풍월주인) : 청풍명월(淸風明月)의 주인공. '바람과 달', 즉 아름다운 자연의 주인을 이르는 말.

太平烟月(태평연월) : 태평한 시대에 피어오르는 굴뚝 연기.

歲月不待人(세월부대인) : 세월은 사람을 기다리지 않는다는 말로, 세월이란 한 번 흘러가면 다시 돌아오지 않음.

舌底有斧(설저유부) : 혀 밑에는 도끼가 있다는 뜻으로, 말을 잘못하면 재앙을 얻게 되니 말조심하라는 뜻.

有教無類(유교무류) : 가르침에는 차별이 없다는 뜻으로, 배우고자 하는 사람에게는 누구에게나 배움의 문이 개방되어 있음.

有頭有尾(유두유미) : 처음과 끝이 있음. 앞뒤 조리가 분명함.

有備無患(유비무환) : 미리 준비해 두면 근심될 것이 없음.

亢龍有悔(항룡유회) : 절정에 이른 용은 자칫 후회하기 쉬움.

白龍魚服(백룡어복) : 흰 용이 물고기의 옷을 입는다는 말로, 신분이 높은 사람이 서민의 허름한 옷으로 갈아입고 미행하는 것의 비유.

報怨以德(보원이덕) : 원수를 덕으로 갚으라는 말.

陰德陽報(음덕양보) : 남이 모르게 덕행을 쌓은 사람에겐 반드시 그 보답이 있음.

朋友有信(붕우유신) : "친구 사이의 도리는 믿음에 있다."는 뜻으로, 오륜의 하나.

一朝一夕(일조일석) : 하루아침이나 하루저녁처럼 아주 짧은 시간을 가리킴.

朝三暮四(조삼모사) : 아침에 셋, 저녁에 넷이라는 뜻으로, 간사한 꾀로 남을 속이고 농락하는 짓을 이름.

潮驅之勢(조구지세) : 조수가 세차게 밀려오는 것과 같은 형세.

廟堂公論(묘당공론) : 조정의 군신들이 모이어 나라 일을 논의하는 일.

怒者逆德(노자역덕) : 사람이 성을 내면 싸우게 되므로, 노하는 것은 곧 역덕이 된다는 말.

莫逆之友(막역지우) : 거역할 수 없는 벗이란 뜻으로, 서로 뜻이 맞는 절친한 친구.
忠言逆耳(충언역이) : 충직한 말은 귀에 거슬림.

>>> 夕부수

朝聞夕死(조문석사) : 아침에 도를 깨우치면 저녁에 죽어도 한이 없음.
朝變夕改(조변석개) : 아침저녁으로 뜯어고친다는 뜻으로, 계획이나 결정 따위를 자주 고침. 조령모개(朝令暮改).
多才多病(다재다병) : 재주가 많은 사람은 흔히 약하고 병이 많음.
壽則多辱(수즉다욕) : 오래 살면 욕된 일이 많다는 뜻으로, 오래 살수록 망신스러운 일을 많이 겪게 됨.
濟濟多士(제제다사) : 뛰어난 선비가 셀 수 없이 많음.
愚公移山(우공이산) : 우공이라는 사람이 산을 옮기듯이, 난관을 두려워하지 않고 굳센 의지를 가지고 노력한다면 결국 성공할 수 있다는 말.
移木之信(이목지신) : 위정자가 나무를 옮기기로 백성들을 믿게 한다는 뜻. 곧 남을 속이지 아니한 것을 밝힘. 약속을 지켜 실행함.
物外閒人(물외한인) : 현실(現實)에서 벗어나 한가롭게 지내는 사람.
外華內貧(외화내빈) : 겉은 화려하나 속은 비어 있음.
出嫁外人(출가외인) : 시집간 딸은 가족이 아니라 남이나 마찬가지임.
役夫夢(역부몽) : 일꾼의 꿈이란 말로, 인생의 부귀영화가 꿈과 같다는 뜻.
蕉鹿夢(초록몽) : 인생의 일은 꿈과 같은 것임을 비유. 정나라 사람이 들에서 사슴을 잡아 숨겨 놓고 찾지 못함과 관련된 이야기.
胡蝶夢(호접몽) : 나비가 된 꿈이라는 말로, 인생의 덧없음을 가리키며, 물아일체의 경지를 말함.
黃粱夢(황량몽) : 중국 당나라 때 노생이 한단으로 가는 길에 주막에서 도사 여옹을 만나 그 베개를 빌어 베고 자면서 일생의 영화를 꿈꾸었다는 데에서 나온 말로, 세상의 부귀영화가 덧없음을 비유하는 말.
盧生之夢(노생지몽) : 당나라 때 노생이 여옹이라는 도사를 만나 여옹이 준 베개에 잠을 자며 꾼 꿈에서 나온 고사로, 인생의 덧없음을 이르는 말.
巫山之夢(무산지몽) : 무산의 꿈이란 말로, 남녀 간의 밀회(密會)나 정교(情交)를 뜻함.
一炊之夢(일취지몽) : 밥 지을 동안의 꿈이라는 뜻으로, 세상의 부귀영화가 덧없음을 이르는 말.
醉生夢死(취생몽사) : 취하여 살다가 꿈꾸다 죽다는 뜻으로, 아무 뜻 없이 살다가 죽음.
邯鄲之夢(한단지몽) : 노생(盧生)이 한단 땅에서 여옹(呂翁)의 베개를 빌려서 잠을 자며 80년간의 영화로운 꿈을 꾸었는데, 깨고 보니 여옹이 누른 조밥을 짓는 동안이었다는 고사에서, 인생과 영화(榮華)의 덧없음의 비유. 黃粱夢(황량몽), 一炊之夢(일취지몽).
錦衣夜行(금의야행) : 비단옷 입고 밤길을 걷는다는 뜻으로, 아무 보람 없는 행동을 이름.
長夜之飮(장야지음) : 날이 새도 창을 가리고 불을 켜놓은 채 며칠이고 계속하는 술자리로 온밤을 새워 술을 마심이란 뜻.

>>> 气부수

氣盡脈盡(기진맥진) : 기운이 없어지고 맥이 풀렸다는 뜻으로, 온몸의 힘이 다 빠져 버림.

殺氣騰騰(살기등등) : 남을 압도할 만한 힘이 잔뜩 올라 있음.

意氣銷沈(의기소침) : 기운이 사라져 버림. 뜻한 바가 이루어지지 않아 기운이 없고 풀이 죽은 모습.

血氣旺盛(혈기왕성) : 힘을 쓰는 기운이 한창 융성함.

汽力發電(기력발전) : 화력으로 증기 터빈을 돌려 전기를 생산하는 일.

>>> 雨부수

人傑地靈(인걸지령) : 위대한 인물이 난 곳에 이름이 난다는 말.

雪上加霜(설상가상) : 눈 위에 서리를 더한다는 뜻으로, 어려운 일이 연이어 일어남을 말함.

雨露風霜(우로풍상) : 비 · 이슬 · 바람 · 서리란 뜻으로, 갖은 경험을 이름.

雨後竹筍(우후죽순) : 비 온 뒤에 솟은 죽순 같다는 뜻으로, 어떤 일이 한때에 많이 일어남.

春雨數來(춘우삭래) : 봄비가 자주 온다는 뜻으로, 무익함의 비유.

螢雪之功(형설지공) : 고생을 하면서 공부하여 얻은 보람.

越犬吠雪(월견폐설) : 눈이 내리지 않던 월나라에 기상이변 등으로 눈이 내리니, 모든 개가 눈을 보고 짖었다는 뜻으로, 식견이 매우 좁음을 뜻함.

附和雷同(부화뇌동) : 줏대 없이 남의 의견에 따라 움직임.

看雲步月(간운보월) : 객지에서 집 생각을 하고 달밤에 멀리 구름을 바라보며 거닒.

爲雲爲雨(위운위우) : 구름이 되고 비가 된다는 뜻. 곧 남녀 사이가 아주 좋음의 비유〔초나라 양왕의 선왕 꿈에 나타나 잠자리를 같이 한 무산의 신녀〕. 인정이 각박하고 변하기 쉬움〔두보의 빈교행〕.

雲雨之情(운우지정) : 남녀 간에 육체적으로 어울리는 사랑.

雲從龍 風從虎(운종룡 풍종호) : 용 가는 데 구름 가고, 호랑이 가는 데 바람이 간다는 뜻으로, 마음이 맞는 사람끼리 서로 구하고 좇는 긴밀한 관계를 이르는 말.

影駭響震(영해향진) : 그림자만 보아도 놀라고, 울리는 소리만 들어도 떤다는 뜻으로, 잘 놀람을 이르는 말.

>>> 火부수

燈火可親(등화가친) : 가을밤은 등불을 가까이하여 독서하기에 아주 좋다는 뜻.

電光石火(전광석화) : 번갯불이나 부싯돌의 번쩍거리는 불이라는 뜻으로, 매우 짧은 시간이나 매우 빠른 동작을 이름.

炎涼世態(염량세태) : 권세가 있을 때는 아첨하여 따르고, 권세가 없어지면 푸대접하는 세속의 인심.

交淡如水(교담여수) : "사귀어 담박하기가 물과 같다."는 뜻으로, 군자의 교제를 이르는 말.

奇談怪說(기담괴설) : 기이하고 괴상한 이야기.

談虎虎至(담호호지) : "호랑이도 제 말하면 온다."는 뜻으로, 화제의 대상이 된 사람이 그 자리에 나타났을 때

하는 말. 곧 남의 흉을 함부로 보지 말라는 뜻.

天災地變(천재지변) : 하늘의 재앙과 땅의 변괴라는 뜻으로, 자연현상으로 인한 재앙을 말함.

巡歷商人(순력상인) : 각 지방을 두루 돌아다니는 행상. 곧 중세 유럽의 행상을 일컬음.

死灰復燃(사회부연) : 죽은 불씨가 되살아남.

漆身呑炭(칠신탄탄) : 몸에 칠을 하고 숯을 삼키며 복수의 기회를 엿봄.

有數存焉(유수존언) : 무슨 일이든 운수가 있어야 됨.

燕雁代飛(연안대비) : 제비가 날아올 때에는 기러기는 날아가고, 기러기가 올 때에는 제비가 날아가, 각각 다른 방향으로 간다는 뜻에서 인사의 서로 어긋남을 비유하여 이르는 말.

渾然一體(혼연일체) : 사람들의 행동 · 의지 따위가 조금도 차이가 없이 한 덩어리가 됨.

煮豆燃萁(자두연기) : 콩을 삶는데 콩깍지로 태운다는 말로, 형제간의 다툼을 말함.

煙霞痼疾(연하고질) : 자연을 사랑하는 고질병.

紅爐點雪(홍로점설) : 뜨거운 화로에 눈을 뿌림. 큰 힘 앞에 맥을 못 추는 작은 힘. 풀리지 않던 이치가 눈 녹듯이 문득 깨쳐짐. 사욕(私慾)이 일시에 없어지고 마음이 탁 트여 맑은 상태. 큰일에 작은 힘은 아무 보람이 없음.

公平無私(공평무사) : 공정하여 사사로움이 없음.

勞而無功(노이무공) : 애는 썼으나 보람이 없음.

無用之用(무용지용) : 쓸모없는 것의 쓰임이라는 뜻으로, 세속적인 안목으로 보면 별 쓸모없는 것처럼 보이지만 실제로는 큰 쓰임이 있다는 의미.

無知莫知(무지막지) : 아는 것이 전혀 없음.

前無後無(전무후무) : 이전에도 없고, 이후에도 없음.

覆巢無完卵(복소무완란) : 엎어진 새집 밑에는 온전한 알이 없다는 말로, 근본이 잘못되면 그 지엽(枝葉)도 따라서 잘못됨.

熙運之樂(희운지악) : 경모궁 제례의 영신, 전폐, 초헌에 연주하던 음악. 오휴, 진색, 유길 세 곡으로 되었음.

>>> 風부수

殺風景(살풍경) : 운치가 없고 메마른 풍경. 살기를 띤 광경.

病風喪性(병풍상성) : 병에 시달려 본성을 잃어버림.

淸風明月(청풍명월) : 맑은 바람과 밝은 달빛으로 결백하고 온건한 성격을 평하여 이르는 말. 풍자와 해학으로 세상사를 논함을 비유하여 이르는 말.

秋風落葉(추풍낙엽) : 가을바람에 떨어지는 낙엽처럼 속절없이 쓰러지거나 떨어지는 모습. 형세나 판국이 갑자기 기울어지거나, 단번에 헤어져 흩어지는 모양을 비유하여 이르는 말.

風紀紊亂(풍기문란) : 풍속이나 기율이 제대로 서지 못하고 대단히 어지러움.

白菊粉山面丹楓脂洞口(백국분산면단풍지동구) : 흰 국화는 산의 얼굴에 단장을 하고, 단풍은 마을의 입구에 연지를 바름.

>>> 冫부수

春夏秋冬(춘하추동) : 봄 · 여름 · 가을 · 겨울의 네 계절.

有終之美(유종지미) : 시작한 일의 끝맺음이 좋음.

自初至終(자초지종) : 처음부터 끝까지의 과정.

>>> 川부수

北邙山川(북망산천) : 사람이 죽어 묻히는 곳, 또는 무덤이 많은 곳.

晝夜長川(주야장천) : 밤낮으로 쉬지 않고 흐르는 물처럼 끊이지 않고 계속됨.

雨順風調(우순풍조) : 바람 불고 비 오는 것이 때와 분량이 알맞음.

學于古訓(학우고훈) : 옛 성왕들의 가르침을 공부함.

竝州之情(병주지정) : 오래 살던 타향을 고향에 견주어 이르는 말. 제2의 고향.

三角洲(삼각주) : 세모진 기둥. 밑변이 삼각형으로 된 모기둥. 세모기둥. 삼각도. 삼각통. 강물에 떠내려온 사토가 하구에 쌓여서 된 사주.

>>> 水부수

蛟龍得水(교룡득수) : 교룡이 물을 얻었다는 말로, 좋은 기회를 얻음을 비유.

綠水青山(녹수청산) : 초록빛 물과 푸른 산.

山戰水戰(산전수전) : 산에서의 싸움, 물에서의 싸움이란 말로 세상일의 온갖 고난을 겪은 경험을 비유.

水魚之交(수어지교) : 아주 친하여 떨어질 수 없는 사이.

行雲流水(행운유수) : 떠나가는 구름과 흐르는 물이란 뜻. 곧 일정한 형체 없이 늘 변하는 것의 비유. 어떤 것에도 구애됨이 없이 늘 변하는 것의 비유, 마음씨가 시원하고 씩씩함의 비유.

冰姿玉質(빙자옥질) : 얼음같이 맑고 깨끗한 살결과 아름다운 자질. '매화(梅花)' 의 이칭.

冰炭之間(빙탄지간) : 얼음과 숯의 사이. 즉 서로 화합할 수 없는 사이.

一勞永逸(일로영일) : 한때 고생하고 오랫동안 안락을 누림. 적은 노고의 보람으로 오랜 이익을 봄.

詠雪之才(영설지재) : '눈을 읊는 재주' 라는 뜻으로, 여자의 글재주를 기리는 말.

萬不成樣(만불성양) : 전혀 꼴이 갖추어지지 않음.

脈絡貫通(맥락관통) : 조리가 일관하여 계통이 서 있음을 이르는 말.

流離乞食(유리걸식) : 정처 없이 떠돌아다니며 빌어먹음.

流言蜚語(유언비어) : 아무 근거 없이 널리 퍼진 소문. 뜬소문. 부언낭설. 浮言遺說(부언유설).

應對如流(응대여류) : 물 흐르듯 대답한다는 뜻으로, 언변의 뛰어남.

持斧上疏(지부상소) : 도끼를 가지고 가서 올리는 상소. 어떤 일의 결단을 촉구하는 단호한 의사를 표현할 때 사용함.

蔬筍之氣(소순지기) : 육식을 하지 않는 사람의 기상.

網漏呑舟之魚(망루탄주지어) : 그물이 찢어질까 두려워서 배를 삼킬만한 큰 고기를 잡지 않고 도망치게 한다는 뜻. 곧 법이 너무 약하여 대악인(大惡人)은 묵인함을 비유. 악인들이 법망을 뚫고 악행을 해도 처벌하지 못함의 비유.

自激之心(자격지심) : 자기가 한 일에 대해 스스로 미흡하게 여기는 마음.

咆虎陷浦(포호함포) : "으르렁대기만 하는 범이 개울에 빠진다."는 속담의 한역으로, 큰소리만 치는 사람은 일을 못하고 도리어 실패함을 이르는 말.

苛斂誅求(가렴주구) : 가혹하게 세금을 거두거나 백성의 재물을 억지로 빼앗음. 苛政猛虎(가정맹호).

求仁得仁(구인득인) : 인(仁)을 구하여 인을 얻었다는 말로, 자신이 원하거나 갈망하던 것을 얻었음을 이름.

求全之毁(구전지훼) : 몸을 온전히 하려다가 도리어 비방을 듣는다는 말.

同氣相求(동기상구) : 마음이 맞는 사람끼리 서로 찾아 친하게 모임.

球面天文學(구면천문학) : 천구 위에서의 천체의 시 위치. 시운동을 연구하는 천문학의 일부분.

同憂相救(동우상구) : 같은 걱정이 있는 사람끼리 서로 동정하고 돕는다는 뜻.

萬頃蒼波(만경창파) : 끝없이 이는 큰 바다의 물결이란 뜻으로, 넓은 바다의 푸른 물결을 말함.

波瀾萬丈(파란만장) : 물결의 기복이 심하듯 일의 진행이나 살아가는 데 기복 · 변화가 매우 심함.

蜂準長目(봉준장목) : 벌처럼 높은 콧대와 가늘고 긴 눈이라는 뜻으로, 영특하고 생각이 깊은 인상.

浮生若夢(부생약몽) : 뜬 인생이 꿈과 같다는 뜻으로, 인생이란 한갓 허무한 꿈에 지나지 않음.

甘泉先竭(감천선갈) : 맛있는 샘물이 먼저 마른다는 뜻으로, 재능이 있는 사람이 빨리 쇠약해짐을 이름.

絲來線去(사래선거) : 일이 얽히고설키거나 더욱 번거로워짐.

膠漆之交(교칠지교) : 교칠(膠漆)은 아교와 옻을 말함. 아교풀로 붙이면 서로 떨어지지 않고, 옻으로 칠을 하면 벗겨지지 않듯이, 친구의 교분이 두터움을 이르는 말. 보통 부부의 정을 비유하여 씀.

中石沒矢(중석몰시) : "쏜 화살이 돌에 박힌다."는 뜻으로, 정신을 집중하면 때로는 믿을 수 없을 만한 큰 힘이 나올 수 있음을 이르는 말.

龍味鳳湯(용미봉탕) : 맛이 썩 좋은 음식을 비유하여 이름.

貪官汚吏(탐관오리) : 행실이 깨끗하지 못하고 탐욕이 많은 관리.

流離漂泊(유리표박) : 일정한 직업을 가지지 아니하고 정처 없이 이리저리 떠돌아다니는 일.

滿山紅葉(만산홍엽) : 온 산이 단풍으로 붉게 물든 모습.

萎靡沈滯(위미침체) : 인심과 문화, 사회에 새롭고 확실한 것을 찾는 활기가 없어 진보, 발전하는 움직임이 보이지 않음.

泰然自若(태연자약) : 마음에 충동을 받아도 움직임이 없이 천연스러움.

一魚混全川(일어혼전천) : 한 마리 물고기가 온 시냇물을 흐려 놓음.

孤臣冤淚(고신원루) : 임금의 사랑을 잃은 외로운 신하의 원통한 눈물.

上漏下濕(상루하습) : "위에서는 비가 새고, 아래에서는 습기가 차오른다."는 뜻으로, 가난한 집을 비유하는 말.

破邪顯正(파사현정) : 사악한 것을 깨뜨리고 바른 도를 드러냄.

地角天涯(지각천애) : 땅의 끝과 하늘의 끝을 아울러 이르는 말. 서로 상당히 멀리 떨어져 있는 것을 비유적으로 이르는 말.

佳人薄命(가인박명) : 아름다운 여인의 운명은 기박함. 팔자가 사나움. 수명이 짧음. 美人薄命(미인박명).

桂林一枝(계림일지) : '계수나무 숲의 한 가지' 라는 뜻으로, '사람됨이 비범하면서도 겸손함' 의 비유. '대수롭지 않은 출세' 의 비유.

>>> 玉부수

檀君王儉(단군왕검) : 제사장이면서〔檀君〕 군장인〔王儉〕 사람. 하늘에 제사를 지내는 제사장을 뜻하는 '단군' 과 정치적 지배자를 뜻하는 '왕검' 을 합친 말. 즉 단군왕검은 제사장이자 지배자.

楚王失弓楚人得之(초왕실궁초인득지) : 초왕이 잃은 활을 초인이 줍는다는 뜻으로, 도량이 좁음을 비유함. ※ 초나라 공왕(共王)이 사냥터에 두고 온 활을 신하가 찾으러 가려 하자, "놔둬라, 초왕이 잃은 화살은 초인이 주울 텐데. 뭘 찾으려 하느냐?" 며 말렸다. 훗날 사람들이 너그러운 임금이라고 칭송했는데, 공자가 이 말을 듣고, "도량이 좁구나! 초나라에 한정하지 말고, 사람이 잃은 것을 사람이 주울 것이라 하지 않고 …" 라 했다는 고사.

纖纖玉手(섬섬옥수) : 가늘고 옥처럼 아름다운 손. 여성의 아름다운 손을 표현함.

玉石俱焚(옥석구분) : 옥과 돌이 함께 불에 좋은 것과 나쁜 것이 함께 사라짐.

玉石混淆(옥석혼효) : 옥과 돌이 서로 섞임의 뜻으로, 인재와 보통 사람이 섞이어 있음.

朱顏玉齒(주안옥치) : 불그스레한 얼굴빛과 옥 같은 이란 뜻으로, 미인을 이름.

班門弄斧(반문농부) : 자기의 실력을 생각지 않고 당치않게 덤비는 것을 말함.

琴瑟之樂(금슬지락) : 부부 사이의 다정하고 화목한 즐거움. 琴瑟(금슬). 琴瑟相和(금슬상화).

山海珍味(산해진미) : 산과 바다의 온갖 산물로 차린 진귀한 음식.

貴珠出賤蚌(귀주출천방) : 귀한 진주는 천한 조개에서 나온다는 뜻. 곧 현인이나 뛰어난 인물은 빈천한 데서 나온다는 말.

老蚌生珠(노방생주) : 오래된 조개가 진주를 낳았다는 뜻. 곧 남에게 총명한 아들이 있음을 칭찬하여 이르는 말. 부자(父子)의 학재(學才)가 뛰어남의 비유. 만년에 자식을 낳음.

明珠暗投(명주암투) : 빛나는 구슬을 어둠 속에 던짐.

>>> 石부수

水落石出(수락석출) : 물이 빠져 밑바닥의 돌이 드러남. 나중에 사건의 진상이 명백하게 드러남의 비유.

藥石之言(약석지언) : 약과 돌 바늘 같은 말이라는 뜻으로, 사람을 훈계하여 나쁜 점을 고치게 하는 말.

以卵投石(이란투석) : 계란으로 바위 치기라는 뜻으로, 아무 보람도 없는 무모한 짓을 이름.

泉石膏肓(천석고황) : 산수(山水)를 즐기는 것이 정도에 지나쳐 마치 불치의 고질(痼疾)과 같다는 말.

克世拓道(극세척도) : 어려움을 극복하고 새 길을 개척한다는 뜻을 나타냄.

鍛冶硏磨(단야연마) : 단련하고 또 단련하여 갈고 닦음.

碧昌牛(벽창우) : 평안도 벽동(碧潼)과 창성(昌城) 땅의 큰 소로, 이곳의 소는 고집이 세고 우직했음. 고집 있고 무뚝뚝한 사람을 이른 말. '벽창호' 의 본딧말.

桑田碧海(상전벽해) : 뽕나무 밭이 변하여 푸른 바다가 됨. 세상일이 덧없이 바뀜을 이르는 말. 세상의 갑작스런 변천.

>>> 金부수

金蘭之交(금란지교) : 둘이 마음을 합하면 단단한 쇠도 자를 수 있고, 그 우정의 아름다움은 난초의 향기와 같다는 뜻으로, 친구 사이의 매우 두터운 사귐을 이름. 刎頸之交(문경지교), 芝蘭之交(지란지교), 水魚之交(수어지교), 竹馬故友(죽마고우), 莫逆之友(막역지우).

金城湯池(금성탕지) : 쇠로 된 성과 끓는 물이 있는 못이라는 뜻으로, 튼튼한 성을 이름.

文科弘錄(문과홍록) : 문과에 급제한 사람을 홍문록에 등록함.

花紅柳綠(화홍유록) : 꽃은 붉고 버들은 푸르다는 뜻으로, 봄의 자연 경치의 아름다움을 이르는 말. 자연 그대로이며, 조금도 인공(人工)을 더하지 않았음을 비유로 쓰이는 선어(禪語).

祿不疊受(녹불첩수) : 두 가지 벼슬을 겸한 사람이 한 가지 벼슬의 녹만 받고, 양쪽의 것을 겹쳐 받지 않음.

純眞無垢(순진무구) : 마음이 꾸밈이 없고 참되며 아무런 죄도 없이 깨끗함.

至高至純(지고지순) : 가장 고결하고, 가장 순수함.

鎖門逃走(쇄문도주) : 문을 걸어 잠그고 살며시 도망함.

臨難鑄兵(임난주병) : 난리가 난 뒤에 무기를 만든다는 뜻으로, 이미 때가 늦었음.

金城鐵壁(금성철벽) : '쇠로 된 성과 철로 만든 벽' 이라는 뜻으로, 방비가 매우 견고한 성. 사물이 대단히 견고하여 치기 어려움을 이르는 말.

>>> 厂부수

厚顔無恥(후안무치) : 얼굴이 두꺼워 부끄러움이 없다는 뜻으로, 뻔뻔스럽고 염치가 없음을 이름.

農夫餓死枕厥種子(농부아사침궐종자) : 농부는 굶어 죽더라도 그 종자를 베고 죽는다는 뜻으로, 농부는 죽는 한이 있더라도 종자만은 꼭 보관함을 뜻함. 사람은 죽을 때까지 희망을 버리지 않고 앞날을 생각함. 어리석고 인색한 사람은 자신이 죽고 나면 재물도 소용이 없음을 모른다는 말.

燃眉之厄(연미지액) : '눈썹이 타는 재액' 이라는 뜻으로, 매우 급하게 닥치는 재앙을 이르는 말. 곧 절박한 재액.

中原逐鹿(중원축록) : 중원〔天下〕에서 사슴〔帝位〕을 쫓는다는 말로, 즉 제위의 다툼. 정권을 다툼. 어떤 지위를 얻기 위해 서로 경쟁함의 뜻.

源泉徵收(원천징수) : 소득세의 징수 방법의 하나. 급여 소득, 이자소득, 배당 소득, 퇴직 소득 등 특정 소득에 대하여 이를 지급하는 사람이 소정의 소득 세액을 공제 징수하여 나라에 납입하는 일.

願乞終養(원걸종양) : "부모가 돌아가시는 날까지 봉양하기를 원하다."는 뜻으로, 부모에 대한 지극한 효성을 이르는 말.

>>> 氏부수

和氏之璧(화씨지벽) : 화씨의 구슬이라는 말로, 천하의 명옥(名玉)을 이름.

昏定晨省(혼정신성) : 저녁에 부모님의 이부자리를 펴드리고, 아침에 문안인사를 들인다는 뜻으로, 자식이 아침저녁으로 부모님의 안부를 물어 살핌. 효행(孝行). 동온하정(冬溫夏凊 : 겨울에는 따뜻하게 여름에는 시원하게 함).

指腹爲婚(지복위혼) : "배를 손가락으로 가리켜 혼인을 약속한다."는 뜻으로, 임산부가 있는 두 집안에서 아이들을 낳기 전에 뱃속의 아이들끼리 약혼을 맺는 일을 이르는 말.

紙上談兵(지상담병) : 종이 위에서 병법을 말한다는 뜻으로, 이론에만 밝을 뿐 실제적인 지식은 없는 경우를 말함.

國泰民安(국태민안) : 나라는 태평하고 백성은 편안함.

民生於三(민생어삼) : 인간은 아버지와 스승과 임금의 덕으로 이 세상에 생존하고 있으므로, 이 세 사람에게 봉사해야한다는 뜻.

輔國安民(보국안민) : 나랏일을 돕고 백성을 편안하게 함.

高枕安眠(고침안면) : 베개를 높이하고 편안히 잠을 자다의 뜻으로, 근심없이 편안히 잘 지냄. 高枕而臥(고침이와).

>>> 谷부수

空谷足音(공곡족음) : 아무것도 없는 골짜기에 울리는 사람의 발자국 소리라는 뜻으로, 쓸쓸할 때 손님이나 기쁜 소식이 온다는 말.

非僧非俗(비승비속) : 중도 아니고 속인도 아니라는 뜻으로, 어중간한 것을 두고 이르는 말.

沐浴齋戒(목욕재계) : 목욕을 하여 몸을 정갈히 하고 마음을 가다듬어 부정을 피함.

沐猴而冠(목후이관) : 원숭이가 관을 쓴다는 뜻으로, '의관은 훌륭하나 마음은 사람답지 못함', 곧 '포악한 사람이 외모로만 꾸밈'을 비유하여 이름.

>>> 山부수

名山大刹(명산대찰) : 이름난 산에 있는 유명한 절.

樂山樂水(요산요수) : 산수를 좋아함. 어진 사람은 산을 좋아하고, 지혜로운 사람은 물을 좋아함.

人山人海(인산인해) : 사람이 산과 바다처럼 많음. 사람이 무척 많음.

疊疊山中(첩첩산중) : 매우 깊은 산골. 산 넘어 산.

智者樂水仁者樂山(지자요수인자요산) : 지혜로운 자는 동적인 물을 좋아하고, 어진 사람은 정적인 산을 좋아

한다는 의미.

岳陽樓歌(악양누가) : 중국의 옛일을 늘어놓으면서 악양루와 그 둘레의 경치를 읊은 노래.

減死島配(감사도배) : 사형할 죄인을 죽이지 않고 섬으로 귀양 보냄.

崩城之痛(붕성지통) : "성이 무너질 만큼 큰 슬픔"이라는 뜻으로, 남편이 죽은 슬픔을 이르는 말.

萬壑千峰(만학천봉) : 첩첩이 놓인 수많은 골짜기와 겹겹이 솟은 산봉우리의 모습. 많은 골짜기와 산봉우리.

蜂房水渦(봉방수와) : 벌집에 벌이 모여들고, 소용돌이에 물이 모여들듯 많이 모여 있음을 말함.

>>> 阜부수 — 阝

陸地行船(육지행선) : 육지에서 배를 가게 함의 뜻으로, 불가능한 일을 함.

綠陰芳草(녹음방초) : 우거진 나무 그늘과 향긋한 풀이라는 뜻으로, 여름철의 자연을 이는 말.

陵谷之變(능곡지변) : 높은 언덕이 변하여 깊은 골짜기가 되고, 깊은 골짜기가 높은 언덕으로 변한다는 뜻으로, 세상일이 극심하게 뒤바뀜을 이르는 말.

隨衆逐隊(수중축대) : 자기의 뚜렷한 주견이 없이 여러 사람의 틈에 끼어 덩달아 행동을 함.

子爲父隱(자위부은) : 자식은 아비를 위해 아비의 나쁜 것을 숨긴다는 뜻으로, 부자지간의 천륜을 이르는 말.

無我陶醉(무아도취) : 즐기거나 좋아하는 것에 정신이 쏠려서 취하다시피 되어 자기 자신을 잊어버리고 있는 상태.

洛陽紙價(낙양지가) : 제나라 좌사(左思)의 삼도부(三都賦)가 십 년 만에 완성되자, 당시 사람들이 이를 다투어 베껴 낙양의 종이 값이 비싸졌다는 데서 나온 말로, 문장의 훌륭함을 이름.

陰地轉陽地變(음지전양지변) : 음지가 바뀌어 양지로 변함.

楊布之狗(양포지구) : 양포가 외출할 때는 흰옷을 입고 나갔다가 비를 맞아 검은 옷으로 갈아입고 돌아왔는데, 양포의 개가 알아보지 못하고 짖었다는 뜻에서, 겉모습이 변한 것을 보고, 속까지 변해버렸다고 판단하는 사람을 일컫는 말.

一場春夢(일장춘몽) : 한바탕의 봄꿈이라는 뜻으로, 헛된 영화(榮華)나 덧없는 꿈을 이름. 인생조로(人生朝露).

刮腸洗胃(괄장세위) : "칼로 창자를 도려내고 잿물로 위를 씻어 낸다."는 뜻으로, 마음을 고쳐먹고 스스로 새 사람이 됨을 이르는 말.

得意揚揚(득의양양) : 뜻하는 바를 이루어 뽐내고 우쭐거림. 得意滿面(득의만면). 得意揚揚(득의양양).

海不揚波(해불양파) : 바다에 파도가 일지 않음의 뜻으로, 임금의 선정(善政)으로 백성이 편안함을 이르는 말.

萬化方暢(만화방창) : 온갖 생물이 좋은 계절을 만나 활짝 피어나는 모습.

隨珠彈雀(수주탄작) : "수후의 구슬로 새를 잡는다."는 뜻으로, 작은 것을 얻으려다 큰 것을 손해 보게 됨을 이르는 말.

墮其術中(타기술중) : 남의 간악한 꾀에 넘어가거나 빠짐.

事大交隣(사대교린) : 큰 나라를 섬기고 이웃과는 사귐.

疑隣人之言(의린인지언) : 이웃 사람의 말을 의심한다는 뜻으로, 같은 일이라도 가족이 말하면 선의적(善意的)으로, 남이 말하면 악의적으로 해석하는 경우를 이름. ※ 송나라에 한 부자가 있었다. 비가 와서 담장이 무너지자, 아들이 당장 고쳐 놓지 않으면 도둑이 들 것이라고 했고, 이웃 사람도 같은 말을 했으나 과연 그날 밤에 도둑이 들어 많은 물건을 훔쳐갔다. 그러자 그 부자는 이웃사람이 도둑일 것이라고 의심했다는 고사.

搖尾乞憐(요미걸련) : 개가 꼬리 치는 것처럼 남의 동정을 받으려 애걸하는 가련한 모습을 이르는 말.

隆冬雪寒(융동설한) : 눈 내리는 깊은 겨울의 심한 추위.

摧堅陷陣(최견함진) : 견고한 적진을 쳐서 함락시킴.

隔世之感(격세지감) : 많은 진보, 변화를 겪어서 딴 세상처럼 느껴짐. 今昔之感(금석지감).

隔靴搔癢(격화소양) : 신발을 신은 채 가려운 곳을 긁는다는 뜻으로, 일을 하느라고 애는 무척 쓰되 정곡을 찌르지 못하여 안타까움을 비유한 말. 요점을 제대로 파악하지 못한 채 헛수고만 하여 문제를 해결하지 못함.

>>> 田부수

瓜田李下(과전이하) : 오이밭에서 신을 고쳐 신지 않고, 오얏나무 아래에서 갓을 고쳐 쓰지 말라. 남에게 의심받을 짓은 처음부터 하지 마라.

求田問舍(구전문사) : 자기의 논밭이나 집 걱정만 한다는 뜻으로, 원대한 뜻이 없이 오로지 자기 이익에만 급급함을 이르는 말.

南田北畓(남전북답) : 남쪽에는 밭, 북쪽에는 논이라는 뜻으로, 앞뒤의 들. 소유한 논밭이 여러 곳에 흩어져 있음을 이르는 말.

藍田生玉(남전생옥) : 남전이 옥을 낳는다는 말로, 현명한 아버지가 현명한 아들을 낳은 것을 칭찬하는 말. 본래 남전은 서왕모(西王母)가 산다는 옥산(玉山)을 뜻함.

泥田鬪狗(이전투구) : 진창에서 싸우는 개라는 뜻으로, 강인한 성격 또는 볼썽사납게 서로 헐뜯거나 다투는 일.

男負女戴(남부여대) : '남자는 지고 여자는 이다.' 는 뜻으로, 가난한 사람이 살 곳을 찾아 이리저리 떠돌아다님을 말함.

善男善女(선남선녀) : 착한 남자와 착한 여자라는 뜻으로, 불교에 귀의한 남녀. 신심이 깊은 사람들을 이르는 말.

男兒須讀五車書(남아수독오거서) : 남아는 모름지기 다섯 수레에 실을 만한 많은 책을 읽어야 한다는 뜻. 多讀(다독).

門前沃畓(문전옥답) : 집 앞 가까이 있는 좋은 논. 많은 재산.

豹死留皮(표사유피) : "표범은 죽어서 가죽을 남긴다."는 뜻에서, 사람은 사후에 이름을 남겨야 함의 비유.

山水甲山(산수갑산) : 삼수와 갑산. 즉 사람의 발길이 닿기 힘든 대단히 험한 오지.

乙丑甲子(을축갑자) : 갑자을축이 바른 차례인데, 그 차례가 바뀜과 같이 일이 제대로 안되고 순서가 바뀜.

大同小異(대동소이) : 큰 차이는 없고 거의 같음. 五十步百步(오십보백보).

於異阿異(어이아이) : '어' 다르고 '아' 다르다의 뜻으로, 어감의 차이로 상대방에게 주는 느낌이 다름.

油頭粉面(유두분면) : 기름 바른 머리와 분을 바른 얼굴. 부녀자의 화장을 이름.

萬波息笛(만파식적) : 신라 신문왕 때 있었다고 하는 신기한 피리. 『삼국사기』와 『삼국유사』에 전하는데, 동해 섬에 있는 신기한 대나무로 만들었고, 이것을 불면 나라의 모든 근심 걱정이 사라졌다고 함.

等方宇宙(등방우주) : 어떤 방향에서 보아도 똑같은 성질을 갖는, 가설적 우주.

吾事畢矣(오사필의) : 나의 일은 끝났다는 말로, 자신의 역할을 다했을 때를 이름.

申師任堂(신사임당) : 조선 중기의 여류 서화가.

伸冤雪恥(신원설치) : 가슴에 맺힌 원한을 풀어 버리고 창피스러운 일을 씻어 버림.

怪力亂神(괴력난신) : 괴이한 일과 엄청난 힘, 난리와 귀신. 합리적인 이성으로 설명이 불가능한 존재나 현상.

天佑神助(천우신조) : 하늘이 돕고 신이 도움.

花中神仙(화중신선) : 꽃 중의 신선이란 뜻. 곧 해당화(海棠花)를 이름.

天知神知我知子知(천지신지아지자지) : 하늘이 알고 귀신이 알며, 내가 알고 그대가 안다는 말로, 세상의 비밀은 없다는 말.

別有乾坤(별유건곤) : 이 세상에서 볼 수 없는 아주 좋은 세상, 또는 딴 세상.

電光朝露(전광조로) : 극히 짧은 시간을 비유해 이르는 말.

君子三畏(군자삼외) : 천명을 두려워하고, 대인을 두려워하고, 성인의 가르침을 거울삼아 스스로 부족함을 깨닫고도 이를 고치려 하지 않음을 두려워해야 함.

後生可畏(후생가외) : 매우 열심히 정진하는 후배나 후학들의 학문이 두렵게 여길 만함.

>>> 土부수

捲土重來(권토중래) : 흙먼지를 일으키며 다시 옴. 즉, 한번 실패하였다가 세력을 회복하여 다시 쳐들어옴.

積土成山(적토성산) : 흙을 쌓아 산을 이룬다는 뜻으로, 작은 것도 많이 모이면 큰 것을 이룸. 積塵成山(적진성산).

路柳墻花(노류장화) : 누구나 꺾을 수 있는 길가의 버들과 담장 밑의 꽃이라는 뜻으로, 창부(娼婦)를 비유하는 말.

兩手執餠(양수집병) : 두 손에 떡을 쥐었다는 뜻으로, 가지기도 어렵고 버리기도 어려운 경우를 가리키는 말.

積功之塔不隳(적공지탑불휴) : "공든 탑이 무너지랴" 의 속담의 한역.

天崩地壞(천붕지괴) : 하늘이 무너지고 땅이 꺼짐.

窮鳥入懷(궁조입회) : 쫓기던 새가 사람의 품 안으로 날아든다는 뜻. 곧 사람이 궁하면 적에게도 의지하는 수가 있다는 말. 급박한 사정이 있어 도움을 청해 오는 사람이 있으면 불문곡직하고 도와주어야 한다는 말.

倍道兼行(배도겸행) : 이틀 길을 하루에 걸음.

窮當益堅(궁당익견) : 곤궁해질수록 그 지조는 더욱 굳어짐을 이르는 말. 나이가 들었어도 결코 젊은이다운 패기가 변하지 않고 오히려 굳건함.

愚問賢答(우문현답) : 어리석은 질문에 현명한 대답.

不緊之事(불긴지사) : 꼭 긴요하지 아니한 일.

野壇法席(야단법석) : 불교에서, 야외에서 베푼 강좌.

坐井觀天(좌정관천) : 우물 안에서 하늘을 봄.

坐春風中(좌춘풍중) : 만물을 자라게 하는 봄바람 부는 속에 앉아 있다는 말로, 훌륭한 스승을 모시고 가르침을 받는다는 뜻.

座脫立亡(좌탈입망) : 단정히 앉아서 해탈하고, 꼿꼿이 서서 열반함.

面壁九年(면벽구년) : 9년 동안 오직 벽을 마주하고 도를 닦음.

死且不避(사차불피) : 죽는 한이 있어도 피할 수가 없음.

堂狗風月(당구풍월) : "서당개 삼 년이면 풍월을 읊는다."는 뜻으로, 부족함이 많은 사람일지라도 한 가지 일을 오래도록 계속하면 실력자가 될 수 있다는 말.

威風堂堂(위풍당당) : 남을 압도할 만큼 풍채가 의젓하고 떳떳함.

糟糠之妻不下堂(조강지처불하당) : 술지게미와 쌀겨를 먹으며 고생한 아내는 집에서 쫓아내면 안 됨.

陰陽相均(음양상균) : 음과 양이 서로 잘 어울림.

泰山壓卵(태산압란) : 큰 산이 알을 누른다는 뜻으로, 큰 위엄으로 여지없이 누르는 것의 비유. 큰 위력으로 내리 누름. 아주 손쉬운 것.

鼓腹擊壤(고복격양) : 배를 두드리고 발로 땅을 구르며 흥겹게 노래 부름이란 뜻으로, 태평성대를 이르는 말.
※ 격양 : 흙으로 만든 악기라는 설과 양(壤)을 던져서 맞추는 놀이라는 설이 있음.

泰山不辭土壤(태산불사토양) : 태산은 한 줌의 흙을 사양하지 않아 큰 산이 되었듯, 사소한 의견이나 인물을 수용할 수 있는 자만이 큰 인물이 될 수 있음의 비유.

謙讓之德(겸양지덕) : 겸손하게 사양하는 미덕.

>>> 里부수

鵬程萬里(붕정만리) : 붕새를 타고 만리(萬里)를 난다는 뜻으로, 머나먼 앞길. 앞날이 창창함.

惡事千里(악사천리) : 나쁜 일은 멀리까지 금방 알려진다는 말.

一瀉千里(일사천리) : 물이 쏜살같이 흘러내려간다는 뜻으로, 문장이나 변론이 거침없이 명쾌함을 말함.

無足之言飛于千里(무족지언비우천리) : "발 없는 말 천리를 간다."는 뜻으로, 한 번 한 말은 절로 퍼지니 말을 조심하라는 말.

埋頭沒身(매두몰신) : 일에 파묻혀 헤어나지 못함을 이르는 말.

連理枝(연리지) : 서로 다른 나뭇가지가 엉켜 결이 이어져 있는 것으로, 효성이 지극하거나 부부애가 좋음을 뜻함.

表裏不同(표리부동) : 겉과 속이 다름.

重唱團(중창단) : 둘 이상의 성부(聲部)를 한 사람이 한 성부씩 맡아 동시에 노래함. 합창의 한 가지.

愛之重之(애지중지) : 대상이 되는 것을 사랑하고 소중히 여김.

重言復言(중언부언) : 같은 말을 자꾸 되풀이함.

種瓜得瓜(종과득과) : 오이를 심으면 오이가 난다는 뜻으로, 원인이 있으면 반드시 그 원인에 따른 결과가 있음을 이르는 말.

宿虎衝鼻(숙호충비) : 자는 호랑이의 코를 찌른다는 뜻으로, 스스로 화를 불러들임.

樽俎折衝(준조절충) : 술자리에서 유연한 담소로 적의 창끝을 꺾어 막는다는 말로, 외교를 비롯하여 그 밖의 교섭에서 유리하게 담판하거나 흥정함.

車載斗量(거재두량) : 물건을 수레에 싣고 말로 된다는 뜻으로, 흔해 빠져서 귀하지 않음.

老少異糧(노소이량) : 늙은이와 젊은이의 식사가 다름.

>>> 口부수

亡國之歎(망국지탄) : 나라가 망함에 대한 탄식.

盡忠報國(진충보국) : 충성을 다하여 나라의 은혜에 보답함.

海東盛國(해동성국) : 바다 동쪽의 번성한 나라. 중국에서 발해를 볼 때 바다 동쪽에 있으므로 해동이라 했고, 9세기 무렵 전성기를 맞이한 발해의 국력을 높이 평가하여 당나라에서 붙인 이름.

因果應報(인과응보) : 좋은 원인에는 좋은 결과가 나오고, 나쁜 원인에는 나쁜 결과가 나오는 것처럼, 자기가 지은 인업(因業)에 대하여 반드시 거기에 상응(相應)하는 과보(果報)가 있음.

結草報恩(결초보은) : 춘추시대 진(晉)나라의 위무자와 그 서모, 아들 위과와 관련된 고사로 풀을 묶어 은혜를 갚는다는 뜻. 즉 죽은 후라도 은혜를 잊지 않고 갚음.

背恩忘德(배은망덕) : 입은 은혜를 저버리고 배반함.

姻家宴柿梨擅(인가연시리천) : "남의 잔치에 감 놔라 배 놔라." 한다. 쓸데없이 남의 일에 부당하게 참견함을 이르는 속담.

各自圖生(각자도생) : 제각기 살길을 도모함.

河圖洛書(하도낙서) : 하도와 낙서를 아울러 가리키는 표현으로, 고대 중국에서 예언이나 수리의 기본이 된 책.

困獸猶鬪(곤수유투) : 위급한 경우에는 짐승일지라도 적을 향해 싸우려 덤빈다는 뜻으로, 곧 궁지에 빠지면 약한 자가 도리어 강한 자를 해칠 수 있다는 뜻.

九回之腸(구회지장) : 매우 근심하고 괴로워하는 모양.

>>> 邑부수 — 阝

麥丘邑人(맥구읍인) : 맥구읍의 사람이라는 말로, 노인을 뜻함.

那易等則(나역등칙) : 논밭 따위의 등급을 바꿈.

危邦不入(위방불입) : 위험한 곳에 들어가지 않음.

郭汾陽八字(곽분양팔자) : '분양왕 곽자의의 팔자' 라는 뜻으로, 부귀공명을 구비한 팔자 좋은 사람을 이르는 말.

留鄕所(유향소) : 향촌에 머물면서 수령을 보좌하던 관청. 지방의 덕망 있는 사람들의 자치조직으로 수령을 보좌하고 향리를 감찰하는 일을 맡음. 후일 수령이 잘못을 저지르면 이를 지적해, 이를 견제하기도 함.

入鄕循俗(입향순속) : 다른 지방에 가면 그 지방 풍속을 따르라는 뜻으로, 로마에 가면 로마법에 맞도록 해야 함.

無何有之鄕(무하유지향) : 있는 것이란 아무것도 없다란 뜻으로, 아무것도 없는 세계. 적막하고 망양(茫洋)한 가없는 세계. 장자가 말하는 이상향. 虛無無爲(허무무위).

鄕閭有禮(향여유례) : 마을마다에는 각각 예의가 있음.

杜郵戮(두우륙) : 진나라 무안군 백기(白起)의 두우에서의 죽음을 말한 것으로, 충신이 죄 없이 죽음을 이름.

半睡半醒(반수반성) : "반은 잠들고, 반은 깬다."는 뜻으로, 깨어 있는지 자는지 모를 몽롱한 상태.

>>> 邑부수

江郎才盡(강랑재진) : 양나라 감엄(江淹)의 재주가 다했다는 말로, 학문이 두각을 나타낸 후 퇴보하는 것을 뜻함.

俯仰廊廟(부앙낭묘) : 항상 낭묘에 있는 것으로 생각하고 머리를 숙여 예의를 지켜야 함.

>>> 冂부수

非一非再(비일비재) : 한두 번이 아니라는 뜻으로, 많음을 이름.

黑册公事(흑책공사) : 벼슬아치들이 정목을 제멋대로 고치고 지우고 하여 협잡을 일삼던 일의 일컬음. 고려 충숙왕 때 정방정치 과정에서 나온 말.

冒沒廉恥(모몰염치) : 염치없는 줄을 알면서도 이를 무릅쓰고 함.

>>> 糸부수

系圖小說(계도소설) : 한 가문이나 한 사회를 전지적, 또는 역사적으로 서술한 장편 소설.

關係妄想(관계망상) : 근거 없는 일을 자기에게 관계 지으려는 망상.

戶封八縣(호봉팔현) : 한나라가 천하를 통일하고 여덟 고을 민호를 주어 공신을 봉함.

口若懸河(구약현하) : 입에서 나오는 말이 경사가 급하여 쏜살같이 떨어지는 폭포와 같다는 말로, 청산유수처럼 말 잘함을 비유. 懸河之辯(현하지변).

一絲不亂(일사불란) : 하나의 실도 흐트러지지 않다는 뜻으로, 질서나 체계 따위가 정연하여 조금도 어지러운 데가 없음을 이름.

欣奏累遣(흔주누견) : 기쁨은 아뢰고 더러움은 보냄.

非熟練工(비숙련공) : 아직 일에 숙달하지 못한 직공.

精金百鍊(정금백련) : 쇠붙이가 충분히 단련되었다는 뜻으로, 충분히 숙련되고 많은 경험을 쌓음을 비유해 이르는 말.

經國大業(경국대업) : 나라를 다스리는 큰 사업이라는 말로, 나라를 다스리는 데 필요한 큰 사업이나 문장을 가리켜 이르는 말.

經國之士(경국지사) : 나라를 다스릴 뛰어난 능력을 갖춘 선비.

經天緯地(경천위지) : 온 천하를 경륜하여 다스림.

牛耳讀經(우이독경) : 아무리 가르치고 일러도 알아듣지 못함. ㊕ 쇠귀에 경 읽기 = 馬耳東風(마이동풍 : 남의 의견이나 비판을 귀담아듣지 않고 흘려버림).

輕擧妄動(경거망동) : 경솔하고 분수없이 행동함.

問鼎輕重(문정경중) : 솥의 무게를 묻는다는 말로, 제위(帝位)를 엿보려는 속셈. 상대방의 형편을 살펴보고 공격하는 것.

一寸光陰不可輕(일촌광음불가경) : 아주 짧은 시간이라도 헛되이 보내지 말라.

盤溪曲徑(반계곡경) : ‘서려 있는 계곡과 구불구불한 길’ 이라는 뜻으로, 일을 바른길을 좇아서 순탄하게 하지 않고, 정당한 방법이 아닌 그릇되고 억지스럽게 함을 이르는 말.
緣木求魚(연목구어) : 나무에 올라 고기를 얻으려고 한다는 뜻으로, 목적과 수단이 맞지 않아 불가능한 일을 굳이 하려 함을 비유하는 말.
零絹殘墨(영견잔묵) : 아주 낡은 글씨나 그림 따위.
枯魚銜索(고어함삭) : “마른 고기를 매달아 놓은 노끈이 썩는다.”는 뜻으로, 사람의 목숨도 썩은 노끈처럼 허술하게 끊어짐을 비유해 이르는 말.
百年佳約(백년가약) : 젊은 남녀가 결혼하여 한평생을 아름답게 지내자는 언약.
周到綿密(주도면밀) : 주의가 두루 미쳐 자세하고 빈틈이 없음.
錦衣玉食(금의옥식) : 비단옷과 흰 쌀밥으로 사치스러운 생활이나 부유한 삶을 가리킴.
錦衣還鄕(금의환향) : 비단옷을 입고 고향으로 돌아옴. 즉 객지에서 성공하여 고향으로 돌아옴.

>>> 巾부수

門前成市(문전성시) : 문 앞에 시장을 이룸. 권세가 크거나 부자가 되어 찾아오는 손님들로 문 앞이 북적거림.
如見心肺(여견심폐) : 남의 마음속을 꿰뚫어 보듯이 훤히 앎.
季布一諾(계포일락) : 계포가 한번 한 약속이라는 뜻으로, 초나라의 계포는 한번 승낙한 일이면 꼭 실행하는 약속을 잘 지키는 사람이었음에서 비롯하여, 틀림없이 승낙함을 뜻함.
白骨徵布(백골징포) : (역사 · 고제도) 조선시대에 군정(軍政)이 문란해져서 죽은 사람에 대해서도 군포(軍布)를 받던 일을 비웃는 말.
布衣之交(포의지교) : 가난할 때 사귄 교분.
蜀帝化杜鵑(촉제화두견) : 촉나라의 망제의 원혼이 소쩍새가 되었다는 뜻으로, 소쩍새를 이르는 말.
一衣帶水(일의대수) : 한 가닥의 옷의 띠처럼 좁은 강물이나 바닷물이라는 뜻으로, 간격이나 폭이 매우 좁음을 뜻함.
抱炭希涼(포탄희량) : “숯불을 안고 서늘하기를 바란다.”는 뜻으로, 행동과 목적이 상치됨을 이르는 말.
稀世之才(희세지재) : 세상에 드문 재주.
子帥以正孰敢不正(자솔이정숙감부정) : 당신이 통솔하기를 바른 것으로써, 솔선수범하면 누가 감히 바르지 않겠는가의 뜻.
德無常師(덕무상사) : 덕을 닦는 데는 정해진 스승이 따로 없음.
坐不安席(좌불안석) : 불안하거나 걱정스러워 한 군데에 오래 앉아 있지 못함. 如坐針席(여좌침석)과 유사함.
面帳牛皮(면장우피) : 얼굴에 쇠가죽을 발랐다는 뜻으로, 뻔뻔한 사람.

>>> 衣부수

綠衣使者(녹의사자) : 푸른 옷을 입은 사자라는 말로, 앵무새의 다른 명칭.

斑衣之戲(반의지희) : 노래자(老萊子)가 60이 넘은 나이에 부모님을 즐겁게 해주기 위해 색동옷을 입고 춤을 추었다는 고사로, 효행(孝行)을 이름.

衣冠之盜(의관지도) : 조복(朝服)을 훔쳐 입는 도둑이란 뜻으로, 직책을 다하지 않거나 무능한 관리를 이르는 말.

天衣無縫(천의무봉) : 선녀의 옷은 솔기나 바느질 흔적이 없다는 뜻으로, 시가나 문장이 매우 자연스럽게 잘 되어 흠이 없음을 비유함.

輔車相依(보거상의) : 수레의 덧방나무와 바퀴가 서로 의지한다는 뜻으로, 서로 도와서 의지하는 깊은 관계를 이르는 말.

德爲人表(덕위인표) : 덕망이 높아 세상 사람의 사표가 됨.

榮枯盛衰(영고성쇠) : 인생이나 사물의 성함과 쇠함을 이름.

亡牛補牢(망우보뢰) : 소 잃고 외양간 고치기. 즉, 일이 이미 다 틀어진 뒤에 때늦게 손을 써 봐야 소용이 없음. 망양보뢰(亡羊補牢).

補過拾遺(보과습유) : 임금의 잘못을 바로잡아 고치게 함.

掩目捕雀(엄목포작) : "눈을 가리고 새를 잡는다."는 뜻으로, 일을 건성으로 함을 이르는 말.

>>> 皮부수

面張牛皮(면장우피) : 얼굴에 쇠가죽을 발랐다는 뜻으로, 뻔뻔한 사람.

皮之不存毛將安傅(피지부존모장안부) : 가죽이 없는데 털이 어찌 붙을 수 있겠는가라는 말로, 평소 친분이 없으면 조금의 도움도 받을 수 없다는 말. 또 근본이 없으면 지엽의 노력도 효과가 없음을 뜻함.

>>> 革부수

小人革面(소인혁면) : 어진 임금이 나라를 다스리면 소인들은 겉모양만이라도 고쳐 불의한 것을 함부로 하지 못함.

>>> 米부수

秪糠及米(지강급미) : 겨를 핥다가 마침내 쌀까지 먹어치운다는 뜻으로, 외부의 침범이 내부에까지 미치거나 사람의 욕심이 끝이 없는 것을 비유.

金迷紙醉(금미지취) : "금종이에 정신이 미혹되고 취한다."는 뜻으로, 사치스런 생활을 비유하는 말.

滄海一粟(창해일속) : 넓고 푸른 바다에 한 알의 좁쌀. 극히 작음을 비유하는 말. 九牛一毛(구우일모), 大海一滴(대해일적).

勇猛精進(용맹정진) : 용맹하고 굳세게 목표를 향해 나아감.

精神一到何事不成(정신일도하사불성) : 정신을 한곳에 모으면 이루지 못할 일이 없다.

七寶丹粧(칠보단장) : 여러 가지 패물로 몸을 꾸밈, 또는 그 단장을 이르는 말.

>>> 香부수

天香國色(천향국색) : 고상한 향기와 제일 가는 색깔이라는 뜻으로, 모란을 달리 이르는 말. 절세미인을 이르는 말.

>>> 食부수

簞食瓢飮(단사표음) : 도시락밥과 표주박 물이란 뜻으로, 청빈한 생활에 만족함.

伴食宰相(반식재상) : 밥상을 대하는 재상이란 말로, 자리만 차지하고 있는 무능한 재상을 비꼬아 하는 말.

飮河滿腹(음하만복) : 시궁쥐가 강물을 마시더라도 배를 채울 정도에 불과하다는 뜻으로, 사람은 각기 분수에 따라 만족할 줄 알아야 함. 최소한의 것으로 만족함의 비유.

人飢己飢(인기기기) : 남이 굶주리면 자기가 굶주리게 한 것과 같이 생각한다는 뜻으로, 다른 사람의 고통을 자기의 고통으로 여겨 그들의 고통을 덜어주기 위해 최선을 다함.

內虛外飾(내허외식) : 속은 비고 겉치레만 함.

養虎後患(양호후환) : 범을 길러 훗날 화를 입게 된다는 말.

>>> 肉부수

骨肉相殘(골육상잔) : 같은 혈족끼리 서로 다툼. 骨肉相爭(골육상쟁), 骨肉相戰(골육상전).

髀肉之嘆(비육지탄) : 유비가 형주에 있을 때 자신의 넓적다리에 살이 찐 것을 보고 탄식했다는 고사. 즉, 자기의 뜻을 펴지 못하고 허송세월하는 것의 한탄. 영웅이 세월을 보내며 공을 세우지 못하고 있는 한탄.

仰事俯育(앙사부육) : 위로는 부모를 섬기고, 아래로는 처자를 보살핌.

自暴自棄(자포자기) : 자기 자신을 스스로 버리고 돌보지 않음.

口腹之計(구복지계) : 입과 배를 채우는 계책, 즉 먹고 살아갈 방도.

心腹之人(심복지인) : 마음 놓고 부리거나 일을 맡길 수 있는 사람.

抱腹絶倒(포복절도) : 배를 안고 넘어진다는 뜻으로, 몹시 웃음을 이름.

割肉充腹(할육충복) : 제 살을 도려내어 제 배를 채운다는 뜻으로, 친족의 재물을 빼앗음의 비유.

含哺鼓腹(함포고복) : 잔뜩 먹고 배를 두드리며 즐김으로, 태평성대를 이름.

複雜多端(복잡다단) : 일이 얽히고설키다 갈피를 잡기 어려움.

雪膚花容(설부화용) : 피부는 눈처럼 희고, 얼굴은 꽃처럼 아름다운 여인.

天高馬肥(천고마비) : 하늘은 높고 말은 살찐다는 뜻으로, 가을을 수식하는 말.

秋高馬肥(추고마비) : 가을 하늘이 높으니 말이 살찐다는 뜻으로, 가을의 안락함과 풍요로움을 형용한 말.

能小能大(능소능대) : 큰일이나 작은 일에 능함. 즉, 모든 일을 임기응변으로 잘 처리해 냄.

千態萬象(천태만상) : 천만 가지의 모양이라는 뜻으로, 모든 사물이 제각기 다른 모양을 하고 있음.

花容月態(화용월태) : 아름다운 여자의 고운 자태. 미인의 모습을 형용.

欲罷不能(욕파불능) : 파하고자 하여도 파할 수가 없음.

不肖子息(불초자식) : 불초자제의 낮춤말.

刻肌削骨(각기삭골) : "살을 에고 뼈를 깎는다."는 뜻으로, 고통이 극심함을 이르는 말.

雲消霧散(운소무산) : 구름이나 안개가 걷힐 때처럼 산산이 흩어져 흔적도 없이 됨을 이르는 말, 즉, 의심이나 근심 걱정 등이 깨끗이 사라짐을 비유.

肝腦塗地(간뇌도지) : 간과 뇌장을 땅에 쏟아낸다는 뜻으로, 나라를 위하여 목숨을 돌보지 않고 힘을 다함.

百八煩惱(백팔번뇌) : 불교에서 말하는 108가지의 번뇌.

成竹胸中(성죽흉중) : 대나무를 그리려 할 때, 먼저 완전한 대나무의 모양을 머리에 떠올린 후에 붓을 든다는 뜻으로, 어떤 일을 시도할 때는 미리 마음에 계획을 가짐.

胡馬依北風(호마의북풍) : "북쪽의 말은 북풍이 불 때마다 머리를 들어 북쪽을 바라본다."는 뜻으로, '몹시 고향을 그리워함'의 비유.

江湖之樂(강호지락) : 자연을 벗 삼아 누리는 즐거움.

比肩隨踵(비견수종) : "어깨를 나란히 하고, 발뒤꿈치를 따른다."는 뜻으로, 차례로 이어져서 끊이지 않음을 이르는 말.

脾胃難定(비위난정) : "비위가 뒤집혀 가라앉지 아니한다."는 뜻으로, 밉살스런 꼴을 보고 마음이 아니꼬움을 이르는 말.

天命之謂性(천명지위성) : 하늘이 하늘의 본성을 만물에게 부여해준 것을 본성이라고 함.

>>> 血부수

屍山血海(시산혈해) : 사람의 시체가 산같이 쌓이고 피가 바다같이 흐름을 이르는 말.

鳥足之血(조족지혈) : 새 발의 피라는 뜻으로, 아주 적은 분량을 이름.

博施濟衆(박시제중) : 널리 은혜와 사랑을 베풀어 뭇 사람을 구제함.

烏合之衆(오합지중) : 까마귀 떼와 같이 조직도 훈련도 없이 모인 무리. 어중이떠중이, 맹목적으로 모여든 무리들.

衆口鑠金(중구삭금) : 뭇사람의 참소하는 말은 금이라도 녹일 만큼 무서운 힘이 있음.

衆人環視(중인환시) : 많은 사람들이 빙 둘러싸고 바라봄.

>>> 鹵부수

刻畫無鹽(각화무염) : '아무리 꾸며도 무염'이란 뜻으로, 얼굴이 못생긴 여자가 아무리 화장을 해도 미인과 비교할 바가 못됨, 즉 비교가 되지 않음을 이르는 말.

>>> 宀부수

家給人足(가급인족) : 집집마다 넉넉하고 사람마다 풍족함.

自家撞着(자가당착) : 말이나 행동의 앞뒤가 서로 맞지 않음. 矛盾(모순).
傳家之寶(전가지보) : 집에 대대로 전해 내려오는 보물.
鄭家奴歌詩(정가노가시) : 정가의 종들이 시를 읊는다는 뜻으로, 환경의 영향이 큼의 비유. ※ 후한의 학자 정현(鄭玄)의 집종들이 문하생이 배우는 것을 어깨너머로 익혀 《시경》의 구절을 일상 대화에서 자유로이 쓰고 있었다는 고사.
宴安酖毒(연안짐독) : 행실이 바르지 못하여 놀고 즐기는 것은, 마시면 죽는 독주인 짐주(짐새의 깃을 술에 담근 독주)의 독과 같아서 사람의 몸을 상하게 한다는 말.
創業守成(창업수성) : 일을 시작하기는 쉬우나 이룬 것을 지키기는 어렵다는 말. 創業易守成難(창업이수성난).
博學審問(박학심문) : 널리 배우고 자세하게 묻는다는 뜻으로, 배우는 사람이 반드시 명심해야 할 태도.
苟安偸生(구안투생) : 한때의 편안을 탐하여 헛되이 살아감.
安不忘危(안불망위) : 태평할 때에도 위험을 잊지 않음.
安分知足(안분지족) : 편한 마음으로 제 분수를 지키고 만족하며 삶.
安心立命(안심입명) : 불교에서 믿음으로 마음의 평화를 얻어 하찮은 일에 마음이 흔들리지 않는 경지를 이름.
擧案齊眉(거안제미) : 밥상을 들어 눈썹에 맞추어 바친다는 뜻으로, 남편을 깍듯이 공경함을 말함.
百年之客(백년지객) : 언제나 손님 같은 사람이란 뜻으로, 사위를 가리키는 말.
主客顚倒(주객전도) : 주인과 손님이 바뀌었다는 뜻으로, 중요성에 비춘 앞뒤의 차례가 서로 뒤바뀜.
銅頭鐵額(동두철액) : 구리로 만든 머리와 쇠로 만든 이마라는 뜻으로, 성질이 모질고 거만한 사람을 비유해 이르는 말.
陰柔害物(음유해물) : 겉으로는 유순하나 속은 검어서 남을 해치려는 간사한 사람.
群雄割據(군웅할거) : 많은 영웅들이 각지에 자리 잡고 세력을 떨치며 서로 맞서는 일.
風餐露宿(풍찬노숙) : 바람 속에서 식사를 하고 이슬을 맞으며 잠을 이룸. 모진 고생을 이르는 말.
東家食西家宿(동가식서가숙) : 동쪽 집에 가서 먹고 서쪽 집에서 잔다는 뜻으로, 한곳에 정착하지 못하고 이곳 저곳으로 떠돌아다니는 삶을 비유.
舌卷囊縮(설권낭축) : 혀가 꼬부라지고 불알이 오그라진다는 뜻으로, 병세가 몹시 위급함을 이르는 말.
微官末職(미관말직) : 지위가 아주 낮은 벼슬, 또는 그런 자리에 있는 인물.
官尊民卑(관존민비) : 벼슬아치는 우러러보고 일반 백성은 낮추어 봄.
管中窺豹(관중규표) : 대롱 속으로 표범을 엿본다는 말로, 시야가 매우 좁음을 뜻함. 坐井觀天(좌정관천).
管中之天(관중지천) : 대롱 속의 하늘. 즉, 소견이 좁은 것을 비유.
管鮑之交(관포지교) : 우정이 매우 깊은 사귐. 제(齊)나라의 관중(管仲)과 포숙아(鮑叔牙)의 사귐에서 유래. 刎頸之交(문경지교), 芝蘭之交(지란지교), 水魚之交(수어지교), 金蘭之交(금란지교), 竹馬故友(죽마고우), 莫逆之友(막역지우).
以管窺天(이관규천) : 대롱으로 하늘을 봄. 좁은 소견으로 세상을 봄. ㊍우물안 개구리 = 井底之蛙(정저지와) : 우물 안 개구리.
坐井觀天(좌정관천) : 우물 안에서 하늘을 봄.

館閣堂上(관각당상) : 조선시대에, 홍문관과 예문관의 대제학과 제학.

文房四寶(문방사보) : 글을 쓰는 네 가지 벗. 종이, 붓, 벼루, 먹.

水寬魚大(수관어대) : 깊고 넓은 물에는 큰 고기가 깃듦.

到處宣化堂(도처선화당) : 가는 곳마다 대접을 잘 받음을 이르는 말. ※ 감사가 도내(道內)를 시찰할 때 이르는 곳이, 곧 선화당(감사의 집무소)이 된다는 뜻에서 나온 말.

心腹輸寫(심복수사) : 마음속의 생각을 모두 털어놓음.

聆音察理(영음찰리) : 소리를 듣고 그 거동을 살피니, 조그마한 일이라도 주의하여야 함.

完璧歸趙(완벽귀조) : "구슬을 온전히 조나라로 돌려보내다."라는 뜻으로, 흠이 없는 구슬. 결점이 없이 완전함. 빌렸던 물건을 온전히 반환함.

富貴浮雲(부귀부운) : 부귀는 뜬구름과 같다는 뜻으로, 부정하게 지위나 재물을 얻어 봤자 그것은 덧없는 뜬구름과 같다는 말.

陶走猗頓富(도주의돈부) : 도주공과 의돈의 부유함의 뜻으로, 대단한 부호를 이름.

名實不副(명실불부) : 명실이 서로 맞지 아니함.

壽福康寧(수복강녕) : 오래 살고 행복하고 건강하고 평안함.

轉禍爲福(전화위복) : 화(禍)가 변하여 복(福)이 됨. 언짢은 일이 계기가 되어 좋은 일이 생김.

阿諛苟容(아유구용) : 남에게 아첨하며 구차하게 행동함.

會者定離(회자정리) : 만나는 사람은 반드시 헤어지게 됨. 인간의 무상함을 인간의 힘으로 어찌할 수 없는 이별의 아쉬움을 일컫는 말.

歲寒三友(세한삼우) : 추운 겨울의 세 벗이라는 뜻으로, 추운 겨울에도 잘 견디는 소나무 · 대나무 · 매화나무를 말함.

塞翁禍福(새옹화복) : 한때의 이가 장래에는 도리어 해가 되기도 하고, 화가 도리어 복이 되기도 함.

九重宮闕(구중궁궐) : 아홉 번 거듭 쌓은 담 안에 자리한 대궐.

徙宅忘妻(사택망처) : "집을 옮기며 아내를 잊어버린다."라는 뜻으로, 정신이 나간 사람처럼 소중한 것을 잊어버린다는 말.

三從之托(삼종지탁) : 봉건 시대 여자가 지켜야 할 세 가지 도리, 곧 어려서는 아버지를 좇고, 시집가서는 남편을 좇고, 남편이 죽은 뒤에는 아들을 쫓음.

盤石之宗(반석지종) : 견고한 기초.

敬神崇祖(경신숭조) : 신을 공경하고 조상을 숭배함.

宜家之樂(의가지락) : 부부 간의 재미로운 낙.

丙寅洋擾(병인양요) : 홍선대원군의 천주교 탄압으로 고종 3년(1866)에 프랑스 함대가 강화도를 침범한 사건.

黃昏演說(황혼연설) : '노인의 잔소리' 를 일컫는 말.

>>> 穴부수

牛入鼠穴(우입서혈) : 소가 쥐구멍으로 들어간다는 뜻으로, 결코 있을 수 없는 일의 비유.

曲突徙薪(곡돌사신) : 굴뚝은 꼬불꼬불하게 만들고 아궁이 근처의 나무는 다른 곳으로 옮기라는 말로, 화근을 미리 방지하는 것을 비유.

北窓三友(북창삼우) : 북창에 있는 세 벗이라는 말로, 옛날 양반들의 세 가지 벗. 즉 거문고, 책, 술을 칭함.

窮八十(궁팔십) : 주(周)나라 무왕 때의 재상 강태공(姜太公)이 벼슬하기 전에 매우 가난하게 살아온 80년. 가난한 인생.

窮鼠囓猫(궁서설묘) : 궁지에 몰린 쥐는 고양이라도 물음. 상대가 아무리 약하다 해도 빠져나갈 구멍은 마련해 주어야 함.

窮餘之策(궁여지책) : 궁색한 나머지 생각다 못하여 짜낸 꾀.

窮無所不爲(궁무소불위) : 궁색하면 무슨 짓이나 한다는 뜻으로, 사람이 살기 어려우면 예의나 염치를 돌보지 않는다는 말.

山盡水窮(산진수궁) : 아주 깊은 골짜기. 아주 막다른 경지에 빠져 피해 나갈 도리가 없음을 비유하여 일컫는 말.

鼠竊狗偸(서절구투) : "쥐나 개처럼 가만히 물건을 훔친다."는 뜻으로, 좀도둑을 이르는 말.

空前絕後(공전절후) : 비교할 만한 것이 이전과 이후에 없음. 前無後無(전무후무).

赤手空拳(적수공권) : 빈손과 맨주먹. 즉 가진 것이 아무것도 없음.

空手來空手去(공수래공수거): 빈손으로 와서 빈손으로 감. 인생의 무상함과 덧없음을 가리키는 말.

>>> 广부수

庚戌國恥(경술국치) : 국권피탈을 경술년에 당한 나라의 수치라는 뜻으로 일컫는 말.

度外視(도외시) : 가외 것으로 봄. 안중에 두지 않고 무시함.

蔭敍制度(음서제도) : 조상의 덕택으로 자손에게 관직을 주는 제도.

上守吏制度(상수리제도) : 통일 후 신라에서 지방 세력을 효과적으로 감시, 견제하기 위해 마련한 제도로 촌주나 호족과 같은 지방 세력을 볼모로 번갈아 수도 경주에 머물게 하는 제도.

無面渡江東(무면도강동) : 강동으로 건너갈 면목이 없다는 뜻으로, 일에 실패하여 고향에 돌아갈 면이 없는 형편을 이르는 말.

方底圓蓋(방저원개) : 바닥이 네모난 그릇에 둥근 뚜껑이라는 뜻으로, 일이 어긋나고 맞지 않음을 비유해 이르는 말.

低首下心(저수하심) : 머리를 낮게 하고 마음을 아래로 향하게 한다는 말로, 남에게 머리 숙여 복종하는 것을 비유.

抵死爲限(저사위한) : 죽기를 각오하고 굳세게 저항함.

昏庸無道(혼용무도) : "세상이 온통 어지럽고 무도하다."라는 뜻.

庶幾中庸(서기중용) : 어떠한 일도 한쪽으로 기울어지게 일하면 안 됨.

寡廉鮮恥(과렴선치) : "얼굴이 두껍고 부끄러움이 없다."의 뜻으로, 뻔뻔스러워 부끄러워할 줄 모름.

心廣體胖(심광체반) : 마음이 너그러워서 몸에 살이 찜.

康衢煙月(강구연월) : 태평한 시대의 평화로운 거리 풍경, 곧 태평성대.

>>> 高부수

高官大爵(고관대작) : 지위가 높고 벼슬 또는 그런 자리에 있는 인물.

高談峻論(고담준론) : 고상하고 준엄한 이야기. 남의 이목에는 아랑곳 하지 않고 고고한 척하는 이야기.

氣高萬丈(기고만장) : 일이 뜻대로 잘되어 기세가 대단함, 또는 펄펄 뛸 만큼 몹시 성이 남.

稿索捕虎(고삭포호) : 볏짚 새끼줄로 범을 잡는다. 새끼로 범 동이기. 어설프게 하면 실패한다는 말. 출전 동언해(東言解).

春府大人(춘부대인) : 남의 아버지에 대한 존칭.

流水不腐(유수불부) : 흐르는 물은 썩지 않는다는 뜻으로, 항상 움직이는 것은 썩지 않음을 이르는 말.

>>> 豆부수

種豆得豆(종두득두) : 콩 심으면 콩을 얻는다는 뜻으로, 원인에 따라 결과가 발생함. 種瓜得瓜(종과득과).

豈敢毁傷(기감훼상) : 부모께서 낳아 길러 주신 이 몸을 어찌 감히 훼상할 수 없음.

時和豐年(시화풍년) : "시절이 평화롭고 해마다 풍년이 든다."라는 뜻으로, 태평성대를 비유하는 사자성어.

五體投地(오체투지) : 온몸을 던져 부처님께 절을 함.

束脩之禮(속수지례) : 묶은 육포의 예절이라는 말로, 스승을 처음 만나 가르침을 청할 때 예의를 갖추는 것을 이름.

餘不備禮(여불비례) : 나머지는 예를 갖추지 못하였음을 뜻하는 말로, 편지 끝에 쓰는 말.

虛禮虛飾(허례허식) : 예절이나 의식을 겉으로만 꾸미며 실속도 정성도 없음.

>>> 片부수

一片丹心(일편단심) : 한 조각 붉은 마음이라는 뜻으로, 변치 않는 참된 마음을 이름.

>>> 匕부수

白首北面(백수북면) : "재덕(才德)이 없는 사람은 늙어서도 북쪽을 향하여 남에게 가르침"을 받는다는 말.

面從腹背(면종복배) : 겉으로는 복종하는 체하면서 뒤에서는 비방함.

橘化爲枳(귤화위지) : 귤이 변하여 탱자가 됨. 환경과 조건에 따라 사물의 질이 변화함. 南橘北枳(남귤북지).

千變萬化(천변만화) : 천만 가지의 변화라는 뜻으로, 변화가 무궁함을 이름.

奇貨可居(기화가거) : 진기한 물건이나 사람은 당장 쓸 곳이 없다 하여도 훗날을 위하여 잘 간직하는 것이 좋다는 말.

解語花(해어화) : 말을 헤아리는 꽃이란 말로, 미인을 비유.

花中王(화중왕) : 꽃 중의 왕이란 뜻. 곧 모란을 일컫는 말.

錦上添花(금상첨화) : 비단 위에 꽃을 더하다는 뜻으로, 좋은 것에 더 좋은 것을 더함.

落花流水(낙화유수) : '떨어지는 꽃잎과 흐르는 물' 곧 낙화에 정이 있으면 유수 또한 정이 있어 그것을 띄워서 흐를 것이란 뜻으로, 남녀에게 서로 그리워하는 정이 있음을 이르는 말.

百花齊放(백화제방) : 많은 꽃이 한꺼번에 핀다는 뜻으로, 갖가지 학문이나 사상이 개방적으로 발표되고 발달됨.

花中君子(화중군자) : 꽃 중의 군자란 뜻. 곧 연꽃을 이름.

>>> 斗부수

泰山北斗(태산북두) : 중국 제일의 명산인 태산과 북두성이라는 뜻으로, 학문 · 예술 분야의 대가. 태산과 북두칠성을 여러 사람이 우러러보듯이, 남에게 존경받는 뛰어난 존재.

金科玉條(금과옥조) : 금과 옥 같은 법이란 뜻으로, 소중히 여기고 꼭 지켜야 하는 법률, 또는 절대적인 것으로 여기어 지키는 규칙이나 교훈.

鼻元料簡(비원요간) : 당장만을 생각하는 얕은 생각. 그 자리에서 떠오른 생각. 임기응변.

>>> 弋부수

應行格式(응행격식) : 마땅히 갖추어야 할 격식.

嘗試之計(상시지계) : 남의 뜻을 시험하여 알아내려는 꾀.

>>> 用부수

節用而愛人(절용이애인) : 나라의 재물을 아껴 쓰는 것이, 곧 백성을 사랑함을 말함.

備盡事情(비진사정) : 청을 들어 달라고 간절하게 사정함.

>>> 耒부수

耕者有田(경자유전) : 농사짓는 사람이 밭을 소유함.

晝耕夜讀(주경야독) : 낮에는 농사짓고, 밤에는 글을 읽는다는 뜻으로, 어려운 여건 속에서도 꿋꿋이 공부함을 이르는 말.

>>> 几부수

凡聖不二(범성불이) : 범인과 성인의 구별은 있지만, 본성은 일체 평등하다는 말.

>>> 戶부수

家家戶戶(가가호호) : 각 집. 집집마다, 또는 모든 집.

獨守空房(독수공방) : 홀로 빈방을 지킴. 아내가 남편이 없이 빈방에서 홀로 사는 모습을 가리킴.

>>> 門부수

門外漢(문외한) : 직접으로 그 일에 관여하지 않은 사람. 테 밖의 사람. 牆外漢(장외한).

登龍門(등용문) : 용문에 오른다는 뜻으로, 입신출세의 어려운 관문을 통과하여 크게 출세함.

于公門(우공문) : 음덕이 있는 자손은 번창한다는 말.

杜門不出(두문불출) : 집 속에만 박혀 있어 세상밖에 나가지 않음.

禍福無門(화복무문) : 화복이 오는 길에는 문이 따로 없다는 뜻. 곧 화복은 우연히 오는 것이 아니라 모두 자기 자신이 불러들이는 것임. 화복은 운명적인 것이 아니라 착한 일을 하고, 악한 일을 함에 따라 각각 달리 받는 것임.

笑門萬福來(소문만복래) : 웃는 집에 온갖 복이 옴.

記問之學(기문지학) : 단지 글을 외기만 하여 남의 질문에 응답하는 학문.

問道於盲(문도어맹) : "소경에게 길을 묻다."는 뜻. 효과가 없음의 비유. 헛수고만 함의 비유. 알지 못하는 사람에게 무엇을 물어 봄의 비유.

不問可知(불문가지) : 묻지 않아도 알 수 있음.

不問曲直(불문곡직) : 옳고 그름을 묻지 않음.

多聞博識(다문박식) : 보고 들은 것이 많고 학식이 많음.

百聞不如一見(백문불여일견) : 백 번 듣는 것보다 한 번 보는 것이 낫다는 말로, 직접적인 경험의 중요성을 강조하는 말.

閏餘成歲(윤여성세) : 일 년 24절기 나머지 시각을 모아 윤달로 하여 해를 이루었음.

肥己潤身(비기윤신) : 제 몸만 살찌게 함. 제 이익만 취함.

夢寐之間(몽매지간) : 꿈을 꾸고 잠을 자는 동안. 사물을 좀처럼 잊지 못함이나 이룰 수 없는 일에 너무 지나치게 몰두함을 이르는 말.

咫尺之間(지척지간) : 아주 가까운 거리.

倉卒之間(창졸지간) : 미처 어찌할 수 없는 순식간. ※ 倉卒은 미처 어찌할 사이 없이 급작스러움.

太史之簡(태사지간) : 태사는 중국에서 기록을 맡아보던 벼슬아치로 사관을 말하고, 간은 문서를 말함. 즉, 역사가의 역사 기록. 역사를 기록함에 사실을 숨기지 아니하고 그대로 직필함.

開物成務(개물성무) : 만물의 뜻을 개통하여 깨달아 모든 일을 성취함. 사람이 아직 알지 못하는 도리를 깨달아 이를 실제로 행하여 이룸. 만물은 어우러져 이루어지고 그렇게 각자의 의무와 임무를 완수함. 刻苦勉勵 開物成務(각고면려 개물성무) = 開成(개성).

天地開闢(천지개벽) : 하늘과 땅이 새로이 열림.

運數所關(운수소관) : 모든 일이 운수에 달려 있어 사람의 힘으로는 어찌할 수 없음.

閉月羞花(폐월수화) : "달이 숨고 꽃이 부끄러워한다."는 뜻으로, 절세의 미인을 비유해 이르는 말.

>>> 缶부수

金甌無缺(금구무결) : "흠집이 전혀 없는 황금 단지"라는 뜻으로, 외침을 받은 적이 없는 당당한 국가를 비유해 이르는 말.

決河之勢(결하지세) : 홍수가 져서 강물이 둑을 무너뜨리고 세차게 넘쳐흐르는 것 같은 형세.

快犢破車(쾌독파거) : "기세 좋은 송아지는 이따금 제가 끄는 수레를 깨뜨린다는 뜻으로, 장차 큰일을 하려는 젊은이는 스스로를 경계해야 함을 이르는 말.

擊蒙要訣(격몽요결) : 선조 때 율곡 이이가 청소년들의 학습을 위하여 독서궁리, 입신칙궁, 봉친접물 등에 관한 내용으로 편찬한 책.

>>> 臼부수

咸興差使(함흥차사) : 심부름을 간 사람이 소식이 아주 없거나, 또는 회답이 좀처럼 오지 않음을 비유하는 말.

因舊遵行(인구준행) : 전례대로 좇아 행함.

與民同樂(여민동락) : 왕이 백성과 더불어 같이 즐김.

竪者不足與謀(수자부족여모) : 아이와 함께 일을 도모할 수 없다는 말로, 풋내기와는 큰일을 꾀할 수 없음을 비유.

一擧兩得(일거양득) : 한 가지 일로써 두 가지 이득을 얻음.

落落之譽(낙락지예) : 도량이 넓은 인물의 명성.

>>> 瓦부수

弄瓦之喜(농와지희) : "질그릇을 갖고 노는 경사"란 뜻으로, 딸을 낳은 기쁨.

>>> 酉부수

酉山筆記(유산필기) : 책 이름. 4책. 필사본. 찬자 · 저작 연대 미상. 우리나라의 고대로부터 조선 중기에 이르기까지의 국명 · 지명 · 제도 · 풍속 · 인명 · 사물 등에 대하여 백과 사전식으로 서술한 책.

求漿得酒(구장득주) : 식초를 구하다가 술을 얻었다는 뜻으로, 기대 이상의 효과를 얻음의 비유.

豚蹄一酒(돈제일주) : 돼지발과 술 한 잔이라는 말로, 작은 물건으로 많은 물건을 구하려 함을 비유.

酒池肉林(주지육림) : 술이 연못을 이루고, 고기가 숲을 이룬다는 뜻으로, 호화롭고 사치스런 주연(酒宴) 또는 폭정을 비유.

先病者醫(선병자의) : 먼저 앓아 본 사람이 의원이라는 뜻으로, 경험 있는 사람이 남을 인도할 수 있다는 말.

天定配匹(천정배필) : 하늘이 정해준 짝. 잘 어울리는 부부를 가리킴.

>>> 皿부수

徒勞無益(도로무익) : 헛되이 애만 쓰고 이익이 없는 것.

益者三友(익자삼우) : 사귀어 자기에게 유익한 세 벗. 곧 정직한 벗, 신의가 있는 벗, 지식이 있는 벗. ↔ 損者三友(손자삼우).

掩耳盜鈴(엄이도령) : 귀를 막고 구슬을 훔침이란 뜻으로, 드러난 것을 얕은 수로 속이려는 행동을 이름. ㊟ 눈 가리고 아웅한다.

一網打盡(일망타진) : 한 번의 그물질로 모두 잡아버린다는 말로, 특히 범인들을 하나도 놓치지 않고 검거할 때 쓰임.

縱橫無盡(종횡무진) : 가로 세로로 다함이 없듯, 행동(行動)이 마음 내키는 대로 자유자재(自由自在)로 함.

米櫃大監(미궤대감) : 사도세자, 즉 장헌세자를 달리 이르는 말. 쌀 궤짝에 갇혀 죽었으므로 이러한 이름이 생김.

濫觴(남상) : 술잔에 겨우 넘칠 정도의 작은 물이라는 뜻으로, 큰 강물도 그 근원은 술잔이 넘칠 정도의 작은 물에서 시작한다는 뜻. 모든 사물이나 일의 시초, 근원을 일컬음.

靑出於藍(청출어람) : 쪽에서 뽑은 푸른 물감이 쪽보다 더 푸르다는 뜻으로, 제자나 후배가 스승이나 선배보다 더 뛰어남.

殷鑑不遠(은감불원) : 은나라 왕이 거울로 삼아야 할 멸망의 선례는 먼 곳에 있지 않다는 말로, 남의 실패를 자신의 거울로 삼으라는 뜻.

前車可鑑(전거가감) : 앞 수레는 뒤 수레의 거울이 될 수 있다는 뜻. 전인(前人)의 실패를 보고 후인(後人)은 이를 경계로 삼아야 함을 이름.

萬機親覽(만기친람) : 임금이 온갖 정사를 친히 보살핌.

>>> 亅부수

多事多難(다사다난) : 여러 가지 일도 많고 어려움도 많음.

萬事如意(만사여의) : 모든 일이 뜻대로 됨.

人間萬事(인간만사) : 인간 사회에서 일어나는 온갖 일 또는 사건.

繪事後素(회사후소) : 그림 그리는 일은 흰 바탕이 있은 이후에 한다는 말로, 본질이 있은 연후에 꾸밈이 있음을 말함.

修人事待天命(수인사대천명) : 사람의 힘으로 할 수 있는 일은 다 하고 하늘의 명을 기다림.

猝猝了當(졸졸요당) : 미처 손쓸 사이도 없이 갑작스럽게 끝 마침.

欲取先與(욕취선여) : "적을 잡으려면 먼저 도망가게 해주고, 빼앗으려면 먼저 줘라."는 말에서 나온 것으로, 먼저 주는 것이 지금 당장에는 손해인 것 같지만, 결국에는 모두 빼앗는 목표를 달성하는 수단이라는 뜻.

長幼有序(장유유서) : 오륜의 하나. 어른과 어린이 사이에는 순서와 질서가 있음.

狼子野心(낭자야심) : 이리 새끼의 야수와 같은 성질. 즉 본래 간직한 흉측한 마음과 모반하는 성질은 교육한다 해도 고치기 힘듦.

>>> 工부수

同工異體(동공이체) : 같은 악공끼리라도 곡조를 달리한다는 뜻으로, 동등한 재주의 작가라도 문체에 따라 특이한 광채를 냄을 이르는 말.

功虧一簣(공휴일궤) : "공이 한 삼태기로 허물어졌다."는 말로, 조금만 더 노력하면 목적을 달성할 수 있는데, 중도에 포기하였기 때문에 애쓴 일이 모두 허사가 되고 만다는 뜻.

論功行賞(논공행상) : 공을 논하여 거기에 알맞은 상을 내림.

錦繡江山(금수강산) : 비단처럼 아름다운 강산.

遠交近攻(원교근공) : 먼 나라와 사귀고 가까운 곳을 공격함.

稅熟貢新(세숙공신) : 곡식이 익으면 부세하여 국용을 준비하고, 신곡으로 종묘에 제사를 올림.

萬丈紅塵(만장홍진) : 매우 높이 솟아오르는 벌건 먼지. 인간들이 살아가는 먼지 자욱한 속세를 가리키는 말.

花無十日紅(화무십일홍) : 10일 붉은 꽃이 없다는 뜻으로, 한 번 성한 것은 반드시 쇠퇴함을 이름.

巧取豪奪(교취호탈) : 교묘한 수단으로 빼앗아 취한다는 뜻으로, 정당하지 않은 방법으로 남의 귀중한 물건을 가로챔을 비유.

雲泥之差(운니지차) : 구름과 진흙 차이(差異)란 뜻으로, 사정(事情)이 크게 다르다는 경우(境遇)에 쓰는 말. 서로의 차이(差異)가 매우 큼.

天壤之差(천양지차) : 하늘과 땅의 차이라는 뜻으로, 변화가 무궁함을 이름.

千差萬別(천차만별) : 차이와 구별이 아주 많음.

左顧右眄(좌고우면) : 왼쪽을 바라보고 오른쪽을 곁눈질함. 결정을 내리지 못하고 이것저것 눈치만 살피는 모습.

左之右之(좌지우지) : 어떤 일이나 사람을 마음대로 다룸.

王佐之材(왕좌지재) : 임금을 도와서 나라의 큰일을 할 만한 인물.

巨卿之臣(거경지신) : 자가 거경(巨卿)인 범식(范式)이 약속을 잘 지켰다는 것에서 굳은 약속을 뜻함.

螳螂拒轍(당랑거철) : 사마귀가 수레바퀴를 막아섬. 제 분수도 모르고 강한 적에게 반항하여 덤벼듦. 螳螂之斧(당랑지부).

聖人相距(성인상거) : 성인과의 서로 떨어진 거리.

>>> 聿부수 — 肀

自肅自戒(자숙자계) : 스스로 삼가고 경계함.

>>> 网부수 — 罒, 罓, 冈

席藁待罪(석고대죄) : 거적을 깔고 엎드려 벌주기를 기다린다는 뜻으로, 죄과에 대한 처분을 기다림.

蒲鞭之罰(포편지벌) : 부들 채찍의 벌이라는 뜻으로, 형식만 있고 실지는 없어 욕만 보이자는 벌, 곧 너그러운 정치를 이르는 말.

羅雀掘鼠(나작굴서) : 그물을 벌려 참새를 잡고 땅을 파서 쥐를 잡는다는 뜻으로, 최악의 상태에 이르러 어찌 할 방법이 없음을 비유적으로 말함.

門前雀羅(문전작라) : 문 앞에 새그물을 친다는 말로, 권세를 잃거나 빈천해지면 문 앞에 새 그물을 쳐 놓을 수 있을 정도로 방문객의 발길이 끊어진다는 말.

署名捺印(서명날인) : 문서에 이름 또는 상호를 표시하고 도장을 찍는 일.

罔極之恩(망극지은) : 다함이 없는 임금이나 부모님의 큰 은혜.

>>> 刀부수 – 刀, 刂

快刀亂麻(쾌도난마) : 어지러이 얽혀 있는 삼[麻]을 날카로운 칼로 잘라 냄. 복잡하게 얽힌 일이나 정황을 명쾌하게 정리하고 분석함.

天生緣分(천생연분) : 하늘이 미리 맺어준 연분.

落英繽紛(낙영빈분) : 낙화가 어지럽게 떨어지면서 흩어지는 모양.

貧者一燈(빈자일등) : 가난한 사람의 등불 하나라는 말로, 가난하지만 정성을 다해 보시(報施)하는 태도.

貧則多事(빈즉다사) : 가난한 살림에 일은 많다는 뜻으로, 가난하면 살림에 시달리고 번거로운 일이 많아서 바쁨을 이르는 말.

家貧孝子出(가빈효자출) : 가난한 집에서 효자가 나옴.

安貧樂道(안빈낙도) : 가난한 생활 가운데서도 편안한 마음으로 도를 즐김.

家貧思良妻(가빈사양처) : 집안이 가난해지면 살림을 잘하는 어진 아내를 생각하게 된다. 비상시에 진가를 안다는 말.

兩寡分悲(양과분비) : "두 과부가 슬픔을 서로 나눈다."는 뜻으로, 같은 처지에 있는 사람끼리 서로 동정한다는 말.

諸說紛紛(제설분분) : 여러 가지 의견이 뒤섞여 혼란함.

兵不血刃(병불혈인) : 병사가 칼에 피를 묻히지 아니하였다는 뜻으로, "피를 흘릴 만한 싸움도 아니하고 쉽게 이김" 이라는 말.

見利思義(견리사의) : 이로움을 얻게 될 때 의리를 먼저 생각함.

薄利多賣(박리다매) : 이익은 적게 보고 팔기를 많이 함.

漁父之利(어부지리) : 어부지리(漁夫之利). 어부의 이익이라는 뜻으로, 둘이 다투는 틈을 타서 엉뚱한 제3자가 이익을 가로챔을 이르는 말.

利用厚生(이용후생) : 사람들이 사용하는 기구를 편리하게 만들고 먹을 것과 입을 것을 넉넉하게 하여 백성들의 생활을 향상시킴.

朝名市利(조명시리) : 명예는 조정에서 다투고, 이익은 시장에서 다투라는 뜻으로, 무슨 일이든 알맞은 곳에서 하여야 함을 이르는 말.

梨不如菁(이불여청) : 깊은 맛은 배 맛이 무우 맛보다 못함.

所經列邑(소경열읍) : 중도에 지나는 여러 고을.

目眥盡裂(목자진열) : 눈초리가 다 찢어진다는 뜻으로, 눈을 부릅뜨고 몹시 사납게 흘겨보는 모양을 이르는 말.
憂心烈烈(우심열렬) : 근심하는 마음 때문에 흥분하거나 걷잡을 수 없는 행동을 함.
秋霜烈日(추상열일) : '가을의 찬 서리와 여름의 뜨거운 햇살' 이라는 뜻으로, 형벌이 엄하고 권위가 있음을 비유적으로 이르는 말.
考例施賞(고례시상) : 전례를 참고하여 상을 줌.
敎外別傳(교외별전) : 경전 등의 문자나 말에 의하지 않고 부처님의 가르침을 마음에서 마음으로 전함.
夫婦有別(부부유별) : 오륜의 하나로, "남편과 아내는 분별이 있어야 한다."는 뜻으로, 부부 사이에는 인륜상 각각 직분이 있어 서로 침범하지 못할 구별이 있음.
衣食足則知榮辱(의식족즉지영욕) : 의식이 넉넉해야 영예와 치욕을 안다는 뜻으로, 사람은 생활이 풍족해야 비로소 예의 · 체면을 차릴 수 있다는 말.
必死則生必生則死(필사즉생필생즉사) : 죽기로 싸우면 반드시 살고, 살려고 비겁하면 반드시 죽는다는 뜻. 위기에 처한 나라를 구하는 충신의 각오를 토로한 말.
輾轉反側(전전반측) : 누워서 몸을 이리저리 뒤척이며 잠을 이루지 못함. 전전불매(輾轉不寐).
以指測海(이지측해) : "손가락을 가지고 바다의 깊이를 잰다."는 뜻으로, 양을 헤아릴 줄 모르는 어리석음을 이르는 말.
先則制人(선즉제인) : 남보다 먼저 하면 남을 제압할 수 있음.
前途洋洋(전도양양) : 앞길이나 앞날이 크게 열리어 희망이 있음.
前途遙遠(전도요원) : 앞길이 한없이 멂음.
初志一貫(초지일관) : 처음에 세운 뜻을 이루려고 한결같이 밀고 나감.
剛毅木訥(강의목눌) : 의지가 굳고 용기가 있으며 꾸밈이 없고 말수가 적은 사람을 비유함.
鋼鐵婚式(강철혼식) : 결혼 11주년.
君爲臣綱(군위신강) : 임금은 그 신하의 벼리가 되어야 함.
夫爲婦綱(부위부강) : 남편은 아내의 벼리가 됨.
父爲子綱(부위자강) : 아버지는 자식의 벼리가 됨.

>>> 刀부수

懸頭刺股(현두자고) : 머리를 노끈으로 묶어 높이 걸고 허벅다리를 찔러 잠을 깨워가며 공부한다는 뜻으로, 학업에 힘쓰는 것을 일컬음.
黃券赤軸(황권적축) : 누른 종이와 붉은 책갑이라는 뜻으로, 불경을 이르는 말.
隻手空拳(척수공권) : 외손에 맨주먹이란 뜻으로, 곧 아무것도 가진 것이 없음.

>>> 戈부수

多言或中(다언혹중) : 말을 많이 하다 보면 어쩌다가 사리에 맞는 말도 있음.

惑世誣民(혹세무민) : 세상을 어지럽히고 백성을 미혹하게 하여 속임.

域外調達(역외조달) : 대외 원조, 또는 해외 주둔군에 필요한 물자를 자기 나라에서 사지 않고 다른 나라에서 사는 일.

狐假虎威(호가호위) : 여우가 호랑이의 위세를 빌어 다른 짐승 앞에서 호랑이 행세를 함. 남의 권세를 빌려 위세를 부림.

滅門之禍(멸문지화) : 가문이 사라지는 재난.

一罰百戒(일벌백계) : 한 사람을 벌하여 백 사람의 경계로 삼는다는 뜻으로, 여러 사람에게 경각심을 불러일으키게 하기 위하여 무거운 벌로 다스림.

機械之心(기계지심) : 책략을 꾸미는 마음.

亂臣賊子(난신적자) : 나라를 어지럽게 하는 신하와 어버이를 해치는 자식.

斯文亂賊(사문난적) : 교리에 어긋나는 언동으로 유교(儒敎)를 어지럽히는 사람.

倒置干戈(도치간과) : 무기를 거꾸로 놓는다는 뜻으로, 세상이 평화로워졌음을 이르는 말.

戊午史禍(무오사화) : 조선 연산군 4(1498)년 유자광의 무리인 훈구파가 『성종실록』에 실린 사초 『조의제문』으로 사림파를 모함하여 이미 죽은 김종직의 관을 파헤쳐 그 목을 베고, 김일손을 비롯한 많은 선비들이 죽임을 당하고 쫓겨난 당쟁.

策功茂實(책공무실) : 공(功)을 꾀함에 무성하고 충실함.

矮人看戱(왜인간희) : 키가 작은 사람이 큰 사람 틈에 끼여 구경은 못하고서 앞사람의 이야기만 듣고 자기가 본 체 또는 아는 체한다는 뜻으로, 자신은 아무것도 모르면서 남이 그렇다고 하니까 덩달아서 그렇다고 하는 것. 식견이 좁고 주견이 없는 사람을 비유해 이르는 말.

農時方劇(농시방극) : 농사철이 되어 일이 한창 바쁨.

據理責之(거리책지) : 사리를 따지어 잘못을 꾸짖음.

籧篨戚施(거저척이) : '엎드릴 수도 없고, 위를 쳐다볼 수도 없는 병' 이란 뜻으로, 오만하고 아첨하는 사람을 비유해 이르는 말.

技成眼昏(기성안혼) : 재주를 다 배우고 나니 눈이 어둡다는 뜻으로, 늙어서 좋은 기술이 쓸모없는 무용지물이 됨의 비유.

綠葉成陰(녹엽성음) : 푸른 잎이 그늘을 만든다는 말로, 여자가 결혼하여 자녀가 많은 것을 일컫는 말.

桃李不言下自成蹊(도리불언하자성혜) : 복숭아와 오얏(자두)은 꽃이 곱고 열매가 맛이 좋으므로, 오라고 하지 않아도 찾아오는 사람이 많아 그 나무 밑에는 길이 저절로 생긴다는 뜻으로, 덕이 있는 사람은 스스로 말하지 않아도 사람들이 따름을 비유해 이르는 말.

孤城落日(고성낙일) : 외로운 성에서 지는 해를 바라봄. 남의 도움 없이 고립된 상태. 남의 도움을 받지 못하는 외로운 상태.

至誠感天(지성감천) : 정성이 지극하면 하늘도 감동함.

珍羞盛饌(진수성찬) : 귀한 반찬 등으로 정성껏 성대히 차린 음식.

興亡盛衰(흥망성쇠) : 흥하고 망함과 성하고 쇠함.

物我一體(물아일체) : 자연물과 내가 한 몸이라는 뜻으로, 대상물에 완전히 몰입된 상태.

餓死之境(아사지경) : 굶어죽게 된 지경.

>>> 斤부수

千斤萬斤(천근만근) : 무게가 천근이나 만근이 된다는 뜻으로, '아주 무거움' 을 뜻하는 말.

計無所出(계무소출) : 계책이 나올 곳이 없음. 아무런 계책도 통하지 않는 답답한 상황.

罔知所措(망지소조) : 당황해서 어찌할 바를 모름.

無所不爲(무소불위) : 하지 못하는 바가 없음.

爲鬼所笑(위귀소소) : 귀신의 비웃음을 당하다의 뜻으로, 운명을 모르는 사람을 비웃는 말. 가난을 헤어날 길이 없음의 비유.

於斯之間(어사지간) : 어느 사이인지도 모르는 동안에.

近墨者黑(근묵자흑) : 먹을 가까이하면 검어진다의 뜻으로, 나쁜 사람을 가까이하면 물들기 쉬움을 이름. 즉 환경의 중요성을 말함.

近朱者赤(근주자적) : 주사를 가까이하는 사람은 붉어진다. 주위 환경이 중요하다는 것을 이르는 말.

不可近不可遠(불가근불가원) : 가까이하기도, 멀리하기도 어려움.

兵家常事(병가상사) : 전쟁에서 이기고 지는 것은 흔히 있는 일이니, 지더라도 낙담하지 말라는 뜻.

祈快癒(기쾌유) : 빨리 병이 낫기를 기원함.

祈完快(기완쾌) : 완쾌를 기원함.

白頭如新(백두여신) : 머리가 흰머리가 있을 때까지 사귀었으나 여전히 낯섦.

送舊迎新(송구영신) : 묵은해를 보내고 새해를 맞이함.

衛正斥邪(위정척사) : 바른 것을 지키고 옳지 못한 것을 물리친다는 유교 정치사상.

呼訴無處(호소무처) : 원통한 사정을 호소할 곳이 없음.

>>> 士부수

士氣衝天(사기충천) : 무사의 씩씩한 기운. 적에 대한 병사의 기개.

二桃殺三士(이도살삼사) : 복숭아 두 개로 선비 셋을 죽임. 매우 놀랍고도 교활한 계략을 이름.

仕非爲貧(사비위빈) : 관리는 빈한해도 녹을 먹기 위해 일하지 않는다는 뜻으로, 관리된 사람은 덕을 천하에 펴야 한다는 말.

玩物喪志(완물상지) : 진귀한 물건에 정신이 팔려 본심을 잃어버림. 물질이나 도벽 또는 취미에 빠지면 소중한 본심을 잃음.

靑雲之志(청운지지) : 청운(靑雲)은 푸른 구름이란 뜻으로, 이는 보통 구름이 아니라 신선이 천국을 오를 때 타고 다니던 구름을 말함. 청운지지(靑雲之志)는 덕을 닦아 선현의 자리에 이르려는 뜻. 입신출세하려는 의지. 공명을 세우고자 하는 마음. 고결하고 세상밖에 초연한 지조. 은자(隱者)가 됨.

老益壯(노익장) : 늙었으나 의욕이나 기력은 점점 더 좋아짐.

豪言壯談(호언장담) : 주위 상황을 고려하지 않고 자신 있게 큰소리치는 모습.

莊周之夢(장주지몽) : 자아와 외계와의 구별을 잊어버린 경지를 말함. 사물과 자신이 한 몸이 된 경지.

武裝蜂起(무장봉기) : 지배자의 학정, 압제 따위에 대항하여 백성이 무장을 하고 일어나는 저항 운동.

十年減壽(십년감수) : 수명이 십 년이나 줄었다는 뜻으로, 몹시 놀랐거나 매우 위험한 고비를 겪었을 때 이르는 말.

延年益壽(연년익수) : 해에 해를 더하여 수명이 연장됨. 나이가 오래도록 장수함.

辛壬士禍(신임사화) : 조선 경종 원년(1721)부터 2년(1722)에 걸쳐 이어난 사화. 경종이 병이 잦고 세자가 없자 노론의 사대신의 주장으로 원년 8월에, 왕제 영조를 세자로 책봉하고 다시 정무를 대리하게 되었는데 소론의 신하들이 불가함을 상소하고, 사대신 등이 역변을 도모한다 하여 무고하게 극형을 당하고 100여 명이 사사 · 원찬의 참화를 입었음.

任重道遠(임중도원) : 맡은 바 책임은 막중하고 임무를 수행할 길은 멀다는 뜻.

無賃乘車(무임승차) : 차비를 내지 않고 차를 타는 일.

天無淫雨(천무음우) : 하늘에서 궂은비가 내리지 않는다는 뜻으로, 화평한 나라, 태평한 시대를 비유하여 이르는 말.

>>> 矛부수

自己矛盾(자기모순) : 자기 스스로에 대한 모순.

矛盾撞着(모순당착) : 같은 사람의 문장이나 언행이 앞뒤가 서로 어그러져서 모순됨.

君子務本(군자무본) : 군자는 근본에 힘씀.

務實力行(무실역행) : 실제를 중히 여기고 힘써 실천함을 중시함.

五里霧中(오리무중) : 깊은 안갯속에 들어서게 되면 동서남북도 가리지 못하고 길을 찾기 어려운 것처럼 무슨 일에 대하여 알 길이 없음을 일컫는 말.

>>> 干부수

謹賀新年(근하신년) : 삼가 새해를 축하함.

年年歲歲(연년세세) : 해마다.

三生有幸(삼생유행) : 삼생의 행운이 있다는 말로, 매우 얻기 어려운 기회.

常平倉(상평창) : 항상 곡식의 가격을 공평하게 조정하는 창고. 상평은 상시평준(常時平準)의 준말로, 곡식이 쌀 때 사두었다가 비쌀 때 팔아 물가를 조절하던 기관. 조선 선조 때의 선혜청(宣惠廳)과 같음.

平地波瀾(평지파란) : 평평한 땅에 파도가 일어난다는 말로, 잘되던 일을 일부러 어렵게 만들거나 분쟁을 일으키기를 즐겨할 때 쓰는 말.

蕩蕩平平(탕탕평평) : 어디에도 치우치지 않고 바른길을 감.

群盲象評(군맹상평) : 여러 맹인이 코끼리를 더듬는다는 뜻으로, 즉 자기의 좁은 소견과 주관으로 사물을 그릇 판단함.

干名犯義(간명범의) : 명분(名分)을 어기고 은혜(恩惠)를 배반(背反)하는 짓. 이를테면, 아들이 대역(大逆) 죄인(罪人)도 아닌 아버지를 고소(告訴)하는 따위.

干城之材(간성지재) : 방패와 성의 구실을 하는 인재. 나라를 지키는 믿음직한 인재. 干城(간성).

干將莫耶(간장막야) : 간장과 막야가 만든 칼로, 천하에 둘도 없는 명검 혹은 보검을 비유함.

不干之書(불간지서) : 길이길이 전할 불후(不朽)의 좋은 책. 영원히 전하여 없어지지 않는 양서.

萬世不刊(만세불간) : 만세에 지우지 못한다는 뜻으로, 영원히 전함의 뜻. 간은 삭과 같음.

肝膽相照(간담상조) : 간과 쓸개를 서로 비춤. 즉, 서로 마음을 터놓고 친하게 지냄.

對岸之火(대안지화) : 강 건너 불이라는 뜻으로, 어떤 일이 자기에게는 아무 관계도 없다는 듯이 관심이 없음을 이르는 말.

傲岸不遜(오안불손) : 행동거지가 오만불손하고 잘난 체하는 태도.

大旱慈雨(대한자우) : 큰 가뭄 끝에 내리는 고마운 비.

久旱逢甘雨(구한봉감우) : 오랜 가뭄 끝에 단비를 만난다는 뜻으로, 오랫동안 괴로움을 겪다가 즐거운 일을 맞게 됨의 비유.

汗牛充棟(한우충동) : 책을 수레에 실으면 소가 땀을 흘리고 쌓아 올리면 대들보까지 찬다는 뜻으로, 책이 매우 많음을 뜻함.

>>> 弓부수

傷弓之鳥(상궁지조) : 한 번 화살을 맞은 새는 구부러진 나무만 봐도 놀란다는 뜻으로, 한 번 혼이 난 일로 말미암아 늘 의심하고 두려워함의 비유.

虛張聲勢(허장성세) : 실제보다 과장하여 허세만 떠벌임.

弘益人間(홍익인간) : 널리 인간을 이롭게 함. 우리나라의 교육이념.

弱肉强食(약육강식) : 약한 것이 강한 것에게 먹힌다는 뜻으로, 생존경쟁이 격렬함을 나타내는 말.

抑强扶弱(억강부약) : 강한 자를 누르고 약한 자를 도와줌.

面引廷爭(면인정쟁) : 임금의 앞에서 그 허물을 직간함.

我田引水(아전인수) : 제 논에 물 대기. 자기에게만 이롭도록 생각하거나 행동함.

弔民伐罪(조민벌죄) : 불쌍한 백성은 돕고, 죄지은 백성은 벌주었음.

强弩之末(강노지말) : 강한 쇠노의 끝이라는 말로, 영웅이라도 세력이 없어지면 아무 일도 하지 못함을 뜻함.

年富力强(연부역강) : 나이는 젊고 힘은 강함.

難兄難弟(난형난제) : 누구를 형이라 하고, 누구를 아우라 해야 할지 분간하기 어렵다는 뜻으로, 두 가지 것 사이의 우열이나 정도의 차이를 판단하기 어려움의 비유. 莫上莫下(막상막하 : 더 낫고 더 못함의 차이가 없음). 伯仲之間(백중지간), 伯仲之勢(백중지세 : 서로 우열을 가리기 힘든 형세).

四海兄弟(사해형제) : 온 천하 사람들이 모두 형제와 같음. 四海同胞(사해동포).

飛簾及第(비렴급제) : 진사나 생원과를 거치지 않고 대번에 대과에 급제하는 일. 예전에는 매우 드물어 이런 사람이 길을 갈 때면 사람들이 그를 보려고 발을 드러내다 보았기 때문에 이런 말이 생겼다 함.
造次不離(조차불리) : 잠깐도 떠나지 않음.
鬼面佛心(귀면불심) : 얼굴은 귀신의 형상이지만 마음은 부처와 같음.
拂鬚塵(불수진) : 수염의 티끌을 턴다는 말로, 윗사람에게 비굴하게 아첨하는 것을 뜻함.
法家拂士(법가필사) : 법도로써 임금을 바로잡는 세신과 이해득실로써 임금을 보필하는 현사.
徒費脣舌(도비순설) : 공연히 말만 많이 하고 아무 보람이 없음. 부질없이, 보람 없는 말을 늘어놓음.

>>> 矢부수

立石矢(입석시) : 돌에 화살이 꽂힌 것으로, 한 가지 집념을 굳게 가지면 안 되는 것이 없음을 뜻함.
已發之矢(이발지시) : 이미 시위를 떠난 화살이란 뜻으로, 이왕에 시작한 일을 중지하기 어렵다는 말.
高枕短命(고침단명) : 높은 베개를 베고 자면 일찍 죽음.
甑已破矣(증이파의) : 시루가 이미 깨졌다는 뜻으로, 다시 본래대로 만들 수 없음을 뜻함.
知音(지음) : 거문고 소리를 듣고 안다는 뜻으로, 자기의 속마음까지 알아주는 친구.
冷暖自知(냉난자지) : 물을 마시면 그 차고 따뜻함을 알 수 있듯이 불법(佛法)은 남에게 배워서 깨닫는 것이 아니라 몸소 체험해야 깨닫는다는 뜻.
良知良能(양지양능) : 교육이나 체험에 의하지 아니하고 선천적으로 알고 행할 수 있는 능력.
不知不識間(부지불식간) : 생각지도 알지도 못한 사이.
大智若愚(대지약우) : 참된 지자(智者)는 함부로 영리함을 드러내지 않으므로 어리석어 보인다는 말.

>>> 辛부수

千辛萬苦(천신만고) : 한없이 맵고 씀. 대단히 힘든 상황을 나타내는 말.
懸河之辯(현하지변) : 물 흐르듯 거침없이 하는 말. 말 잘함.
魚魯不辨(어로불변) : '魚' 자와 '魯' 자를 분별하지 못함의 뜻으로, 매우 무식함을 이르는 말.
咫尺不辨(지척불변) : 매우 어두워서 대단히 짧은 거리도 분별할 수 없음.

>>> 車부수

車魚之歎(거어지탄) : 맹상군(孟嘗君)의 식객 풍환(馮驩)이 칼을 어루만지며 '밥상에 생선이 없다.' 고 투덜거렸고, 생선이 나온 다음에는 '드나들 때 수레가 없다.' 고 탄식하였다는 고사에서 만족할 줄 모르는 인간 욕망의 비유.
背水之陣(배수지진) : 물을 등지고 치는 진이란 뜻으로, 힘을 다해 싸우도록 조건을 만듦.
九經庫(구경고) : '아홉 가지 경서에 정통함' 이란 뜻으로, '많은 경서에 밝고 통함' 이라는 말.

創氏庫氏(창씨고씨) : '어떤 사물이나 사람이 오래도록 변하지 않고 처음 그대로를 유지함'을 비유함. 중국 북위의 효문제 때 창씨(創氏)와 고씨(庫氏)가 관아의 곳간을 대대로 맡아 잘 관리했다는 데서 유래한 고사. 오늘날 사용하고 있는 '창고(倉庫)'는 여기에서 유래함.

合縱連橫(합종연횡) : 공수(攻守) 동맹의 뜻. ※ 소진(蘇秦)의 합종(合縱)과 장의(張儀)의 연횡(連衡) 외교책을 일컫는 말. 합종연횡(合縱連衡).

洪範九疇(홍범구주) : 《서경》의 홍범에 기록되어 있는 하나라 우임금이 정한 정치 도덕의 아홉 가지 원칙.

杯水輿薪(배수여신) : 잔의 물로 수레에 가득 실린 땔나무에 붙은 불을 끄려 한다는 뜻으로, 능력이 도저히 미치지 않아 불가능함에도 불구하고 어리석은 짓을 한다는 말.

軒軒丈夫(헌헌장부) : 외모가 출중하고 당당한 사나이.

十輸其一(십수기일) : 열 가운데에서 하나를 줌

愈出愈怪(유출유괴) : 갈수록 더욱 괴상해짐. 점점 더 이상해짐.

烏將軍(오장군) : 검은 장군이라는 말로 돼지를 말함.

孤軍奮鬪(고군분투) : 적은 수의 군대가 힘겨운 적과 용감히 싸움.

獨不將軍(독불장군) : 혼자서는 장군이 되지 못한다는 뜻으로, 모두 함께 도와서 해야 함. 혹은 매사를 제멋대로 처리함.

千軍萬馬(천군만마) : 천 명의 군사와 만 마리의 말이라는 뜻으로, 수많은 군사와 말을 말함.

運否天賦(운부천부) : 운이 좋고 나쁨은 모두가 하늘의 뜻이라는 의미로, 운을 하늘에 맡김을 이르는 말.

一筆揮之(일필휘지) : 글씨를 단숨에 힘차고 시원하게 죽 써 내림.

輝煌燦爛(휘황찬란) : 광채가 눈이 부시게 빛나서 황홀함.

苦輪之海(고륜지해) : 고뇌가 끊임없이 돌고 도는 인간세계.

隻輪不返(척륜불반) : 병거가 한 대도 돌아오지 않는다는 뜻으로, 참패를 형용해 이르는 말.

三綱五倫(삼강오륜) : 삼강은 군위신강(君爲臣綱), 부위부강(夫爲婦綱), 부위자강(父爲子綱), 오륜은 군신유의(君臣有義), 부자유친(父子有親), 부부유별(夫婦有別), 장유유서(長幼有序), 붕우유신(朋友有信).

空理空論(공리공론) : 허황된 이치와 논의란 뜻으로, 사실에 맞지 않은 이론과 실제와 동떨어진 논의.

甲論乙駁(갑론을박) : 서로 자기의 의견을 내세워서 남의 의견을 반박함.

名論卓說(명론탁설) : 이름난 논문(論文)과 탁월(卓越)한 학설(學說).

卓上空論(탁상공론) : 실현성이 없는 허황한 이론이나 논의.

千載一遇(천재일우) : 천년에 한 번 만날 수 있는 좋은 기회라는 뜻으로, 좀처럼 만나기 어려운 좋은 기회.

量體裁衣(양체재의) : "몸에 맞게 옷을 고친다."는 뜻으로, 일의 처한 형편에 따라 적합하게 일을 처리하여야 함을 이르는 말.

天何言哉(천하언재) : 하늘은 아무 말도 하지 않지만 도는 반드시 행함.

>>> 舟부수

吳越同舟(오월동주) : 서로 사이가 나쁜 오와 월나라 사람이 같이 배를 탄다는 뜻으로, 원수끼리 같은 처지에 있게 됨을 이름. 또는 서로 이해관계를 달리하는 사람도 같은 처지에 놓이면 서로 도움.

梯山航海(제산항해) : 험악한 산을 넘고 배로 바다를 건넌다는 뜻으로, 다른 나라에 사신으로 간다는 말.

不可抗力(불가항력) : 사람이 저항할 수 없는 힘. 즉 인간의 힘으로 어찌할 수 없는 힘.

破釜沈船(파부침선) : 가마솥을 깨뜨리고 배를 가라앉힌 후 전투에 임함. 싸움터로 나가면서 살아 돌아오기를 바라지 않고 결전을 각오함을 이르는 말.

沿岸海(연안해) : 한 영토의 해안선에 가까운 특정한 범위의 바다 부분. 딸린 바다. 곧, 영토에 딸려 나라의 주권이 미치는 바다. 연안해, 내해, 만, 해협 따위로 이루어지는데, 가장 낮은 썰물 때의 해안선을 기준으로 하여 너비 3해리(5.558km)까지가 보통이나, 나라에 따라 6해리, 12해리를 주장하기도 함.

鉛刀一割(연도일할) : 납을 가지고 만든 칼, 곧 잘 안 드는 칼이라도 한 번 자를 힘이 있다는 뜻으로, 자기 힘이 미약하다고 겸손하게 하는 말. 두 번 다시 쓰지 못함. 우연히 한 일이 뜻밖의 좋은 결과를 가져옴.

古今一般(고금일반) : 예나 지금이나 같음.

走逐一般(주축일반) : 옳지 못한 일을 한 이상 앞서갔건 뒤따라갔건 다 마찬가지라는 말.

杯盤狼藉(배반낭자) : 잔과 그릇이 이곳저곳에 어지러이 깔려 있는 모습. 술자리의 어지러운 뒤끝을 가리키는 말.

>>> 方부수

方寸已亂(방촌이란) : 마음이 이미 혼란스러워졌다는 말로, 마음이 흔들린 상태에서는 어떤 일도 계속할 수 없음의 비유.

衆口難防(중구난방) : 뭇 사람의 입을 막기가 어렵다는 뜻으로, 여러 사람의 의견을 받아넘기기 어려움을 이름.

妨工害事(방공해사) : 남의 일에 해살을 놓아 해롭게 함.

也自無妨(야자무방) : 괜찮음. 해롭잖음.

戶別訪問(호별방문) : 집집마다 찾아다님.

流芳百世(유방백세) : 꽃다운 이름이 후세에 길이 전함. ↔ 遺臭萬年(유취만년).

偃旗息鼓(언기식고) : 전쟁터에서 군기를 누이고, 북을 쉰다는 뜻으로, 휴전함을 이르는 말.

凱旋將軍(개선장군) : 싸움에서 이기고 돌아온 장군. 어떤 일에 크게 성공한 사람을 비유하는 말.

旋乾轉坤(선건전곤) : 천지를 뒤집는다는 뜻으로, 천하의 난을 평정함, 또는 나라의 폐풍을 대번에 크게 고침.

權門世族(권문세족) : 권세가 있는 귀족 가문.

逆旅乾坤(역려건곤) : 세상이란 여관과 같다는 뜻으로, '세상의 덧없음' 을 비유.

西施捧心(서시봉심) : 서시가 가슴을 쓰다듬는다는 뜻으로, 함부로 흉내내다가 웃음거리가 됨을 이르는 말.

東施效顰(동시효빈) : 동시(東施), 곧 못생긴 여자가 서시(西施)의 눈썹 찌푸림을 본받는다는 뜻으로, 시비나 선악의 판단 없이 남을 흉내 냄을 이르는 말.

見堯於墻(견요어장) : 항상 잊지 않음을 이르는 말.

游於釜中(유어부중) : 가마솥 속에서 논다는 뜻으로, 생명(生命)이 매우 위험(危險)한 상태(狀態)에 놓여 있음.

>>> 丶부수

烏孫公主(오손공주) : 오손에 간 공주라는 뜻으로, 한(漢)나라 무제(武帝) 때 강도왕(江都王)의 딸 세군(細君)에서 비롯된 말로, 정략결혼의 희생이 된 슬픈 운명의 여인을 뜻함.

無主空山(무주공산) : 주인 없이 비어 있는 산. 임자가 없는 빈 산.

去住兩難(거주양난) : 가야 할지 머물러야 할지 결정하기 어려운 상황을 이르는 말.

孤注一擲(고주일척) : 노름꾼이 남은 돈을 한 번에 다 걸고 마지막 승패를 겨룬다는 뜻으로, 전력을 기울여 어떤 일에 모험을 거는 것을 비유한 말.

極樂往生(극락왕생) : 죽은 후 극락정토에서 다시 태어남.

擊柱動樑(격주동량) : 기둥을 쳐서 대들보를 흔들게 만듦. 한 쪽에 충격을 주면서 다른 쪽에도 영향을 미치는 경우를 의미함.

膠柱鼓瑟(교주고슬) : 기둥을 풀로 붙이고 거문고를 탄다는 뜻으로, 고지식하여 조금도 융통성이 없음을 말함.

四柱八字(사주팔자) : 사주의 간지로 되는 여덟 글자. 피치 못할 타고난 운수.

柱石之臣(주석지신) : 나라를 떠받치는 중심이 되는 신하.

盲者丹靑(맹자단청) : 소경의 단청 구경이라는 뜻으로, 사물을 보아 알지도 못하는 것을 아는 체함을 이르는 말.

>>> 丨부수

囊中之錐(낭중지추) : 주머니 속의 송곳. 즉 재능이 있는 사람은 아무리 그것을 감추려 해도 저절로 드러나게 마련임.

囊中取物(낭중취물) : 주머니 속에 든 물건을 꺼내듯이 손쉽게 얻을 수 있음의 비유.

杯中蛇影(배중사영) : 술잔 속에 비친 뱀의 그림자란 뜻으로, 벽에 걸린 활이 뱀 그림자처럼 잔속에 비치는 바람에 그 술을 마시고 병이 들었다는 고사에서 나온 말. 공연히 헛것을 보고 놀라 속을 썩이는 것.

釜中之魚(부중지어) : 솥 속의 생선이라는 뜻으로, 생명에 위험이 닥쳤음을 비유해 이르는 말.

眼中之釘(안중지정) : 눈에 박힌 못이란 뜻. 곧 나에게 해를 끼치는 사람의 비유. 몹시 싫거나 미워서 항상 눈에 거슬리는 사람의 비유.

伯仲之間(백중지간) : 누구를 형이라 아우라 하기 어렵다는 뜻으로, 형제인 장남과 차남의 차이처럼 큰 차이가 없는 형세. 우열의 차이가 없이 엇비슷함을 이르는 말.

事君以忠(사군이충) : 삼국 통일의 원동력이 된 화랑의 세속오계의 하나. 임금을 섬김에 충성으로써 함.

木梗之患(목경지환) : 나무인형의 근심이라는 말로, 타향에서 객사(客死)하여 고향으로 돌아오지 못하는 것.

>>> 丿부수

曠日彌久(광일미구) : 날을 비워둔 지가 오래되었다는 말로, 허송세월을 뜻함.

長久之計(장구지계) : 영원히 지속될 수 있도록 미래를 보고 세운 계책. 萬年之計(만년지계), 百年大計(백년대계).

螳螂之斧(당랑지부) : 자기 힘을 생각지 않고 강적 앞에서 분수없이 날뛰는 것에 비유해서 씀.

麥秀之嘆(맥수지탄) : 은나라가 망한 뒤 기자가 폐허가 된 은나라의 수도를 지나가다가 도읍의 흔적은 없어지고 궁전 터에 보리와 잡초가 무성한 것을 보고 탄식했다는 고사. 즉, 나라의 멸망을 한탄함. 亡國之歎(망국지탄).

誹謗之木(비방지목) : 임금의 잘못을 써서 붙이는 나무. 순임금이 다리 위에 나무를 세워 놓고 백성들에게 정치의 그릇됨을 비방하는 말을 쓰게 하여 반성하였다는 옛일.

宋襄之仁(송양지인) : 송나라 양공의 어짊이라는 뜻으로, 실제적으로 아무런 의미도 없는 어리석은 대의명분을 내세우거나, 또는 불필요한 인정이나 동정을 베풀다가 오히려 심한 타격을 받는 것을 비유하는 말. 쓸데없이 베푸는 관용.

吮疽之仁(연저지인) : 병사의 종기를 빨아주는 어진 마음.

絜矩之道(혈구지도) : '혈구지도'는《대학》의 마지막 장에 나오는 말이다. '혈'은 재다, '구(矩)'는 곡척(曲尺)의 뜻으로, 자로 물건을 재듯 내 마음을 자로 삼아 남의 마음을 재고, 내 처지를 생각해서 남의 처지를 이해하는 것.

乃武乃文(내무내문) : '문무를 아울러 갖춘다'는 뜻으로, 임금의 덕을 높이고 기리는 말.

乃心王室(내심왕실) : 국사에 충성함을 이르는 말.

山陰乘興(산음승흥) : 산음 땅에서 흥이 일었다는 말. 친구를 만나러 가는 것을 뜻함.

牛換乘馬(우환승마) : 소보다 빠른 말로 바꾸어 탄다는 뜻으로, 불리한 쪽을 버리고 보다 유리한 쪽을 택한다는 말.

出乎爾反乎爾(출호이반호이) : 자기에게서 나온 것이 자신에게로 되돌아온다는 뜻으로, 길흉화복이 모두 자기 자신으로부터 나온다는 말.

呼父呼兄(호부호형) : 아버지라 부르고 형이라 부름.

≫≫ 亠부수

五日京兆(오일경조) : '닷새 동안의 경조윤'이라는 뜻으로, 오래 계속되지 못한 관직, 또는 그런 일.

新涼燈火(신량등화) : 가을의 서늘한 기운이 처음 생길 무렵에 등불 밑에서 글 읽기가 좋음.

掠奪農業(약탈농업) : 지력에만 의존하여 땅에 거름 등을 하지 않고 농작물을 경작하는 원시적인 농업 방법.

日就月將(일취월장) : 날로 달로 자라거나 발전함.

深諒處之(심량처지) : 깊이 헤아려 처리함.

金石之交(금석지교) : 금석처럼 굳고 변함없는 사귐. 斷金之交(단금지교).

斷金之交(단금지교) : 쇠라도 자를 수 있는 굳고 단단한 사귐이란 뜻으로, 친구의 정의가 매우 두터움을 이르는 말.

刎頸之交(문경지교) : 목을 베어줄 수 있는 사귐. 생사를 같이 하는 사귐. 전국시대 조나라의 염파(廉頗)와 인상여(藺相如).

禮俗相交(예속상교) : 서로 사귐에 있어서 예의를 갖춤.

貧賤之交不可忘(빈천지교불가망) : 가난하고 어려운 때 사귄 친구는 언제까지나 잊어서는 안 된다는 말.

百藥無效(백약무효) : 백 가지 약을 써도 아무런 효험이 없음.

長短相較(장단상교) : 길고 짧음은 상대적 관계에서 비교할 수 있음을 이르는 말.

萬事亨通(만사형통) : 모든 일이 뜻대로 이루어짐.

盜亦有道(도역유도) : 도둑들에게도 그 나름의 도덕이 있다는 말.

名勝古跡(명승고적) : 명승과 고적. 즉, 훌륭한 경치와 역사적인 유적.

化工之跡(화공지적) : 한울의 조화의 솜씨가 나타난 자취.

植松望亭(식송망정) : '솔을 심어 정자를 삼는다' 라는 뜻으로, 바라는 일이 까마득한 것을 가리킴.

馬不停蹄(마부정제) : 달리는 말은 말굽을 멈추지 않는다는 뜻으로, 지난 성과에 안주하지 말고 더욱 발전하고 정진하자는 뜻.

安享富貴(안향부귀) : 부귀를 평안하게 누림.

孟軻敦素(맹가돈소) : 맹자는 그 모친의 교훈을 받아 자사문하에서 배움.

己亥邪獄(기해사옥) : 조선 헌종 5년(1839)에 프랑스 신부를 비롯한 천주교도 70여 명을 처형한 천주교 박해 사건.

刻骨難忘(각골난망) : 은혜가 뼈에 사무쳐 잊기가 어려움. 白骨難忘(백골난망), 刻骨痛恨(각골통한).

刻骨痛恨(각골통한) : 뼈에 사무치도록 마음속 깊이 맺힌 원한.

刻舟求劍(각주구검) : 배에 새기어 칼을 구한다는 뜻으로, 세상의 변화에 대처하지 못하고 융통성이 없이 자기 고집만 부리거나, 낡은 것을 청산하지 못하는 고지식한 사람을 비유한 말.

該當案(해당안) : 어떤 조건에 들어맞는 안건.

多岐亡羊(다기망양) : 길이 여러 갈래여서 양을 잃었다는 뜻으로, 학문의 방향이 여러 갈래여서 진리를 얻기가 어려움. 亡羊之歎(망양지탄).

亡子計齒(망자계치) : 죽은 아들 나이 세기, 아쉬워해도 소용없는 일.

見利忘義(견리망의) : 이익에 눈멀어 의로운 생각을 잊음.

得魚忘筌(득어망전) : 물고기를 잡고 나면 통발을 잊어버린다는 뜻으로, 목적을 이루면 그때까지 수단으로 삼았던 사물은 잊어버림. 또는 학문을 닦음에 있어서 언어에 구애되지 아니하고 그 진의(眞意) 얻음을 비유함.

忘年之交(망년지교) : 나이를 따지지 않고 재주와 학문으로 사귐.

徙家忘妻(사가망처) : 이사하면서 아내를 잊어버린다는 말로, 건망증이 심한 사람이나 의리를 분별하지 못하는 어리석은 사람의 비유.

寤寐不忘(오매불망) : 자나 깨나 잊지 못함.

忙中有閑(망중유한) : 바쁜 가운데에도 한가한 짬이 있음.

盲人直門(맹인직문) : 맹인이 정문을 바로 찾아 들어간다는 뜻으로, 어리석은 사람이 어쩌다가 이치에 맞는 바른 일을 함의 비유 = 盲者正門(맹자정문).

盲者正門(맹자정문) : 우매(愚昧)한 사람이 우연히 이치(理致)에 맞는 일을 함을 이름. 盲者直門(맹자직문).

盲人瞎馬(맹인할마) : 장님이 외눈박이 말을 탄다는 말로, 매우 위험함을 비유.

望夫石(망부석) : 멀리 길 떠난 남편을 기다리다가 그대로 죽어 돌이 되었다는 전설적인 돌.
戴盆望天(대분망천) : 물동이를 이고 하늘을 바라볼 수 없듯이 동시에 두 가지를 할 수 없음의 비유.
得隴望蜀(득롱망촉) : 농을 얻고 촉을 바란다는 뜻으로, 끝없는 인간 욕심.
望雲之情(망운지정) : 구름을 바라보며 그리워하는 마음이라는 뜻으로, 어버이를 그리워하는 마음을 이름.
望塵莫及(망진막급) : 티끌만 바라보고 미치지 못한다는 말로, 손에 넣지 못함을 이름.
倚閭之望(의려지망) : 마을 어귀에 서서 자녀가 돌아오기를 기다리는 부모의 마음.
茫然自失(망연자실) : 정신을 잃고 멍하여 우두커니 있음.
誇大妄想(과대망상) : 자기의 위치를 사실보다 지나치게 높이 평가하는 망상.

>>> 匚부수

匹夫無罪(필부무죄) : 보통 사람은 죄가 없다는 말로, 착한 사람일지라도 그 신분에 어울리지 않는 물건을 갖고 있으면 재앙을 부르게 된다는 역설적인 뜻.
泰山鳴動鼠一匹(태산명동서일필) : 태산을 시끄럽게 요동쳤으나 결국 쥐 한 마리 나왔다는 말로, 요란하게 시작했지만 결과는 매우 사소한 모양을 가리킴.
區區不一(구구불일) : 사물이 제각기 달라서 같지 않음.
乘勝長驅(승승장구) : 싸움에 이긴 여세를 타고 계속 몰아 부침.
海翁好鷗(해옹호구) : 바다 노인이 갈매기를 좋아한다는 말로, 사람이 사심이 있으면 그것을 알고 가까이하지 않는다는 말.

>>> 冖부수

冠蓋相望(관계상망) : 수레 덮개를 서로 바라본다는 뜻으로, 앞뒤의 차가 서로 잇달아 왕래가 그치지 않음을 이름.
冥冥之志(명명지지) : 마음속에 깊이 간직하여 외부에 드러내지 않고 힘쓰는 뜻.

>>> 襾부수 — 西, 覀

可東可西(가동가서) : 이렇게 할 만도 하고 저렇게 할 만도 함. 이러나 저러나 상관없다는 말.
唐突西施(당돌서시) : 당돌한 서시라는 뜻으로, 꺼리거나 어려워함이 없이 다부진 서시. 과장되고 상식을 벗어나 예측하기 어려움을 뜻함.
不要不急(불요불급) : 필요하지도 않고 급하지도 않음.
要言不煩(요언불번) : 요긴한 말은 번잡하지 않다는 뜻으로, 중요한 말은 긴 이야기를 듣지 않아도 그 뜻을 알 수 있음을 이르는 말.
柳眉蜂腰(유미봉요) : 버들 같은 눈썹에 개미 같은 허리.